权威·前沿·原创

皮书系列为
"十二五""十三五"国家重点图书出版规划项目

中国社会科学院创新工程学术出版资助项目

经济蓝皮书夏季号
BLUE BOOK OF
CHINA'S ECONOMY (SUMMER)

顾　问／李　扬
主　编／张　平　刘霞辉
副主编／袁富华　张自然

中国经济增长报告
（2017~2018）

ANNUAL REPORT ON CHINA'S ECONOMIC GROWTH
(2017-2018)

迈向高质量的经济发展
Toward High-quality Economic Development

张自然　张　平　袁富华　楠　玉／著

社会科学文献出版社
SOCIAL SCIENCES ACADEMIC PRESS (CHINA)

图书在版编目(CIP)数据

中国经济增长报告:2017~2018:迈向高质量的经济发展/张平,刘霞辉主编. ——北京:社会科学文献出版社,2018.8
(经济蓝皮书夏季号)
ISBN 978-7-5201-3307-4

Ⅰ.①中… Ⅱ.①张… ②刘… Ⅲ.①中国经济-经济增长-研究报告-2017-2018 ②中国经济-经济改革-研究报告-2017-2018 ③中国经济-转型经济-研究报告-2017-2018 Ⅳ.①F124.1

中国版本图书馆 CIP 数据核字(2018)第 192094 号

经济蓝皮书夏季号
中国经济增长报告(2017~2018)
——迈向高质量的经济发展

| 顾　　问 / 李　扬 |
| 主　　编 / 张　平　刘霞辉 |
| 副 主 编 / 袁富华　张自然 |
| 著　　者 / 张自然　张　平　袁富华　楠　玉 |

出 版 人 / 谢寿光
项目统筹 / 周　丽　冯咏梅
责任编辑 / 冯咏梅

出　　版 / 社会科学文献出版社·经济与管理分社（010）59367226
　　　　　　地址：北京市北三环中路甲29号院华龙大厦　邮编：100029
　　　　　　网址：www.ssap.com.cn

发　　行 / 市场营销中心（010）59367081　59367018
印　　装 / 三河市龙林印务有限公司

规　　格 / 开　本：787mm×1092mm　1/16
　　　　　　印　张：19.5　字　数：295千字

版　　次 / 2018年8月第1版　2018年8月第1次印刷
书　　号 / ISBN 978-7-5201-3307-4
定　　价 / 98.00元

皮书序列号 / PSN B-2010-176-1/1

本书如有印装质量问题，请与读者服务中心（010-59367028）联系

▲ 版权所有 翻印必究

本书得到以下资助：

中国社会科学院创新工程"新时代下中国经济增长效率提升路径研究"；国家社会科学基金重点课题"中国城市规模、空间聚集与管理模式研究"（批准文号：15AJL013）。

特此致谢。

经济蓝皮书（夏季号）编委会

顾　　　问　李　扬

主　　　编　张　平　刘霞辉

副　主　编　袁富华　张自然

编　委　会　（按姓氏笔画顺序）

马　岩　王宏淼　付敏杰　仲继银
刘霞辉　汤铎铎　苏桢芳　李　扬
吴延兵　辛　超　汪红驹　张小溪
张　平　张自然　张晓晶　张　鹏
张　磊　陆明涛　陈昌兵　林跃勤
岳清唐　赵志君　袁富华　郭　路
黄志钢　常　欣　楠　玉　魏　枫

执　行　编　委　张自然　袁富华

本年度报告执笔人　张　平　张自然　楠　玉　袁富华

主要编撰者简介

李　扬　1981年、1984年、1989年分别于安徽大学、复旦大学、中国人民大学获经济学学士、硕士、博士学位。1998~1999年，美国哥伦比亚大学访问学者。

中国社会科学院原副院长、经济学部主任、国家金融与发展实验室理事长。中国社会科学院首批学部委员。研究员，博士生导师。第十二届全国人大代表，全国人大财经委员会委员。中国博士后科学基金会副理事长。第三任中国人民银行货币政策委员会委员。2011年被评为国际欧亚科学院院士。

中国金融学会副会长，中国财政学会副会长，中国国际金融学会副会长，中国城市金融学会副会长，中国海洋研究会副理事长。

曾五次获得"孙冶方经济科学奖"著作奖和论文奖。已出版专著、译著23部，发表论文400余篇，主编大型金融工具书6部。主持国际合作、国家及部委以上研究项目40余项。

张　平　中国社会科学院经济研究所研究员，中国社会科学院研究生院教授、博士生导师。参加和主持与世界银行、亚洲开发银行、世界劳工组织等的多项国际合作以及社会科学基金重点课题和国家交办的课题。负责中国社会科学院重大课题"中国经济增长的前沿"及国家社会科学基金重大招标课题"我国经济结构战略性调整和增长方式转变""加快经济结构调整与促进经济自主协调发展研究"等。四次获得"孙冶方经济科学奖"。出版专著若干部，在《经济研究》等核心期刊上发表或合作发表论文数十篇，共计百余万字。

刘霞辉 中国社会科学院经济研究所研究员，中国社会科学院研究生院教授、博士生导师。承担和主持多项国家社会科学基金重大招标课题及中国社会科学院、中国社会科学院经济研究所重大课题。在《经济研究》等核心期刊上发表论文多篇。主要专著有《改革年代的经济增长与结构变迁》、《中国经济增长前沿》（合著）。

袁富华 中国社会科学院经济研究所经济增长理论研究室主任、研究员，中国社会科学院研究生院教授。承担和主持多项国家社会科学基金项目。在《经济研究》等核心期刊上发表论文多篇。主要专著有《中国经济增长潜力分析》等。

张自然 中国社会科学院经济研究所研究员，中国社会科学院研究生院教授。两次主持国家社会科学基金重点项目。作为子课题负责人或主要成员参与了多项国家社会科学基金重大招标课题。在《经济研究》《经济学动态》《金融评论》《经济学（季刊）》等学术期刊上发表论文多篇。专著《中国城市化模式、演进机制和可持续发展研究》入选中国社会科学院文库，并被评选为中国社会科学院2016年10项重大理论与现实问题研究成果之一。

摘　要

中国经济已由高速增长阶段转向高质量发展阶段。中国过去30多年的工业化，走的是依托要素投入、消费压抑和出口拉动的路子，而转向高质量发展的本质，是要从"物质"生产体系转向"以人民为中心"的消费升级、创新、高效、包容的可持续发展轨道，这也对转变发展方式、优化经济结构、转换增长动力提出了根本要求和严峻挑战。当前经济形势表现为：经济增长、就业、价格和汇率处于平稳区间；需求趋弱，生产仍强；中国债务周期的压力逐步显现；中国不仅承受了金融去杠杆的压力，而且直接受到了美国持续加息的冲击，导致国内资金成本呈现逐步上升的趋势。中美贸易战直接导致2018年外需带动为负，经济增长完全依靠内需。

高质量发展要求经济发展方式的转变，要通过持续的效率改进，实现向中高端协调发展模式的转变。随着资本和劳动贡献份额的进一步下降，需要提高资本使用效率和资本回报率，提高劳动生产率，尤其需要提高TFP增长对经济的贡献率。高质量发展的本质是"以人民为中心"的发展，其指标体系的构建要从以GDP为核心的评价标准转向以劳动生产率与TFP增长为基准对创新和效率进行评估，强调可持续性和包容性的增长。本报告则主要从经济增长、创新效率、政府效率、生活质量和环境质量五个方面对高质量发展进行考量，并进一步细分为67个二级指标。通过国际比较发现，有3个指标在世界各国中处于第一位：市场规模、科技论文发表数量、人均垃圾生产量。中国超过1/5的指标排名在全球30%之前；与前沿国家差距小于50%的指标比例接近1/2，经济增长、创新效率、政府效率、生活质量和环境质量等诸多指标仍有很大的改善空间。

区域经济发展前景报告通过对1990~2018年中国各省区市发展前景进

行分析,得出了中国30个省区市1990~2018年的发展前景,以及经济增长、增长潜力、政府效率、人民生活和环境质量5个一级指标的指数、分级和排名情况。分析发现,上海市、浙江省、江苏省多年来处于发展前景的第一级,广东省2018年开始进入第一级,而北京市2018年开始由多年处于发展前景的第一级下降为第二级。除了发展前景方面西部地区改善优于东部地区和中部地区、人民生活方面西部地区改善优于中部地区和东部地区外,经济增长、增长潜力、政府效率和环境质量四个方面均是东部地区改善优于中部地区和西部地区。本报告得出了"八五"至"十三五"的发展前景指数及其排名变化。随着经济由粗放型外延式的发展转向高质量发展,人们对公共服务、生活质量和生态环境的需求越来越高。权重位于前列的具体指标的变化反映了我国经济在从粗放型发展转向高质量发展过程中,涉及的城镇基本养老保险覆盖率、城镇失业保险覆盖率、城市化率、第三产业增加值占GDP比重、大气污染物排放等与人民生活和环境保护密切相关的指标的重要程度,客观指标反映了高质量型经济的关注点,即从关注城市化发展本身转向关注与城市化和高质量发展相关联的各种公共服务、人民生活和生态环境,包括城镇基本养老保险、城镇失业保险、城乡消费水平、第三产业发展和生态环境变化。

关键词: 迈向高质量发展　劳动生产率　全要素生产率　发展前景　"十三五"

目 录

Ⅰ 总报告

B.1 迈向高质量的经济发展 ·· 001
    一 2018年中国宏观经验事实和展望 ································ 002
    二 效率转型与潜在增长 ·· 006
    三 高质量发展指标体系 ·· 010
    四 区域发展前景 ·· 021
    五 提高经济发展质量，促进效率提升 ······························ 046

Ⅱ 区域经济发展前景报告

B.2 1990~2018年中国各省区市发展前景评价
    ——迈向高质量发展阶段 ·· 050
    一 引言 ··· 051
    二 中国各省区市发展前景评价结果 ································ 053
    三 中国各省区市"十三五"发展前景与一级指标指数及排名
        ··· 106
    四 中国各省区市发展前景分级情况 ································ 121

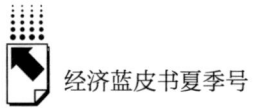

　　五　中国各省区市发展前景的影响因素分析 …………… 143
　　六　区域发展 …………………………………………… 201
　　七　结论 ……………………………………………… 210
　　附录1：评价结果相关图表 …………………………… 213
　　附录2：指标设计及数据处理 ………………………… 272

B.3　参考文献 ……………………………………………… 285

Abstract ……………………………………………………… 290
Contents ……………………………………………………… 293

皮书数据库阅读**使用指南**

总 报 告
General Report

B.1 迈向高质量的经济发展

中国经济增长前沿课题组*

摘　要： 中国经济已由高速增长阶段转向高质量发展阶段。中国过去30多年的工业化，走的是依托要素投入、消费压抑和出口拉动的路子，而转向高质量发展的本质，是要从"物质"生产体系转向"以人民为中心"的消费升级、创新、高效、包容的可持续发展轨道。高质量发展要求经济发展方式的转变，要通过持续的效率改进，实现向中高端协调发展模式的转变。随着资本和劳动贡献份额的进一步下降，需要提高资本使用效率和资本回报率，提高劳动生产率，尤其需要提高TFP增

---

* 中国经济增长前沿课题组负责人张平、刘霞辉、袁富华。本报告执笔人为张平、张自然、袁富华、楠玉。参加讨论的人员有高培勇、赵志君、仲继银、常欣、吴延兵、汤铎铎、黄志钢、陈昌兵、张小溪、付敏杰、陆明涛、倪红福、张鹏、陆江源等。感谢陆明涛、倪红福和陆江源对高质量发展指标数据的支持。

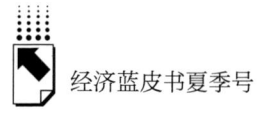

长对经济的贡献率。高质量发展的本质是"以人民为中心"的发展，其指标体系的构建要从以GDP为核心的评价标准转向以劳动生产率与TFP增长为基准对创新和效率进行评估，强调可持续性和包容性的增长。本报告则主要从经济增长、创新效率、政府效率、生活质量和环境质量五个方面对高质量发展进行考量，并进一步细分为67个二级指标。通过国际比较发现，有3个指标在世界各国中处于第一位：市场规模、科技论文发表数量、人均垃圾生产量。中国超过1/5的指标排名在全球30%之前，与前沿国家差距小于50%的指标比例接近1/2，但经济增长、创新效率、政府效率、生活质量和环境质量等诸多指标仍有很大的改善空间。

关键词： 高质量发展 "以人民为中心" 劳动生产率 TFP增长

一 2018年中国宏观经验事实和展望

（一）经济增长、就业、价格和汇率处于平稳区间

2017年中国GDP增长率达到6.9%，其中净出口贡献1.09个百分点，2017年第四季度GDP增长6.8%，其中净出口贡献2.5个百分点，这体现了外需对中国经济增长的带动作用。2018年上半年出口对中国经济的带动作用并未延续，经济增长主要依靠内需。2018年第一季度经济增长率达到了6.8%，增长势头强劲，但环比增长率重新回到了六年来的最低水平1.3%，预计上半年会保持在6.6%左右。居民生活物价平稳，2018年1~5月CPI同比上涨2%，4~5月逐步平稳回落至1.8%，预计全年通货膨胀率将保持在2%以下的水平。受石油价格上涨和较大幅度波动的影响，2018年

1~5月PPI同比涨幅保持在3.7%，5月上升至4.1%，但由于国内基建投资增长速度下降，需求端制约了PPI大幅度上涨的可能性，下半年石油价格波动将逐步得到缓解，投资疲弱，再加上翘尾因素影响减弱等，下半年PPI涨幅将有所回落，预计全年保持在3.5%的水平。同时，由于需求下降，CPI涨幅将保持在2%以内，失业率保持在5%以下。

2018年上半年人民币兑美元汇率保持平稳，基本处在6.5以下，表现为人民币兑美元小幅升值。从影响汇率的几大因素看，人民币汇率将继续保持平稳。人民币兑美元汇率坚挺与人民币汇率中间价有50%的权重在CFETS有关，中国外汇交易中心计算的CFETS人民币汇率指数2018年2月28日为96.44，5月31日为97.23，有所升值。影响汇率贬值的压力因素来自以下几个方面：①贸易顺差增速明显下降，2018年第一季度出现了贸易逆差，再加上中美贸易战将会持续一段时间，这对中国的出口是非常不利的，外汇储备继续下滑；②在美国持续加息的情况下，中美利差出现了倒挂，不利于稳定人民币币值，加快了资金外流；③中国经济增长速度放缓和金融市场中债券违约不断，也增大了系统性风险。外汇稳定仍然需要汇率流动性管制制度发挥较大作用，未来继续保持汇率稳定依然十分重要。

（二）需求趋弱，生产仍强

从需求侧看，2018年第一季度消费需求贡献了77%的份额，但从消费动力来看仍然疲弱。①2018年第一季度全国居民人均可支配收入同比名义增长8.8%，扣除价格因素实际增长6.6%，低于GDP增速。其中，城镇居民人均可支配收入为10781元，同比增长（以下如无特别说明，均为同比名义增长）8.0%，扣除价格因素实际增长5.7%。2018年第一季度全国居民人均消费支出为5162元，同比增长7.6%，扣除价格因素实际增长5.4%。其中，城镇居民人均消费支出为6749元，同比增长5.7%，扣除价格因素实际增长3.4%。②消费率过低，城乡居民消费支出占可支配收入的比重仅为62.6%，居民利息支出增长较快，而居民储蓄增长放缓，消费信贷依然保持了较高的增长率。③消费结构主要集中于"吃""住""行"方面，占

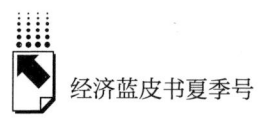

比分别为31.3%、21.4%、13.1%，再加上"穿"方面的消费（占比为8.4%），以及一般日用品消费，居民基础消费占比超过了80%，而文化、教育、体育、医疗与健康等涉及消费升级方面的消费占比仍然偏低。④社会消费品零售总额增速下滑，2018年1~5月社会消费品零售总额同比增长9.5%，与2017年10%以上的增速水平相比下滑明显，5月社会消费品零售总额同比增长8.5%（扣除价格因素实际增长6.8%），呈现持续下滑态势。当前的消费总贡献保持高位，主要由政府消费支撑。

投资下降。由于金融去杠杆政策的出台，财政部收紧了PPP项目，再加上房地产、环保方面的严格限制政策，投资增长下滑是必然的。2018年1~5月我国全社会固定资产投资（不含农户）为216043亿元，同比增长6.1%，增速比1~4月回落了0.9个百分点。基础设施投资（不含电力、热力、燃气及水生产和供应业）同比增长9.4%，增速比1~4月回落了3个百分点，按原有基建投资口径（包含电力、热力、燃气及水生产和供应业）只实现了5%的增长，明显拉低了投资增速。房地产投资仍保持高位，2018年1~5月全国房地产开发投资41420亿元，同比增长10.2%，房地产仍是支撑投资的主要因素。

净出口增速因中美贸易战而放缓。2018年第一季度净出口对经济增长表现为负带动，1~5月出口保持了总体顺差，但同比是下降的，可以预计2018年中国贸易顺差对中国经济增长将是负带动。

2018年第二季度对中国来说是开工季，上游行业产出增长明显。国家统计局数据显示，生产面依然保持强韧，对短期经济增速形成支撑。5月工业增加值同比增长6.8%，增速较上月小幅放缓0.2个百分点。随着环保限产力度的减弱，以及开工恢复对上游行业需求的增加，上游行业产出明显释放。工业增加值增速保持高位意味着第二季度经济增速不会出现明显回落。

（三）中国债务周期的压力逐步显现

本轮中国债务周期始于2015年下半年的信用扩张。2016~2017年房地产投资、基建投资复苏的同时也伴随着杠杆率的进一步上升，考虑到2~3

年的债务周期，2018年则开始面临债务到期的压力。从数据上看，新增社会融资规模在经历2014~2015年的收缩之后，2016~2017年出现明显反弹（见图1），货币乘数快速提升至5以上的高位。2017年底金融去杠杆逐步显现出其威力，2018年5月社会融资总规模增量仅为7608亿元，不到4月的一半。5月末，广义货币（M2）同比增长8.3%，增速和上月持平。社会融资总规模比市场预期下降了一半。信用的收缩直接导致了债券市场违约率的快速上升，特别是民营企业融资难度增大。AA级信用债和国债的利率差为500BP，市场资金成本大幅度上升。

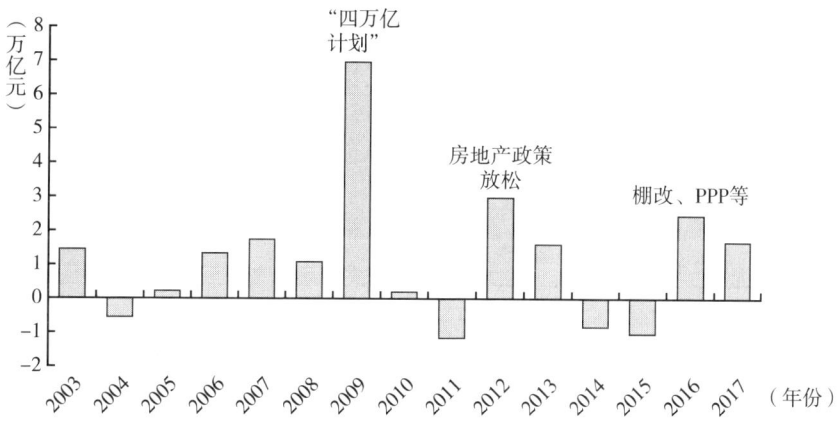

图1　2003~2017年新增社会融资规模

资料来源：Wind数据库。

（四）外部冲击与中国经济展望

中国不仅承受了金融去杠杆的压力，而且直接受到了美国持续加息的冲击，导致国内资金成本呈现逐步上升的趋势。中美贸易战直接导致中国经济难以像2017年那样借势国际市场而复苏，2018年外需带动作用为负，因此经济增长完全依靠内需。

从持续信用紧缩近一年的情况看，其降低需求的效应在2018年5月开始显现，中国GDP季度环比增速回到了六年以来最低值的假设。我们依据

2012~2017年GDP季度环比增速最低值推测，2018年第二季度GDP季度环比增速保持在1.7%（见表1），从而计算2018年第二季度经济增速为6.5%，上半年经济增速为6.6%，下半年经济增速为6.4%，全年经济增速为6.5%，这符合经济增长6.5%左右的目标。如果受到国际冲击，中国也将随着美国的加息而加息，并继续保持现有金融去杠杆的态势，则需求会进一步回落。2018年第四季度GDP环比增速需要下调到1.5%的水平，全年增速维持不变，但2019年经济增长的压力较大，预计增速在6.2%的水平，接近我们预估的潜在增长率水平，经济保持平稳态势不变。

表1 2012~2018年GDP季度环比增速

单位：%

季度	2012年	2013年	2014年	2015年	2016年	2017年	2018年
第一季度	1.9	1.9	1.7	1.7	1.3	1.4	1.3
第二季度	2.1	1.7	1.8	1.7	1.9	1.8	1.7
第三季度	1.8	2.1	1.8	1.7	1.8	1.7	1.7
第四季度	2.0	1.6	1.7	1.6	1.7	1.6	1.5

资料来源：国家统计局网站。

国际组织预测2018年中国经济增速保持在6.4%~6.5%的水平，对2019年中国经济增速的预测普遍低于6.5%，由此我们预测2019年中国GDP增速将低于6.5%的水平。

二 效率转型与潜在增长

改革开放40年来，中国已经进入中等偏高收入阶段，预计到2025年前后会突破高收入门槛，迈入高收入国家行列。2017年10月，习近平总书记在党的第十九次全国代表大会上对中国"第二个百年"奋斗目标给出了具体的规划，即从2020年至2035年，中国将基本实现社会主义现代化；接下来，从2035年至2050年，中国将确立其社会主义现代化强国的地位。依照经济增长理论的基本逻辑和国际发展经验，中国经济将由后发赶超型增长模式向中高端协调发展模式转变，经济发展将会遵照创新、协调、绿色、开放和共享五大发展理念稳步推进，原有的依靠规模扩张和非平衡增长等赶超模式的增长路径逐步向新的发展路径转变。同时，中国经济要实现高质量增长也需要持续进行效率改进，既要进行要素效率的改进，也要实现全要素生产率和贡献比重的提升。

依照经济增长理论的研究传统，我们借助生产函数测算各要素的增长及贡献情况（见表2），借此来对中国经济的结构性特征进行分析。

表2 生产函数分解

指标	1985~2007年	2008~2012年	2013~2017年	2018~2022年（预测）
[1]潜在增长率(生产函数拟合)(%)	10.10	9.42	7.08	6.45
[2]资本投入(K)弹性	0.60	0.60	0.60	0.55
[3]资本贡献份额=([2]×[8])/[1](%)	68.72	82.10	76.98	69.70
[4]劳动投入(L)弹性	0.40	0.40	0.40	0.45
[5]劳动贡献份额=([4]×[11])/[1](%)	6.17	1.55	2.19	0.30
[6]TFP增长率(%)	2.82	1.74	0.75	1.88
[7]TFP贡献率=100-[3]-[5](%)	25.11	16.35	20.83	30.0
[8]资本投入增长率($k=dK/K$)=[9]×[10](%)	11.13	12.89	9.08	8.17
[9](净)投资率(I/Y)(%)	21.32	34.98	27.92	—
[10]资本效率(Y/K)	0.52	0.370	0.311	—
[11]劳动投入增长率($l=dL/L$)(%)	1.50	0.365	0.397	0.048
[12]劳动年龄人口增长率(pop_L)(%)	1.58	0.940	0.267	0.211
[13]劳动参与率变化率(θ_L)(%)	-0.07	-0.563	0.145	-0.163
[14]劳动生产率增长率($y=Y/L$)(%)	8.54	9.019	6.431	—
[15]资本效率(Y/K)增长率(%)	-0.89	-4.687	-3.901	—
[16]人均资本(K/L)增长率(%)	9.43	14.38	11.889	—
[17]城市化率(%)	33	49.8	56.4	60

注：①主要指标和估算方法说明：产出（Y）变量依据以1978年为基期的不变价国内生产总值；劳动投入（L）变量为就业人数；资本投入（K）水平依据 Nehru 和 Dhareshwar 的永续盘存法计算的以1978年为基期的固定资产存量水平。②预测方法说明：首先，基于城市化率与投资率关系的计量模型，给出对资本形成增长率和资本投入增长率的预测；其次，通过非参数线性估计方法对要素弹性参数进行估计；最后，设定未来TFP贡献率达到发达经济体基准水平（30%）时，估算出中国的潜在增长水平。

资料来源：《新中国六十年统计资料汇编》《中国统计年鉴》及各省份统计年鉴。

改革开放40年来，资本投入对增长的贡献一直维持在较高水平。在增长核算框架下，综合考虑资本和劳动要素对增长的贡献之后，全要素生产率（TFP）对GDP增长的贡献率维持在20%左右。显然，这种较低的TFP贡献率，是中国资本驱动增长模式的特定现象。与此同时，还呈现以下特征。①中国经济基本上伴随着资本投入的快速增长而增长。在经济持续超高速增长的1985~2007年，资本投入增长率为11.13%，与其他处于相似发展阶段的任何国家相比，这样的资本积累速度都是很高的。而自2008年以来，虽然中国经济进入结构性减速阶段，潜在GDP增速有所下降，但是2008~2012年资本投入增长率仍然维持在12.89%的高位，2013~2017年资本投入增长率有所下降，预计2018~2022年资本投入增长率为8.17%。②资本回报率和边际收益持续下降。1985~2007年，资本效率（Y/K，即单位资本投入带来的产出增长）为0.52，2013~2017年资本效率进一步下降，仅为0.311。这表明中国经济长期依赖投资拉动，从而造成资本回报率和边际收益呈现递减趋势，而且中国经济对资本驱动增长的模式有一定的路径依赖，使得报酬递减和低增长的不良循环带来的低效率问题越来越明显。

经济结构转型升级与效率路径重塑是中国实现高质量发展的根本。党的十九大后推动经济发展的基本思路也得到进一步完善，重点强调要加快建设现代化的经济体系，强调质量第一、效率优先。因此，中国经济迈向高质量发展阶段必须重视两个效率的提升，即劳动生产率和全要素生产率的同步提升。

一方面，劳动生产率的增长速度直接决定了工资水平的提升速度，只有劳动生产率不断提高，居民的收入水平才能稳步提升。在工业化过程中，劳动生产率的提高依靠的是劳动和资本要素相结合带来的产出效率的提升，即依赖"物质资本密集"实现劳动生产率的提高；而经济结构服务化后，劳动生产率的提高则要依靠劳动质量提升带来的"人力资本密集"来推动，此时劳动生产率增长能反映一国人力资本的深化程度和国家的福利水平。中国经济自改革开放以来的高速增长在很大程度上是借助人口红利实现的，但当前面对生育率下降和人口老龄化等问题，人口增长率急剧下降。劳动投入增长率从1985~2007年的1.50%下降至2013~2017年的0.397%,预计未来劳动投入增长率会进一步下降,2018~2022年为0.048%。同时,伴随着劳动年龄人口的增长和劳动参与率变化率的急剧下降,劳动参与率甚至已经呈现负增长的情形。在此背景下,要实现劳动生产率的提高需要更好地借助劳动质量的提高而非劳动数量的增长,要通过教育、专业技能培训等方式实现劳动素质的提升和劳动生产率的提高。

另一方面,全要素生产率对经济的贡献率不断提高,是企业技术进步与配置效率提升的综合反映。只有当TFP增长率超过要素投入带来的增长时,才能提高TFP贡献率,而且TFP贡献率被视为测量内生增长贡献水平的指标。放大至一国来看,TFP贡献率的提高意味着一个国家的经济增长逐步摆脱要素投入带来的增长,进入内生增长的道路,而只有TFP增长才能克服人力、资本深化带来的规模报酬递减问题。我们使用柯布-道格拉斯生产函数对中国TFP增长率及贡献率进行计算可以得出以下结论。①中国经济高速增长阶段,TFP增长率和贡献率均较高。1985~2007年中国经济高速增长期间,TFP对经济增长的贡献率为25.11%,进一步梳理发现,1993~2007年TFP对经济增长的贡献率较高,超过了35%。②2008年之后TFP增长率出现急速下滑,而2013~2017年TFP贡献率有所回升,达到20.83%,这表明供给侧结构性改革初见成效。2008年以来,中国经济面临结构性减速带来的增长速度严重下滑,用各种方法测算的TFP贡献率都降至20%以下。这一阶段经济增长主要靠政府大规模投资刺激资本积累的方式来维持。随后中央研判指出中国经济进入"新常态",提出要通过供给侧结构性改革突破"三期叠加"①的发展困境。通过前后五年TFP增长率和贡献率的对比发现,在整体趋势性下滑的背景下,TFP增速的下滑明显缓于GDP增速的下滑,表现为TFP贡献率的上升。这表明,通过这一阶段的改革,经济由资本驱动发展模式转向创新驱动发展模式的调整初见成效,需要进一步巩固和强化。③如果依照2013~2017年TFP贡献率和资本产出弹性平均水平测

---

① "三期叠加"是指增长速度换挡期、结构调整阵痛期、前期刺激政策消化期三个阶段。

算，2018~2022年经济潜在增长率平均水平将达到6.15%。④如果参照发达经济体的增长经验，将2018~2022年TFP贡献率设定为30%的水准，经济潜在增长率将达到6.45%，此时要求TFP增长率至少要维持在1.88%。展望中国未来的经济增长，依赖资本积累拉动经济规模收益递减的特征会日益凸显，而TFP的提高是供给侧结构性改革和创新驱动的根本着力点，如果不能扭转TFP对增长的贡献率较低的现状，则经济潜在增长率会持续下滑。TFP的提高对经济潜在增长率的影响是持续且显著的，同时，提高TFP增长率及贡献率也是研判创新驱动转化为新增长动力的根本标准，因此要着力通过技术进步和制度改革提升TFP增长率和贡献率水平。

三 高质量发展指标体系

（一）高质量发展的本质和特征

中国过去30多年的工业化，走的是依托要素投入、消费压抑和出口拉动的路子。经济新常态开启了高速增长向高质量发展的路径转换，以往积累的诸多发展矛盾和问题对转变发展方式、优化经济结构、转换增长动力提出了根本要求并带来了严峻挑战。通过分析各国在此阶段的经济发展状况，我们可以概括出三条共性特征：第一，工业化的核心是通过产出的快速增长解决稀缺性问题，其成熟的标志是突破贫困陷阱、达到中等收入水平，此后将进入向高收入水平持续迈进的阶段，并将通过大众高消费的城市化带动发展；第二，新兴工业化国家普遍能够依靠大规模工业化达到中等收入水平，但只有极少数国家能够突破中等收入陷阱，这是因为在从工业化向城市化转型的过程中，多数新兴工业化国家的服务业和消费未能提供可持续发展所必需的效率补偿；第三，在从工业化赶超向高质量发展的转型过程中，经济结构条件的变化将给发展中国家带来宏观不稳定问题，社会再平衡的必要性进一步凸显。

高质量发展的本质是"以人民为中心"。党的十九大针对中国的发展阶段指出:"新时代我国社会主要矛盾是人民日益增长的美好生活需要和不平衡不充分的发展之间的矛盾,必须坚持'以人民为中心'的发展思想,不断促进人的全面发展、全体人民共同富裕。"这一论断指出了我国经济转向高质量发展的本质,是要从"物质"生产体系转向"以人民为中心"的消费升级、创新、高效、包容的可持续发展轨道。

马克思经典理论以资本循环运动为研究对象,反映了工业化阶段的发展规律,其中生产是起点,消费是附属,消费的作用仅是为了劳动力再生产。而马克思在社会主义构想中阐述了关于人的发展、自由联合体和按劳分配的理论,指出人的解放和全面发展是社会主义发展和实现共产主义的本质。我国在全面建成小康社会的基础上,"以人民为中心"成为新时代中国特色社会主义的指导思想。人民消费成为经济循环的起点,而不再是生产环节的附属。消费的内涵不仅是提供劳动力再生产的日常消费,而且是通过逐渐偏向知识消费的消费结构升级,实现人的全面发展,提高人力资本水平,促进科技创新与知识生产,并建立消费对经济效率的补偿机制,以此改善经济效率,实现城市化过程的可持续。这一模式将形成一个"以人民为中心"的新经济循环体系,实现创新、效率提升、价值创造与公平分享的高质量发展。

"知识消费—人力资本提高—创新效率补偿"的循环,是经济高质量发展的核心机制。我国在工业化阶段偏重于中低层次教育,形成了较大比重的低层次人力资本,目前面临人力资本升级的问题。通过日本和韩国经验的比较可以看出,两国在大规模工业化结束后的15~20年中都实现了高等教育的普及,预计到2025年,两国高等教育人力资本的比重将分别达到50%和70%。人力资本结构的快速改善促进了整体创新能力的提升,是经济转向高质量发展的重要保证,其内涵是广义人力资本的快速提升,包括科学、教育、文化娱乐、健康医疗、体育等多方面的快速发展。在高质量发展轨道中,经济增长伴随着知识消费比重的提高和人力资本结构的改善,从而推动劳动生产率提高、TFP贡献率提升、可持续性增强。在新经济循环中,劳动要素的质量不断提升,并持续创造和分享价值。这一过程需要建立和完善新的体制机制，由政府提供稳定的环境和高质量的服务，经济通过自主协调实现内生增长，并使市场机制与宏观稳定相互协调。

推动我国经济高质量发展和转型需要两大引擎：一是以提升广义人力资本为基准的深度城市化，二是提升制造业的国际竞争力。深度城市化的本质是人的聚集，核心是形成"以人民为中心"的"知识消费、资本深化和高劳动生产率"的良性循环。知识消费是指科教文卫体等消费比重持续提高的消费结构升级，以此促进人力资本结构升级；资本深化是指资本质量和存量优化提升，从而提高资本回报率；高劳动生产率是指制造业和服务业的产业效率持续提升，从而形成良性循环。我国深度城市化的目标是达成效率的持续提升，这需要明确以下两个趋势：一是服务业的要素化趋势，二是消费的跨期投资特性。典型的如教育、研发、信息等产业会为其他产业提供知识、技术等生产要素，或直接生产人力资本。从发达国家经济服务化的发展经验来看，这些与知识有关的服务业份额越来越大，作用也越来越重要，呈现要素化的趋势，并被美国一些经济史学者认为是"立足工业物质生产力巨大发展之上的新高端阶段"。在服务业要素化趋势下，消费越来越具有瞄向未来效率补偿和效率提升的跨期投资特性，尤其是知识消费。在人力资本提升的要求下，消费的性质已经发生了质的变化，成为广义人力资本再生产的关键环节。这种跨期的动态补偿存在一定的不确定性，需要顶层设计和战略定力。提升制造业的国际竞争力已经在《中国制造2025》中有所体现，我国制造业需要在自主创新能力、资源利用效率、产业结构水平、信息化程度、质量效益等方面不断提升，实现转型升级和跨越发展。

我国经济转向高质量发展的基本特征可以归纳为以下六点。

（1）"以人民为中心"的深度城市化。持续提升科教文卫体等知识消费比重，更多地让人民分享发展成果，提高居民初次分配比重，政府提供更多、更高质量的公共服务。

（2）创新驱动持续提升效率。包括持续提高劳动生产率、提升TFP贡献率、促进可持续发展三个基本效率指标。

（3）保护产权，规范政府行为，实现市场配置资源。政府规制在后发国家的赶超阶段具有重要作用，而在转向高质量发展的过程中，需要让市场在资源配置中发挥决定性作用，完善产权保护，矫正过度干预行为，发挥政府的公共服务职能。

（4）经济稳定性。在转向高质量发展的阶段，经济复杂度更高，全面深化改革开放将难以避免一些内部和外部冲击，需要重视宏观经济的稳定运行。经济稳定的核心是抑制通货膨胀和汇率波动，其背后是城市化过程中积累的土地、金融和财政风险，不仅需要短期政策的调节，而且涉及特定发展阶段的宏观管理框架，需要进行结构性改革。

（5）生态文明建设和可持续发展。高质量发展既要满足人民对物质文化生活的需要，也要满足人民对优美生态环境等美好生活的需要，实现可持续发展。

（6）经济协调主体转型。加快改革当前的行政区划体制，将城市作为空间协调发展的引领，配合中央政府的布局规划、激励设计和支出功能完成经济协调主体转型。

（二）高质量发展指标设计

中国经济已经进入由粗放型增长转向高质量发展的阶段。粗放型经济增长方式的特征是依靠增加生产要素投入来促进经济增长，即数量型经济增长。高质量经济发展方式的特征是依靠生产要素的有效配置来促进经济增长，即提高经济发展质量。经济增长不仅包含数量的增长，而且包含质量的增长，即高质量的发展。我们依据经济发展质量的本质和基本特征，参考国际上相关五大指标体系，构建经济发展质量指标体系。本报告关于高质量发展指标的设计，以OECD国家为参照样本，将高质量发展评价指标分为三级，其中一级指标包括经济增长、创新效率、政府效率、生活质量和环境质量。每个一级指标包含若干个二级指标，其中经济增长包括增长效率、经济结构、经济稳定；创新效率包括创新水平和市场效率；政府效率包括公共服务效率和社会保障；生活质量包括消费升级和消费促进；环境质量包括生态环境、产出能耗、城市排放、空气监测、环保投资与回收。二级指标下设67个具体指标（其中50个指标可以进行国际比较，17个指标不可以进行国际比较）。本报告希望通过完整的指标体系来评估中国与OECD国家高质量发展方面的差距，发现短板，并缩小与OECD发达国家的差距。高质量发展指标体系见表3。

表3 高质量发展指标体系

一级指标	二级指标	具体指标	指标解释	国际可比
经济增长	增长效率	GDP增长率	GDP年度增长率	是
		城镇调查失业率*	城镇调查失业率	是
		资本回报率	资本回报/资本存量	是
		第二产业劳动生产率增长率	不变价格的第二产业劳动生产率增长率	是
		第三产业劳动生产率增长率	不变价格的第三产业劳动生产率增长率	是
	经济结构	GDP2（第二产业增加值占GDP比重）	第二产业增加值占GDP的比重	是
		GDP3（第三产业增加值占GDP比重）	第三产业增加值占GDP的比重	是
		城市化率	非农人口占常住人口的比重	是
		资本化率	股市总市值/GDP	是
	经济稳定	CPI波动率*	CPI同比增长率	是
		汇率波动率*	2017年各货币兑美元月平均汇率的标准差	是
		净出口波动率*	2017年净出口的标准差	是
		房地产价格波动率*	2017年房地产价格变动率	是
		居民负债水平*	家庭债务占GDP比重排名	是
		企业负债水平*	企业债务占GDP比重排名	是
		政府负债水平*	政府债务占GDP比重排名	是
创新效率	创新水平	PCT国际专利数量	2017年PCT国际专利申请数量（按来源国统计）	是
		科技论文发表数量	S&E articles in all fields, by country or economy: 2016	是
		互联网普及度	使用互联网人口占比	是
		TFP增长率	TFP增长率	是
		研发强度	研发费用/GDP	是
		知识产权保护	Intellectual property protection, 1–7（best）	是

社长致辞

蓦然回首,皮书的专业化历程已经走过了二十年。20年来从一个出版社的学术产品名称到媒体热词再到智库成果研创及传播平台,皮书以专业化为主线,进行了系列化、市场化、品牌化、数字化、国际化、平台化的运作,实现了跨越式的发展。特别是在党的十八大以后,以习近平总书记为核心的党中央高度重视新型智库建设,皮书也迎来了长足的发展,总品种达到600余种,经过专业评审机制、淘汰机制遴选,目前,每年稳定出版近400个品种。"皮书"已经成为中国新型智库建设的抓手,成为国际国内社会各界快速、便捷地了解真实中国的最佳窗口。

20年孜孜以求,"皮书"始终将自己的研究视野与经济社会发展中的前沿热点问题紧密相连。600个研究领域,3万多位分布于800余个研究机构的专家学者参与了研创写作。皮书数据库中共收录了15万篇专业报告,50余万张数据图表,合计30亿字,每年报告下载量近80万次。皮书为中国学术与社会发展实践的结合提供了一个激荡智力、传播思想的入口,皮书作者们用学术的话语、客观翔实的数据谱写出了中国故事壮丽的篇章。

20年跬步千里,"皮书"始终将自己的发展与时代赋予的使命与责任紧紧相连。每年百余场新闻发布会,10万余次中外媒体报道,中、英、俄、日、韩等12个语种共同出版。皮书所具有的凝聚力正在形成一种无形的力量,吸引着社会各界关注中国的发展,参与中国的发展,它是我们向世界传递中国声音、总结中国经验、争取中国国际话语权最主要的平台。

皮书这一系列成就的取得,得益于中国改革开放的伟大时代,离不开来自中国社会科学院、新闻出版广电总局、全国哲学社会科学规划办公室等主管部门的大力支持和帮助,也离不开皮书研创者和出版者的共同努力。他们与皮书的故事创造了皮书的历史,他们对皮书的拳拳之心将继续谱写皮书的未来!

现在,"皮书"品牌已经进入了快速成长的青壮年时期。全方位进行规范化管理,树立中国的学术出版标准;不断提升皮书的内容质量和影响力,搭建起中国智库产品和智库建设的交流服务平台和国际传播平台;发布各类皮书指数,并使之成为中国指数,让中国智库的声音响彻世界舞台,为人类的发展做出中国的贡献——这是皮书未来发展的图景。作为"皮书"这个概念的提出者,"皮书"从一般图书到系列图书和品牌图书,最终成为智库研究和社会科学应用对策研究的知识服务和成果推广平台这整个过程的操盘者,我相信,这也是每一位皮书人执着追求的目标。

"当代中国正经历着我国历史上最为广泛而深刻的社会变革,也正在进行着人类历史上最为宏大而独特的实践创新。这种前无古人的伟大实践,必将给理论创造、学术繁荣提供强大动力和广阔空间。"

在这个需要思想而且一定能够产生思想的时代,皮书的研创出版一定能创造出新的更大的辉煌!

社会科学文献出版社社长
中国社会学会秘书长

2017年11月

社会科学文献出版社简介

社会科学文献出版社(以下简称"社科文献出版社")成立于1985年,是直属于中国社会科学院的人文社会科学学术出版机构。成立至今,社科文献出版社始终依托中国社会科学院和国内外人文社会科学界丰厚的学术出版和专家学者资源,坚持"创社科经典,出传世文献"的出版理念、"权威、前沿、原创"的产品定位以及学术成果和智库成果出版的专业化、数字化、国际化、市场化的经营道路。

社科文献出版社是中国新闻出版业转型与文化体制改革的先行者。积极探索文化体制改革的先进方向和现代企业经营决策机制,社科文献出版社先后荣获"全国文化体制改革工作先进单位"、中国出版政府奖·先进出版单位奖,中国社会科学院先进集体、全国科普工作先进集体等荣誉称号。多人次荣获"第十届韬奋出版奖""全国新闻出版行业领军人才""数字出版先进人物""北京市新闻出版广电行业领军人才"等称号。

社科文献出版社是中国人文社会科学学术出版的大社名社,也是以皮书为代表的智库成果出版的专业强社。年出版图书2000余种,其中皮书400余种,出版新书字数5.5亿字,承印与发行中国社科院所属期刊72种,先后创立了皮书系列、列国志、中国史话、社科文献学术译库、社科文献学术文库、甲骨文书系等一大批既有学术影响又有市场价值的品牌,确立了在社会学、近代史、苏东问题研究等专业学科及领域出版的领先地位。图书多次荣获中国出版政府奖、"三个一百"原创图书出版工程、"五个一"工程奖、"大众喜爱的50种图书"等奖项,在中央国家机关"强素质·做表率"读书活动中,入选图书品种数位居各大出版社之首。

社科文献出版社是中国学术出版规范与标准的倡议者与制定者,代表全国50多家出版社发起实施学术著作出版规范的倡议,承担学术著作规范国家标准的起草工作,率先编撰完成《皮书手册》对皮书品牌进行规范化管理,并在此基础上推出中国版芝加哥手册——《社科文献出版社学术出版手册》。

社科文献出版社是中国数字出版的引领者,拥有皮书数据库、列国志数据库、"一带一路"数据库、减贫数据库、集刊数据库等4大产品线11个数据库产品,机构用户达1300余家,海外用户百余家,荣获"数字出版转型示范单位""新闻出版标准化先进单位""专业数字内容资源知识服务模式试点企业标准化示范单位"等称号。

社科文献出版社是中国学术出版走出去的践行者。社科文献出版社海外图书出版与学术合作业务遍及全球40余个国家和地区,并于2016年成立俄罗斯分社,累计输出图书500余种,涉及近20个语种,累计获得国家社科基金中华学术外译项目资助76种、"丝路书香工程"项目资助60种、中国图书对外推广计划项目资助71种以及经典中国国际出版工程资助28种,被五部委联合认定为"2015—2016年度国家文化出口重点企业"。

如今,社科文献出版社完全靠自身积累拥有固定资产3.6亿元,年收入3亿元,设置了七大出版分社、六大专业部门,成立了皮书研究院和博士后科研工作站,培养了一支近400人的高素质与高效率的编辑、出版、营销和国际推广队伍,为未来成为学术出版的大社、名社、强社,成为文化体制改革与文化企业转型发展的排头兵奠定了坚实的基础。

 宏观经济类

皮书系列
重点推荐

宏观经济类

经济蓝皮书
2018年中国经济形势分析与预测

李平 / 主编　2017年12月出版　定价：89.00元

◆ 本书为总理基金项目，由著名经济学家李扬领衔，联合中国社会科学院等数十家科研机构、国家部委和高等院校的专家共同撰写，系统分析了2017年的中国经济形势并预测2018年中国经济运行情况。

城市蓝皮书
中国城市发展报告 No.11

潘家华　单菁菁 / 主编　2018年9月出版　估价：99.00元

◆ 本书是由中国社会科学院城市发展与环境研究中心编著的，多角度、全方位地立体展示了中国城市的发展状况，并对中国城市的未来发展提出了许多建议。该书有强烈的时代感，对中国城市发展实践有重要的参考价值。

人口与劳动绿皮书
中国人口与劳动问题报告 No.19

张车伟 / 主编　2018年10月出版　估价：99.00元

◆ 本书为中国社会科学院人口与劳动经济研究所主编的年度报告，对当前中国人口与劳动形势做了比较全面和系统的深入讨论，为研究中国人口与劳动问题提供了一个专业性的视角。

宏观经济类 · 区域经济类

中国省域竞争力蓝皮书
中国省域经济综合竞争力发展报告（2017~2018）
李建平　李闽榕　高燕京/主编　2018年5月出版　估价：198.00元

◆ 本书融多学科的理论为一体，深入追踪研究了省域经济发展与中国国家竞争力的内在关系，为提升中国省域经济综合竞争力提供有价值的决策依据。

金融蓝皮书
中国金融发展报告（2018）
王国刚/主编　2018年6月出版　估价：99.00元

◆ 本书由中国社会科学院金融研究所组织编写，概括和分析了2017年中国金融发展和运行中的各方面情况，研讨和评论了2017年发生的主要金融事件，有利于读者了解掌握2017年中国的金融状况，把握2018年中国金融的走势。

区域经济类

京津冀蓝皮书
京津冀发展报告（2018）
祝合良　叶堂林　张贵祥/等著　2018年6月出版　估价：99.00元

◆ 本书遵循问题导向与目标导向相结合、统计数据分析与大数据分析相结合、纵向分析和长期监测与结构分析和综合监测相结合等原则，对京津冀协同发展新形势与新进展进行测度与评价。

社会政法类

社会蓝皮书

2018年中国社会形势分析与预测

李培林　陈光金　张翼 / 主编　2017年12月出版　定价：89.00元

◆ 本书由中国社会科学院社会学研究所组织研究机构专家、高校学者和政府研究人员撰写，聚焦当下社会热点，对2017年中国社会发展的各个方面内容进行了权威解读，同时对2018年社会形势发展趋势进行了预测。

法治蓝皮书

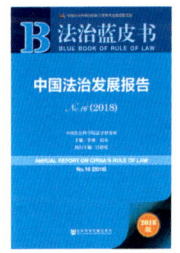

中国法治发展报告 No.16（2018）

李林　田禾 / 主编　2018年3月出版　定价：128.00元

◆ 本年度法治蓝皮书回顾总结了2017年度中国法治发展取得的成就和存在的不足，对中国政府、司法、检务透明度进行了跟踪调研，并对2018年中国法治发展形势进行了预测和展望。

教育蓝皮书

中国教育发展报告（2018）

杨东平 / 主编　2018年3月出版　定价：89.00元

◆ 本书重点关注了2017年教育领域的热点，资料翔实，分析有据，既有专题研究，又有实践案例，从多角度对2017年教育改革和实践进行了分析和研究。

社会政法类

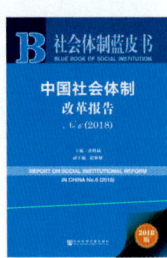

社会体制蓝皮书
中国社会体制改革报告 No.6（2018）

龚维斌/主编　2018年3月出版　定价：98.00元

◆ 本书由国家行政学院社会治理研究中心和北京师范大学中国社会管理研究院共同组织编写，主要对2017年社会体制改革情况进行回顾和总结，对2018年的改革走向进行分析，提出相关政策建议。

社会心态蓝皮书
中国社会心态研究报告（2018）

王俊秀　杨宜音/主编　2018年12月出版　估价：99.00元

◆ 本书是中国社会科学院社会学研究所社会心理研究中心"社会心态蓝皮书课题组"的年度研究成果，运用社会心理学、社会学、经济学、传播学等多种学科的方法进行了调查和研究，对于目前中国社会心态状况有较广泛和深入的揭示。

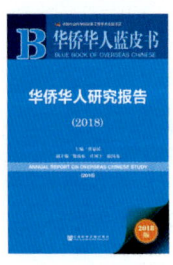

华侨华人蓝皮书
华侨华人研究报告（2018）

贾益民/主编　2017年12月出版　估价：139.00元

◆ 本书关注华侨华人生产与生活的方方面面。华侨华人是中国建设21世纪海上丝绸之路的重要中介者、推动者和参与者。本书旨在全面调研华侨华人，提供最新涉侨动态、理论研究成果和政策建议。

民族发展蓝皮书
中国民族发展报告（2018）

王延中/主编　2018年10月出版　估价：188.00元

◆ 本书从民族学人类学视角，研究近年来少数民族和民族地区的发展情况，展示民族地区经济、政治、文化、社会和生态文明"五位一体"建设取得的辉煌成就和面临的困难挑战，为深刻理解中央民族工作会议精神、加快民族地区全面建成小康社会进程提供了实证材料。

 产业经济类·行业及其他类

皮书系列
重点推荐

产业经济类

房地产蓝皮书
中国房地产发展报告 No.15（2018）

李春华 王业强 / 主编 2018年5月出版 估价：99.00元

◆ 2018年《房地产蓝皮书》持续追踪中国房地产市场最新动态，深度剖析市场热点，展望2018年发展趋势，积极谋划应对策略。对2017年房地产市场的发展态势进行全面、综合的分析。

新能源汽车蓝皮书
中国新能源汽车产业发展报告（2018）

中国汽车技术研究中心　日产（中国）投资有限公司
东风汽车有限公司 / 编著　2018年8月出版　估价：99.00元

◆ 本书对中国2017年新能源汽车产业发展进行了全面系统的分析，并介绍了国外的发展经验。有助于相关机构、行业和社会公众等了解中国新能源汽车产业发展的最新动态，为政府部门出台新能源汽车产业相关政策法规、企业制定相关战略规划，提供必要的借鉴和参考。

行业及其他类

旅游绿皮书
2017~2018年中国旅游发展分析与预测

中国社会科学院旅游研究中心 / 编　2018年1月出版　定价：99.00元

◆ 本书从政策、产业、市场、社会等多个角度勾画出2017年中国旅游发展全貌，剖析了其中的热点和核心问题，并就未来发展作出预测。

皮书系列重点推荐

行业及其他类

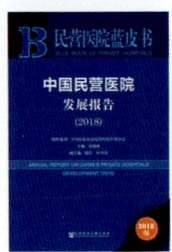

民营医院蓝皮书
中国民营医院发展报告（2018）

薛晓林/主编　2018年11月出版　估价：99.00元

◆ 本书在梳理国家对社会办医的各种利好政策的前提下，对我国民营医疗发展现状、我国民营医院竞争力进行了分析，并结合我国医疗体制改革对民营医院的发展趋势、发展策略、战略规划等方面进行了预估。

会展蓝皮书
中外会展业动态评估研究报告（2018）

张敏/主编　2018年12月出版　估价：99.00元

◆ 本书回顾了2017年的会展业发展动态，结合"供给侧改革"、"互联网+"、"绿色经济"的新形势分析了我国展会的行业现状，并介绍了国外的发展经验，有助于行业和社会了解最新的展会业动态。

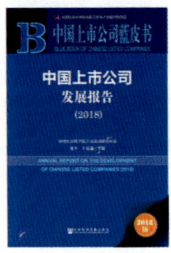

中国上市公司蓝皮书
中国上市公司发展报告（2018）

张平　王宏淼/主编　2018年9月出版　估价：99.00元

◆ 本书由中国社会科学院上市公司研究中心组织编写的，着力于全面、真实、客观反映当前中国上市公司财务状况和价值评估的综合性年度报告。本书详尽分析了2017年中国上市公司情况，特别是现实中暴露出的制度性、基础性问题，并对资本市场改革进行了探讨。

工业和信息化蓝皮书
人工智能发展报告（2017~2018）

尹丽波/主编　2018年6月出版　估价：99.00元

◆ 本书国家工业信息安全发展研究中心在对2017年全球人工智能技术和产业进行全面跟踪研究基础上形成的研究报告。该报告内容翔实、视角独特，具有较强的产业发展前瞻性和预测性，可为相关主管部门、行业协会、企业等全面了解人工智能发展形势以及进行科学决策提供参考。

 国际问题与全球治理类 皮书系列 重点推荐

国际问题与全球治理类

世界经济黄皮书

2018年世界经济形势分析与预测

张宇燕 / 主编　2018年1月出版　定价：99.00元

◆ 本书由中国社会科学院世界经济与政治研究所的研究团队撰写，分总论、国别与地区、专题、热点、世界经济统计与预测等五个部分，对2018年世界经济形势进行了分析。

国际城市蓝皮书

国际城市发展报告（2018）

屠启宇 / 主编　2018年2月出版　定价：89.00元

◆ 本书作者以上海社会科学院从事国际城市研究的学者团队为核心，汇集同济大学、华东师范大学、复旦大学、上海交通大学、南京大学、浙江大学相关城市研究专业学者。立足动态跟踪介绍国际城市发展时间中，最新出现的重大战略、重大理念、重大项目、重大报告和最佳案例。

非洲黄皮书

非洲发展报告 No.20（2017～2018）

张宏明 / 主编　2018年7月出版　估价：99.00元

◆ 本书是由中国社会科学院西亚非洲研究所组织编撰的非洲形势年度报告，比较全面、系统地分析了2017年非洲政治形势和热点问题，探讨了非洲经济形势和市场走向，剖析了大国对非洲关系的新动向；此外，还介绍了国内非洲研究的新成果。

皮书系列
重点推荐　　国别类

国别类

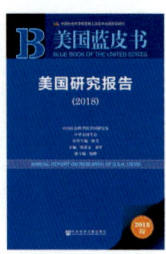

美国蓝皮书
美国研究报告（2018）
郑秉文　黄平 / 主编　2018年5月出版　估价：99.00元
◆ 本书是由中国社会科学院美国研究所主持完成的研究成果，它回顾了美国2017年的经济、政治形势与外交战略，对美国内政外交发生的重大事件及重要政策进行了较为全面的回顾和梳理。

德国蓝皮书
德国发展报告（2018）
郑春荣 / 主编　2018年6月出版　估价：99.00元
◆ 本报告由同济大学德国研究所组织编撰，由该领域的专家学者对德国的政治、经济、社会文化、外交等方面的形势发展情况，进行全面的阐述与分析。

俄罗斯黄皮书
俄罗斯发展报告（2018）
李永全 / 编著　2018年6月出版　估价：99.00元
◆ 本书系统介绍了2017年俄罗斯经济政治情况，并对2016年该地区发生的焦点、热点问题进行了分析与回顾；在此基础上，对该地区2018年的发展前景进行了预测。

文化传媒类

新媒体蓝皮书
中国新媒体发展报告 No.9（2018）

唐绪军 / 主编　2018 年 6 月出版　估价：99.00 元

◆ 本书是由中国社会科学院新闻与传播研究所组织编写的关于新媒体发展的最新年度报告，旨在全面分析中国新媒体的发展现状，解读新媒体的发展趋势，探析新媒体的深刻影响。

移动互联网蓝皮书
中国移动互联网发展报告（2018）

余清楚 / 主编　2018 年 6 月出版　估价：99.00 元

◆ 本书着眼于对 2017 年度中国移动互联网的发展情况做深入解析，对未来发展趋势进行预测，力求从不同视角、不同层面全面剖析中国移动互联网发展的现状、年度突破及热点趋势等。

文化蓝皮书
中国文化消费需求景气评价报告（2018）

王亚南 / 主编　2018 年 3 月出版　定价：99.00 元

◆ 本书首创全国文化发展量化检测评价体系，也是至今全国唯一的文化民生量化检测评价体系，对于检验全国及各地"以人民为中心"的文化发展具有首创意义。

地方发展类

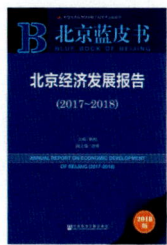

北京蓝皮书
北京经济发展报告（2017～2018）

杨松 / 主编　2018年6月出版　估价：99.00元

◆ 本书对2017年北京市经济发展的整体形势进行了系统性的分析与回顾，并对2018年经济形势走势进行了预测与研判，聚焦北京市经济社会发展中的全局性、战略性和关键领域的重点问题，运用定量和定性分析相结合的方法，对北京市经济社会发展的现状、问题、成因进行了深入分析，提出了可操作性的对策建议。

温州蓝皮书
2018年温州经济社会形势分析与预测

蒋儒标　王春光　金浩 / 主编　2018年6月出版　估价：99.00元

◆ 本书是中共温州市委党校和中国社会科学院社会学研究所合作推出的第十一本温州蓝皮书，由来自党校、政府部门、科研机构、高校的专家、学者共同撰写的2017年温州区域发展形势的最新研究成果。

黑龙江蓝皮书
黑龙江社会发展报告（2018）

王爱丽 / 主编　2018年1月出版　定价：89.00元

◆ 本书以千份随机抽样问卷调查和专题研究为依据，运用社会学理论框架和分析方法，从专家和学者的独特视角，对2017年黑龙江省关系民生的问题进行广泛的调研与分析，并对2017年黑龙江省诸多社会热点和焦点问题进行了有益的探索。这些研究不仅可以为政府部门更加全面深入了解省情、科学制定决策提供智力支持，同时也可以为广大读者认识、了解、关注黑龙江社会发展提供理性思考。

皮书系列 2018全品种

宏观经济类

城市蓝皮书
中国城市发展报告（No.11）
著(编)者：潘家华 单菁菁
2018年9月出版 / 估价：99.00元
PSN B-2007-091-1/1

城乡一体化蓝皮书
中国城乡一体化发展报告（2018）
著(编)者：付崇兰
2018年9月出版 / 估价：99.00元
PSN B-2011-226-1/2

城镇化蓝皮书
中国新型城镇化健康发展报告（2018）
著(编)者：张占斌
2018年8月出版 / 估价：99.00元
PSN B-2014-396-1/1

创新蓝皮书
创新型国家建设报告（2018~2019）
著(编)者：詹正茂
2018年12月出版 / 估价：99.00元
PSN B-2009-140-1/1

低碳发展蓝皮书
中国低碳发展报告（2018）
著(编)者：张希良 齐晔
2018年6月出版 / 估价：99.00元
PSN B-2011-223-1/1

低碳经济蓝皮书
中国低碳经济发展报告（2018）
著(编)者：薛进军 赵忠秀
2018年11月出版 / 估价：99.00元
PSN B-2011-194-1/1

发展和改革蓝皮书
中国经济发展和体制改革报告No.9
著(编)者：邹东涛 王再文
2018年1月出版 / 估价：99.00元
PSN B-2008-122-1/1

国家创新蓝皮书
中国创新发展报告（2017）
著(编)者：陈劲 2018年5月出版 / 估价：99.00元
PSN B-2014-370-1/1

金融蓝皮书
中国金融发展报告（2018）
著(编)者：王国刚
2018年6月出版 / 估价：99.00元
PSN B-2004-031-1/7

经济蓝皮书
2018年中国经济形势分析与预测
著(编)者：李平 2017年12月出版 / 定价：89.00元
PSN B-1996-001-1/1

经济蓝皮书春季号
2018年中国经济前景分析
著(编)者：李扬 2018年5月出版 / 估价：99.00元
PSN B-1999-008-1/1

经济蓝皮书夏季号
中国经济增长报告（2017~2018）
著(编)者：李扬 2018年9月出版 / 估价：99.00元
PSN B-2010-176-1/1

农村绿皮书
中国农村经济形势分析与预测（2017~2018）
著(编)者：魏后凯 黄秉信
2018年4月出版 / 定价：99.00元
PSN G-1998-003-1/1

人口与劳动绿皮书
中国人口与劳动问题报告No.19
著(编)者：张车伟 2018年11月出版 / 估价：99.00元
PSN G-2000-012-1/1

新型城镇化蓝皮书
新型城镇化发展报告（2017）
著(编)者：李伟 宋敏
2018年3月出版 / 定价：98.00元
PSN B-2005-038-1/1

中国省域竞争力蓝皮书
中国省域经济综合竞争力发展报告（2016~2017）
著(编)者：李建平 李闽榕
2018年2月出版 / 定价：198.00元
PSN B-2007-088-1/1

中小城市绿皮书
中国中小城市发展报告（2018）
著(编)者：中国城市经济学会中小城市经济发展委员会
中国城镇化促进会中小城市发展委员会
《中国中小城市发展报告》编纂委员会
中小城市发展战略研究院
2018年11月出版 / 估价：128.00元
PSN G-2010-161-1/1

皮书系列 2018全品种　区域经济类·社会政法类

区域经济类

东北蓝皮书
中国东北地区发展报告（2018）
著（编）者：姜晓秋　2018年11月出版／估价：99.00元
PSN B-2006-067-1/1

金融蓝皮书
中国金融中心发展报告（2017~2018）
著（编）者：王力　黄育华　2018年11月出版／估价：99.00元
PSN B-2011-186-6/7

京津冀蓝皮书
京津冀发展报告（2018）
著（编）者：祝合良　叶堂林　张贵祥
2018年6月出版／估价：99.00元
PSN B-2012-262-1/1

西北蓝皮书
中国西北发展报告（2018）
著（编）者：王福生　马廷旭　董秋生
2018年1月出版／定价：99.00元
PSN B-2012-261-1/1

西部蓝皮书
中国西部发展报告（2018）
著（编）者：璋勇　任保平　2018年8月出版／估价：99.00元
PSN B-2005-039-1/1

长江经济带产业蓝皮书
长江经济带产业发展报告（2018）
著（编）者：吴传清　2018年11月出版／估价：128.00元
PSN B-2017-666-1/1

长江经济带蓝皮书
长江经济带发展报告（2017~2018）
著（编）者：王振　2018年11月出版／估价：99.00元
PSN B-2016-575-1/1

长江中游城市群蓝皮书
长江中游城市群新型城镇化与产业协同发展报告（2018）
著（编）者：杨刚强　2018年11月出版／估价：99.00元
PSN B-2016-578-1/1

长三角蓝皮书
2017年创新融合发展的长三角
著（编）者：刘飞跃　2018年5月出版／估价：99.00元
PSN B-2005-038-1/1

长株潭城市群蓝皮书
长株潭城市群发展报告（2017）
著（编）者：张萍　朱有志　2018年6月出版／估价：99.00元
PSN B-2008-109-1/1

特色小镇蓝皮书
特色小镇智慧运营报告（2018）：顶层设计与智慧架构
著（编）者：陈劲　2018年1月出版／定价：79.00元
PSN B-2018-692-1/1

中部竞争力蓝皮书
中国中部经济社会竞争力报告（2018）
著（编）者：教育部人文社会科学重点研究基地南昌大学中国中部经济社会发展研究中心
2018年12月出版／估价：99.00元
PSN B-2012-276-1/1

中部蓝皮书
中国中部地区发展报告（2018）
著（编）者：宋亚平　2018年12月出版／估价：99.00元
PSN B-2007-089-1/1

区域蓝皮书
中国区域经济发展报告（2017~2018）
著（编）者：赵弘　2018年5月出版／估价：99.00元
PSN B-2004-034-1/1

中三角蓝皮书
长江中游城市群发展报告（2018）
著（编）者：秦尊文　2018年9月出版／估价：99.00元
PSN B-2014-417-1/1

中原蓝皮书
中原经济区发展报告（2018）
著（编）者：李英杰　2018年6月出版／估价：99.00元
PSN B-2011-192-1/1

珠三角流通蓝皮书
珠三角商圈发展研究报告（2018）
著（编）者：王先庆　林至颖　2018年7月出版／估价：99.00元
PSN B-2012-292-1/1

社会政法类

北京蓝皮书
中国社区发展报告（2017~2018）
著（编）者：于燕燕　2018年9月出版／估价：99.00元
PSN B-2007-083-5/8

殡葬绿皮书
中国殡葬事业发展报告（2017~2018）
著（编）者：李伯森　2018年6月出版／估价：158.00元
PSN G-2010-180-1/1

城市管理蓝皮书
中国城市管理报告（2017-2018）
著（编）者：刘林　刘承水　2018年5月出版／估价：158.00元
PSN B-2013-336-1/1

城市生活质量蓝皮书
中国城市生活质量报告（2017）
著（编）者：张连城　张平　杨春学　郎丽华
2017年12月出版／定价：89.00元
PSN B-2013-326-1/1

14　权威·前沿·原创

社会政法类 — 皮书系列 2018全品种

城市政府能力蓝皮书
中国城市政府公共服务能力评估报告（2018）
著（编）者：何艳玲　2018年5月出版／估价：99.00元
PSN B-2013-338-1/1

创业蓝皮书
中国创业发展研究报告（2017～2018）
著（编）者：黄群慧　赵卫星　钟宏武
2018年11月出版／估价：99.00元
PSN B-2016-577-1/1

慈善蓝皮书
中国慈善发展报告（2018）
著（编）者：杨团　2018年6月出版／估价：99.00元
PSN B-2009-142-1/1

党建蓝皮书
党的建设研究报告No.2（2018）
著（编）者：崔建民　陈东平　2018年6月出版／估价：99.00元
PSN B-2016-523-1/1

地方法治蓝皮书
中国地方法治发展报告No.3（2018）
著（编）者：李林　田禾　2018年6月出版／估价：118.00元
PSN B-2015-442-1/1

电子政务蓝皮书
中国电子政务发展报告（2018）
著（编）者：李季　2018年8月出版／估价：99.00元
PSN B-2003-022-1/1

儿童蓝皮书
中国儿童参与状况报告（2017）
著（编）者：苑立新　2017年12月出版／定价：89.00元
PSN B-2017-682-1/1

法治蓝皮书
中国法治发展报告No.16（2018）
著（编）者：李林　田禾　2018年3月出版／定价：128.00元
PSN B-2004-027-1/3

法治蓝皮书
中国法院信息化发展报告No.2（2018）
著（编）者：李林　田禾　2018年2月出版／定价：118.00元
PSN B-2017-604-3/3

法治政府蓝皮书
中国法治政府发展报告（2017）
著（编）者：中国政法大学法治政府研究院
2018年3月出版／定价：158.00元
PSN B-2015-502-1/2

法治政府蓝皮书
中国法治政府评估报告（2018）
著（编）者：中国政法大学法治政府研究院
2018年9月出版／定价：168.00元
PSN B-2016-576-2/2

反腐倡廉蓝皮书
中国反腐倡廉建设报告No.8
著（编）者：张英伟　2018年12月出版／估价：99.00元
PSN B-2012-259-1/1

扶贫蓝皮书
中国扶贫开发报告（2018）
著（编）者：李培林　魏后凯　2018年12月出版／估价：128.00元
PSN B-2016-599-1/1

妇女发展蓝皮书
中国妇女发展报告 No.6
著（编）者：王金玲　2018年9月出版／估价：158.00元
PSN B-2006-069-1/1

妇女教育蓝皮书
中国妇女教育发展报告 No.3
著（编）者：张李玺　2018年10月出版／估价：99.00元
PSN B-2008-121-1/1

妇女绿皮书
2018年：中国性别平等与妇女发展报告
著（编）者：谭琳　2018年12月出版／估价：99.00元
PSN G-2006-073-1/1

公共安全蓝皮书
中国城市公共安全发展报告（2017～2018）
著（编）者：黄育华　杨文明　赵建辉
2018年6月出版／估价：99.00元
PSN B-2017-628-1/1

公共服务蓝皮书
中国城市基本公共服务力评价（2018）
著（编）者：钟君　刘志昌　吴正昊
2018年12月出版／估价：99.00元
PSN B-2011-214-1/1

公民科学素质蓝皮书
中国公民科学素质报告（2017～2018）
著（编）者：李群　陈雄　马宗文
2017年12月出版／定价：89.00元
PSN B-2014-379-1/1

公益蓝皮书
中国公益慈善发展报告（2016）
著（编）者：朱健刚　胡小军　2018年6月出版／估价：99.00元
PSN B-2012-283-1/1

国际人才蓝皮书
中国国际移民报告（2018）
著（编）者：王辉耀　2018年6月出版／估价：99.00元
PSN B-2012-304-3/4

国际人才蓝皮书
中国留学发展报告（2018）No.7
著（编）者：王辉耀　苗绿　2018年12月出版／估价：99.00元
PSN B-2012-244-2/4

海洋社会蓝皮书
中国海洋社会发展报告（2017）
著（编）者：崔凤　宋宁而　2018年3月出版／定价：99.00元
PSN B-2015-478-1/1

行政改革蓝皮书
中国行政体制改革报告No.7（2018）
著（编）者：魏礼群　2018年6月出版／估价：99.00元
PSN B-2011-231-1/1

社会政法类

华侨华人蓝皮书
华侨华人研究报告（2017）
著(编)者：张禹东 庄国土　2017年12月出版 / 定价：148.00元
PSN B-2011-204-1/1

互联网与国家治理蓝皮书
互联网与国家治理发展报告（2017）
著(编)者：张志安　2018年1月出版 / 定价：98.00元
PSN B-2017-671-1/1

环境管理蓝皮书
中国环境管理发展报告（2017）
著(编)者：李金惠　2017年12月出版 / 定价：98.00元
PSN B-2017-678-1/1

环境竞争力绿皮书
中国省域环境竞争力发展报告（2018）
著(编)者：李建平 李闽榕 王金南
2018年11月出版 / 估价：198.00元
PSN G-2010-165-1/1

环境绿皮书
中国环境发展报告（2017～2018）
著(编)者：李波　2018年6月出版 / 估价：99.00元
PSN G-2006-048-1/1

家庭蓝皮书
中国"创建幸福家庭活动"评估报告（2018）
著(编)者：国务院发展研究中心"创建幸福家庭活动评估"课题组
2018年12月出版 / 估价：99.00元
PSN B-2015-508-1/1

健康城市蓝皮书
中国健康城市建设研究报告（2018）
著(编)者：王鸿春 盛继洪　2018年12月出版 / 估价：99.00元
PSN B-2016-564-2/2

健康中国蓝皮书
社区首诊与健康中国分析报告（2018）
著(编)者：高和荣 杨叔禹 姜杰
2018年6月出版 / 估价：99.00元
PSN B-2017-611-1/1

教师蓝皮书
中国中小学教师发展报告（2017）
著(编)者：曾晓东 鱼霞
2018年6月出版 / 估价：99.00元
PSN B-2012-289-1/1

教育扶贫蓝皮书
中国教育扶贫报告（2018）
著(编)者：司树杰 王文静 李兴洲
2018年12月出版 / 估价：99.00元
PSN B-2016-590-1/1

教育蓝皮书
中国教育发展报告（2018）
著(编)者：杨东平　2018年3月出版 / 定价：89.00元
PSN B-2006-047-1/1

金融法治建设蓝皮书
中国金融法治建设年度报告（2015～2016）
著(编)者：朱小黄　2018年6月出版 / 估价：99.00元
PSN B-2017-633-1/1

京津冀教育蓝皮书
京津冀教育发展研究报告（2017～2018）
著(编)者：方可雄　2018年6月出版 / 估价：99.00元
PSN B-2017-608-1/1

就业蓝皮书
2018年中国本科生就业报告
著(编)者：麦可思研究院　2018年6月出版 / 估价：99.00元
PSN B-2009-146-1/2

就业蓝皮书
2018年中国高职高专生就业报告
著(编)者：麦可思研究院　2018年6月出版 / 估价：99.00元
PSN B-2015-472-2/2

科学教育蓝皮书
中国科学教育发展报告（2018）
著(编)者：王康友　2018年10月出版 / 估价：99.00元
PSN B-2015-487-1/1

劳动保障蓝皮书
中国劳动保障发展报告（2018）
著(编)者：刘燕斌　2018年9月出版 / 估价：158.00元
PSN B-2014-415-1/1

老龄蓝皮书
中国老年宜居环境发展报告（2017）
著(编)者：党俊武 周燕珉　2018年6月出版 / 估价：99.00元
PSN B-2013-320-1/1

连片特困区蓝皮书
中国连片特困区发展报告（2017～2018）
著(编)者：游俊 冷志明 丁建军
2018年6月出版 / 估价：99.00元
PSN B-2013-321-1/1

流动儿童蓝皮书
中国流动儿童教育发展报告（2017）
著(编)者：杨东平　2018年6月出版 / 估价：99.00元
PSN B-2017-600-1/1

民调蓝皮书
中国民生调查报告（2018）
著(编)者：谢耘耕　2018年12月出版 / 估价：99.00元
PSN B-2014-398-1/1

民族发展蓝皮书
中国民族发展报告（2018）
著(编)者：王延中　2018年10月出版 / 估价：188.00元
PSN B-2006-070-1/1

女性生活蓝皮书
中国女性生活状况报告No.12（2018）
著(编)者：高博燕　2018年7月出版 / 估价：99.00元
PSN B-2006-071-1/1

社会政法类 皮书系列 2018全品种

汽车社会蓝皮书
中国汽车社会发展报告（2017~2018）
著（编）者：王俊秀　2018年6月出版／估价：99.00元
PSN B-2011-224-1/1

青年蓝皮书
中国青年发展报告（2018）No.3
著（编）者：廉思　2018年6月出版／估价：99.00元
PSN B-2013-333-1/1

青少年蓝皮书
中国未成年人互联网运用报告（2017~2018）
著（编）者：李为民　李文革　沈杰
2018年11月出版／估价：99.00元
PSN B-2010-156-1/1

人权蓝皮书
中国人权事业发展报告No.8（2018）
著（编）者：李君如　2018年9月出版／估价：99.00元
PSN B-2011-215-1/1

社会保障绿皮书
中国社会保障发展报告No.9（2018）
著（编）者：王延中　2018年6月出版／估价：99.00元
PSN G-2001-014-1/1

社会风险评估蓝皮书
风险评估与危机预警报告（2017~2018）
著（编）者：唐钧　2018年8月出版／估价：99.00元
PSN B-2012-293-1/1

社会工作蓝皮书
中国社会工作发展报告（2016~2017）
著（编）者：民政部社会工作研究中心
2018年8月出版／估价：99.00元
PSN B-2009-141-1/1

社会管理蓝皮书
中国社会管理创新报告No.6
著（编）者：连玉明　2018年11月出版／估价：99.00元
PSN B-2012-300-1/1

社会蓝皮书
2018年中国社会形势分析与预测
著（编）者：李培林　陈光金　张翼
2017年12月出版／定价：89.00元
PSN B-1998-002-1/1

社会体制蓝皮书
中国社会体制改革报告No.6（2018）
著（编）者：龚维斌　2018年3月出版／定价：98.00元
PSN B-2013-330-1/1

社会心态蓝皮书
中国社会心态研究报告（2018）
著（编）者：王俊秀　2018年12月出版／估价：99.00元
PSN B-2011-199-1/1

社会组织蓝皮书
中国社会组织报告（2017-2018）
著（编）者：黄晓勇　2018年6月出版／估价：99.00元
PSN B-2008-118-1/2

社会组织蓝皮书
中国社会组织评估发展报告（2018）
著（编）者：徐家良　2018年12月出版／估价：99.00元
PSN B-2013-366-2/2

生态城市绿皮书
中国生态城市建设发展报告（2018）
著（编）者：刘举科　孙伟平　胡文臻
2018年9月出版／估价：158.00元
PSN G-2012-269-1/1

生态文明绿皮书
中国省域生态文明建设评价报告（ECI 2018）
著（编）者：严耕　2018年12月出版／估价：99.00元
PSN G-2010-170-1/1

退休生活蓝皮书
中国城市居民退休生活质量指数报告（2017）
著（编）者：杨一帆　2018年6月出版／估价：99.00元
PSN B-2017-618-1/1

危机管理蓝皮书
中国危机管理报告（2018）
著（编）者：文学国　范正青
2018年8月出版／估价：99.00元
PSN B-2010-171-1/1

学会蓝皮书
2018年中国学会发展报告
著（编）者：麦可思研究院　2018年12月出版／估价：99.00元
PSN B-2016-597-1/1

医改蓝皮书
中国医药卫生体制改革报告（2017~2018）
著（编）者：文学国　房志武
2018年11月出版／估价：99.00元
PSN B-2014-432-1/1

应急管理蓝皮书
中国应急管理报告（2018）
著（编）者：宋英华　2018年9月出版／估价：99.00元
PSN B-2016-562-1/1

政府绩效评估蓝皮书
中国地方政府绩效评估报告 No.2
著（编）者：贠杰　2018年12月出版／估价：99.00元
PSN B-2017-672-1/1

政治参与蓝皮书
中国政治参与报告（2018）
著（编）者：房宁　2018年8月出版／估价：128.00元
PSN B-2011-200-1/1

政治文化蓝皮书
中国政治文化报告（2018）
著（编）者：邢元敏　魏大鹏　龚克
2018年8月出版／估价：128.00元
PSN B-2017-615-1/1

中国传统村落蓝皮书
中国传统村落保护现状报告（2018）
著（编）者：胡彬彬　李向军　王晓波
2018年12月出版／估价：99.00元
PSN B-2017-663-1/1

社会政法类·产业经济类

中国农村妇女发展蓝皮书
农村流动女性城市生活发展报告(2018)
著(编)者:谢丽华　2018年12月出版 / 估价:99.00元
PSN B-2014-434-1/1

宗教蓝皮书
中国宗教报告(2017)
著(编)者:邱永辉　2018年8月出版 / 估价:99.00元
PSN B-2008-117-1/1

产业经济类

保健蓝皮书
中国保健服务产业发展报告No.2
著(编)者:中国保健协会　中共中央党校
2018年7月出版 / 估价:198.00元
PSN B-2012-272-3/3

保健蓝皮书
中国保健食品产业发展报告No.2
著(编)者:中国保健协会
中国社会科学院食品药品产业发展与监管研究中心
2018年8月出版 / 估价:198.00元
PSN B-2012-271-2/3

保健蓝皮书
中国保健用品产业发展报告No.2
著(编)者:中国保健协会
国务院国有资产监督管理委员会研究中心
2018年6月出版 / 估价:198.00元
PSN B-2012-270-1/3

保险蓝皮书
中国保险业竞争力报告(2018)
著(编)者:保监会　2018年12月出版 / 估价:99.00元
PSN B-2013-311-1/1

冰雪蓝皮书
中国冰上运动产业发展报告(2018)
著(编)者:孙承华　杨占武　刘戈　张鸿俊
2018年9月出版 / 估价:99.00元
PSN B-2017-648-3/3

冰雪蓝皮书
中国滑雪产业发展报告(2018)
著(编)者:孙承华　伍斌　魏庆华　张鸿俊
2018年9月出版 / 估价:99.00元
PSN B-2016-559-1/3

餐饮产业蓝皮书
中国餐饮产业发展报告(2018)
著(编)者:邢颖
2018年6月出版 / 估价:99.00元
PSN B-2009-151-1/1

茶业蓝皮书
中国茶产业发展报告(2018)
著(编)者:杨江帆　李闽榕
2018年10月出版 / 估价:99.00元
PSN B-2010-164-1/1

产业安全蓝皮书
中国文化产业安全报告(2018)
著(编)者:北京印刷学院文化产业安全研究院
2018年12月出版 / 估价:99.00元
PSN B-2014-378-12/14

产业安全蓝皮书
中国新媒体产业安全报告(2016~2017)
著(编)者:肖丽　2018年6月出版 / 估价:99.00元
PSN B-2015-500-14/14

产业安全蓝皮书
中国出版传媒产业安全报告(2017~2018)
著(编)者:北京印刷学院文化产业安全研究院
2018年6月出版 / 估价:99.00元
PSN B-2014-384-13/14

产业蓝皮书
中国产业竞争力报告(2018)No.8
著(编)者:张其仔　2018年12月出版 / 估价:168.00元
PSN B-2010-175-1/1

动力电池蓝皮书
中国新能源汽车动力电池产业发展报告(2018)
著(编)者:中国汽车技术研究中心
2018年8月出版 / 估价:99.00元
PSN B-2017-639-1/1

杜仲产业绿皮书
中国杜仲橡胶资源与产业发展报告(2017~2018)
著(编)者:杜红岩　胡文臻　俞锐
2018年6月出版 / 估价:99.00元
PSN G-2013-350-1/1

房地产蓝皮书
中国房地产发展报告No.15(2018)
著(编)者:李春华　王业强
2018年5月出版 / 估价:99.00元
PSN B-2004-028-1/1

服务外包蓝皮书
中国服务外包产业发展报告(2017~2018)
著(编)者:王晓红　刘德军
2018年6月出版 / 估价:99.00元
PSN B-2013-331-2/2

服务外包蓝皮书
中国服务外包竞争力报告(2017~2018)
著(编)者:刘春生　王力　黄育华
2018年12月出版 / 估价:99.00元
PSN B-2011-216-1/2

产业经济类 — 皮书系列 2018全品种

工业和信息化蓝皮书
世界信息技术产业发展报告（2017～2018）
著(编)者：尹丽波　2018年6月出版／估价：99.00元
PSN B-2015-449-2/6

工业和信息化蓝皮书
战略性新兴产业发展报告（2017～2018）
著(编)者：尹丽波　2018年6月出版／估价：99.00元
PSN B-2015-450-3/6

海洋经济蓝皮书
中国海洋经济发展报告（2015～2018）
著(编)者：殷克东　高金田　方胜民
2018年3月出版／定价：128.00元
PSN B-2018-697-1/1

康养蓝皮书
中国康养产业发展报告（2017）
著(编)者：何莽　2017年12月出版／定价：88.00元
PSN B-2017-685-1/1

客车蓝皮书
中国客车产业发展报告（2017～2018）
著(编)者：姚蔚　2018年10月出版／估价：99.00元
PSN B-2013-361-1/1

流通蓝皮书
中国商业发展报告（2018～2019）
著(编)者：王雪峰　林诗慧
2018年7月出版／估价：99.00元
PSN B-2009-152-1/2

能源蓝皮书
中国能源发展报告（2018）
著(编)者：崔民选　王军生　陈义和
2018年12月出版／估价：99.00元
PSN B-2006-049-1/1

农产品流通蓝皮书
中国农产品流通产业发展报告（2017）
著(编)者：贾敬敦　张东科　张玉玺　张鹏毅　周伟
2018年6月出版／估价：99.00元
PSN B-2012-288-1/1

汽车工业蓝皮书
中国汽车工业发展年度报告（2018）
著(编)者：中国汽车工业协会
　　　　　中国汽车技术研究中心
　　　　　丰田汽车公司
2018年5月出版／估价：168.00元
PSN B-2015-463-1/2

汽车工业蓝皮书
中国汽车零部件产业发展报告（2017～2018）
著(编)者：中国汽车工业协会
　　　　　中国汽车工程研究院深圳沃特玛电池有限公司
2018年9月出版／估价：99.00元
PSN B-2016-515-2/2

汽车蓝皮书
中国汽车产业发展报告（2018）
著(编)者：中国汽车工程学会
　　　　　大众汽车集团（中国）
2018年11月出版／估价：99.00元
PSN B-2008-124-1/1

世界茶业蓝皮书
世界茶业发展报告（2018）
著(编)者：李闽榕　冯廷佺
2018年5月出版／估价：168.00元
PSN B-2017-619-1/1

世界能源蓝皮书
世界能源发展报告（2018）
著(编)者：黄晓勇　2018年6月出版／估价：168.00元
PSN B-2013-349-1/1

石油蓝皮书
中国石油产业发展报告（2018）
著(编)者：中国石油化工集团公司经济技术研究院
　　　　　中国国际石油化工联合有限责任公司
　　　　　中国社会科学院数量经济与技术经济研究所
2018年2月出版／定价：98.00元
PSN B-2018-690-1/1

体育蓝皮书
国家体育产业基地发展报告（2016～2017）
著(编)者：李颖川　2018年6月出版／估价：168.00元
PSN B-2017-609-5/5

体育蓝皮书
中国体育产业发展报告（2018）
著(编)者：阮伟　钟秉枢
2018年12月出版／估价：99.00元
PSN B-2010-179-1/5

文化金融蓝皮书
中国文化金融发展报告（2018）
著(编)者：杨涛　金巍
2018年6月出版／估价：99.00元
PSN B-2017-610-1/1

新能源汽车蓝皮书
中国新能源汽车产业发展报告（2018）
著(编)者：中国汽车技术研究中心
　　　　　日产（中国）投资有限公司
　　　　　东风汽车有限公司
2018年8月出版／估价：99.00元
PSN B-2013-347-1/1

薏仁米产业蓝皮书
中国薏仁米产业发展报告No.2（2018）
著(编)者：李发耀　石明　秦礼康
2018年8月出版／估价：99.00元
PSN B-2017-645-1/1

邮轮绿皮书
中国邮轮产业发展报告（2018）
著(编)者：汪泓　2018年10月出版／估价：99.00元
PSN G-2014-419-1/1

智能养老蓝皮书
中国智能养老产业发展报告（2018）
著(编)者：朱勇　2018年10月出版／估价：99.00元
PSN B-2015-488-1/1

中国节能汽车蓝皮书
中国节能汽车发展报告（2017～2018）
著(编)者：中国汽车工程研究院股份有限公司
2018年9月出版／估价：99.00元
PSN B-2016-565-1/1

皮书系列 2018全品种
产业经济类·行业及其他类

中国陶瓷产业蓝皮书
中国陶瓷产业发展报告（2018）
著(编)者：左和平 黄速建
2018年10月出版 / 估价：99.00元
PSN B-2016-573-1/1

装备制造业蓝皮书
中国装备制造业发展报告（2018）
著(编)者：徐东华
2018年12月出版 / 估价：118.00元
PSN B-2015-505-1/1

行业及其他类

"三农"互联网金融蓝皮书
中国"三农"互联网金融发展报告（2018）
著(编)者：李勇坚 王弢
2018年8月出版 / 估价：99.00元
PSN B-2016-560-1/1

SUV蓝皮书
中国SUV市场发展报告（2017~2018）
著(编)者：靳军　2018年9月出版 / 估价：99.00元
PSN B-2016-571-1/1

冰雪蓝皮书
中国冬季奥运会发展报告（2018）
著(编)者：孙承华 伍斌 魏庆华 张鸿俊
2018年9月出版 / 估价：99.00元
PSN B-2017-647-2/3

彩票蓝皮书
中国彩票发展报告（2018）
著(编)者：益彩基金　2018年6月出版 / 估价：99.00元
PSN B-2015-462-1/1

测绘地理信息蓝皮书
测绘地理信息供给侧结构性改革研究报告（2018）
著(编)者：库热西·买合苏提
2018年12月出版 / 估价：168.00元
PSN B-2009-145-1/1

产权市场蓝皮书
中国产权市场发展报告（2017）
著(编)者：曹和平
2018年5月出版 / 估价：99.00元
PSN B-2009-147-1/1

城投蓝皮书
中国城投行业发展报告（2018）
著(编)者：华景斌
2018年11月出版 / 估价：300.00元
PSN B-2016-514-1/1

城市轨道交通蓝皮书
中国城市轨道交通运营发展报告（2017~2018）
著(编)者：崔学忠 贾文峥
2018年3月出版 / 定价：89.00元
PSN B-2018-694-1/1

大数据蓝皮书
中国大数据发展报告（No.2）
著(编)者：连玉明　2018年5月出版 / 估价：99.00元
PSN B-2017-620-1/1

大数据应用蓝皮书
中国大数据应用发展报告No.2（2018）
著(编)者：陈军君　2018年8月出版 / 估价：99.00元
PSN B-2017-644-1/1

对外投资与风险蓝皮书
中国对外直接投资与国家风险报告（2018）
著(编)者：中债资信评估有限责任公司
　　　　　中国社会科学院世界经济与政治研究所
2018年6月出版 / 估价：189.00元
PSN B-2017-606-1/1

工业和信息化蓝皮书
人工智能发展报告（2017~2018）
著(编)者：尹丽波　2018年6月出版 / 估价：99.00元
PSN B-2015-448-1/6

工业和信息化蓝皮书
世界智慧城市发展报告（2017~2018）
著(编)者：尹丽波　2018年6月出版 / 估价：99.00元
PSN B-2017-624-6/6

工业和信息化蓝皮书
世界网络安全发展报告（2017~2018）
著(编)者：尹丽波　2018年6月出版 / 估价：99.00元
PSN B-2015-452-5/6

工业和信息化蓝皮书
世界信息化发展报告（2017~2018）
著(编)者：尹丽波　2018年6月出版 / 估价：99.00元
PSN B-2015-451-4/6

工业设计蓝皮书
中国工业设计发展报告（2018）
著(编)者：王晓红 于炜 张立群　2018年9月出版 / 估价：168.00
PSN B-2014-420-1/1

公共关系蓝皮书
中国公共关系发展报告（2017）
著(编)者：柳斌杰　2018年1月出版 / 定价：89.00元
PSN B-2016-579-1/1

皮书系列 2018全品种

公共关系蓝皮书
中国公共关系发展报告（2018）
著(编)者：柳斌杰　2018年11月出版／估价：99.00元
PSN B-2016-579-1/1

管理蓝皮书
中国管理发展报告（2018）
著(编)者：张晓东　2018年10月出版／估价：99.00元
PSN B-2014-416-1/1

轨道交通蓝皮书
中国轨道交通行业发展报告（2017）
著(编)者：仲建华　李闽榕
2017年12月出版／定价：98.00元
PSN B-2017-674-1/1

海关发展蓝皮书
中国海关发展前沿报告（2018）
著(编)者：干春晖　2018年6月出版／估价：99.00元
PSN B-2017-616-1/1

互联网医疗蓝皮书
中国互联网健康医疗发展报告（2018）
著(编)者：芮晓武　2018年6月出版／估价：99.00元
PSN B-2016-567-1/1

黄金市场蓝皮书
中国商业银行黄金业务发展报告（2017~2018）
著(编)者：平安银行　2018年6月出版／估价：99.00元
PSN B-2016-524-1/1

会展蓝皮书
中外会展业动态评估研究报告（2018）
著(编)者：张敏　任中峰　聂鑫焱　牛盼强
2018年12月出版／估价：99.00元
PSN B-2013-327-1/1

基金会蓝皮书
中国基金会发展报告（2017~2018）
著(编)者：中国基金会发展报告课题组
2018年6月出版／估价：99.00元
PSN B-2013-368-1/1

基金会绿皮书
中国基金会发展独立研究报告（2018）
著(编)者：基金会中心网　中央民族大学基金会研究中心
2018年6月出版／估价：99.00元
PSN G-2011-213-1/1

基金会透明度蓝皮书
中国基金会透明度发展研究报告（2018）
著(编)者：基金会中心网
　　　　　清华大学廉政与治理研究中心
2018年9月出版／估价：99.00元
PSN B-2013-339-1/1

建筑装饰蓝皮书
中国建筑装饰行业发展报告（2018）
著(编)者：葛道顺　刘尧一
2018年10月出版／估价：198.00元
PSN B-2016-553-1/1

金融监管蓝皮书
中国金融监管报告（2018）
著(编)者：胡滨　2018年3月出版／定价：98.00元
PSN B-2012-281-1/1

金融蓝皮书
中国互联网金融行业分析与评估（2018~2019）
著(编)者：黄国平　伍旭川　2018年12月出版／估价：99.00元
PSN B-2016-585-7/7

金融科技蓝皮书
中国金融科技发展报告（2018）
著(编)者：李扬　孙国峰　2018年10月出版／估价：99.00元
PSN B-2014-374-1/1

金融信息服务蓝皮书
中国金融信息服务发展报告（2018）
著(编)者：李平　2018年5月出版／估价：99.00元
PSN B-2017-621-1/1

金蜜蜂企业社会责任蓝皮书
金蜜蜂中国企业社会责任报告研究（2017）
著(编)者：殷格非　于志宏　管竹笋
2018年1月出版／定价：99.00元
PSN B-2018-693-1/1

京津冀金融蓝皮书
京津冀金融发展报告（2018）
著(编)者：王爱俭　王璟怡　2018年10月出版／估价：99.00元
PSN B-2016-527-1/1

科普蓝皮书
国家科普能力发展报告（2018）
著(编)者：王康友　2018年5月出版／估价：138.00元
PSN B-2017-632-4/4

科普蓝皮书
中国基层科普发展报告（2017~2018）
著(编)者：赵立新　陈玲　2018年9月出版／估价：99.00元
PSN B-2016-568-3/4

科普蓝皮书
中国科普基础设施发展报告（2017~2018）
著(编)者：任福君　2018年6月出版／估价：99.00元
PSN B-2010-174-1/3

科普蓝皮书
中国科普人才发展报告（2017~2018）
著(编)者：郑念　任嵘嵘　2018年7月出版／估价：99.00元
PSN B-2016-512-2/4

科普能力蓝皮书
中国科普能力评价报告（2018~2019）
著(编)者：李富强　李群　2018年8月出版／估价：99.00元
PSN B-2016-555-1/1

临空经济蓝皮书
中国临空经济发展报告（2018）
著(编)者：连玉明　2018年9月出版／估价：99.00元
PSN B-2014-421-1/1

皮书系列 2018全品种 — 行业及其他类

旅游安全蓝皮书
中国旅游安全报告（2018）
著(编)者：郑向敏 谢朝武　　2018年5月出版 / 估价：158.00元
PSN B-2012-280-1/1

旅游绿皮书
2017~2018年中国旅游发展分析与预测
著(编)者：宋瑞　　2018年1月出版 / 定价：99.00元
PSN G-2002-018-1/1

煤炭蓝皮书
中国煤炭工业发展报告（2018）
著(编)者：岳福斌　　2018年12月出版 / 估价：99.00元
PSN B-2008-123-1/1

民营企业社会责任蓝皮书
中国民营企业社会责任报告（2018）
著(编)者：中华全国工商业联合会
2018年12月出版 / 估价：99.00元
PSN B-2015-510-1/1

民营医院蓝皮书
中国民营医院发展报告（2017）
著(编)者：薛晓林　　2017年12月出版 / 定价：89.00元
PSN B-2012-299-1/1

闽商蓝皮书
闽商发展报告（2018）
著(编)者：李闽榕 王日根 林琛
2018年12月出版 / 估价：99.00元
PSN B-2012-298-1/1

农业应对气候变化蓝皮书
中国农业气象灾害及其灾损评估报告（No.3）
著(编)者：矫梅燕　　2018年6月出版 / 估价：118.00元
PSN B-2014-413-1/1

品牌蓝皮书
中国品牌战略发展报告（2018）
著(编)者：汪同三　　2018年10月出版 / 估价：99.00元
PSN B-2016-580-1/1

企业扶贫蓝皮书
中国企业扶贫研究报告（2018）
著(编)者：钟宏武　　2018年12月出版 / 估价：99.00元
PSN B-2016-593-1/1

企业公益蓝皮书
中国企业公益研究报告（2018）
著(编)者：钟宏武 汪杰 黄晓娟
2018年12月出版 / 估价：99.00元
PSN B-2015-501-1/1

企业国际化蓝皮书
中国企业全球化报告（2018）
著(编)者：王辉耀 苗绿　　2018年11月出版 / 估价：99.00元
PSN B-2014-427-1/1

企业蓝皮书
中国企业绿色发展报告No.2（2018）
著(编)者：李红玉 朱光辉
2018年8月出版 / 估价：99.00元
PSN B-2015-481-2/2

企业社会责任蓝皮书
中资企业海外社会责任研究报告（2017~2018）
著(编)者：钟宏武 叶柳红 张蒽
2018年6月出版 / 估价：99.00元
PSN B-2017-603-2/2

企业社会责任蓝皮书
中国企业社会责任研究报告（2018）
著(编)者：黄群慧 钟宏武 张蒽 汪杰
2018年11月出版 / 估价：99.00元
PSN B-2009-149-1/2

汽车安全蓝皮书
中国汽车安全发展报告（2018）
著(编)者：中国汽车技术研究中心
2018年8月出版 / 估价：99.00元
PSN B-2014-385-1/1

汽车电子商务蓝皮书
中国汽车电子商务发展报告（2018）
著(编)者：中华全国工商业联合会汽车经销商商会
北方工业大学
北京易观智库网络科技有限公司
2018年10月出版 / 估价：158.00元
PSN B-2015-485-1/1

汽车知识产权蓝皮书
中国汽车产业知识产权发展报告（2018）
著(编)者：中国汽车工程研究院股份有限公司
中国汽车工程学会
重庆长安汽车股份有限公司
2018年12月出版 / 估价：99.00元
PSN B-2016-594-1/1

青少年体育蓝皮书
中国青少年体育发展报告（2017）
著(编)者：刘扶民 杨桦　　2018年6月出版 / 估价：99.00元
PSN B-2015-482-1/1

区块链蓝皮书
中国区块链发展报告（2018）
著(编)者：李伟　　2018年9月出版 / 估价：99.00元
PSN B-2017-649-1/1

群众体育蓝皮书
中国群众体育发展报告（2017）
著(编)者：刘国永 戴健　　2018年5月出版 / 估价：99.00元
PSN B-2014-411-1/3

群众体育蓝皮书
中国社会体育指导员发展报告（2018）
著(编)者：刘国永 王欢　　2018年6月出版 / 估价：99.00元
PSN B-2016-520-3/3

人力资源蓝皮书
中国人力资源发展报告（2018）
著(编)者：余兴安　　2018年11月出版 / 估价：99.00元
PSN B-2012-287-1/1

融资租赁蓝皮书
中国融资租赁业发展报告（2017~2018）
著(编)者：李光荣 王力　　2018年8月出版 / 估价：99.00元
PSN B-2015-443-1/1

 行业及其他类

皮书系列
2018全品种

商会蓝皮书
中国商会发展报告No.5（2017）
著(编)者：王钦敏　　2018年7月出版／估价：99.00元
PSN B-2008-125-1/1

商务中心区蓝皮书
中国商务中心区发展报告No.4（2017~2018）
著(编)者：李国红　单菁菁　　2018年9月出版／估价：99.00元
PSN B-2015-444-1/1

设计产业蓝皮书
中国创新设计发展报告（2018）
著(编)者：王晓红　张立群　于炜
2018年11月出版／估价：99.00元
PSN B-2016-581-2/2

社会责任管理蓝皮书
中国上市公司社会责任能力成熟度报告No.4（2018）
著(编)者：肖红军　王晓光　李伟阳
2018年12月出版／估价：99.00元
PSN B-2015-507-2/2

社会责任管理蓝皮书
中国企业公众透明度报告No.4（2017~2018）
著(编)者：黄速建　熊梦　王晓光　肖红军
2018年6月出版／估价：99.00元
PSN B-2015-440-1/2

食品药品蓝皮书
食品药品安全与监管政策研究报告（2016~2017）
著(编)者：唐民皓　　2018年6月出版／估价：99.00元
PSN B-2009-129-1/1

输血服务蓝皮书
中国输血行业发展报告（2018）
著(编)者：孙俊　　2018年12月出版／估价：99.00元
PSN B-2015-582-1/1

水利风景区蓝皮书
中国水利风景区发展报告（2018）
著(编)者：董建文　兰思仁
2018年10月出版／估价：99.00元
PSN B-2015-480-1/1

数字经济蓝皮书
全球数字经济竞争力发展报告（2017）
著(编)者：王振　　2017年12月出版／定价：79.00元
PSN B-2017-673-1/1

私募市场蓝皮书
中国私募股权市场发展报告（2017~2018）
著(编)者：曹和平　　2018年12月出版／估价：99.00元
PSN B-2010-162-1/1

碳排放权交易蓝皮书
中国碳排放权交易报告（2018）
著(编)者：孙永平　　2018年11月出版／估价：99.00元
PSN B-2017-652-1/1

碳市场蓝皮书
中国碳市场报告（2018）
著(编)者：定金彪　　2018年11月出版／估价：99.00元
PSN B-2014-430-1/1

体育蓝皮书
中国公共体育服务发展报告（2018）
著(编)者：戴健　　2018年12月出版／估价：99.00元
PSN B-2013-367-2/5

土地市场蓝皮书
中国农村土地市场发展报告（2017~2018）
著(编)者：李光荣　　2018年6月出版／估价：99.00元
PSN B-2016-526-1/1

土地整治蓝皮书
中国土地整治发展研究报告（No.5）
著(编)者：国土资源部土地整治中心
2018年7月出版／估价：99.00元
PSN B-2014-401-1/1

土地政策蓝皮书
中国土地政策研究报告（2018）
著(编)者：高延利　张建平　吴次芳
2018年1月出版／定价：98.00元
PSN B-2015-506-1/1

网络空间安全蓝皮书
中国网络空间安全发展报告（2018）
著(编)者：惠志斌　覃庆玲
2018年11月出版／估价：99.00元
PSN B-2015-466-1/1

文化志愿服务蓝皮书
中国文化志愿服务发展报告（2018）
著(编)者：张永新　良警宇　　2018年11月出版／估价：128.00元
PSN B-2016-596-1/1

西部金融蓝皮书
中国西部金融发展报告（2017~2018）
著(编)者：李忠民　　2018年8月出版／估价：99.00元
PSN B-2010-160-1/1

协会商会蓝皮书
中国行业协会商会发展报告（2017）
著(编)者：景朝阳　李勇　　2018年6月出版／估价：99.00元
PSN B-2015-461-1/1

新三板蓝皮书
中国新三板市场发展报告（2018）
著(编)者：王力　　2018年8月出版／估价：99.00元
PSN B-2016-533-1/1

信托市场蓝皮书
中国信托业市场报告（2017~2018）
著(编)者：用益金融信托研究院
2018年6月出版／估价：198.00元
PSN B-2014-371-1/1

信息化蓝皮书
中国信息化形势分析与预测（2017~2018）
著(编)者：周宏仁　　2018年8月出版／估价：99.00元
PSN B-2010-168-1/1

信用蓝皮书
中国信用发展报告（2017~2018）
著(编)者：章政　田侃　　2018年6月出版／估价：99.00元
PSN B-2013-328-1/1

皮书系列 2018全品种
行业及其他类

休闲绿皮书
2017~2018年中国休闲发展报告
著(编)者：宋瑞　　2018年7月出版 / 估价：99.00元
PSN G-2010-158-1/1

休闲体育蓝皮书
中国休闲体育发展报告（2017~2018）
著(编)者：李相如　钟秉枢
2018年10月出版 / 估价：99.00元
PSN B-2016-516-1/1

养老金融蓝皮书
中国养老金融发展报告（2018）
著(编)者：董克用　姚余栋
2018年9月出版 / 估价：99.00元
PSN B-2016-583-1/1

遥感监测绿皮书
中国可持续发展遥感监测报告（2017）
著(编)者：顾行发　汪克强　潘教峰　李闽榕　徐东华　王琦安
2018年6月出版 / 定价：298.00元
PSN B-2017-629-1/1

药品流通蓝皮书
中国药品流通行业发展报告（2018）
著(编)者：佘鲁林　温再兴
2018年7月出版 / 估价：198.00元
PSN B-2014-429-1/1

医疗器械蓝皮书
中国医疗器械行业发展报告（2018）
著(编)者：王宝亭　耿鸿武
2018年10月出版 / 估价：99.00元
PSN B-2017-661-1/1

医院蓝皮书
中国医院竞争力报告（2017~2018）
著(编)者：庄一强　　2018年3月出版 / 定价：108.00元
PSN B-2016-528-1/1

瑜伽蓝皮书
中国瑜伽业发展报告（2017~2018）
著(编)者：张永建　徐华锋　朱泰余
2018年6月出版 / 估价：198.00元
PSN B-2017-625-1/1

债券市场蓝皮书
中国债券市场发展报告（2017~2018）
著(编)者：杨农　　2018年10月出版 / 估价：99.00元
PSN B-2016-572-1/1

志愿服务蓝皮书
中国志愿服务发展报告（2018）
著(编)者：中国志愿服务联合会
2018年11月出版 / 估价：99.00元
PSN B-2017-664-1/1

中国上市公司蓝皮书
中国上市公司发展报告（2018）
著(编)者：张鹏　张平　黄胤英
2018年9月出版 / 估价：99.00元
PSN B-2014-414-1/1

中国新三板蓝皮书
中国新三板创新与发展报告（2018）
著(编)者：刘平安　芮召林
2018年8月出版 / 估价：158.00元
PSN B-2017-638-1/1

中国汽车品牌蓝皮书
中国乘用车品牌发展报告（2017）
著(编)者：《中国汽车报》社有限公司
博世（中国）投资有限公司
中国汽车技术研究中心数据资源中心
2018年1月出版 / 定价：89.00元
PSN B-2017-679-1/1

中医文化蓝皮书
北京中医药文化传播发展报告（2018）
著(编)者：毛嘉陵　　2018年6月出版 / 估价：99.00元
PSN B-2015-468-1/2

中医文化蓝皮书
中国中医药文化传播发展报告（2018）
著(编)者：毛嘉陵　　2018年7月出版 / 估价：99.00元
PSN B-2016-584-2/2

中医药蓝皮书
北京中医药知识产权发展报告No.2
著(编)者：汪洪　屠志涛　　2018年6月出版 / 估价：168.00元
PSN B-2017-602-1/1

资本市场蓝皮书
中国场外交易市场发展报告（2016~2017）
著(编)者：高峦　　2018年6月出版 / 估价：99.00元
PSN B-2009-153-1/1

资产管理蓝皮书
中国资产管理行业发展报告（2018）
著(编)者：郑智　　2018年7月出版 / 估价：99.00元
PSN B-2014-407-2/2

资产证券化蓝皮书
中国资产证券化发展报告（2018）
著(编)者：沈炳熙　曹彤　李哲平
2018年4月出版 / 定价：98.00元
PSN B-2017-660-1/1

自贸区蓝皮书
中国自贸区发展报告（2018）
著(编)者：王力　黄育华
2018年6月出版 / 估价：99.00元
PSN B-2016-558-1/1

国际问题与全球治理类

"一带一路"跨境通道蓝皮书
"一带一路"跨境通道建设研究报(2017~2018)
著(编)者：余鑫 张秋生　2018年1月出版 / 定价：89.00元
PSN B-2016-557-1/1

"一带一路"蓝皮书
"一带一路"建设发展报告（2018）
著(编)者：李永全　2018年3月出版 / 定价：98.00元
PSN B-2016-552-1/1

"一带一路"投资安全蓝皮书
中国"一带一路"投资与安全研究报告（2018）
著(编)者：邹统钎 梁昊光　2018年4月出版 / 定价：98.00元
PSN B-2017-612-1/1

"一带一路"文化交流蓝皮书
中阿文化交流发展报告（2017）
著(编)者：王辉　2017年12月出版 / 定价：89.00元
PSN B-2017-655-1/1

G20国家创新竞争力黄皮书
二十国集团（G20）国家创新竞争力发展报告（2017~2018）
著(编)者：李建平 李闽榕 赵新力 周天勇
2018年7月出版 / 估价：168.00元
PSN Y-2011-229-1/1

阿拉伯黄皮书
阿拉伯发展报告（2016~2017）
著(编)者：罗林　2018年6月出版 / 估价：99.00元
PSN Y-2014-381-1/1

北部湾蓝皮书
泛北部湾合作发展报告（2017~2018）
著(编)者：吕余生　2018年12月出版 / 定价：99.00元
PSN B-2008-114-1/1

北极蓝皮书
北极地区发展报告（2017）
著(编)者：刘惠荣　2018年7月出版 / 定价：99.00元
PSN B-2017-634-1/1

大洋洲蓝皮书
大洋洲发展报告（2017~2018）
著(编)者：喻常森　2018年10月出版 / 定价：99.00元
PSN B-2013-341-1/1

东北亚区域合作蓝皮书
2017年"一带一路"倡议与东北亚区域合作
著(编)者：刘亚政 金美花
2018年5月出版 / 估价：99.00元
PSN B-2017-631-1/1

东盟黄皮书
东盟发展报告（2017）
著(编)者：杨静林 庄国土　2018年6月出版 / 估价：99.00元
PSN Y-2012-303-1/1

东南亚蓝皮书
东南亚地区发展报告（2017~2018）
著(编)者：王勤　2018年12月出版 / 估价：99.00元
PSN B-2012-240-1/1

非洲黄皮书
非洲发展报告No.20（2017~2018）
著(编)者：张宏明　2018年7月出版 / 估价：99.00元
PSN Y-2012-239-1/1

非传统安全蓝皮书
中国非传统安全研究报告（2017~2018）
著(编)者：潇枫 罗中枢　2018年8月出版 / 估价：99.00元
PSN B-2012-273-1/1

国际安全蓝皮书
中国国际安全研究报告（2018）
著(编)者：刘慧　2018年7月出版 / 估价：99.00元
PSN B-2016-521-1/1

国际城市蓝皮书
国际城市发展报告（2018）
著(编)者：屠启宇　2018年2月出版 / 定价：89.00元
PSN B-2012-260-1/1

国际形势黄皮书
全球政治与安全报告（2018）
著(编)者：张宇燕　2018年1月出版 / 定价：99.00元
PSN Y-2001-016-1/1

公共外交蓝皮书
中国公共外交发展报告（2018）
著(编)者：赵启正 雷蔚真　2018年6月出版 / 估价：99.00元
PSN B-2015-457-1/1

海丝蓝皮书
21世纪海上丝绸之路研究报告（2017）
著(编)者：华侨大学海上丝绸之路研究院
2017年12月出版 / 定价：89.00元
PSN B-2017-684-1/1

金砖国家黄皮书
金砖国家综合创新竞争力发展报告（2018）
著(编)者：赵新力 李闽榕 黄茂兴
2018年8月出版 / 估价：128.00元
PSN Y-2017-643-1/1

拉美黄皮书
拉丁美洲和加勒比发展报告（2017~2018）
著(编)者：袁东振　2018年6月出版 / 估价：99.00元
PSN Y-1999-007-1/1

澜湄合作蓝皮书
澜沧江-湄公河合作发展报告（2018）
著(编)者：刘雅　2018年9月出版 / 估价：99.00元
PSN B-2011-196-1/1

皮书系列 2018全品种 — 国际问题与全球治理类

欧洲蓝皮书
欧洲发展报告（2017~2018）
著(编)者：黄平 周弘 程卫东
2018年6月出版 / 估价：99.00元
PSN B-1999-009-1/1

葡语国家蓝皮书
葡语国家发展报告（2016~2017）
著(编)者：王成安 张敏 刘金兰
2018年6月出版 / 估价：99.00元
PSN B-2015-503-1/2

葡语国家蓝皮书
中国与葡语国家关系发展报告·巴西（2016）
著(编)者：张曙光
2018年8月出版 / 估价：99.00元
PSN B-2016-563-2/2

气候变化绿皮书
应对气候变化报告（2018）
著(编)者：王伟光 郑国光
2018年11月出版 / 估价：99.00元
PSN G-2009-144-1/1

全球环境竞争力绿皮书
全球环境竞争力报告（2018）
著(编)者：李建平 李闽榕 王金南
2018年12月出版 / 估价：198.00元
PSN G-2013-363-1/1

全球信息社会蓝皮书
全球信息社会发展报告（2018）
著(编)者：丁波涛 唐涛 2018年10月出版 / 估价：99.00元
PSN B-2017-665-1/1

日本经济蓝皮书
日本经济与中日经贸关系研究报告（2018）
著(编)者：张季风 2018年6月出版 / 估价：99.00元
PSN B-2008-102-1/1

上海合作组织黄皮书
上海合作组织发展报告（2018）
著(编)者：李进峰 2018年6月出版 / 估价：99.00元
PSN Y-2009-130-1/1

世界创新竞争力黄皮书
世界创新竞争力发展报告（2017）
著(编)者：李建平 李闽榕 赵新力
2018年6月出版 / 估价：168.00元
PSN Y-2013-318-1/1

世界经济黄皮书
2018年世界经济形势分析与预测
著(编)者：张宇燕 2018年1月出版 / 定价：99.00元
PSN Y-1999-006-1/1

世界能源互联互通蓝皮书
世界能源清洁发展与互联互通评估报告（2017）：欧洲篇
著(编)者：国网能源研究院
2018年1月出版 / 定价：128.00元
PSN B-2018-695-1/1

丝绸之路蓝皮书
丝绸之路经济带发展报告（2018）
著(编)者：任宗哲 白宽犁 谷孟宾
2018年1月出版 / 定价：89.00元
PSN B-2014-410-1/1

新兴经济体蓝皮书
金砖国家发展报告（2018）
著(编)者：林跃勤 周文
2018年8月出版 / 估价：99.00元
PSN B-2011-195-1/1

亚太蓝皮书
亚太地区发展报告（2018）
著(编)者：李向阳 2018年5月出版 / 估价：99.00元
PSN B-2001-015-1/1

印度洋地区蓝皮书
印度洋地区发展报告（2018）
著(编)者：汪戎 2018年6月出版 / 估价：99.00元
PSN B-2013-334-1/1

印度尼西亚经济蓝皮书
印度尼西亚经济发展报告（2017）：增长与机会
著(编)者：左志刚 2017年11月出版 / 定价：89.00元
PSN B-2017-675-1/1

渝新欧蓝皮书
渝新欧沿线国家发展报告（2018）
著(编)者：杨柏 黄森
2018年6月出版 / 估价：99.00元
PSN B-2017-626-1/1

中阿蓝皮书
中国-阿拉伯国家经贸发展报告（2018）
著(编)者：张廉 段庆林 王林聪 杨巧红
2018年12月出版 / 估价：99.00元
PSN B-2016-598-1/1

中东黄皮书
中东发展报告No.20（2017~2018）
著(编)者：杨光 2018年10月出版 / 估价：99.00元
PSN Y-1998-004-1/1

中亚黄皮书
中亚国家发展报告（2018）
著(编)者：孙力
2018年3月出版 / 定价：98.00元
PSN Y-2012-238-1/1

国别类·文化传媒类

皮书系列
2018全品种

国别类

澳大利亚蓝皮书
澳大利亚发展报告（2017-2018）
著(编)者：孙有中 韩锋　2018年12月出版 / 估价：99.00元
PSN B-2016-587-1/1

巴西黄皮书
巴西发展报告（2017）
著(编)者：刘国枝　2018年5月出版 / 估价：99.00元
PSN Y-2017-614-1/1

德国蓝皮书
德国发展报告（2018）
著(编)者：郑春荣　2018年6月出版 / 估价：99.00元
PSN B-2012-278-1/1

俄罗斯黄皮书
俄罗斯发展报告（2018）
著(编)者：李永全　2018年6月出版 / 估价：99.00元
PSN Y-2006-061-1/1

韩国蓝皮书
韩国发展报告（2017）
著(编)者：牛林杰 刘宝全　2018年6月出版 / 估价：99.00元
PSN B-2010-155-1/1

加拿大蓝皮书
加拿大发展报告（2018）
著(编)者：唐小松　2018年9月出版 / 估价：99.00元
PSN B-2014-389-1/1

美国蓝皮书
美国研究报告（2018）
著(编)者：郑秉文 黄平　2018年5月出版 / 估价：99.00元
PSN B-2011-210-1/1

缅甸蓝皮书
缅甸国情报告（2017）
著(编)者：祝湘辉
2017年11月出版 / 定价：98.00元
PSN B-2013-343-1/1

日本蓝皮书
日本研究报告（2018）
著(编)者：杨伯江　2018年4月出版 / 定价：99.00元
PSN B-2002-020-1/1

土耳其蓝皮书
土耳其发展报告（2018）
著(编)者：郭长刚 刘义　2018年9月出版 / 估价：99.00元
PSN B-2014-412-1/1

伊朗蓝皮书
伊朗发展报告（2017~2018）
著(编)者：冀开运　2018年10月 / 估价：99.00元
PSN B-2016-574-1/1

以色列蓝皮书
以色列发展报告（2018）
著(编)者：张倩红　2018年8月出版 / 估价：99.00元
PSN B-2015-483-1/1

印度蓝皮书
印度国情报告（2017）
著(编)者：吕昭义　2018年6月出版 / 估价：99.00元
PSN B-2012-241-1/1

英国蓝皮书
英国发展报告（2017~2018）
著(编)者：王展鹏　2018年12月出版 / 估价：99.00元
PSN B-2015-486-1/1

越南蓝皮书
越南国情报告（2018）
著(编)者：谢林城　2018年11月出版 / 估价：99.00元
PSN B-2006-056-1/1

泰国蓝皮书
泰国研究报告（2018）
著(编)者：庄国土 张禹东 刘文正
2018年10月出版 / 估价：99.00元
PSN B-2016-556-1/1

文化传媒类

"三农"舆情蓝皮书
中国"三农"网络舆情报告（2017~2018）
著(编)者：农业部信息中心
2018年6月出版 / 估价：99.00元
PSN B-2017-640-1/1

传媒竞争力蓝皮书
中国传媒国际竞争力研究报告（2018）
著(编)者：李本乾 刘强 王大可
2018年8月出版 / 估价：99.00元
PSN B-2013-356-1/1

传媒蓝皮书
中国传媒产业发展报告（2018）
著(编)者：崔保国
2018年5月出版 / 估价：99.00元
PSN B-2005-035-1/1

传媒投资蓝皮书
中国传媒投资发展报告（2018）
著(编)者：张向东 谭云明
2018年6月出版 / 估价：148.00元
PSN B-2015-474-1/1

皮书系列 2018全品种
文化传媒类

非物质文化遗产蓝皮书
中国非物质文化遗产发展报告（2018）
著（编）者：陈平　2018年6月出版　估价：128.00元
PSN B-2015-469-1/2

非物质文化遗产蓝皮书
中国非物质文化遗产保护发展报告（2018）
著（编）者：宋俊华　2018年10月出版　估价：128.00元
PSN B-2016-586-2/2

广电蓝皮书
中国广播电影电视发展报告（2018）
著（编）者：国家新闻出版广电总局发展研究中心
2018年7月出版　/　估价：99.00元
PSN B-2006-072-1/1

广告主蓝皮书
中国广告主营销传播趋势报告No.9
著（编）者：黄升民　杜国清　邵华冬　等
2018年10月出版　/　估价：158.00元
PSN B-2005-041-1/1

国际传播蓝皮书
中国国际传播发展报告（2018）
著（编）者：胡正荣　李继东　姬德强
2018年12月出版　/　估价：99.00元
PSN B-2014-408-1/1

国家形象蓝皮书
中国国家形象传播报告（2017）
著（编）者：张昆　2018年6月出版　/　估价：128.00元
PSN B-2017-605-1/1

互联网治理蓝皮书
中国网络社会治理研究报告（2018）
著（编）者：罗昕　支庭荣
2018年9月出版　/　估价：118.00元
PSN B-2017-653-1/1

纪录片蓝皮书
中国纪录片发展报告（2018）
著（编）者：何苏六　2018年10月出版　/　估价：99.00元
PSN B-2011-222-1/1

科学传播蓝皮书
中国科学传播报告（2016~2017）
著（编）者：詹正茂　2018年6月出版　/　估价：99.00元
PSN B-2008-120-1/1

两岸创意经济蓝皮书
两岸创意经济研究报告（2018）
著（编）者：罗昌智　董泽平
2018年10月出版　/　估价：99.00元
PSN B-2014-437-1/1

媒介与女性蓝皮书
中国媒介与女性发展报告（2017~2018）
著（编）者：刘利群　2018年5月出版　/　估价：99.00元
PSN B-2013-345-1/1

媒体融合蓝皮书
中国媒体融合发展报告（2017~2018）
著（编）者：梅宁华　支庭荣
2017年12月出版　/　定价：98.00元
PSN B-2015-479-1/1

全球传媒蓝皮书
全球传媒发展报告（2017~2018）
著（编）者：胡正荣　李继东　2018年6月出版　/　估价：99.00元
PSN B-2012-237-1/1

少数民族非遗蓝皮书
中国少数民族非物质文化遗产发展报告（2018）
著（编）者：肖远平（彝）　柴立（满）
2018年10月出版　/　估价：118.00元
PSN B-2015-467-1/1

视听新媒体蓝皮书
中国视听新媒体发展报告（2018）
著（编）者：国家新闻出版广电总局发展研究中心
2018年7月出版　/　估价：118.00元
PSN B-2011-184-1/1

数字娱乐产业蓝皮书
中国动画产业发展报告（2018）
著（编）者：孙立军　孙平　牛兴侦
2018年10月出版　/　估价：99.00元
PSN B-2011-198-1/2

数字娱乐产业蓝皮书
中国游戏产业发展报告（2018）
著（编）者：孙立军　刘跃军　2018年10月出版　/　估价：99.00元
PSN B-2017-662-2/2

网络视听蓝皮书
中国互联网视听行业发展报告（2018）
著（编）者：陈鹏　2018年2月出版　/　定价：148.00元
PSN B-2018-688-1/1

文化创新蓝皮书
中国文化创新报告（2017·No.8）
著（编）者：傅才武　2018年6月出版　/　估价：99.00元
PSN B-2009-143-1/1

文化建设蓝皮书
中国文化发展报告（2018）
著（编）者：江畅　孙伟平　戴茂堂
2018年5月出版　/　估价：99.00元
PSN B-2014-392-1/1

文化科技蓝皮书
文化科技创新发展报告（2018）
著（编）者：于平　李凤亮　2018年10月出版　/　估价：99.00元
PSN B-2013-342-1/1

文化蓝皮书
中国公共文化服务发展报告（2017~2018）
著（编）者：刘新成　张永新　张旭
2018年12月出版　/　估价：99.00元
PSN B-2007-093-2/10

文化蓝皮书
中国少数民族文化发展报告（2017~2018）
著（编）者：武翠英　张晓明　任乌晶
2018年9月出版　/　估价：99.00元
PSN B-2013-369-9/10

文化蓝皮书
中国文化产业供需协调检测报告（2018）
著（编）者：王亚南　2018年3月出版　/　定价：99.00元
PSN B-2013-323-8/10

文化传媒类

文化蓝皮书
中国文化消费需求景气评价报告（2018）
著(编)者：王亚南　2018年3月出版 / 定价：99.00元
PSN B-2011-236-4/10

文化蓝皮书
中国公共文化投入增长测评报告（2018）
著(编)者：王亚南　2018年3月出版 / 定价：99.00元
PSN B-2014-435-10/10

文化品牌蓝皮书
中国文化品牌发展报告（2018）
著(编)者：欧阳友权　2018年5月出版 / 估价：99.00元
PSN B-2012-277-1/1

文化遗产蓝皮书
中国文化遗产事业发展报告（2017~2018）
著(编)者：苏杨　张颖岚　卓杰　白海峰　陈晨　陈叙图
2018年8月出版 / 估价：99.00元
PSN B-2008-119-1/1

文学蓝皮书
中国文情报告（2017~2018）
著(编)者：白烨　2018年5月出版 / 估价：99.00元
PSN B-2011-221-1/1

新媒体蓝皮书
中国新媒体发展报告No.9（2018）
著(编)者：唐绪军　2018年7月出版 / 估价：99.00元
PSN B-2010-169-1/1

新媒体社会责任蓝皮书
中国新媒体社会责任研究报告（2018）
著(编)者：钟瑛　2018年12月出版 / 估价：99.00元
PSN B-2014-423-1/1

移动互联网蓝皮书
中国移动互联网发展报告（2018）
著(编)者：余清楚　2018年6月出版 / 估价：99.00元
PSN B-2012-282-1/1

影视蓝皮书
中国影视产业发展报告（2018）
著(编)者：司若　陈鹏　陈锐
2018年6月出版 / 估价：99.00元
PSN B-2016-529-1/1

舆情蓝皮书
中国社会舆情与危机管理报告（2018）
著(编)者：谢耘耕
2018年9月出版 / 估价：138.00元
PSN B-2011-235-1/1

中国大运河蓝皮书
中国大运河发展报告（2018）
著(编)者：吴欣　2018年2月出版 / 估价：128.00元
PSN B-2018-691-1/1

地方发展类-经济

澳门蓝皮书
澳门经济社会发展报告（2017~2018）
著(编)者：吴志良　郝雨凡
2018年7月出版 / 估价：99.00元
PSN B-2009-138-1/1

澳门绿皮书
澳门旅游休闲发展报告（2017~2018）
著(编)者：郝雨凡　林广志
2018年5月出版 / 估价：99.00元
PSN G-2017-617-1/1

北京蓝皮书
北京经济发展报告（2017~2018）
著(编)者：杨松　2018年6月出版 / 估价：99.00元
PSN B-2006-054-2/8

北京旅游绿皮书
北京旅游发展报告（2018）
著(编)者：北京旅游学会
2018年7月出版 / 估价：99.00元
PSN G-2012-301-1/1

北京体育蓝皮书
北京体育产业发展报告（2017~2018）
著(编)者：钟秉枢　陈杰　杨铁黎
2018年9月出版 / 估价：99.00元
PSN B-2015-475-1/1

滨海金融蓝皮书
滨海新区金融发展报告（2017）
著(编)者：王爱俭　李向前　2018年4月出版 / 估价：99.00元
PSN B-2014-424-1/1

城乡一体化蓝皮书
北京城乡一体化发展报告（2017~2018）
著(编)者：吴宝新　张宝秀　黄序
2018年5月出版 / 估价：99.00元
PSN B-2012-258-2/2

非公有制企业社会责任蓝皮书
北京非公有制企业社会责任报告（2018）
著(编)者：宋贵伦　冯培
2018年6月出版 / 估价：99.00元
PSN B-2017-613-1/1

皮书系列 2018全品种 — 地方发展类-经济

福建旅游蓝皮书
福建省旅游产业发展现状研究（2017~2018）
著（编）者：陈敏华 黄远水　2018年12月出版　估价：128.00元
PSN B-2016-591-1/1

福建自贸区蓝皮书
中国（福建）自由贸易试验区发展报告(2017~2018)
著（编）者：黄茂兴　2018年6月出版　估价：118.00元
PSN B-2016-531-1/1

甘肃蓝皮书
甘肃经济发展分析与预测（2018）
著（编）者：安文华 罗哲　2018年1月出版　定价：99.00元
PSN B-2013-312-1/6

甘肃蓝皮书
甘肃商贸流通发展报告（2018）
著（编）者：张应华 王福生 王晓芳
2018年1月出版　定价：99.00元
PSN B-2016-522-6/6

甘肃蓝皮书
甘肃县域和农村发展报告（2018）
著（编）者：包东红 朱智文 王建兵
2018年1月出版　定价：99.00元
PSN B-2013-316-5/6

甘肃农业科技绿皮书
甘肃农业科技发展研究报告（2018）
著（编）者：魏胜文 乔德华 张东伟
2018年12月出版　估价：198.00元
PSN B-2016-592-1/1

甘肃气象保障蓝皮书
甘肃农业对气候变化的适应与风险评估报告（No.1）
著（编）者：鲍文中 周广胜
2017年12月出版　定价：108.00元
PSN B-2017-677-1/1

巩义蓝皮书
巩义经济社会发展报告（2018）
著（编）者：丁同民 朱军　2018年6月出版　估价：99.00元
PSN B-2016-532-1/1

广东外经贸蓝皮书
广东对外经济贸易发展研究报告（2017~2018）
著（编）者：陈万灵　2018年6月出版　定价：99.00元
PSN B-2012-286-1/1

广西北部湾经济区蓝皮书
广西北部湾经济区开放开发报告（2017~2018）
著（编）者：广西壮族自治区北部湾经济区和东盟开放合作办公室
　　　　　广西社会科学院
　　　　　广西北部湾发展研究院
2018年5月出版　估价：99.00元
PSN B-2010-181-1/1

广州蓝皮书
广州城市国际化发展报告（2018）
著（编）者：张跃国　2018年8月出版　估价：99.00元
PSN B-2012-246-11/14

广州蓝皮书
中国广州城市建设与管理发展报告（2018）
著（编）者：张其学 陈小钢 王宏伟　2018年8月出版　估价：99.00元
PSN B-2007-087-4/14

广州蓝皮书
广州创新型城市发展报告（2018）
著（编）者：尹涛　2018年6月出版　估价：99.00元
PSN B-2012-247-12/14

广州蓝皮书
广州经济发展报告（2018）
著（编）者：张跃国 尹涛　2018年7月出版　估价：99.00元
PSN B-2005-040-1/14

广州蓝皮书
2018年中国广州经济形势分析与预测
著（编）者：魏明海 谢博能 李华
2018年6月出版　估价：99.00元
PSN B-2011-185-9/14

广州蓝皮书
中国广州科技创新发展报告（2018）
著（编）者：于欣伟 陈爽 邓佑满　2018年8月出版　估价：99.00元
PSN B-2006-065-2/14

广州蓝皮书
广州农村发展报告（2018）
著（编）者：朱名宏　2018年7月出版　估价：99.00元
PSN B-2010-167-8/14

广州蓝皮书
广州汽车产业发展报告（2018）
著（编）者：杨再高 冯兴亚　2018年7月出版　估价：99.00元
PSN B-2006-066-3/14

广州蓝皮书
广州商贸业发展报告（2018）
著（编）者：张跃国 陈杰 荀振英
2018年7月出版　估价：99.00元
PSN B-2012-245-10/14

贵阳蓝皮书
贵阳城市创新发展报告No.3（白云篇）
著（编）者：连玉明　2018年5月出版　估价：99.00元
PSN B-2015-491-3/10

贵阳蓝皮书
贵阳城市创新发展报告No.3（观山湖篇）
著（编）者：连玉明　2018年5月出版　估价：99.00元
PSN B-2015-497-9/10

贵阳蓝皮书
贵阳城市创新发展报告No.3（花溪篇）
著（编）者：连玉明　2018年5月出版　估价：99.00元
PSN B-2015-490-2/10

贵阳蓝皮书
贵阳城市创新发展报告No.3（开阳篇）
著（编）者：连玉明　2018年5月出版　估价：99.00元
PSN B-2015-492-4/10

贵阳蓝皮书
贵阳城市创新发展报告No.3（南明篇）
著（编）者：连玉明　2018年5月出版　估价：99.00元
PSN B-2015-496-8/10

贵阳蓝皮书
贵阳城市创新发展报告No.3（清镇篇）
著（编）者：连玉明　2018年5月出版　估价：99.00元
PSN B-2015-489-1/10

地方发展类–经济

皮书系列
2018全品种

贵阳蓝皮书
贵阳城市创新发展报告No.3（乌当篇）
著(编)者：连玉明　2018年5月出版／估价：99.00元
PSN B-2015-495-7/10

贵阳蓝皮书
贵阳城市创新发展报告No.3（息烽篇）
著(编)者：连玉明　2018年5月出版／估价：99.00元
PSN B-2015-493-5/10

贵阳蓝皮书
贵阳城市创新发展报告No.3（修文篇）
著(编)者：连玉明　2018年5月出版／估价：99.00元
PSN B-2015-494-6/10

贵阳蓝皮书
贵阳城市创新发展报告No.3（云岩篇）
著(编)者：连玉明　2018年5月出版／估价：99.00元
PSN B-2015-498-10/10

贵州房地产蓝皮书
贵州房地产发展报告No.5（2018）
著(编)者：武廷方　2018年7月出版／估价：99.00元
PSN B-2014-426-1/1

贵州蓝皮书
贵州册亨经济社会发展报告（2018）
著(编)者：黄德林　2018年6月出版／估价：99.00元
PSN B-2016-525-8/9

贵州蓝皮书
贵州地理标志产业发展报告（2018）
著(编)者：李发耀　黄其松　2018年8月出版／估价：99.00元
PSN B-2017-646-10/10

贵州蓝皮书
贵安新区发展报告（2017～2018）
著(编)者：马长青　吴大华　2018年6月出版／估价：99.00元
PSN B-2016-459-4/10

贵州蓝皮书
贵州国家级开放创新平台发展报告（2017～2018）
著(编)者：申晓庆　吴大华　季泓
2018年11月出版／估价：99.00元
PSN B-2016-518-7/10

贵州蓝皮书
贵州国有企业社会责任发展报告（2017～2018）
著(编)者：郭丽　2018年12月出版／估价：99.00元
PSN B-2015-511-6/10

贵州蓝皮书
贵州民航业发展报告（2017）
著(编)者：申振东　吴大华　2018年6月出版／估价：99.00元
PSN B-2015-471-5/10

贵州蓝皮书
贵州民营经济发展报告（2017）
著(编)者：杨静　吴大华　2018年6月出版／估价：99.00元
PSN B-2016-530-9/9

杭州都市圈蓝皮书
杭州都市圈发展报告（2018）
著(编)者：洪庆华　沈翔　2018年4月出版／定价：98.00元
PSN B-2012-302-1/1

河北经济蓝皮书
河北省经济发展报告（2018）
著(编)者：马树强　金浩　张贵　2018年6月出版／估价：99.00元
PSN B-2014-380-1/1

河北蓝皮书
河北经济社会发展报告（2018）
著(编)者：康振海　2018年1月出版／定价：99.00元
PSN B-2014-372-1/3

河北蓝皮书
京津冀协同发展报告（2018）
著(编)者：陈璐　2017年12月出版／定价：79.00元
PSN B-2017-601-2/3

河南经济蓝皮书
2018年河南经济形势分析与预测
著(编)者：王世炎　2018年3月出版／定价：89.00元
PSN B-2007-086-1/1

河南蓝皮书
河南城市发展报告（2018）
著(编)者：张占仓　王建国　2018年5月出版／估价：99.00元
PSN B-2009-131-3/9

河南蓝皮书
河南工业发展报告（2018）
著(编)者：张占仓　2018年5月出版／估价：99.00元
PSN B-2013-317-5/9

河南蓝皮书
河南金融发展报告（2018）
著(编)者：喻新安　谷建全
2018年6月出版／估价：99.00元
PSN B-2014-390-7/9

河南蓝皮书
河南经济发展报告（2018）
著(编)者：张占仓　完世伟
2018年6月出版／估价：99.00元
PSN B-2010-157-4/9

河南蓝皮书
河南能源发展报告（2018）
著(编)者：国网河南省电力公司经济技术研究院
　　　　　河南省社会科学院
2018年6月出版／估价：99.00元
PSN B-2017-607-9/9

河南商务蓝皮书
河南商务发展报告（2018）
著(编)者：焦锦淼　穆荣国　2018年5月出版／估价：99.00元
PSN B-2014-399-1/1

河南双创蓝皮书
河南创新创业发展报告（2018）
著(编)者：喻新安　杨雪梅
2018年8月出版／估价：99.00元
PSN B-2017-641-1/1

黑龙江蓝皮书
黑龙江经济发展报告（2018）
著(编)者：朱宇　2018年1月出版／定价：89.00元
PSN B-2011-190-2/2

皮书系列 2018全品种 — 地方发展类-经济

湖南城市蓝皮书
区域城市群整合
著(编)者：童中贤 韩未名　2018年12月出版／估价：99.00元
PSN B-2006-064-1/1

湖南蓝皮书
湖南城乡一体化发展报告（2018）
著(编)者：陈文胜 王文强 陆福兴
2018年8月出版／定价：99.00元
PSN B-2015-477-8/8

湖南蓝皮书
2018年湖南电子政务发展报告
著(编)者：梁志峰　2018年5月出版／估价：128.00元
PSN B-2014-394-6/8

湖南蓝皮书
2018年湖南经济发展报告
著(编)者：卞鹰　2018年5月出版／估价：128.00元
PSN B-2011-207-2/8

湖南蓝皮书
2016年湖南经济展望
著(编)者：梁志峰　2018年5月出版／估价：128.00元
PSN B-2011-206-1/8

湖南蓝皮书
2018年湖南县域经济社会发展报告
著(编)者：梁志峰　2018年5月出版／估价：128.00元
PSN B-2014-395-7/8

湖南县域绿皮书
湖南县域发展报告（No.5）
著(编)者：袁准 周小毛 黎仁寅
2018年6月出版／定价：99.00元
PSN G-2012-274-1/1

沪港蓝皮书
沪港发展报告（2018）
著(编)者：尤安山　2018年9月出版／估价：99.00元
PSN B-2013-362-1/1

吉林蓝皮书
2018年吉林经济社会形势分析与预测
著(编)者：邵汉明　2017年12月出版／定价：89.00元
PSN B-2013-319-1/1

吉林省城市竞争力蓝皮书
吉林省城市竞争力报告（2017~2018）
著(编)者：崔岳春 张磊
2018年3月出版／定价：89.00元
PSN B-2016-513-1/1

济源蓝皮书
济源经济社会发展报告（2018）
著(编)者：喻新安　2018年6月出版／估价：99.00元
PSN B-2014-387-1/1

江苏蓝皮书
2018年江苏经济发展分析与展望
著(编)者：王庆五 吴先满
2018年7月出版／估价：128.00元
PSN B-2017-635-1/3

江西蓝皮书
江西经济社会发展报告（2018）
著(编)者：陈石俊 龚建文　2018年10月出版／估价：128.00元
PSN B-2015-484-1/2

江西蓝皮书
江西设区市发展报告（2018）
著(编)者：姜玮 梁勇
2018年10月出版／估价：99.00元
PSN B-2016-517-2/2

经济特区蓝皮书
中国经济特区发展报告（2017）
著(编)者：陶一桃　2018年1月出版／估价：99.00元
PSN B-2009-139-1/1

辽宁蓝皮书
2018年辽宁经济社会形势分析与预测
著(编)者：梁启东 魏红江　2018年6月出版／估价：99.00元
PSN B-2006-053-1/1

民族经济蓝皮书
中国民族地区经济发展报告（2018）
著(编)者：李曦辉　2018年7月出版／估价：99.00元
PSN B-2017-630-1/1

南宁蓝皮书
南宁经济发展报告（2018）
著(编)者：胡建华　2018年9月出版／估价：99.00元
PSN B-2016-569-2/3

内蒙古蓝皮书
内蒙古精准扶贫研究报告（2018）
著(编)者：张志华　2018年1月出版／定价：89.00元
PSN B-2017-681-2/2

浦东新区蓝皮书
上海浦东经济发展报告（2018）
著(编)者：周小平 徐美芳
2018年1月出版／定价：89.00元
PSN B-2011-225-1/1

青海蓝皮书
2018年青海经济社会形势分析与预测
著(编)者：陈玮　2018年1月出版／定价：98.00元
PSN B-2012-275-1/2

青海科技绿皮书
青海科技发展报告（2017）
著(编)者：青海省科学技术信息研究所
2018年3月出版／定价：98.00元
PSN G-2018-701-1/1

山东蓝皮书
山东经济形势分析与预测（2018）
著(编)者：李广杰　2018年7月出版／估价：99.00元
PSN B-2014-404-1/5

山东蓝皮书
山东省普惠金融发展报告（2018）
著(编)者：齐鲁财富网
2018年9月出版／估价：99.00元
PSN B2017-676-5/5

地方发展类-经济

山西蓝皮书
山西资源型经济转型发展报告（2018）
著(编)者：李志强　2018年7月出版 / 估价：99.00元
PSN B-2011-197-1/1

陕西蓝皮书
陕西经济发展报告（2018）
著(编)者：任宗哲　白宽犁　裴成荣
2018年1月出版 / 定价：89.00元
PSN B-2009-135-1/6

陕西蓝皮书
陕西精准脱贫研究报告（2018）
著(编)者：任宗哲　白宽犁　王建康
2018年4月出版 / 定价：89.00元
PSN B-2017-623-6/6

上海蓝皮书
上海经济发展报告（2018）
著(编)者：沈开艳　2018年2月出版 / 定价：89.00元
PSN B-2006-057-1/7

上海蓝皮书
上海资源环境发展报告（2018）
著(编)者：周冯琦　胡静　2018年2月出版 / 定价：89.00元
PSN B-2006-060-4/7

上海蓝皮书
上海奉贤经济发展分析与研判（2017~2018）
著(编)者：张兆安　朱平芳　2018年3月出版 / 定价：99.00元
PSN B-2018-698-8/8

上饶蓝皮书
上饶发展报告（2016~2017）
著(编)者：廖其志　2018年6月出版 / 估价：128.00元
PSN B-2014-377-1/1

深圳蓝皮书
深圳经济发展报告（2018）
著(编)者：张骁儒　2018年6月出版 / 估价：99.00元
PSN B-2008-112-3/7

四川蓝皮书
四川城镇化发展报告（2018）
著(编)者：侯水平　陈炜　2018年6月出版 / 估价：99.00元
PSN B-2015-456-7/7

四川蓝皮书
2018年四川经济形势分析与预测
著(编)者：杨钢　2018年1月出版 / 定价：158.00元
PSN B-2007-098-2/7

四川蓝皮书
四川企业社会责任研究报告（2017~2018）
著(编)者：侯水平　盛毅　2018年5月出版 / 估价：99.00元
PSN B-2014-386-4/7

四川蓝皮书
四川生态建设报告（2018）
著(编)者：李晟之　2018年5月出版 / 估价：99.00元
PSN B-2015-455-6/7

四川蓝皮书
四川特色小镇发展报告（2017）
著(编)者：吴志强　2017年11月出版 / 定价：89.00元
PSN B-2017-670-8/8

体育蓝皮书
上海体育产业发展报告（2017~2018）
著(编)者：张林　黄海燕
2018年10月出版 / 估价：99.00元
PSN B-2015-454-4/5

体育蓝皮书
长三角地区体育产业发展报（2017~2018）
著(编)者：张林　2018年6月出版 / 估价：99.00元
PSN B-2015-453-3/5

天津金融蓝皮书
天津金融发展报告（2018）
著(编)者：王爱俭　孔德昌
2018年5月出版 / 估价：99.00元
PSN B-2014-418-1/1

图们江区域合作蓝皮书
图们江区域合作发展报告（2018）
著(编)者：李铁　2018年6月出版 / 估价：99.00元
PSN B-2015-464-1/1

温州蓝皮书
2018年温州经济社会形势分析与预测
著(编)者：蒋儒标　王春光　金浩
2018年6月出版 / 估价：99.00元
PSN B-2008-105-1/1

西咸新区蓝皮书
西咸新区发展报告（2018）
著(编)者：李扬　王军
2018年6月出版 / 估价：99.00元
PSN B-2016-534-1/1

修武蓝皮书
修武经济社会发展报告（2018）
著(编)者：张占仓　袁凯声
2018年10月出版 / 估价：99.00元
PSN B-2017-651-1/1

偃师蓝皮书
偃师经济社会发展报告（2018）
著(编)者：张占仓　袁凯声　何武周
2018年7月出版 / 估价：99.00元
PSN B-2017-627-1/1

扬州蓝皮书
扬州经济社会发展报告（2018）
著(编)者：陈扬
2018年12月出版 / 估价：108.00元
PSN B-2011-191-1/1

长垣蓝皮书
长垣经济社会发展报告（2018）
著(编)者：张占仓　袁凯声　秦保建
2018年10月出版 / 估价：99.00元
PSN B-2017-654-1/1

遵义蓝皮书
遵义发展报告（2018）
著(编)者：邓彦　曾征　龚永育
2018年9月出版 / 估价：99.00元
PSN B-2014-433-1/1

地方发展类-社会

安徽蓝皮书
安徽社会发展报告（2018）
著（编）者：程桦　2018年6月出版　估价：99.00元
PSN B-2013-325-1/1

安徽社会建设蓝皮书
安徽社会建设分析报告（2017~2018）
著（编）者：黄家海　蔡宪
2018年11月出版　估价：99.00元
PSN B-2013-322-1/1

北京蓝皮书
北京公共服务发展报告（2017~2018）
著（编）者：施昌奎　2018年6月出版　估价：99.00元
PSN B-2008-103-7/8

北京蓝皮书
北京社会发展报告（2017~2018）
著（编）者：李伟东
2018年7月出版　估价：99.00元
PSN B-2006-055-3/8

北京蓝皮书
北京社会治理发展报告（2017~2018）
著（编）者：殷星辰　2018年7月出版　估价：99.00元
PSN B-2014-391-8/8

北京律师蓝皮书
北京律师发展报告No.4（2018）
著（编）者：王隽　2018年12月出版　估价：99.00元
PSN B-2011-217-1/1

北京人才蓝皮书
北京人才发展报告（2018）
著（编）者：敏华　2018年12月出版　估价：128.00元
PSN B-2011-201-1/1

北京社会心态蓝皮书
北京社会心态分析报告（2017~2018）
北京市社会心理服务促进社
2018年10月出版　估价：99.00元
PSN B-2014-422-1/1

北京社会组织管理蓝皮书
北京社会组织发展与管理（2018）
著（编）者：黄江松
2018年6月出版　估价：99.00元
PSN B-2015-446-1/1

北京养老产业蓝皮书
北京居家养老发展报告（2018）
著（编）者：陆杰华　周明明
2018年8月出版　估价：99.00元
PSN B-2015-465-1/1

法治蓝皮书
四川依法治省年度报告No.4（2018）
著（编）者：李林　杨天宗　田禾
2018年3月出版　定价：118.00元
PSN B-2015-447-2/3

福建妇女发展蓝皮书
福建省妇女发展报告（2018）
著（编）者：刘群英　2018年11月出版　估价：99.00元
PSN B-2011-220-1/1

甘肃蓝皮书
甘肃社会发展分析与预测（2018）
著（编）者：安文华　谢增虎　包晓霞
2018年1月出版　定价：99.00元
PSN B-2013-313-2/6

广东蓝皮书
广东全面深化改革研究报告（2018）
著（编）者：周林生　涂成林
2018年12月出版　估价：99.00元
PSN B-2015-504-3/3

广东蓝皮书
广东社会工作发展报告（2018）
著（编）者：罗观翠　2018年6月出版　估价：99.00元
PSN B-2014-402-2/3

广州蓝皮书
广州青年发展报告（2018）
著（编）者：徐柳　张强
2018年8月出版　估价：99.00元
PSN B-2013-352-13/14

广州蓝皮书
广州社会保障发展报告（2018）
著（编）者：张跃国　2018年8月出版　估价：99.00元
PSN B-2014-425-14/14

广州蓝皮书
2018年中国广州社会形势分析与预测
著（编）者：张强　郭志勇　何镜清
2018年6月出版　估价：99.00元
PSN B-2008-110-5/14

贵州蓝皮书
贵州法治发展报告（2018）
著（编）者：吴大华　2018年5月出版　估价：99.00元
PSN B-2012-254-2/10

贵州蓝皮书
贵州人才发展报告（2017）
著（编）者：于杰　吴大华
2018年9月出版　估价：99.00元
PSN B-2014-382-3/10

贵州蓝皮书
贵州社会发展报告（2018）
著（编）者：王兴骥　2018年6月出版　估价：99.00元
PSN B-2010-166-1/10

杭州蓝皮书
杭州妇女发展报告（2018）
著（编）者：魏颖
2018年10月出版　估价：99.00元
PSN B-2014-403-1/1

地方发展类–社会

河北蓝皮书
河北法治发展报告（2018）
著（编）者：康振海　2018年6月出版／估价：99.00元
PSN B-2017-622-3/3

河北食品药品安全蓝皮书
河北食品药品安全研究报告（2018）
著（编）者：丁锦霞
2018年10月出版／估价：99.00元
PSN B-2015-473-1/1

河南蓝皮书
河南法治发展报告（2018）
著（编）者：张林海　2018年7月出版／估价：99.00元
PSN B-2014-376-6/9

河南蓝皮书
2018年河南社会形势分析与预测
著（编）者：牛苏林　2018年5月出版／估价：99.00元
PSN B-2005-043-1/9

河南民办教育蓝皮书
河南民办教育发展报告（2018）
著（编）者：胡大白　2018年9月出版／估价：99.00元
PSN B-2017-642-1/1

黑龙江蓝皮书
黑龙江社会发展报告（2018）
著（编）者：王爱丽　2018年1月出版／定价：89.00元
PSN B-2011-189-1/2

湖南蓝皮书
2018年湖南两型社会与生态文明建设报告
著（编）者：卞鹰　2018年5月出版／定价：128.00元
PSN B-2011-208-3/8

湖南蓝皮书
2018年湖南社会发展报告
著（编）者：卞鹰　2018年5月出版／定价：128.00元
PSN B-2014-393-5/8

健康城市蓝皮书
北京健康城市建设研究报告（2018）
著（编）者：王鸿春　盛继洪
2018年9月出版／估价：99.00元
PSN B-2015-460-1/2

江苏法治蓝皮书
江苏法治发展报告No.6（2017）
著（编）者：蔡道通　龚廷泰
2018年8月出版／估价：99.00元
PSN B-2012-290-1/1

江苏蓝皮书
2018年江苏社会发展分析与展望
著（编）者：王庆五　刘旺洪
2018年8月出版／估价：128.00元
PSN B-2017-636-2/3

民族教育蓝皮书
中国民族教育发展报告（2017·内蒙古卷）
著（编）者：陈中永
2017年12月出版／定价：198.00元
PSN B-2017-669-1/1

南宁蓝皮书
南宁法治发展报告（2018）
著（编）者：杨维超　2018年12月出版／估价：99.00元
PSN B-2015-509-1/3

南宁蓝皮书
南宁社会发展报告（2018）
著（编）者：胡建华　2018年10月出版／估价：99.00元
PSN B-2016-570-3/3

内蒙古蓝皮书
内蒙古反腐倡廉建设报告 No.2
著（编）者：张志华　2018年6月出版／估价：99.00元
PSN B-2013-365-1/1

青海蓝皮书
2018年青海人才发展报告
著（编）者：王宇燕　2018年9月出版／估价：99.00元
PSN B-2017-650-2/2

青海生态文明建设蓝皮书
青海生态文明建设报告（2018）
著（编）者：张西明　高华　2018年12月出版／估价：99.00元
PSN B-2016-595-1/1

人口与健康蓝皮书
深圳人口与健康发展报告（2018）
著（编）者：陈杰华　傅崇辉
2018年11月出版／估价：99.00元
PSN B-2011-228-1/1

山东蓝皮书
山东社会形势分析与预测（2018）
著（编）者：李善峰　2018年6月出版／估价：99.00元
PSN B-2014-405-2/5

陕西蓝皮书
陕西社会发展报告（2018）
著（编）者：任宗哲　白宽犁　牛昉
2018年1月出版／定价：89.00元
PSN B-2009-136-2/6

上海蓝皮书
上海法治发展报告（2018）
著（编）者：叶必丰　2018年9月出版／估价：99.00元
PSN B-2012-296-6/7

上海蓝皮书
上海社会发展报告（2018）
著（编）者：杨雄　周海旺
2018年2月出版／定价：89.00元
PSN B-2006-058-2/7

皮书系列 2018全品种

地方发展类-社会 · 地方发展类-文化

社会建设蓝皮书
2018年北京社会建设分析报告
著(编)者：宋贵伦 冯虹　2018年9月出版 / 估价：99.00元
PSN B-2010-173-1/1

深圳蓝皮书
深圳法治发展报告（2018）
著(编)者：张骁儒　2018年6月出版 / 估价：99.00元
PSN B-2015-470-6/7

深圳蓝皮书
深圳劳动关系发展报告（2018）
著(编)者：汤庭芬　2018年8月出版 / 估价：99.00元
PSN B-2007-097-2/7

深圳蓝皮书
深圳社会治理与发展报告（2018）
著(编)者：张骁儒　2018年6月出版 / 估价：99.00元
PSN B-2008-113-4/7

生态安全绿皮书
甘肃国家生态安全屏障建设发展报告（2018）
著(编)者：刘举科 喜文华
2018年10月出版 / 估价：99.00元
PSN G-2017-659-1/1

顺义社会建设蓝皮书
北京市顺义区社会建设发展报告（2018）
著(编)者：王学武　2018年9月出版 / 估价：99.00元
PSN B-2017-658-1/1

四川蓝皮书
四川法治发展报告（2018）
著(编)者：郑泰安　2018年6月出版 / 估价：99.00元
PSN B-2015-441-5/7

四川蓝皮书
四川社会发展报告（2018）
著(编)者：李羚　2018年6月出版 / 估价：99.00元
PSN B-2008-127-3/7

四川社会工作与管理蓝皮书
四川省社会工作人力资源发展报告（2017）
著(编)者：边慧敏　2017年12月出版 / 定价：89.00元
PSN B-2017-683-1/1

云南社会治理蓝皮书
云南社会治理年度报告（2017）
著(编)者：晏雄 韩全芳
2018年5月出版 / 估价：99.00元
PSN B-2017-667-1/1

地方发展类-文化

北京传媒蓝皮书
北京新闻出版广电发展报告（2017~2018）
著(编)者：王志　2018年11月出版 / 估价：99.00元
PSN B-2016-588-1/1

北京蓝皮书
北京文化发展报告（2017~2018）
著(编)者：李建盛　2018年5月出版 / 估价：99.00元
PSN B-2007-082-4/8

创意城市蓝皮书
北京文化创意产业发展报告（2018）
著(编)者：郭万超 张京成　2018年12月出版 / 估价：99.00元
PSN B-2012-263-1/7

创意城市蓝皮书
天津文化创意产业发展报告（2017~2018）
著(编)者：谢思全　2018年6月出版 / 估价：99.00元
PSN B-2016-536-7/7

创意城市蓝皮书
武汉文化创意产业发展报告（2018）
著(编)者：黄永林 陈汉桥　2018年12月出版 / 估价：99.00元
PSN B-2013-354-4/7

创意上海蓝皮书
上海文化创意产业发展报告（2017~2018）
著(编)者：王慧敏 王兴全　2018年8月出版 / 估价：99.00元
PSN B-2016-561-1/1

非物质文化遗产蓝皮书
广州市非物质文化遗产保护发展报告（2018）
著(编)者：宋俊华　2018年12月出版 / 估价：99.00元
PSN B-2016-589-1/1

甘肃蓝皮书
甘肃文化发展分析与预测（2018）
著(编)者：马廷旭 戚晓萍　2018年1月出版 / 定价：99.00元
PSN B-2013-314-3/6

甘肃蓝皮书
甘肃舆情分析与预测（2018）
著(编)者：王俊莲 张谦元　2018年1月出版 / 定价：99.00元
PSN B-2013-315-4/6

广州蓝皮书
中国广州文化发展报告（2018）
著(编)者：屈哨兵 陆志强　2018年6月出版 / 估价：99.00元
PSN B-2009-134-7/14

广州蓝皮书
广州文化创意产业发展报告（2018）
著(编)者：徐咏虹　2018年7月出版 / 估价：99.00元
PSN B-2008-111-6/14

海淀蓝皮书
海淀区文化和科技融合发展报告（2018）
著(编)者：陈名杰 孟景伟　2018年5月出版 / 估价：99.00元
PSN B-2013-329-1/1

皮书系列
2018全品种

河南蓝皮书
河南文化发展报告（2018）
著(编)者：卫绍生　2018年7月出版／估价：99.00元
PSN B-2008-106-2/9

湖北文化产业蓝皮书
湖北省文化产业发展报告（2018）
著(编)者：黄晓华　2018年9月出版／估价：99.00元
PSN B-2017-656-1/1

湖北文化蓝皮书
湖北文化发展报告（2017~2018）
著(编)者：湖北大学高等人文研究院　中华文化发展湖北省协同创新中心
2018年10月出版／估价：99.00元
PSN B-2016-566-1/1

江苏蓝皮书
2018年江苏文化发展分析与展望
著(编)者：王庆五　樊和平　2018年9月出版／估价：128.00元
PSN B-2017-637-3/3

江西文化蓝皮书
江西非物质文化遗产发展报告（2018）
著(编)者：张圣才　傅安平　2018年12月出版／估价：128.00元
PSN B-2015-499-1/1

洛阳蓝皮书
洛阳文化发展报告（2018）
著(编)者：刘福兴　陈启明　2018年7月出版／估价：99.00元
PSN B-2015-476-1/1

南京蓝皮书
南京文化发展报告（2018）
著(编)者：中共南京市委宣传部
2018年12月出版／估价：99.00元
PSN B-2014-439-1/1

宁波文化蓝皮书
宁波"一人一艺"全民艺术普及发展报告（2017）
著(编)者：张爱琴　2018年11月出版／估价：128.00元
PSN B-2017-668-1/1

山东蓝皮书
山东文化发展报告（2018）
著(编)者：涂可国　2018年5月出版／估价：99.00元
PSN B-2014-406-3/5

陕西蓝皮书
陕西文化发展报告（2018）
著(编)者：任宗哲　白宽犁　王长寿
2018年1月出版／定价：89.00元
PSN B-2009-137-3/6

上海蓝皮书
上海传媒发展报告（2018）
著(编)者：强荧　焦雨虹　2018年2月出版／定价：89.00元
PSN B-2012-295-5/7

上海蓝皮书
上海文学发展报告（2018）
著(编)者：陈圣来　2018年6月出版／估价：99.00元
PSN B-2012-297-7/7

上海蓝皮书
上海文化发展报告（2018）
著(编)者：荣跃明　2018年6月出版／估价：99.00元
PSN B-2006-059-3/7

深圳蓝皮书
深圳文化发展报告（2018）
著(编)者：张骁儒　2018年7月出版／估价：99.00元
PSN B-2016-554-7/7

四川蓝皮书
四川文化产业发展报告（2018）
著(编)者：向宝云　张立伟　2018年6月出版／估价：99.00元
PSN B-2006-074-1/7

郑州蓝皮书
2018年郑州文化发展报告
著(编)者：王哲　2018年9月出版／估价：99.00元
PSN B-2008-107-1/1

社会科学文献出版社　　皮书系列

❖ 皮书起源 ❖

"皮书"起源于十七、十八世纪的英国，主要指官方或社会组织正式发表的重要文件或报告，多以"白皮书"命名。在中国，"皮书"这一概念被社会广泛接受，并被成功运作、发展成为一种全新的出版形态，则源于中国社会科学院社会科学文献出版社。

❖ 皮书定义 ❖

皮书是对中国与世界发展状况和热点问题进行年度监测，以专业的角度、专家的视野和实证研究方法，针对某一领域或区域现状与发展态势展开分析和预测，具备原创性、实证性、专业性、连续性、前沿性、时效性等特点的公开出版物，由一系列权威研究报告组成。

❖ 皮书作者 ❖

皮书系列的作者以中国社会科学院、著名高校、地方社会科学院的研究人员为主，多为国内一流研究机构的权威专家学者，他们的看法和观点代表了学界对中国与世界的现实和未来最高水平的解读与分析。

❖ 皮书荣誉 ❖

皮书系列已成为社会科学文献出版社的著名图书品牌和中国社会科学院的知名学术品牌。2016年，皮书系列正式列入"十三五"国家重点出版规划项目；2013~2018年，重点皮书列入中国社会科学院承担的国家哲学社会科学创新工程项目；2018年，59种院外皮书使用"中国社会科学院创新工程学术出版项目"标识。

中国皮书网

（网址：www.pishu.cn）

发布皮书研创资讯，传播皮书精彩内容
引领皮书出版潮流，打造皮书服务平台

栏目设置

关于皮书：何谓皮书、皮书分类、皮书大事记、皮书荣誉、
皮书出版第一人、皮书编辑部

最新资讯：通知公告、新闻动态、媒体聚焦、网站专题、视频直播、下载专区

皮书研创：皮书规范、皮书选题、皮书出版、皮书研究、研创团队

皮书评奖评价：指标体系、皮书评价、皮书评奖

互动专区：皮书说、社科数托邦、皮书微博、留言板

所获荣誉

2008年、2011年，中国皮书网均在全国新闻出版业网站荣誉评选中获得"最具商业价值网站"称号；

2012年，获得"出版业网站百强"称号。

网库合一

2014年，中国皮书网与皮书数据库端口合一，实现资源共享。

权威报告·一手数据·特色资源

皮书数据库

ANNUAL REPORT(YEARBOOK) DATABASE

当代中国经济与社会发展高端智库平台

所获荣誉

- 2016年,入选"'十三五'国家重点电子出版物出版规划骨干工程"
- 2015年,荣获"搜索中国正能量 点赞2015""创新中国科技创新奖"
- 2013年,荣获"中国出版政府奖·网络出版物奖"提名奖
- 连续多年荣获中国数字出版博览会"数字出版·优秀品牌"奖

成为会员

通过网址www.pishu.com.cn或使用手机扫描二维码进入皮书数据库网站,进行手机号码验证或邮箱验证即可成为皮书数据库会员(建议通过手机号码快速验证注册)。

会员福利

- 使用手机号码首次注册的会员,账号自动充值100元体验金,可直接购买和查看数据库内容(仅限使用手机号码快速注册)。
- 已注册用户购书后可免费获赠100元皮书数据库充值卡。刮开充值卡涂层获取充值密码,登录并进入"会员中心"—"在线充值"—"充值卡充值",充值成功后即可购买和查看数据库内容。

数据库服务热线:400-008-6695　　　　图书销售热线:010-59367070/7028
数据库服务QQ:2475522410　　　　　　图书服务QQ:1265056568
数据库服务邮箱:database@ssap.cn　　　图书服务邮箱:duzhe@ssap.cn

续表

一级指标	二级指标	具体指标	指标解释	国际可比
创新效率	市场效率	货物市场效率	综合指标,包括地方竞争强度、反垄断的有效性、税收负担率、创业的时间、货物关税等	是
		劳动力市场效率	综合指标,包括工资的灵活性、劳资关系、吸引人才的容量等	是
		金融市场发展	综合指标,包括金融服务的可获得性、风险资本的可获得性、贷款的可获得性、银行的稳定性等	是
		技术成熟度	综合指标,包括前沿技术的可及性、企业层面的技术吸收能力、互联网使用人数、FDI和技术转移等	是
		市场规模	综合指标,包括国内市场规模、国外市场规模、GDP、出口额	是
		出口国内增加值率	出口产品中隐含的国内增加值的比重	是
		附加值率	产业的增加值/总产出	是
政府效率	公共服务效率	营商指数	营商指数主要包括开办企业、办理施工许可证、获得电力、登记财产、获得信贷、保护少数投资者、纳税、跨境贸易、执行合同、办理破产十个方面的内容,每个方面都从程序个数、所需时间长短、所需成本等质量和成本效率方面设置若干个指标,最后根据这些指标计算出一个综合性指标即营商便利度	是
		产品市场监管指标(PMR)*	OECD产品市场监管指标(PMR)是一套全面的、可在国际上进行比较的指标,用以衡量政策促进或抑制竞争的产品市场领域的竞争程度	是
		专业服务监管指标(含法律、会计等的规范)*	OECD专业服务监管指标用以衡量专业服务和零售分销部门的监管条件,涵盖法律、会计、工程和建筑行业的入门与行为规范	是
		能源交通通信监管指标(ETCR)*	OECD能源交通通信监管指标(ETCR)包括电信、电力、天然气、邮政、铁路、航空客运和公路货运七个部门的监管规定	是
		零售业监管指标*	OECD零售业监管指标包括进入门槛、运营限制和价格控制	是

续表

一级指标	二级指标	具体指标	指标解释	国际可比
政府效率	社会保障	公共服务满意度	公民对医疗体系满意度和公民对教育体系满意度的加权	是
		法治指数	法治指数	是
		政府开放度指数	WJP开放式政府指数使用四个维度来衡量政府开放度：宣传法律和政府数据、信息权、公民参与、投诉机制	是
		税收和转移支付对基尼系数下降的影响	税收和转移支付政策使基尼系数下降的水平	是
生活质量	消费升级	(科教文卫)消费比重	(科教文卫)消费比重	是
		大学教育人力资本比重	大专以上人员在就业人员中所占比重	是
	消费促进	初次收入分配中劳动收入比重	初次收入分配中劳动收入比重	是
		城市居民收入差别(缩小)	城市居民收入差别(缩小)	否
		城乡居民收入差别(缩小)	城乡居民收入差别(缩小)	否
		城市居民可支配收入增长速度	城市居民可支配收入增长速度	是
		最低生活保障水平	最低生活保障水平	否
		社会保障	社保缴费占财政收入的比重	是
环境质量	生态环境	人均水资源量	水资源量/年底总人口数	是
		自然保护区面积	自然保护区面积	否
		万人城市园林绿地面积	城市园林绿地面积/年底总人口数	否
	产出能耗	万元GDP能耗指标*	万元GDP能耗=能源消费总量/GDP；万元GDP能耗指标=1/万元GDP能耗	是
		万元GDP电力消耗指标*	万元GDP电力消耗=电力消费总量/GDP；万元GDP电力消耗指标=1/万元GDP电力消耗	否
	城市排放	城市人均垃圾生产量*	城市人均垃圾生产量	是
		CO_2/GDP*	CO_2排放量与GDP的比值	是
		工业废水排放指标*	工业废水排放指标=1/工业废水排放量	否

续表

一级指标	二级指标	具体指标	指标解释	国际可比
环境质量	城市排放	工业二氧化硫排放指标*	工业二氧化硫排放指标 = 1/工业二氧化硫排放量	否
		工业烟尘排放指标*	工业烟尘排放指标 = 1/工业烟尘排放量	否
		工业粉尘排放指标*	工业粉尘排放指标 = 1/工业粉尘排放量	否
		PM2.5集中度指标*	PM2.5集中度为PM2.5年均浓度；PM2.5集中度指标 = 1/PM2.5集中度	是
	空气监测	暴露在PM2.5 > 35的人群比例*	暴露在PM2.5 > 35的人群比例	是
		PM10指标*	PM10指标 = 1/PM10	否
		二氧化硫指标*	二氧化硫指标 = 1/二氧化硫含量	否
		二氧化氮指标*	二氧化氮指标 = 1/二氧化氮含量	否
		臭氧指标*	臭氧指标 = 1/臭氧含量	否
		空气质量良好天数	空气质量达到及好于二级的天数	否
	环保投资与回收	环保科技占全部科技比重	环保科技投资占全部科技投资的比重	是
		治理工业污染项目投资额占GDP的比重	治理工业污染项目投资额占GDP的比重 = 治理工业污染项目投资额/GDP（现价）	否
		工业"三废"综合利用产品产值比	工业"三废"综合利用产品产值比 = 工业"三废"综合利用产品产值/GDP（现价）	否

注：带*的指标为非正向指标，所有高质量发展指标均正向标准化。
资料来源：WDI、ILO数据库。

（三）中国与发达国家高质量发展方面的差距

通过国际比较发现，中国有3个指标在世界各国中处于第一位：市场规模、科技论文发表数量、城市人均垃圾生产量。中国超过1/5的指标排名在全球前30%以内，与前沿国家差距小于50%的指标比例接近1/2，但高质量发展一级指标经济增长、创新效率、政府效率、生活质量和环境质量仍有很大的改善空间。具体来说，从中国在世界上的排名来看，排名在[0,5%)区间内的指标有5个，分别为第二产业劳动生产率增长率、PCT国际专利数量、科技论文发表数量（排名第一）、市场规模（排名第一）、城市人均垃圾生产量（排名第一）；排名在［5%，10%）区间内的指标有3个，分别为GDP增长率、GDP2（第二产业增加值占GDP比重）、TFP增长率；排名在［10%，20%）区间内的指标有2个，分别为第三产业劳动生产率增长率、出口国内增加值率；排名在［20%，30%）区间内的指标有1个，为城市居民可支配收入增长速度；排名在［30%，40%）区间内的指标有6个，分别为资本回报率、资本化率、研发强度、知识产权保护、营商指数、社会保障；排名在［40%，50%）区间内的指标有3个，分别为城镇调查失业率、CPI波动率、政府负债水平；排名在［50%，60%）区间内的指标有3个，分别为城市化率、互联网普及度、劳动力市场效率；排名在［60%，70%）区间内的指标有6个，分别为汇率波动率、房地产价格波动率、金融市场发展、公共服务满意度、法治指数、初次收入分配中劳动收入比重；排名在［70%，80%）区间内的指标有4个，分别为居民负债水平、货物市场效率、零售业监管指标、大学教育人力资本比重；排名在［80%，90%）区间内的指标有6个，分别为GDP3（第三产业增加值占GDP比重）、政府开放度指数、（科教文卫）消费比重、人均水资源量、暴露在PM2.5＞35的人群比例、环保科技占全部科技比重；排名在［90%，95%）区间内的指标有1个，为万元GDP能耗指标；排名在［95%，100%］区间内的指标有10个，分别为净出口波动率、企业负债水平、技术成熟度、附加值率、产品市场监管指标（PMR）、专业服务监管指标（含法律、会计等的规范）、能源交通通信监管指标（ETCR）、税收和转移支付对基尼系数下降的影响、CO_2/GDP、PM2.5集中度指标。

从中国与前沿国家的差距来看，差距在［0，5%）区间内的指标有3个，分别为科技论文发表数量（与前沿国家的差距为0，中国处于该指标最前沿）、市场规模（与前沿国家的差距为0，中国处于该指标最前沿）、城市人均垃圾生产量（与前沿国家的差距为0，中国处于该指标最前沿）；差距在［5%，10%）区间内的指标没有；差距在［10%，20%）区间内的指标有4个，分别为PCT国际专利数量、货物市场效率、出口国内增加值率、初次收入分配中劳动收入比重；差距在［20%，30%）区间内的指标有4

个,分别为劳动力市场效率、金融市场发展、营商指数、公共服务满意度;差距在[30%,40%)区间内的指标有3个,分别为GDP2(第二产业增加值占GDP比重)、知识产权保护、技术成熟度;差距在[40%,50%)区间内的指标有9个,分别为城镇调查失业率、GDP3(第三产业增加值占GDP比重)、城市化率、互联网普及度、附加值率、法治指数、政府开放度指数、城市居民可支配收入增长速度、社会保障;差距在[50%,60%)区间内的指标有2个,分别为资本回报率、研发强度;差距在[60%,70%)区间内的指标有6个,分别为CPI波动率、TFP增长率、产品市场监管指标(PMR)、(科教文卫)消费比重、万元GDP能耗指标、环保科技占全部科技比重;差距在[70%,80%)区间内的指标有3个,分别为GDP增长率、政府负债水平、能源交通通信监管指标(ETCR);差距在[80%,90%)区间内的指标有4个,分别为第二产业劳动生产率增长率、第三产业劳动生产率增长率、专业服务监管指标(含法律、会计等的规范)、CO_2/GDP;差距在[90%,95%)区间内的指标有4个,分别为资本化率、零售业监管指标、大学教育人力资本比重、PM2.5集中度指标;差距在[95%,100%]区间内的指标有8个,分别为汇率波动率、净出口波动率、房地产价格波动率、居民负债水平、企业负债水平、税收和转移支付对基尼系数下降的影响、人均水资源量、暴露在PM2.5>35的人群比例。

中国与前沿国家的差距见表4。

表4 中国与前沿国家的差距

指标	世界排名	差距(1-中国值/最前沿国家值)	国家或地区数(个)
GDP增长率	23	0.77	234
城镇调查失业率*	16	0.43	35
资本回报率	13	0.53	42
第二产业劳动生产率增长率	10	0.85	208
第三产业劳动生产率增长率	23	0.82	210
GDP2(第二产业增加值占GDP比重)	15	0.31	202
GDP3(第三产业增加值占GDP比重)	159	0.44	192

续表

指　标	世界排名	差距(1-中国值/最前沿国家值)	国家或地区数(个)
城市化率	138	0.43	260
资本化率	22	0.93	60
CPI 波动率*	45	0.68	108
汇率波动率*	135	1.00	196
净出口波动率*	105	1.00	105
房地产价格波动率*	42	1.00	63
居民负债水平*	105	0.99	133
企业负债水平*	126	0.99	132
政府负债水平*	41	0.79	88
PCT 国际专利数量	2	0.14	111
科技论文发表数量	1	0	50
互联网普及度	105	0.46	203
TFP 增长率	11	0.61	122
研发强度	13	0.50	36
知识产权保护	49	0.32	137
货物市场效率	28	0.18	36
劳动力市场效率	19	0.24	36
金融市场发展	25	0.28	36
技术成熟度	35	0.35	36
市场规模	1	0	36
出口国内增加值率	7	0.12	43
附加值率	42	0.43	43
营商指数	78	0.25	199
产品市场监管指标(PMR)*	46	0.68	47
专业服务监管指标(含法律、会计等的规范)*	42	0.85	42
能源交通通信监管指标(ETCR)*	45	0.77	46
零售业监管指标*	36	0.92	47
公共服务满意度	28	0.26	45
法治指数	75	0.44	113
政府开放度指数	87	0.47	102
税收和转移支付对基尼系数下降的影响	40	1.00	40
(科教文卫)消费比重	37	0.60	42
大学教育人力资本比重	106	0.92	146
初次收入分配中劳动收入比重	26	0.16	42

续表

指　标	世界排名	差距(1-中国值/最前沿国家值)	国家或地区数(个)
城市居民可支配收入增长速度	22	0.48	88
社会保障	29	0.46	93
人均水资源量	29	1.00	35
万元GDP能耗指标*	33	0.68	36
城市人均垃圾生产量*	1	0	35
CO_2/GDP*	36	0.84	36
PM2.5集中度指标*	36	0.94	36
暴露在PM2.5>35的人群比例*	89	0.99	103
环保科技占全部科技比重	32	0.65	36

注：带*的是负向指标，已正向标准化。

四　区域发展前景

中国社会科学院经济研究所"中国经济增长前沿课题组"每年出版一本"经济蓝皮书夏季号"《中国经济增长报告》，已连续八年对中国区域发展前景进行跟踪评价。课题组认为中国经济应该从以GDP为核心的评价标准转向以劳动生产率与TFP增长为基准对创新和效率进行评估，强调可持续性和包容性的增长，其评估结果对提升区域可持续发展水平和明确区域发展方向具有一定的指导意义。"经济蓝皮书夏季号"的发展前景指标和上述高质量发展指标相当接近，一级指标共有5个：经济增长、增长潜力、政府效率、人民生活和环境质量。第二个一级指标"增长潜力"对应高质量发展指标的"创新效率"，第四个一级指标"人民生活"与高质量发展指标的"生活质量"类似。二级指标和具体指标略有不同，指标体系设计见区域经济发展前景报告。

本报告将发展前景评价指标分为三级，其中一级指标包括经济增长、增长潜力、政府效率、人民生活和环境质量。每个一级指标包含若干个二级指标，其中经济增长包括产出效率、经济结构、经济稳定；增长潜力包括产出消耗、增长可持续性；政府效率包括公共服务效率、社会保障；人民生活包括人民生活；环境质量包括生态环境、产出能耗、工业排放治理、空气监测、环保投资。二级指标下设65个具体指标。经济发展前景指标体系用以评估中国省域经济可持续发展水平和高质量发展状况，以期通过完整的指标体系来评估中国各省区市高质量发展水平，发现短板，并缩小与发达省区市的差距。本报告在前八本《中国经济增长报告》的基础上继续对中国30个省区市1990~2018年的发展前景及可持续发展情况进行跟踪评估。

（一）2018年各省区市发展前景及一级指标排名

2018年各省区市发展前景及一级指标排名情况见表5。发展前景及一级指标排名第一的省份和2017年大致相同，2018年上海在发展前景、经济增长、增长潜力和人民生活等方面排名第一；北京在政府效率方面排名第一；

表5　2018年各省区市发展前景及一级指标排名情况

地区	发展前景	经济增长	增长潜力	政府效率	人民生活	环境质量	地区	发展前景	经济增长	增长潜力	政府效率	人民生活	环境质量
北京	5	7	5	1	3	2	河南	23	18	24	30	18	30
天津	7	5	28	4	2	14	湖北	13	12	19	19	12	26
河北	20	17	21	24	17	29	湖南	21	21	15	23	23	15
山西	17	22	27	15	11	28	广东	4	2	4	7	19	12
内蒙古	9	9	7	20	13	8	广西	28	26	25	28	29	13
辽宁	10	24	13	10	6	25	海南	19	30	16	9	20	1
吉林	12	15	11	13	7	16	重庆	22	20	23	14	30	19
黑龙江	14	14	14	8	24	10	四川	15	11	12	16	15	23
上海	1	1	1	2	1	3	贵州	30	28	30	18	27	17
江苏	3	4	3	5	5	20	云南	29	25	22	21	9	5
浙江	2	3	2	3	4	7	陕西	11	8	20	22	9	24
安徽	16	13	17	25	25	22	甘肃	27	19	29	27	26	21
福建	8	6	6	11	10	11	青海	25	29	10	17	14	4
江西	18	23	18	21	28	18	宁夏	24	27	26	12	22	6
山东	6	10	8	6	12	27	新疆	26	16	9	26	16	9

资料来源：笔者采用主成分分析法计算所得，下同。

海南在环境质量方面排名第一。发展前景、经济增长、增长潜力、政府效率、人民生活和环境质量排名第二的省份分别为浙江、广东、浙江、上海、天津和北京，排名第三的省份分别为江苏、浙江、江苏、浙江、北京和上海，排名第四的省份分别为广东、江苏、广东、天津、浙江和青海，排名第五的省份分别为北京、天津、北京、江苏、江苏和云南。

1. 2018年发展前景排名及权重

和2017年相比，2018年发展前景排名上升的省份有9个：上升了3位的省份有2个，山西从第20位上升到第17位，江西从第21位上升到第18位；上升了2位的省份有1个，陕西从第13位上升到第11位；上升了1位的省份有6个，四川从第16位上升到第15位，内蒙古从第10位上升到第9位，浙江从第3位上升到第2位，广东从第5位上升到第4位，河南从第24位上升到第23位，湖北从第14位上升到第13位。

排名下降的省份有10个：下降了2位的省份有4个，海南从第17位下降到第19位，湖南从第19位下降到第21位，黑龙江从第12位下降到第14位，河北从第18位下降到第20位；下降了1位的省份有6个，安徽从第15位下降到第16位，吉林从第11位下降到第12位，江苏从第2位下降到第3位，辽宁从第9位下降到第10位，北京从第4位下降到第5位，宁夏从第23位下降到第24位。

其他省份排名不变（见表6、表7）。

表6 2018年发展前景排名变化总体情况

发展前景	省区市
排名上升（共9个）	山西(+3)、江西(+3)、陕西(+2)、四川(+1)、内蒙古(+1)、浙江(+1)、广东(+1)、河南(+1)、湖北(+1)
排名不变（共11个）	天津、上海、福建、山东、广西、贵州、云南、甘肃、新疆、重庆、青海
排名下降（共10个）	宁夏(-1)、北京(-1)、辽宁(-1)、江苏(-1)、吉林(-1)、安徽(-1)、河北(-2)、黑龙江(-2)、湖南(-2)、海南(-2)

注：括号里面的加号表示排名上升，减号表示排名下降，下同。

表7　2018年发展前景排名变化及权重

地区	2017年	2018年	2018年变化	权重（%）	地区	2017年	2018年	2018年变化	权重（%）	地区	2017年	2018年	2018年变化	权重（%）
北京	4	5	-1	6.83	浙江	3	2	1	7.51	海南	17	19	-2	2.35
天津	7	7	0	4.95	安徽	15	16	-1	2.52	重庆	22	22	0	2.17
河北	18	20	-2	2.34	福建	8	8	0	4.10	四川	16	15	1	2.38
山西	20	17	3	2.29	江西	21	18	3	2.20	贵州	30	30	0	0.59
内蒙古	10	9	1	2.92	山东	6	6	0	5.87	云南	29	29	0	0.92
辽宁	9	10	-1	3.02	河南	24	23	1	2.02	陕西	13	11	2	2.60
吉林	11	12	-1	2.88	湖北	14	13	1	2.55	甘肃	27	27	0	1.59
黑龙江	12	14	-2	2.72	湖南	19	21	-2	2.31	青海	25	25	0	1.85
上海	1	1	0	8.56	广东	5	4	1	6.68	宁夏	23	24	-1	2.02
江苏	2	3	-1	8.04	广西	28	28	0	1.38	新疆	26	26	0	1.82

2. 2018年经济增长排名及权重

和2017年相比，2018年经济增长排名上升的省份有9个：上升了4位的省份有1个，云南从第29位上升到第25位；上升了2位的省份有4个，四川从第13位上升到第11位，贵州从第30位上升到第28位，黑龙江从第16位上升到第14位，甘肃从第21位上升到第19位；上升了1位的省份有4个，辽宁从第25位上升到第24位，福建从第7位上升到第6位，内蒙古从第10位上升到第9位，江苏从第5位上升到第4位。

排名下降的省份有13个：下降了2位的省份有3个，海南从第28位下降到第30位，广西从第24位下降到第26位，青海从第27位下降到第29位；下降了1位的省份有10个，天津从第4位下降到第5位，重庆从第19位下降到第20位，新疆从第15位下降到第16位，湖南从第20位下降到第21位，湖北从第11位下降到第12位，安徽从第12位下降到第13位，北京从第6位下降到第7位，吉林从第14位下降到第15位，山东从第9位下降到第10位，宁夏从第26位下降到第27位。

其他省份排名不变（见表8、表9）。

迈向高质量的经济发展

表8　2018年经济增长排名变化总体情况

经济增长	省区市
排名上升（共9个）	云南（+4）、四川（+2）、贵州（+2）、黑龙江（+2）、甘肃（+2）、辽宁（+1）、福建（+1）、内蒙古（+1）、江苏（+1）
排名不变（共8个）	河南、河北、山西、上海、浙江、江西、广东、陕西
排名下降（共13个）	宁夏（-1）、山东（-1）、吉林（-1）、北京（-1）、安徽（-1）、湖北（-1）、湖南（-1）、新疆（-1）、重庆（-1）、天津（-1）、青海（-2）、广西（-2）、海南（-2）

表9　2018年经济增长排名变化及权重

地区	2017年	2018年	2018年变化	权重（%）	地区	2017年	2018年	2018年变化	权重（%）	地区	2017年	2018年	2018年变化	权重（%）
北京	6	7	-1	5.12	浙江	3	3	0	6.29	海南	28	30	-2	0.46
天津	4	5	-1	6.26	安徽	12	13	-1	3.28	重庆	19	20	-1	2.52
河北	17	17	0	2.66	福建	7	6	1	5.07	四川	13	11	2	3.21
山西	22	22	0	2.05	江西	23	23	0	1.76	贵州	30	28	2	0.36
内蒙古	10	9	1	4.10	山东	9	10	-1	4.18	云南	29	25	4	0.45
辽宁	25	24	1	1.06	河南	18	18	0	2.60	陕西	8	8	0	4.70
吉林	14	15	-1	3.12	湖北	11	12	-1	3.30	甘肃	21	19	2	2.15
黑龙江	16	14	2	2.84	湖南	20	21	-1	2.42	青海	27	29	-2	0.81
上海	1	1	0	9.11	广东	2	2	0	9.03	宁夏	26	27	-1	0.90
江苏	5	4	1	5.80	广西	24	26	-2	1.45	新疆	15	16	-1	2.93

3. 2018年增长潜力排名及权重

和2017年相比，2018年增长潜力排名上升的省份有16个：上升了3位的省份有3个，山东从第11位上升到第8位，四川从第15位上升到第12位，陕西从第23位上升到第20位；上升了2位的省份有7个，河南从第26位上升到第24位，湖南从第17位上升到第15位，云南从第24位上升到第22位，青海从第12位上升到第10位，黑龙江从第16位上升到第14位，广西从第27位上升到第25位，重庆从第25位上升到第23位；上升了1位的省份有6个，山西从第28位上升到第27位，福建从第7位上升到第6位，浙江从第3位上升到第2位，安徽从第18位上升到第17位，江西从第19位上升到第18位，湖北从第20位上升到第19位。

排名下降的省份有6个：下降了14位的省份有1个，天津从第14位下降到第28位；下降了8位的省份有1个，海南从第8位下降到第16位；下降了4位的省份有1个，宁夏从第22位下降到第26位；下降了1位的省份有3个，江苏从第2位下降到第3位，内蒙古从第6位下降到第7位，吉林从第10位下降到第11位。

其他省份排名不变（见表10、表11）。

表10　2018年增长潜力排名变化总体情况

增长潜力	省区市
排名上升（共16个）	山东(+3)、四川(+3)、陕西(+3)、河南(+2)、湖南(+2)、云南(+2)、青海(+2)、黑龙江(+2)、广西(+2)、重庆(+2)、山西(+1)、福建(+1)、浙江(+1)、安徽(+1)、江西(+1)、湖北(+1)
排名不变（共8个）	河北、辽宁、北京、上海、广东、贵州、新疆、甘肃
排名下降（共6个）	吉林(-1)、内蒙古(-1)、江苏(-1)、宁夏(-4)、海南(-8)、天津(-14)

表11　2018年增长潜力排名变化及权重

地区	2017年	2018年	2018年变化	权重(%)	地区	2017年	2018年	2018年变化	权重(%)	地区	2017年	2018年	2018年变化	权重(%)
北京	5	5	0	5.63	浙江	3	2	1	7.12	海南	8	16	-8	3.81
天津	14	28	-14	3.27	安徽	18	17	1	2.55	重庆	25	23	2	1.53
河北	21	21	0	1.86	福建	7	6	1	4.08	四川	15	12	3	3.05
山西	28	27	1	1.08	江西	19	18	1	2.38	贵州	30	30	0	0.79
内蒙古	6	7	-1	4.11	山东	11	8	3	3.59	云南	24	22	2	1.56
辽宁	13	13	0	3.41	河南	26	24	2	1.26	陕西	23	20	3	1.69
吉林	10	11	-1	3.59	湖北	20	19	1	2.02	甘肃	29	29	0	0.93
黑龙江	16	14	2	3.00	湖南	17	15	2	2.57	青海	12	10	2	3.50
上海	1	1	0	10.39	广东	4	4	0	7.08	宁夏	22	26	-4	1.71
江苏	2	3	-1	7.46	广西	27	25	2	1.25	新疆	9	9	0	3.72

4. 2018年政府效率排名及权重

和2017年相比，2018年政府效率排名上升的省份有8个：上升了3位的省份有1个，江西从第24位上升到第21位；上升了2位的省份有1个，贵州从第20位上升到第18位；上升了1位的省份有6个，四川从第17位上升到第 16 位，天津从第 5 位上升到第 4 位，黑龙江从第 9 位上升到第 8 位，福建从第 12 位上升到第 11 位，甘肃从第 28 位上升到第 27 位，新疆从第 27 位上升到第 26 位。

排名下降的省份有 9 个：下降了 2 位的省份有 2 个，湖南从第 21 位下降到第 23 位，广西从第 26 位下降到第 28 位；下降了 1 位的省份有 7 个，湖北从第 18 位下降到第 19 位，内蒙古从第 19 位下降到第 20 位，河北从第 23 位下降到第 24 位，宁夏从第 11 位下降到第 12 位，海南从第 8 位下降到第 9 位，江苏从第 4 位下降到第 5 位，青海从第 16 位下降到第 17 位。

其他省份排名不变（见表 12、表 13）。

表 12　2018 年政府效率排名变化总体情况

政府效率	省区市
排名上升（共 8 个）	江西（+3）、贵州（+2）、四川（+1）、天津（+1）、黑龙江（+1）、福建（+1）、甘肃（+1）、新疆（+1）
排名不变（共 13 个）	山西、吉林、上海、云南、陕西、北京、辽宁、安徽、山东、广东、浙江、河南、重庆
排名下降（共 9 个）	青海（-1）、江苏（-1）、海南（-1）、宁夏（-1）、河北（-1）、内蒙古（-1）、湖北（-1）、广西（-2）、湖南（-2）

表 13　2018 年政府效率排名变化及权重

地区	2017 年	2018 年	2018 年变化	权重（%）	地区	2017 年	2018 年	2018 年变化	权重（%）	地区	2017 年	2018 年	2018 年变化	权重（%）
北京	1	1	0	10.46	浙江	3	3	0	7.21	海南	8	9	-1	4.54
天津	5	4	1	6.18	安徽	25	25	0	1.29	重庆	14	14	0	2.73
河北	23	24	-1	1.80	福建	12	11	1	3.43	四川	17	16	1	2.19
山西	15	15	0	2.53	江西	24	21	3	1.75	贵州	20	18	2	2.07
内蒙古	19	20	-1	2.14	山东	6	6	0	5.67	云南	29	29	0	0.72
辽宁	10	10	0	4.03	河南	30	30	0	0.69	陕西	22	22	0	1.86
吉林	13	13	0	2.93	湖北	18	19	-1	2.18	甘肃	28	27	1	0.80
黑龙江	9	8	1	4.41	湖南	21	23	-2	1.94	青海	16	17	-1	2.37
上海	2	2	0	7.25	广东	7	7	0	5.02	宁夏	11	12	-1	3.61
江苏	4	5	-1	6.46	广西	26	28	-2	0.87	新疆	27	26	1	0.86

5. 2018年人民生活排名及权重

和2017年相比，2018年人民生活排名上升的省份有7个：上升了2位的省份有2个，云南从第23位上升到第21位，甘肃从第28位上升到第26位；上升了1位的省份有5个，广西从第30位上升到第29位，青海从第15位上升到第14位，湖南从第24位上升到第23位，四川从第16位上升到第15位，陕西从第10位上升到第9位。

排名下降的省份有5个：下降了3位的省份有1个，黑龙江从第21位下降到第24位；下降了2位的省份有2个，新疆从第14位下降到第16位，江西从第26位下降到第28位；下降了1位的省份有2个，重庆从第29位下降到第30位，福建从第9位下降到第10位。

其他省份排名不变（见表14、表15）。

表14　2018年人民生活排名变化总体情况

人民生活	省区市
排名上升（共7个）	云南(+2)、甘肃(+2)、广西(+1)、青海(+1)、湖南(+1)、四川(+1)、陕西(+1)
排名不变（共18个）	河北、内蒙古、吉林、北京、天津、山西、上海、江苏、浙江、安徽、河南、广东、海南、贵州、宁夏、山东、辽宁、湖北
排名下降（共5个）	福建(-1)、重庆(-1)、江西(-2)、新疆(-2)、黑龙江(-3)

表15　2018年人民生活排名变化及权重

地区	2017年	2018年	2018年变化	权重(%)	地区	2017年	2018年	2018年变化	权重(%)	地区	2017年	2018年	2018年变化	权重(%)
北京	3	3	0	5.72	浙江	4	4	0	5.20	海南	20	20	0	2.52
天津	2	2	0	6.08	安徽	25	25	0	1.94	重庆	29	30	-1	1.44
河北	17	17	0	3.01	福建	9	10	-1	3.97	四川	16	15	1	3.12
山西	11	11	0	3.82	江西	26	28	-2	1.82	贵州	27	27	0	1.79
内蒙古	13	13	0	3.31	山东	8	8	0	4.11	云南	23	21	2	2.19
辽宁	6	6	0	4.35	河南	18	18	0	2.90	陕西	10	9	1	3.86
吉林	7	7	0	4.12	湖北	12	12	0	3.66	甘肃	28	26	2	1.76
黑龙江	21	24	-3	2.23	湖南	24	23	1	2.14	青海	15	14	1	3.13
上海	1	1	0	7.22	广东	19	19	0	2.79	宁夏	22	22	0	2.22
江苏	5	5	0	4.85	广西	30	29	1	1.44	新疆	14	16	-2	3.29

6. 2018年环境质量排名及权重

和2017年相比，2018年环境质量排名上升的省份有10个：上升了2位的省份有1个，湖北从第28位上升到第26位；上升了1位的省份有9个，四川从第24位上升到第23位，云南从第6位上升到第5位，黑龙江从第11位上升到第10位，浙江从第8位上升到第7位，辽宁从第26位上升到第25位，上海从第4位上升到第3位，甘肃从第22位上升到第21位，吉林从第17位上升到第16位，内蒙古从第9位上升到第8位。

排名下降的省份有8个：下降了3位的省份有1个，山西从第25位下降到第28位；下降了2位的省份有1个，新疆从第7位下降到第9位；下降了1位的省份有6个，宁夏从第5位下降到第6位，贵州从第16位下降到第17位，安徽从第21位下降到第22位，福建从第10位下降到第11位，青海从第3位下降到第4位，陕西从第23位下降到第24位。

其他省份排名不变（见表16、表17）。

表16　2018年环境质量排名变化总体情况

环境质量	省区市
排名上升（共10个）	湖北（+2）、四川（+1）、云南（+1）、黑龙江（+1）、浙江（+1）、辽宁（+1）、上海（+1）、甘肃（+1）、吉林（+1）、内蒙古（+1）
排名不变（共12个）	山东、河南、湖南、广西、重庆、江西、河北、北京、广东、江苏、海南、天津
排名下降（共8个）	陕西（-1）、青海（-1）、福建（-1）、安徽（-1）、贵州（-1）、宁夏（-1）、新疆（-2）、山西（-3）

（二）各省区市"十三五"发展前景指数及一级指标排名情况

1. 各省区市"十三五"发展前景指数及排名情况

各省区市"十三五"发展前景及一级指标排名情况见表18。从表18可以看出各省区市"十三五"开局三年发展前景综合排名以及经济增长、增长潜力、政府效率、人民生活和环境质量各一级指标的排名情况。

表17　2018年环境质量排名变化及权重

地区	2017年	2018年	2018年变化	权重(%)	地区	2017年	2018年	2018年变化	权重(%)	地区	2017年	2018年	2018年变化	权重(%)
北京	2	2	0	5.33	浙江	8	7	1	3.99	海南	1	1	0	12.12
天津	14	14	0	3.44	安徽	21	22	-1	2.38	重庆	19	19	0	2.39
河北	29	29	0	1.31	福建	10	11	-1	3.82	四川	24	23	1	1.87
山西	25	28	-3	1.68	江西	18	18	0	2.82	贵州	16	17	-1	3.22
内蒙古	9	8	1	3.90	山东	27	27	0	1.46	云南	6	5	1	4.51
辽宁	26	25	1	1.65	河南	30	30	0	0.38	陕西	23	24	-1	2.03
吉林	17	16	1	3.12	湖北	28	26	2	1.44	甘肃	22	21	1	2.35
黑龙江	11	10	1	3.80	湖南	15	15	0	3.30	青海	3	4	-1	4.86
上海	4	3	1	4.56	广东	12	12	0	3.49	宁夏	5	6	-1	4.53
江苏	20	20	0	2.38	广西	13	13	0	3.47	新疆	7	9	-2	4.40

表18　各省区市"十三五"发展前景及一级指标排名情况

地区	发展前景	经济增长	增长潜力	政府效率	人民生活	环境质量	地区	发展前景	经济增长	增长潜力	政府效率	人民生活	环境质量
北京	4	7	5	1	3	2	河南	23	15	27	29	18	30
天津	7	3	16	5	2	12	湖北	14	11	20	17	12	28
河北	19	16	22	23	17	29	湖南	18	21	17	21	24	15
山西	20	22	28	15	11	26	广东	5	2	4	7	19	14
内蒙古	10	10	7	19	9	8	广西	28	24	26	26	29	13
辽宁	9	25	13	10	6	25	海南	17	30	11	8	20	1
吉林	11	14	12	13	7	17	重庆	22	19	24	14	30	19
黑龙江	12	17	14	9	23	10	四川	16	13	15	18	16	24
上海	1	1	1	2	1	4	贵州	30	29	30	20	27	16
江苏	2	5	2	5	5	20	云南	29	28	23	30	21	6
浙江	3	4	3	3	4	8	陕西	13	8	21	22	10	23
安徽	15	12	18	25	25	22	甘肃	27	20	29	28	28	21
福建	8	6	6	12	9	11	青海	25	27	10	16	15	3
江西	21	18	19	24	26	18	宁夏	24	23	25	11	22	5
山东	6	9	8	6	8	27	新疆	26	18	9	27	14	7

和"十二五"相比,"十三五"发展前景方面共有8个省份排名上升:上升了4名的省份有1个,陕西省从第17名上升到第13名;上升了3名的省份有4个,安徽省从第18名上升到第15名,江西省从第24名上升到第21名,内蒙古自治区从第13名上升到第10名,四川省从第19名上升到第

16名；上升了2名的省份有1个，湖南省从第20名上升到第18名；上升了1名的省份有2个，重庆市从第23名上升到第22名，青海省从第26名上升到第25名。

共有8个省份排名下降：下降了6名的省份有1个，山西省从第14名下降到第20名；下降了3名的省份有2个，湖北省从第11名下降到第14名，河北省从第16名下降到第19名；下降了2名的省份有3个，宁夏回族自治区从第22名下降到第24名，河南省从第21名下降到第23名，海南省从第15名下降到第17名；下降了1名的省份有2个，新疆维吾尔自治区从第25名下降到第26名，吉林省从第10名下降到第11名。

共有14个省份排名不变（见表19和表20）。

表19 各省区市"十三五"发展前景排名变化总体情况

发展前景	省区市
排名上升（共8个）	陕西省（+4）、安徽省（+3）、江西省（+3）、内蒙古自治区（+3）、四川省（+3）、湖南省（+2）、重庆市（+1）、青海省（+1）
排名不变（共14个）	北京市、天津市、辽宁省、黑龙江省、上海市、江苏省、浙江省、福建省、山东省、广东省、广西壮族自治区、贵州省、云南省、甘肃省
排名下降（共8个）	吉林省（-1）、新疆维吾尔自治区（-1）、海南省（-2）、河南省（-2）、宁夏回族自治区（-2）、河北省（-3）、湖北省（-3）、山西省（-6）

表20 各省区市"十三五"发展前景排名变化

地区	"十三五"	"十二五"	变化	地区	"十三五"	"十二五"	变化	地区	"十三五"	"十二五"	变化
北京	4	4	0	浙江	3	3	0	海南	17	15	-2
天津	7	7	0	安徽	15	18	3	重庆	22	23	1
河北	19	16	-3	福建	8	8	0	四川	16	19	3
山西	20	14	-6	江西	21	24	3	贵州	30	30	0
内蒙古	10	13	3	山东	6	6	0	云南	29	29	0
辽宁	9	9	0	河南	23	21	-2	陕西	13	17	4
吉林	11	10	-1	湖北	14	11	-3	甘肃	27	27	0
黑龙江	12	12	0	湖南	18	20	2	青海	25	26	1
上海	1	1	0	广东	5	5	0	宁夏	24	22	-2
江苏	2	2	0	广西	28	28	0	新疆	26	25	-1

"八五"至"十三五"平均发展前景指数见表21。

表21 "八五"至"十三五"平均发展前景指数

地区	"八五"	"九五"	"十五"	"十一五"	"十二五"	"十三五"
北京	99.7	100.0	101.3	106.4	101.9	103.6
天津	102.3	100.2	103.0	103.3	100.5	104.7
河北	103.9	101.1	103.1	105.4	98.0	105.5
山西	103.6	102.2	104.2	106.3	96.6	106.4
内蒙古	101.8	98.6	104.9	107.1	101.3	104.9
辽宁	104.6	100.4	101.6	104.0	99.7	101.2
吉林	102.0	102.2	98.3	106.0	101.4	104.2
黑龙江	99.8	99.4	100.6	105.1	99.2	106.1
上海	98.8	100.7	101.7	107.2	102.8	105.2
江苏	99.3	101.0	102.9	107.9	105.0	104.7
浙江	103.2	101.4	105.3	108.8	103.0	105.6
安徽	99.8	100.3	100.9	109.0	103.2	107.1
福建	104.5	100.6	106.1	106.1	102.7	106.2
江西	102.0	95.3	107.0	109.2	102.7	105.9
山东	103.7	101.3	101.7	108.1	104.5	105.4
河南	107.4	100.4	103.2	105.6	101.9	103.8
湖北	100.7	101.3	103.9	106.3	99.6	103.6
湖南	105.8	99.9	104.7	109.6	100.8	107.6
广东	103.3	101.4	105.4	109.2	103.2	105.1
广西	102.8	104.8	102.9	110.5	99.6	106.4
海南	103.2	101.6	100.6	110.9	100.3	104.0
重庆	97.6	102.0	103.1	111.8	103.1	103.8
四川	106.8	98.9	107.6	107.1	99.9	105.8
贵州	103.7	98.7	105.3	106.6	101.5	106.6
云南	102.2	102.5	99.1	108.7	100.3	106.8
陕西	104.4	99.3	104.0	111.0	99.6	107.2
甘肃	103.9	97.1	103.2	108.4	100.7	105.0
青海	102.2	101.6	107.7	108.7	101.6	106.0
宁夏	105.5	100.2	103.4	109.0	100.1	104.8
新疆	98.4	97.9	102.4	105.9	101.5	105.7

2. 各省区市"十三五"经济增长指数及排名情况

和"十二五"相比,"十三五"经济增长方面共有14个省份排名上升:

上升了7名的省份有1个,黑龙江省从第24名上升到第17名;上升了6名的省份有1个,河北省从第22名上升到第16名;上升了4名的省份有2个,广西壮族自治区从第28名上升到第24名,四川省从第17名上升到第13名;上升了3名的省份有2个,湖北省从第14名上升到第11名,甘肃省从第23名上升到第20名;上升了2名的省份有2个,天津市从第5名上升到第3名,陕西省从第10名上升到第8名;上升了1名的省份有6个,宁夏回族自治区从第27名上升到第26名,吉林省从第15名上升到第14名,新疆维吾尔自治区从第19名上升到第18名,上海市从第2名上升到第1名,贵州省从第30名上升到第29名,云南省从第29名上升到第28名。

共有12个省份排名下降:下降了12名的省份有1个,辽宁省从第13名下降到第25名;下降了5名的省份有2个,江西省从第18名下降到第23名,海南省从第25名下降到第30名;下降了4名的省份有1个,河南省从第11名下降到第15名;下降了3名的省份有1个,重庆市从第16名下降到第19名;下降了2名的省份有1个,山西省从第20名下降到第22名;下降了1名的省份有6个,青海省从第26名下降到第27名,山东省从第8名下降到第9名,浙江省从第3名下降到第4名,江苏省从第4名下降到第5名,内蒙古自治区从第9名下降到第10名,广东省从第1名下降到第2名。

共有4个省份排名不变(见表22和表23)。

表22 各省区市"十三五"经济增长排名变化总体情况

经济增长	省区市
排名上升(共14个)	黑龙江省(+7)、河北省(+6)、广西壮族自治区(+4)、四川省(+4)、湖北省(+3)、甘肃省(+3)、天津市(+2)、陕西省(+2)、宁夏回族自治区(+1)、吉林省(+1)、新疆维吾尔自治区(+1)、上海市(+1)、贵州省(+1)、云南省(+1)
排名不变(共4个)	湖南省、北京市、安徽省、福建省
排名下降(共12个)	广东省(-1)、内蒙古自治区(-1)、江苏省(-1)、浙江省(-1)、山东省(-1)、青海省(-1)、山西省(-2)、重庆市(-3)、河南省(-4)、海南省(-5)、江西省(-5)、辽宁省(-12)

表23　各省区市"十三五"经济增长排名变化

地区	"十三五"	"十二五"	变化	地区	"十三五"	"十二五"	变化	地区	"十三五"	"十二五"	变化
北京	7	7	0	浙江	4	3	-1	海南	30	25	-5
天津	3	5	2	安徽	12	12	0	重庆	19	16	-3
河北	16	22	6	福建	6	6	0	四川	13	17	4
山西	22	20	-2	江西	23	18	-5	贵州	29	30	1
内蒙古	10	9	-1	山东	9	8	-1	云南	28	29	1
辽宁	25	13	-12	河南	15	11	-4	陕西	8	10	2
吉林	14	15	1	湖北	11	14	3	甘肃	20	23	3
黑龙江	17	24	7	湖南	21	21	0	青海	27	26	-1
上海	1	2	1	广东	2	1	-1	宁夏	26	27	1
江苏	5	4	-1	广西	24	28	4	新疆	18	19	1

"八五"至"十三五"平均经济增长指数见表24。

表24　"八五"至"十三五"平均经济增长指数

地区	"八五"	"九五"	"十五"	"十一五"	"十二五"	"十三五"
北京	100.5	97.7	100.0	101.4	103.1	101.6
天津	110.7	98.6	102.6	101.9	100.5	101.8
河北	100.7	100.1	102.4	97.9	98.4	110.0
山西	101.5	97.9	104.5	98.9	96.7	109.2
内蒙古	108.3	100.6	103.7	101.1	102.9	102.0
辽宁	103.4	103.7	100.4	100.6	96.8	98.6
吉林	112.0	98.2	102.6	100.3	100.4	99.0
黑龙江	101.0	100.8	101.9	98.1	100.2	104.7
上海	101.9	99.2	101.6	103.5	103.8	103.0
江苏	106.4	101.1	100.8	100.7	100.7	101.1
浙江	99.4	100.2	100.9	102.8	101.4	102.7
安徽	107.6	98.7	98.2	102.8	103.4	101.8
福建	102.4	99.3	102.9	101.6	101.3	103.0
江西	101.6	102.0	99.5	102.3	99.6	98.5
山东	106.4	100.7	101.9	101.1	99.5	101.6
河南	104.4	98.2	102.1	100.1	101.1	100.0
湖北	100.1	100.2	102.0	101.9	99.7	102.0
湖南	102.3	99.4	101.8	102.0	99.7	101.6

续表

地区	"八五"	"九五"	"十五"	"十一五"	"十二五"	"十三五"
广　东	107.4	100.8	103.4	102.2	102.3	100.9
广　西	109.4	101.1	98.8	105.3	99.8	100.2
海　南	99.6	103.1	103.5	99.8	99.3	94.4
重　庆	104.6	97.2	99.6	106.5	100.6	99.2
四　川	107.9	97.7	104.6	104.1	100.5	106.0
贵　州	99.8	99.6	100.3	99.7	99.8	103.1
云　南	105.3	99.2	97.7	102.7	99.8	101.9
陕　西	101.7	102.9	99.8	102.1	99.5	104.9
甘　肃	104.1	100.2	101.5	98.4	101.8	101.9
青　海	101.3	99.6	103.4	98.7	100.1	102.9
宁　夏	105.3	99.7	103.3	100.2	100.5	99.4
新　疆	99.0	101.3	102.6	99.7	98.9	107.5

3. 各省区市"十三五"增长潜力指数及排名情况

和"十二五"相比,"十三五"增长潜力方面共有13个省份排名上升:上升了9名的省份有1个,福建省从第15名上升到第6名;上升了7名的省份有1个,湖南省从第24名上升到第17名;上升了6名的省份有1个,河北省从第28名上升到第22名;上升了4名的省份有2个,内蒙古自治区从第11名上升到第7名,新疆维吾尔自治区从第12名上升到第8名;上升了3名的省份有1个,青海省从第13名上升到第10名;上升了2名的省份有4个,吉林省从第14名上升到第12名,浙江省从第5名上升到第3名,江西省从第21名上升到第19名,河南省从第29名上升到第27名;上升了1名的省份有3个,宁夏回族自治区从第26名上升到第25名,江苏省从第3名上升到第2名,四川省从第16名上升到第15名。

共有14个省份排名下降:下降了10名的省份有1个,天津市从第6名下降到第16名;下降了5名的省份有1个,黑龙江省从第9名下降到第14名;下降了4名的省份有3个,重庆市从第20名下降到第24名,甘肃省从第25名下降到第29名,海南省从第7名下降到第11名;下降了3名的省份有4个,陕西省从第18名下降到第21名,辽宁省从第10名下降到第13名，广西壮族自治区从第23名下降到第26名，北京市从第2名下降到第5名；下降了1名的省份有5个，山东省从第8名下降到第9名，云南省从第22名下降到第23名，山西省从第27名下降到第28名，湖北省从第19名下降到第20名，安徽省从第17名下降到第18名。

共有3个省份排名不变（见表25和表26）。

表25 各省区市"十三五"增长潜力排名变化总体情况

增长潜力	省区市
排名上升（共13个）	福建省（+9）、湖南省（+7）、河北省（+6）、内蒙古自治区（+4）、新疆维吾尔自治区（+4）、青海省（+3）、吉林省（+2）、浙江省（+2）、江西省（+2）、河南省（+2）、宁夏回族自治区（+1）、江苏省（+1）、四川省（+1）
排名不变（共3个）	上海市、广东省、贵州省
排名下降（共14个）	安徽省（-1）、湖北省（-1）、山西省（-1）、云南省（-1）、山东省（-1）、北京市（-3）、广西壮族自治区（-3）、辽宁省（-3）、陕西省（-3）、海南省（-4）、甘肃省（-4）、重庆市（-4）、黑龙江省（-5）、天津市（-10）

表26 各省区市"十三五"增长潜力排名变化

地区	"十三五"	"十二五"	变化	地区	"十三五"	"十二五"	变化	地区	"十三五"	"十二五"	变化
北京	5	2	-3	浙江	3	5	2	海南	11	7	-4
天津	16	6	-10	安徽	18	17	-1	重庆	24	20	-4
河北	22	28	6	福建	6	15	9	四川	15	16	1
山西	28	27	-1	江西	19	21	2	贵州	30	30	0
内蒙古	7	11	4	山东	9	8	-1	云南	23	22	-1
辽宁	13	10	-3	河南	27	29	2	陕西	21	18	-3
吉林	12	14	2	湖北	20	19	-1	甘肃	29	25	-4
黑龙江	14	9	-5	湖南	17	24	7	青海	10	13	3
上海	1	1	0	广东	4	4	0	宁夏	25	26	1
江苏	2	3	1	广西	26	23	-3	新疆	8	12	4

"八五"至"十三五"平均增长潜力指数见表27。

4.各省区市"十三五"政府效率指数及排名情况

和"十二五"相比，"十三五"政府效率方面共有10个省份排名上升：上升了5名的省份有1个，四川省从第23名上升到第18名；上升了4名的

表27 "八五"至"十三五"平均增长潜力指数

地区	"八五"	"九五"	"十五"	"十一五"	"十二五"	"十三五"
北京	100.8	102.2	103.6	105.0	100.1	103.3
天津	103.9	103.1	103.9	103.4	98.6	91.4
河北	106.6	100.5	106.0	100.8	99.2	106.2
山西	105.9	105.1	104.0	102.1	98.6	107.5
内蒙古	105.0	103.7	104.3	105.1	99.2	103.8
辽宁	104.9	101.1	103.9	101.7	101.0	100.5
吉林	103.0	104.3	100.4	103.0	100.9	104.5
黑龙江	100.1	102.5	103.8	104.6	98.1	100.6
上海	97.5	103.2	103.0	109.4	102.5	103.9
江苏	99.9	101.8	104.5	104.4	104.2	105.9
浙江	102.1	102.4	104.4	106.3	102.7	106.4
安徽	110.8	101.2	102.9	104.6	99.5	107.3
福建	101.1	102.5	106.8	101.7	101.1	107.4
江西	104.9	103.5	103.8	102.9	101.4	107.4
山东	104.4	102.3	102.9	105.7	99.1	103.7
河南	104.8	102.6	104.4	101.1	101.1	106.2
湖北	103.0	102.2	105.7	100.6	99.2	104.6
湖南	104.4	102.2	103.7	101.1	101.1	109.2
广东	100.4	102.9	106.7	104.7	102.7	106.4
广西	101.6	102.5	104.2	101.5	98.6	104.5
海南	97.4	106.6	102.8	109.4	96.3	99.2
重庆	101.1	100.8	102.9	104.8	100.4	102.0
四川	100.8	103.6	104.2	102.2	99.9	104.2
贵州	101.7	101.3	106.1	101.3	100.8	104.4
云南	102.5	101.7	104.9	101.9	100.2	102.8
陕西	102.1	103.2	104.6	103.0	100.5	103.5
甘肃	100.9	102.7	104.2	100.6	98.8	101.0
青海	99.8	102.9	104.9	102.9	100.5	104.4
宁夏	108.4	102.8	104.7	103.4	100.4	103.7
新疆	99.4	102.8	104.3	104.2	98.8	103.1

省份有1个，山西省从第19名上升到第15名；上升了3名的省份有2个，广西壮族自治区从第29名上升到第26名，重庆市从第17名上升到第14名；上升了2名的省份有3个，吉林省从第15名上升到第13名，贵州省从第22名上升到第20名，陕西省从第24名上升到第22名；上升了1名的省

份有3个，黑龙江省从第10名上升到第9名，安徽省从第26名上升到第25名，山东省从第7名上升到第6名。

共有11个省份排名下降：下降了4名的省份有1个，江西省从第20名下降到第24名；下降了3名的省份有4个，青海省从第13名下降到第16名，湖南省从第18名下降到第21名，湖北省从第14名下降到第17名，内蒙古自治区从第16名下降到第19名；下降了2名的省份有2个，新疆维吾尔自治区从第25名下降到第27名，河北省从第21名下降到第23名；下降了1名的省份有4个，甘肃省从第27名下降到第28名，广东省从第6名下降到第7名，河南省从第28名下降到第29名，辽宁省从第9名下降到第10名。

共有9个省份排名不变（见表28和表29）。

表28　各省区市"十三五"政府效率排名变化总体情况

政府效率	省区市
排名上升（共10个）	四川省（+5）、山西省（+4）、广西壮族自治区（+3）、重庆市（+3）、吉林省（+2）、贵州省（+2）、陕西省（+2）、黑龙江省（+1）、安徽省（+1）、山东省（+1）
排名不变（共9个）	浙江省、北京市、天津市、江苏省、福建省、海南省、云南省、宁夏回族自治区、上海市
排名下降（共11个）	辽宁省（-1）、河南省（-1）、广东省（-1）、甘肃省（-1）、河北省（-2）、新疆维吾尔自治区（-2）、内蒙古自治区（-3）、湖北省（-3）、湖南省（-3）、青海省（-3）、江西省（-4）

表29　各省区市"十三五"政府效率排名变化

地区	"十三五"	"十二五"	变化	地区	"十三五"	"十二五"	变化	地区	"十三五"	"十二五"	变化
北京	1	1	0	浙江	3	3	0	海南	8	8	0
天津	5	5	0	安徽	25	26	1	重庆	14	17	3
河北	23	21	-2	福建	12	12	0	四川	18	23	5
山西	15	19	4	江西	24	20	-4	贵州	20	22	2
内蒙古	19	16	-3	山东	6	7	1	云南	30	30	0
辽宁	10	9	-1	河南	29	28	-1	陕西	22	24	2
吉林	13	15	2	湖北	17	14	-3	甘肃	28	27	-1
黑龙江	9	10	1	湖南	21	18	-3	青海	16	13	-3
上海	2	2	0	广东	7	6	-1	宁夏	11	11	0
江苏	4	4	0	广西	26	29	3	新疆	27	25	-2

"八五"至"十三五"平均政府效率指数见表30。

表30 "八五"至"十三五"平均政府效率指数

地区	"八五"	"九五"	"十五"	"十一五"	"十二五"	"十三五"
北京	100.2	98.6	104.3	113.7	106.0	101.6
天津	100.1	95.0	101.6	102.6	106.3	111.6
河北	99.5	98.8	100.6	105.9	107.1	103.3
山西	98.6	94.4	101.1	107.6	108.7	107.1
内蒙古	100.7	98.0	103.9	104.8	106.3	103.3
辽宁	99.6	100.4	105.0	103.5	104.0	104.9
吉林	100.6	100.4	97.2	109.3	108.5	110.4
黑龙江	100.6	98.3	99.2	106.6	107.1	109.4
上海	101.1	101.4	101.7	105.1	103.0	103.8
江苏	100.4	103.6	105.1	106.8	106.0	104.0
浙江	102.7	102.6	107.0	103.6	109.2	103.8
安徽	100.6	99.6	99.1	107.2	107.3	106.6
福建	101.4	99.2	107.9	106.3	110.3	109.2
江西	99.5	97.5	98.3	110.7	105.5	106.6
山东	98.2	100.9	103.4	108.4	108.5	110.4
河南	97.8	98.3	105.5	107.6	104.4	105.4
湖北	100.4	98.5	101.7	108.2	107.1	99.3
湖南	99.8	102.9	107.9	106.8	105.8	101.8
广东	97.9	101.0	105.7	110.5	107.9	105.5
广西	100.8	96.3	103.1	110.7	106.1	105.1
海南	100.6	97.8	97.1	107.7	106.4	103.7
重庆	100.8	95.2	100.3	112.5	110.9	107.9
四川	102.5	96.3	105.1	106.1	110.4	110.0
贵州	101.0	101.8	95.8	109.9	110.6	107.5
云南	99.6	96.5	99.4	106.5	108.9	111.2
陕西	101.9	98.9	101.3	106.5	106.7	107.1
甘肃	98.2	96.0	96.3	108.1	105.9	105.1
青海	99.6	99.9	103.4	100.8	104.3	103.9
宁夏	100.3	95.5	101.2	110.6	108.8	105.1
新疆	100.8	97.4	105.3	103.1	102.2	105.3

5. 各省区市"十三五"人民生活指数及排名情况

和"十二五"相比,"十三五"人民生活方面共有13个省份排名上升:

上升了8名的省份有1个，云南省从第29名上升到第21名；上升了5名的省份有1个，湖北省从第17名上升到第12名；上升了3名的省份有2个，贵州省从第30名上升到第27名，陕西省从第13名上升到第10名；上升了2名的省份有3个，宁夏回族自治区从第24名上升到第22名，天津市从第4名上升到第2名，河南省从第20名上升到第18名；上升了1名的省份有6个，辽宁省从第7名上升到第6名，安徽省从第26名上升到第25名，海南省从第21名上升到第20名，青海省从第16名上升到第15名，内蒙古自治区从第14名上升到第13名，吉林省从第8名上升到第7名。

共有14个省份排名下降：下降了6名的省份有1个，河北省从第11名下降到第17名；下降了4名的省份有2个，江西省从第22名下降到第26名，黑龙江省从第19名下降到第23名；下降了3名的省份有2个，甘肃省从第25名下降到第28名，重庆市从第27名下降到第30名；下降了2名的省份有2个，新疆维吾尔自治区从第12名下降到第14名，山东省从第6名下降到第8名；下降了1名的省份有7个，广西壮族自治区从第28名下降到第29名，四川省从第15名下降到第16名，广东省从第18名下降到第19名，湖南省从第23名下降到第24名，浙江省从第3名下降到第4名，山西省从第10名下降到第11名，北京市从第2名下降到第3名。

共有3个省份排名不变（见表31和表32）。

表31　各省区市"十三五"人民生活排名变化总体情况

人民生活	省区市
排名上升(共13个)	云南省(+8)、湖北省(+5)、贵州省(+3)、陕西省(+3)、宁夏回族自治区(+2)、天津市(+2)、河南省(+2)、辽宁省(+1)、安徽省(+1)、海南省(+1)、青海省(+1)、内蒙古自治区(+1)、吉林省(+1)
排名不变(共3个)	上海市、江苏省、福建省
排名下降(共14个)	北京市(-1)、山西省(-1)、浙江省(-1)、湖南省(-1)、广东省(-1)、四川省(-1)、广西壮族自治区(-1)、山东省(-2)、新疆维吾尔自治区(-2)、重庆市(-2)、甘肃省(-3)、黑龙江省(-4)、江西省(-4)、河北省(-6)

表32 各省区市"十三五"人民生活排名变化

地区	"十三五"	"十二五"	变化	地区	"十三五"	"十二五"	变化	地区	"十三五"	"十二五"	变化
北 京	3	2	-1	浙 江	4	3	-1	海 南	20	21	1
天 津	2	4	2	安 徽	25	26	1	重 庆	30	27	-3
河 北	17	11	-6	福 建	9	9	0	四 川	16	15	-1
山 西	11	10	-1	江 西	26	22	-4	贵 州	27	30	3
内蒙古	13	14	1	山 东	8	6	-2	云 南	21	29	8
辽 宁	6	7	1	河 南	18	20	2	陕 西	10	13	3
吉 林	7	8	1	湖 北	12	17	5	甘 肃	28	25	-3
黑龙江	23	19	-4	湖 南	24	23	-1	青 海	15	16	1
上 海	1	1	0	广 东	19	18	-1	宁 夏	22	24	2
江 苏	5	5	0	广 西	29	28	-1	新 疆	14	12	-2

"八五"至"十三五"平均人民生活指数见表33。

表33 "八五"至"十三五"平均人民生活指数

地区	"八五"	"九五"	"十五"	"十一五"	"十二五"	"十三五"
北 京	98.7	103.0	102.1	104.3	100.6	105.2
天 津	98.1	104.0	101.4	104.5	106.6	108.2
河 北	101.5	108.0	98.8	110.7	101.4	106.7
山 西	99.1	101.3	101.0	111.2	102.7	106.9
内蒙古	99.7	104.5	100.8	107.9	102.7	108.7
辽 宁	99.3	103.9	103.1	106.2	103.7	105.7
吉 林	96.4	102.2	102.5	108.7	105.2	106.7
黑龙江	100.7	100.3	103.3	107.8	99.9	103.0
上 海	98.1	100.2	102.8	104.3	104.4	105.2
江 苏	98.5	103.6	103.0	107.1	106.4	104.6
浙 江	97.8	107.2	103.9	107.4	103.6	105.9
安 徽	95.1	106.0	104.7	110.7	104.0	105.7
福 建	99.2	107.2	100.6	109.4	105.3	106.1
江 西	98.1	101.3	101.3	109.4	103.6	104.5
山 东	103.2	104.7	102.2	109.2	104.9	105.1
河 南	99.8	106.0	102.5	112.3	105.0	104.9
湖 北	95.7	102.7	103.7	110.2	107.1	106.3
湖 南	97.9	108.3	101.2	110.0	102.8	107.1

续表

地区	"八五"	"九五"	"十五"	"十一五"	"十二五"	"十三五"
广 东	101.2	105.1	103.1	106.7	104.0	104.9
广 西	98.4	107.8	102.3	109.8	102.6	108.0
海 南	101.6	100.3	99.4	108.0	106.4	105.7
重 庆	106.7	108.1	100.2	110.9	102.5	106.8
四 川	102.5	105.2	102.6	111.8	103.8	106.2
贵 州	95.0	108.2	109.9	109.5	106.9	107.1
云 南	95.9	108.1	98.8	111.5	107.2	109.0
陕 西	99.5	102.5	102.1	111.3	106.7	107.7
甘 肃	101.5	107.1	103.9	109.9	102.5	107.0
青 海	96.7	103.6	101.6	111.1	104.9	105.3
宁 夏	99.1	104.4	102.8	107.3	103.8	106.9
新 疆	94.5	102.1	103.4	107.2	106.2	102.5

6. 各省区市"十三五"环境质量指数及排名情况

和"十二五"相比,"十三五"环境质量方面共有 12 个省份排名上升:上升了 12 名的省份有 1 个,湖南省从第 27 名上升到第 15 名;上升了 9 名的省份有 1 个,浙江省从第 17 名上升到第 8 名;上升了 5 名的省份有 3 个,吉林省从第 22 名上升到第 17 名,广东省从第 19 名上升到第 14 名,广西壮族自治区从第 18 名上升到第 13 名;上升了 4 名的省份有 1 个,四川省从第 28 名上升到第 24 名;上升了 3 名的省份有 2 个,上海市从第 7 名上升到第 4 名,云南省从第 9 名上升到第 6 名;上升了 2 名的省份有 3 个,北京市从第 4 名上升到第 2 名,黑龙江省从第 12 名上升到第 10 名,重庆市从第 21 名上升到第 19 名;上升了 1 名的省份有 1 个,湖北省从第 29 名上升到第 28 名。

共有 12 个省份排名下降:下降了 12 名的省份有 1 个,山西省从第 14 名下降到第 26 名;下降了 11 名的省份有 1 个,甘肃省从第 10 名下降到第 21 名;下降了 7 名的省份有 1 个,安徽省从第 15 名下降到第 22 名;下降了 4 名的省份有 1 个,天津市从第 8 名下降到第 12 名;下降了 3 名的省份有 4 个,河北省从第 26 名下降到第 29 名,贵州省从第 13 名下降到第16名，宁夏回族自治区从第2名下降到第5名，内蒙古自治区从第6名下降到第9名；下降了2名的省份有3个，山东省从第25名下降到第27名，江西省从第16名下降到第18名，新疆维吾尔自治区从第5名下降到第7名；下降了1名的省份有1个，辽宁省从第24名下降到第25名。

共有6个省份排名不变（见表34和表35）。

表34　各省区市"十三五"环境质量排名变化总体情况

环境质量	省区市
排名上升（共12个）	湖南省（+12）、浙江省（+9）、吉林省（+5）、广东省（+5）、广西壮族自治区（+5）、四川省（+4）、上海市（+3）、云南省（+3）、北京市（+2）、黑龙江省（+2）、重庆市（+2）、湖北省（+1）
排名不变（共6个）	福建省、河南省、青海省、海南省、陕西省、江苏省
排名下降（共12个）	辽宁省（-1）、新疆维吾尔自治区（-2）、江西省（-2）、山东省（-2）、内蒙古自治区（-3）、宁夏回族自治区（-3）、贵州省（-3）、河北省（-3）、天津市（-4）、安徽省（-7）、甘肃省（-11）、山西省（-12）

表35　各省区市"十三五"环境质量排名变化

地区	十三五	十二五	变化	地区	十三五	十二五	变化	地区	十三五	十二五	变化
北京	2	4	2	浙江	8	17	9	海南	1	1	0
天津	12	8	-4	安徽	22	15	-7	重庆	19	21	2
河北	29	26	-3	福建	11	11	0	四川	24	28	4
山西	26	14	-12	江西	18	16	-2	贵州	16	13	-3
内蒙古	9	6	-3	山东	27	25	-2	云南	6	9	3
辽宁	25	24	-1	河南	30	30	0	陕西	23	23	0
吉林	17	22	5	湖北	28	29	1	甘肃	21	10	-11
黑龙江	10	12	2	湖南	15	27	12	青海	3	3	0
上海	4	7	3	广东	14	19	5	宁夏	5	2	-3
江苏	20	20	0	广西	13	18	5	新疆	7	5	-2

"八五"至"十三五"平均环境质量指数见表36。

表36 "八五"至"十三五"平均环境质量指数

地区	"八五"	"九五"	"十五"	"十一五"	"十二五"	"十三五"
北京	101.1	107.3	106.9	103.7	103.6	104.9
天津	99.8	106.2	104.3	99.2	99.8	104.3
河北	102.5	100.7	108.3	101.6	99.0	104.0
山西	100.8	109.2	104.6	102.8	95.2	97.8
内蒙古	101.6	105.5	99.6	105.6	99.8	106.4
辽宁	102.5	99.8	105.8	94.5	99.7	106.3
吉林	100.4	110.4	91.3	102.6	98.3	114.0
黑龙江	99.9	103.7	96.5	103.8	101.3	110.9
上海	100.9	104.4	101.8	106.9	103.1	105.4
江苏	100.5	98.5	104.9	97.4	103.1	104.7
浙江	100.8	106.0	97.1	103.8	105.2	111.2
安徽	100.5	102.3	98.9	100.7	103.2	100.7
福建	99.7	101.4	105.8	96.5	103.5	106.1
江西	101.0	102.8	104.1	101.8	101.4	104.3
山东	100.8	103.3	104.3	97.4	98.0	104.1
河南	101.1	101.3	100.1	96.6	97.5	102.6
湖北	101.1	103.6	103.2	100.1	99.4	104.6
湖南	100.4	104.8	102.5	102.1	106.2	111.0
广东	101.9	104.9	104.9	108.2	99.7	107.4
广西	101.8	103.8	99.4	101.1	101.0	108.3
海南	96.4	100.7	99.0	105.7	102.7	108.5
重庆	100.6	103.0	97.6	107.3	100.9	105.9
四川	100.9	105.5	102.3	94.8	102.4	106.5
贵州	101.4	101.7	107.3	95.5	100.9	108.1
云南	100.1	105.9	100.1	102.5	103.3	107.3
陕西	100.1	103.8	101.5	104.7	97.4	102.7
甘肃	101.4	107.5	101.2	102.2	97.6	102.8
青海	99.1	102.5	97.9	99.9	99.0	105.5
宁夏	100.7	103.5	99.5	103.5	103.3	103.4
新疆	99.6	101.5	99.2	100.1	106.6	100.6

(三)区域发展前景结论

通过对中国各省区市1990~2018年的发展前景和可持续发展进行评

价，我们认为近年来虽然中国经济面临结构服务化引致的结构性减速，但各省区市的发展前景指数和经济发展质量仍然得到一定程度的提高。同时，随着城市化的发展，对公共服务、生活质量和生态环境的要求逐渐占据重要地位。

1990~2018年，全国发展前景指数平均上升了128.57%，东部地区、中部地区和西部地区发展前景指数分别改善了132.40%、102.44%和146.85%。东部地区发展前景指数提升速度低于西部地区、高于中部地区，但中部地区、西部地区与东部地区发展前景综合得分仍存较大差距。除了发展前景方面西部地区改善优于东部地区和中部地区、人民生活方面西部地区改善优于中部地区和东部地区外，经济增长、增长潜力、政府效率和环境质量四个方面均是东部地区改善优于中部地区和西部地区。

发展前景方面，上海、北京、江苏、浙江在2009~2017年、2010年以来、2000年以来和1990年以来均处于第一级，2018年广东进入发展前景第一级，而北京则下滑至第二级。其中，2018年发展前景等级发生变化的省份有：和2017年相比，2018年发展前景方面广东从Ⅱ级上升到Ⅰ级，上升了一级；北京从Ⅰ级下降到Ⅱ级，下降了一级；陕西从Ⅲ级上升到Ⅱ级，上升了一级；吉林从Ⅱ级下降到Ⅲ级，下降了一级；山西从Ⅳ级上升到Ⅲ级，上升了一级；江西从Ⅳ级上升到Ⅲ级，上升了一级；河北从Ⅲ级下降到Ⅳ级，下降了一级；湖南从Ⅲ级下降到Ⅳ级，下降了一级。

随着经济由粗放型外延式的发展转向高质量发展，人们对公共服务、生活质量和生态环境的要求越来越高。权重位于前列的具体指标的变化反映了我国经济在从粗放型发展转向高质量发展过程中，涉及的城镇基本养老保险覆盖率、城镇失业保险覆盖率、城市化率、第三产业增加值占GDP比重、大气污染物排放等与人民生活和环境保护密切相关的指标的重要程度，客观指标反映了高质量型经济的关注点，即从关注城市化发展本身转向关注与城市化和高质量发展相关联的各种公共服务、人民生活和生态环境，包括城镇基本养老保险、城镇失业保险、城乡消费水平、第三产业发展和生态环境变化。

五 提高经济发展质量，促进效率提升

高质量发展需要依靠改革来实现，党的十九大报告明确指出要着力构建"三有"体制，即"市场机制有效、微观主体有活力、宏观调控有度的经济体制"。同时，在发展目标上也要更加注重就业创业、质量效益、风险防控、稳定性和可持续性。要真正使市场在资源配置中发挥决定性作用，必须以完善产权制度和要素市场化配置为重点，深化产权保护、国资国企、土地、财税、金融、政府行政管理等重点领域的改革。更加重视创新环境建设，营造有利于创新的环境条件，建立促进绿色发展的体制机制。

（一）转变经济增长方式，转到高质量发展的内生路径上来

推进高质量发展，即转变经济增长方式，其核心就是要实现经济效率的提升，使经济增长的动力由依赖要素投入转变为全要素生产率的提升。中国经济结构的重大调整，意味着经济增长将更多地依靠消费和服务业发展，更多地依靠以劳动者质量提升、全要素生产率提升为代表的技术进步。传统经济理论把消费看作储蓄和投资的抵销项目，这是工业化阶段形成的思维模式，因为积累和增长是工业化的核心。然而在发达经济阶段，居民消费结构中的科教文卫体等广义人力资本消费越来越具有跨期投资的特性，是一条有助于未来整体经济效率提升的储蓄向高效率消费的转化途径。这种有效率的储蓄转化，是城市化区别于工业化的一个重要特征，其意义在于可持续发展和对抗未来的不确定性。我国在转向高质量发展的过程中，应重视高层次人力资本积累不足的问题，目前这一问题成为抑制我国高质量发展的瓶颈。当经济步入城市化阶段，可持续的增长需要能够促进效率提升的广义人力资本的消费。因此，我国现阶段进行的供给侧结构性改革，其本质应被视为打破工业化时期增长—消费循环的不可持续性，建立和培育消费结构升级所蕴含的效率补偿效应，深化公共服务领域的改革，放松管制，推动科教文卫体等现代服务业升级，解决与人民需求不相符的供给不充分的问题。

（二）完善和健全金融、财政体系，促进金融和财政相协调

经济新常态和城市化发展对政府目标和资源配置效率提出了新要求。一方面，要强调市场配置资源的基础性地位，完善和发挥市场的激励作用，其核心是金融体系的稳定和健全，这既有利于多样化资产投资渠道的畅通，又有利于企业投融资需求的满足。在金融市场建设问题上，我国应以市场稳定和效率导向为重点，建立多层次、多功能的金融市场，进而为家庭资产多样化提供一个稳定的金融环境，以适应高质量发展的要求。另一方面，要促进社会保障制度和公共服务体系的完善，以人民生活质量的提高来促进经济社会的发展。中国改革开放40年来整个税制是以间接税为主的，而间接税是顺周期的，再分配功能也相当弱。中国经济要迈入现代化，税制也要走向现代化。直接税的调控功能是逆周期的，作用于社会分配方面则能促进社会和谐。因此，要推动我国的财政体制改革和转型，短期财政体制改革的目标应是改变大规模工业化时期生产型财政收支的模式，把制度建设的重点转移到服务民生上来，长期目标则应是调整原有以工业税收为主体的税收模式，逐步形成以消费税、收入税和财产税为主体的财税模式，财政改革的立足点应是不断提高居民的福利保障水平。

（三）促进经济协调发展，完善社会治理体系，实现可持续、包容性发展

首先，"以人民为中心"的发展是实现高质量发展的现实需要。因此，要努力实现城乡协调发展、区域协调发展，健全整个社会的利益表达和协调保护机制，从整体利益和集体利益出发，实现经济的长远发展。其次，要积极推进国家治理体系和治理能力现代化。高质量发展要求社会和国家稳定有序发展，即要建立和完善以政府为主导、社会协同、公众参与，同时有法治保障的社会治理体制，通过法治思维明晰责权界定，实现管理过程公开，从而形成对社会行为可预期的社会治理制度体系。最后，努力协调人与自然、生态的关系，这也是实现高质量发展的基本要求。实现高质量发展是新发展

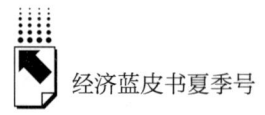

思想和理念的体现，经济、社会、生态协调发展也是对高质量发展的内在要求，基于此，才能更好地实现全民参与共享发展成果的公平的包容性发展。

参考文献

付敏杰、张平、袁富华：《工业化和城市化进程中的财税体制演进：事实、逻辑和政策选择》，《经济研究》2017年第12期。

李扬主编《中国经济增长报告（2014~2015）》，社会科学文献出版社，2015。

李扬主编《中国经济增长报告（2015~2016）》，社会科学文献出版社，2016。

李扬主编《中国经济增长报告（2016~2017）》，社会科学文献出版社，2017。

刘霞辉：《中等收入阶段跨越之途：国际经验》，《湖南大学学报》（社会科学版）2018年第3期。

陆明涛、袁富华、张平：《经济增长的结构性冲击与增长效率：国际比较的启示》，《世界经济》2016年第1期。

袁富华：《稳中求进：风险防范与效率增进——兼论储蓄、投资、消费的再平衡》，《中国特色社会主义研究》2018年第2期。

袁富华：《中国经济现代化：模式与效率》，《云梦学刊》2018年第3期。

袁富华、张平：《结构性减速过程中的储蓄耗散：假说与事实》，《天津社会科学》2018年第3期。

袁富华、张平：《增长非连续的原因与创新路径的转换》，《中共中央党校学报》2018年第1期。

张平：《实体与非实体经济均衡机制的逻辑与政策》，《社会科学战线》2018年第5期。

张平、陈昌兵：《加快现代化建设　实现第二个百年奋斗目标》，《经济学动态》2018年第2期。

张平、楠玉：《改革开放40年中国经济增长与结构变革》，《中国经济学人》（英文版）2018年第1期。

张自然：《区域差距、收敛与增长动力》，《金融评论》2017年第1期。

张自然、张平、刘霞辉：《中国城市化模式、演进机制和可持续发展研究》，中国社会科学出版社，2016。

中国经济增长前沿课题组：《中国经济长期增长路径、效率与潜在增长水平》，《经济研究》2012年第11期。

中国经济增长前沿课题组：《中国经济转型的结构性特征、风险与效率提升路径》，

《经济研究》2013年第10期。

中国经济增长前沿课题组:《中国经济增长的低效率冲击与减速治理》,《经济研究》2014年第12期。

中国经济增长前沿课题组:《突破经济增长减速的新要素供给理论、体制与政策选择》,《经济研究》2015年第11期。

中国经济增长前沿课题组:《增长跨越:经济结构服务化、知识过程和效率模式重塑》,《经济研究》2016年第10期。

Buera, F. J., and J. P. Kaboski, "The Rise of the Service Economy", *American Economic Review*, 2012, 102 (6).

Cargill, T. F., and Takayuki Sakamoto, *Japan Since 1980*, Cambridge University Press, 2008.

Dirks, D., Jean-Francois Huchet, T. Ribault, *Japanese Management in the Low Growth Era*, Berlin: Springer Verlag, 1999.

Herrendorf, B., R. Rogerson, and Á. Valentinyi, "Growth and Structural Transformation", *Handbook of Economic Growth*, 2014, 2.

Leal, J., "Which Sectors Make Poor Countries so Unproductive? A Perspective from Inter-sectoral Linkages", Banco de Mexico, February 15, 2015.

Lincoln, Edward J., *Arthritic Japan: The Slow Pace of Economic Reform*, Washington, DC: Brookings Institution Press, 2001.

Ozawa, T., *Institutions, Industrial Upgrading, and Economic Performance in Japan: The "Flying-Geese" Paradigm of Catch-up Growth*, Northampton, Massachusetts: Edward Elgar Publishing, 2005.

Petit, P., *Slow Growth and the Service Economy*, Pinter, London, 1986.

Setterfield M., "History versus Equilibrium and the Theory of Economic Growth", *Cambridge Journal of Economics*, 1997, 21 (3).

Yuan Fuhua, Zhang Ping, Liu Xiahui and Nan Yu, "Crossing the Growth Threshold: Service-based Economy, Knowledge Process and Reshaping of Efficiency Model", *China Economist*, 2017, 12 (3).

区域经济发展前景报告

Regional Economic Development Prospect Report

B.2
1990~2018年中国各省区市发展前景评价
——迈向高质量发展阶段

张自然*

摘　要：　本报告通过对1990~2018年中国各省区市发展前景进行分析，得出了中国30个省区市1990~2018年的发展前景以及经济增长、增长潜力、政府效率、人民生活和环境质量5个一级指标的指数、分级与排名情况。分析结果表明，上海、浙江、江苏多年来处于发展前景的第一级，广东2018年开始进入第一级，而北京自2018年开始由多年处于发展前景的第一级下降为第二级。除了发展前景方面西部地区改善优于东部地区和中部地区、人民生活方面西部地区改善优于中部地区和东部地区外，

---

* 张自然，中国社会科学院经济研究所研究员、博士，研究方向为技术进步与经济增长。

经济增长、增长潜力、政府效率和环境质量四个方面均是东部地区改善优于中部地区和西部地区。同时，本报告也测度了"八五"至"十三五"的发展前景指数及其排名变化情况。研究发现，随着经济由粗放型外延式的发展转向高质量发展，人们对公共服务、生活质量和生态环境的要求越来越高。权重位于前列的具体指标的变化反映了我国经济在从粗放型发展转向高质量发展过程中，涉及的城镇基本养老保险覆盖率、城镇失业保险覆盖率、城市化率、第三产业增加值占GDP比重、大气污染物排放等与人民生活和环境保护密切相关的指标的重要程度，客观指标反映了高质量型经济的关注点，即从关注城市化发展本身转向关注与城市化和高质量发展相关联的各种公共服务、人民生活和生态环境，包括城镇基本养老保险、城镇失业保险、城乡消费水平、第三产业发展和生态环境变化。

关键词： 发展前景　高质量发展　区域发展　"十三五"

一　引言

中国经济已经开始由追求数量上的增长转向高质量发展阶段。数量型经济增长方式的特征是依靠增加生产要素投入来促进经济增长，高质量经济发展方式的特征是依靠生产要素的有效配置来促进经济增长。经济增长不仅包含数量的增长，而且要有质量的增长，即高质量的发展。我们依据经济发展质量的本质和基本特征，参考国际上相关五大指标体系，构建经济发展质量指标体系。

自2010年以来，《中国经济增长报告》[①] 已经连续八年对中国各省区市

[①] 前四本属于"宏观经济蓝皮书"，自第五本开始更名为"经济蓝皮书夏季号"。

发展前景和经济可持续发展质量进行了评价。我们认为中国经济应该从以GDP为核心的评价标准转向以劳动生产率与TFP增长为基准的创新和效率的评估方式，强调可持续性和包容性的增长，其评估结果对提升区域可持续发展水平和明确区域发展方向具有一定的指导意义。经济发展前景指标即可持续发展指标，本质上是评估高质量发展的指标，我们将可持续发展评价指标分为三级，其中一级指标有5个：经济增长、增长潜力、政府效率、人民生活和环境质量。每个一级指标包含若干个二级指标，其中经济增长包括产出效率、经济结构、经济稳定；增长潜力包括产出消耗、增长可持续性；政府效率包括公共服务效率、社会保障；人民生活包括人民生活；环境质量包括生态环境、产出能耗、工业排放及治理、空气监测、环保投资。二级指标下设65个具体指标。与前几本报告中发展前景指标设置不同，本年度报告稍微做了调整，为了体现高质量发展中生态环境的重要作用，我们将原一级指标增长可持续性中的环境质量指标单独提取出来作为一级指标，并补充完善环境质量的相应指标。同时，把原属于一级指标的增长可持续性更名为增长潜力，以准确反映该一级指标的含义，所得结果不影响最终评估结果。这样，发展前景指标就包含5个一级指标。发展前景指标体系用以评估中国省域经济可持续发展水平和高质量发展状况，以期通过完整的指标体系来评估中国各省区市高质量发展水平，发现短板，并缩小与发达省区市之间的差距。本报告在前八本报告的基础上继续对中国30个省区市1990~2018年的发展前景及可持续发展情况进行跟踪评估。

　　本报告第二部分为中国各省区市发展前景评价结果，第三部分为中国各省区市"十三五"发展前景与一级指标指数及排名，第四部分为中国各省区市发展前景分级情况，第五部分为中国各省区市发展前景的影响因素分析，第六部分为区域发展，第七部分为结论，另外还包括两个附录。下面选取65个指标运用主成分分析法对30个省区市1990~2018年的发展前景进行客观评价，并按权重将各省区市分为五级，进而对影响各省区市发展前景的一级指标、二级指标和具体指标进行分析。2018年已经是"十三五"的第三个年头，本报告继续对"十三五"发展前景和前几个五年计划的发展前景进行评估。

二 中国各省区市发展前景评价结果

通过主成分分析法得出中国各省区市发展前景及一级指标排名、发展前景指数等(中国各省区市发展前景评价指标设计、数据来源与指标处理,以及中国各省区市发展前景评价过程见附录2)。

(一)2018年各省区市发展前景及一级指标排名

2018年各省区市发展前景及一级指标排名情况见表1。发展前景及一级指标排名第一的省份和2017年大致相同,2018年上海在发展前景、经济增长、增长潜力和人民生活等方面排名第一;北京在政府效率方面排名第一;海南在环境质量方面排名第一。发展前景、经济增长、增长潜力、政府效率、人民生活和环境质量排名第二的省份分别为浙江、广东、浙江、上海、

表1 2018年各省区市发展前景及一级指标排名情况

地区	发展前景	经济增长	增长潜力	政府效率	人民生活	环境质量	地区	发展前景	经济增长	增长潜力	政府效率	人民生活	环境质量
北京	5	7	5	1	3	2	河南	23	18	24	30	18	30
天津	7	5	28	4	2	14	湖北	13	12	19	19	12	26
河北	20	17	21	24	17	29	湖南	21	21	15	23	23	15
山西	17	22	27	15	11	28	广东	4	2	4	7	19	12
内蒙古	9	9	7	20	13	8	广西	28	26	25	28	29	13
辽宁	10	24	13	10	6	25	海南	19	30	16	9	20	1
吉林	12	15	11	13	7	16	重庆	22	20	23	14	30	19
黑龙江	14	14	14	8	24	10	四川	15	11	12	16	15	23
上海	1	1	1	2	1	3	贵州	30	28	30	18	27	17
江苏	3	4	3	5	5	20	云南	29	25	22	29	21	5
浙江	2	3	2	3	4	7	陕西	11	8	20	22	9	24
安徽	16	13	17	25	25	22	甘肃	27	19	29	27	26	21
福建	8	6	6	11	10	11	青海	25	29	10	17	14	4
江西	18	23	18	21	28	18	宁夏	24	27	26	12	22	6
山东	6	10	8	6	8	27	新疆	26	16	9	26	16	9

资料来源:笔者采用主成分分析法计算所得,下同。

天津和北京，排名第三的省份分别为江苏、浙江、江苏、浙江、北京和上海，排名第四的省份分别为广东、江苏、广东、天津、浙江和青海，排名第五的省份分别为北京、天津、北京、江苏、江苏和云南。

1. 2018年发展前景排名及权重

和2017年相比，2018年发展前景排名上升的省份有9个：上升了3位的省份有2个，山西从第20位上升到第17位，江西从第21位上升到第18位；上升了2位的省份有1个，陕西从第13位上升到第11位；上升了1位的省份有6个，四川从第16位上升到第15位，内蒙古从第10位上升到第9位，浙江从第3位上升到第2位，广东从第5位上升到第4位，河南从第24位上升到第23位，湖北从第14位上升到第13位。

排名下降的省份有10个：下降了2位的省份有4个，海南从第17位下降到第19位，湖南从第19位下降到第21位，黑龙江从第12位下降到第14位，河北从第18位下降到第20位；下降了1位的省份有6个，安徽从第15位下降到第16位，吉林从第11位下降到第12位，江苏从第2位下降到第3位，辽宁从第9位下降到第10位，北京从第4位下降到第5位，宁夏从第23位下降到第24位。

其他省份排名不变（见表2、表3）。

表2　2018年发展前景排名变化总体情况

发展前景	省区市
排名上升（共9个）	山西(+3)、江西(+3)、陕西(+2)、四川(+1)、内蒙古(+1)、浙江(+1)、广东(+1)、河南(+1)、湖北(+1)
排名不变（共11个）	天津、上海、福建、山东、广西、贵州、云南、甘肃、新疆、重庆、青海
排名下降（共10个）	宁夏(-1)、北京(-1)、辽宁(-1)、江苏(-1)、吉林(-1)、安徽(-1)、河北(-2)、黑龙江(-2)、湖南(-2)、海南(-2)

注：括号里面的加号表示排名上升，减号表示排名下降，下同。

2. 2018年经济增长排名及权重

和2017年相比，2018年经济增长排名上升的省份有9个：上升了4位的省份有1个，云南从第29位上升到第25位；上升了2位的省份有4个，

表3 2018年发展前景排名变化及权重

地区	2017年	2018年	2018年变化	权重(%)	地区	2017年	2018年	2018年变化	权重(%)	地区	2017年	2018年	2018年变化	权重(%)
北京	4	5	-1	6.83	浙江	3	2	1	7.51	海南	17	19	-2	2.35
天津	7	7	0	4.95	安徽	15	16	-1	2.52	重庆	22	22	0	2.17
河北	18	20	-2	2.34	福建	8	8	0	4.10	四川	16	15	1	2.38
山西	20	17	3	2.29	江西	21	18	3	2.20	贵州	30	30	0	0.59
内蒙古	10	9	1	2.92	山东	6	6	0	5.87	云南	29	29	0	0.92
辽宁	9	10	-1	3.02	河南	24	23	1	2.02	陕西	13	11	2	2.60
吉林	11	12	-1	2.88	湖北	14	13	1	2.55	甘肃	27	27	0	1.59
黑龙江	12	14	-2	2.72	湖南	19	21	-2	2.31	青海	25	25	0	1.85
上海	1	1	0	8.56	广东	5	4	1	6.68	宁夏	23	24	-1	2.02
江苏	2	3	-1	8.04	广西	28	28	0	1.38	新疆	26	26	0	1.82

四川从第13位上升到第11位,贵州从第30位上升到第28位,黑龙江从第16位上升到第14位,甘肃从第21位上升到第19位;上升了1位的省份有4个,辽宁从第25位上升到第24位,福建从第7位上升到第6位,内蒙古从第10位上升到第9位,江苏从第5位上升到第4位。

排名下降的省份有13个:下降了2位的省份有3个,海南从第28位下降到第30位,广西从第24位下降到第26位,青海从第27位下降到第29位;下降了1位的省份有10个,天津从第4位下降到第5位,重庆从第19位下降到第20位,新疆从第15位下降到第16位,湖南从第20位下降到第21位,湖北从第11位下降到第12位,安徽从第12位下降到第13位,北京从第6位下降到第7位,吉林从第14位下降到第15位,山东从第9位下降到第10位,宁夏从第26位下降到第27位。

其他省份排名不变(见表4、表5)。

3. 2018年增长潜力排名及权重

和2017年相比,2018年增长潜力排名上升的省份有16个:上升了3位的省份有3个,山东从第11位上升到第8位,四川从第15位上升到第12位,陕西从第23位上升到第20位;上升了2位的省份有7个,河南从第26位上升到第24位,湖南从第17位上升到第15位,云南从第24位上升到第

表4 2018年经济增长排名变化总体情况

经济增长	省区市
排名上升(共9个)	云南(+4)、四川(+2)、贵州(+2)、黑龙江(+2)、甘肃(+2)、辽宁(+1)、福建(+1)、内蒙古(+1)、江苏(+1)
排名不变(共8个)	河南、河北、山西、上海、浙江、江西、广东、陕西
排名下降(共13个)	宁夏(-1)、山东(-1)、吉林(-1)、北京(-1)、安徽(-1)、湖北(-1)、湖南(-1)、新疆(-1)、重庆(-1)、天津(-1)、青海(-2)、广西(-2)、海南(-2)

表5 2018年经济增长排名变化及权重

地区	2017年	2018年	2018年变化	权重(%)	地区	2017年	2018年	2018年变化	权重(%)	地区	2017年	2018年	2018年变化	权重(%)
北京	6	7	-1	5.12	浙江	3	3	0	6.29	海南	28	30	-2	0.46
天津	4	5	-1	6.26	安徽	12	13	-1	3.28	重庆	19	20	-1	2.52
河北	17	17	0	2.66	福建	7	6	1	5.07	四川	13	11	2	3.21
山西	22	22	0	2.05	江西	23	23	0	1.76	贵州	30	28	2	0.36
内蒙古	10	9	1	4.10	山东	9	10	-1	4.18	云南	29	25	4	0.45
辽宁	25	24	1	1.06	河南	18	18	0	2.60	陕西	8	8	0	4.70
吉林	14	15	-1	3.12	湖北	11	12	-1	3.30	甘肃	21	19	2	2.15
黑龙江	16	14	2	2.84	湖南	20	21	-1	2.42	青海	27	29	-2	0.81
上海	1	1	0	9.11	广东	2	2	0	9.03	宁夏	26	27	-1	0.90
江苏	5	4	1	5.80	广西	24	26	-2	1.45	新疆	15	16	-1	2.93

22位,青海从第12位上升到第10位,黑龙江从第16位上升到第14位,广西从第27位上升到第25位,重庆从第25位上升到第23位;上升了1位的省份有6个,山西从第28位上升到第27位,福建从第7位上升到第6位,浙江从第3位上升到第2位,安徽从第18位上升到第17位,江西从第19位上升到第18位,湖北从第20位上升到第19位。

排名下降的省份有6个:下降了14位的省份有1个,天津从第14位下降到第28位;下降了8位的省份有1个,海南从第8位下降到第16位;下降了4位的省份有1个,宁夏从第22位下降到第26位;下降了1位的省份有3个,江苏从第2位下降到第3位,内蒙古从第6位下降到第7位,吉林从第10位下降到第11位。

其他省份排名不变(见表6、表7)。

表6 2018年增长潜力排名变化总体情况

增长潜力	省区市
排名上升(共16个)	山东(+3)、四川(+3)、陕西(+3)、河南(+2)、湖南(+2)、云南(+2)、青海(+2)、黑龙江(+2)、广西(+2)、重庆(+2)、山西(+1)、福建(+1)、浙江(+1)、安徽(+1)、江西(+1)、湖北(+1)
排名不变(共8个)	河北、辽宁、北京、上海、广东、贵州、新疆、甘肃
排名下降(共6个)	吉林(-1)、内蒙古(-1)、江苏(-1)、宁夏(-4)、海南(-8)、天津(-14)

表7 2018年增长潜力排名变化及权重

地区	2017年	2018年	2018年变化	权重(%)	地区	2017年	2018年	2018年变化	权重(%)	地区	2017年	2018年	2018年变化	权重(%)
北京	5	5	0	5.63	浙江	3	2	1	7.12	海南	8	16	-8	3.81
天津	14	28	-14	3.27	安徽	18	17	1	2.55	重庆	25	23	2	1.53
河北	21	21	0	1.86	福建	7	6	1	4.08	四川	15	12	3	3.05
山西	28	27	1	1.08	江西	19	18	1	2.38	贵州	30	30	0	0.79
内蒙古	6	7	-1	4.11	山东	11	8	3	3.59	云南	24	22	2	1.56
辽宁	13	13	0	3.41	河南	26	24	2	1.26	陕西	23	20	3	1.69
吉林	10	11	-1	3.59	湖北	20	19	1	2.02	甘肃	29	29	0	0.93
黑龙江	16	14	2	3.00	湖南	17	15	2	2.57	青海	12	10	2	3.50
上海	1	1	0	10.39	广东	4	4	0	7.08	宁夏	22	26	-4	1.71
江苏	2	3	-1	7.46	广西	27	25	2	1.25	新疆	9	9	0	3.72

4. 2018年政府效率排名及权重

和2017年相比,2018年政府效率排名上升的省份有8个:上升了3位的省份有1个,江西从第24位上升到第21位;上升了2位的省份有1个,贵州从第20位上升到第18位;上升了1位的省份有6个,四川从第17位上升到第16位,天津从第5位上升到第4位,黑龙江从第9位上升到第8位,福建从第12位上升到第11位,甘肃从第28位上升到第27位,新疆从第27位上升到第26位。

排名下降的省份有9个:下降了2位的省份有2个,湖南从第21位下降到第23位,广西从第26位下降到第28位;下降了1位的省份有7个,湖北从第18位下降到第19位,内蒙古从第19位下降到第20位,河北从第23位下降到第24位，宁夏从第11位下降到第12位，海南从第8位下降到第9位，江苏从第4位下降到第5位，青海从第16位下降到第17位。

其他省份排名不变（见表8、表9）。

表8 2018年政府效率排名变化总体情况

政府效率	省区市
排名上升（共8个）	江西(+3)、贵州(+2)、四川(+1)、天津(+1)、黑龙江(+1)、福建(+1)、甘肃(+1)、新疆(+1)
排名不变（共13个）	山西、吉林、上海、云南、陕西、北京、辽宁、安徽、山东、广东、浙江、河南、重庆
排名下降（共9个）	青海(-1)、江苏(-1)、海南(-1)、宁夏(-1)、河北(-1)、内蒙古(-1)、湖北(-1)、广西(-2)、湖南(-2)

表9 2018年政府效率排名变化及权重

地区	2017年	2018年	2018年变化	权重（%）	地区	2017年	2018年	2018年变化	权重（%）	地区	2017年	2018年	2018年变化	权重（%）
北京	1	1	0	10.46	浙江	3	3	0	7.21	海南	8	9	-1	4.54
天津	5	4	1	6.18	安徽	25	25	0	1.29	重庆	14	14	0	2.73
河北	23	24	-1	1.80	福建	12	11	1	3.43	四川	17	16	1	2.19
山西	15	15	0	2.53	江西	24	21	3	1.75	贵州	20	18	2	2.07
内蒙古	19	20	-1	2.14	山东	6	6	0	5.67	云南	29	29	0	0.72
辽宁	10	10	0	4.03	河南	30	30	0	0.69	陕西	22	22	0	1.86
吉林	13	13	0	2.93	湖北	18	19	-1	2.18	甘肃	28	27	1	0.80
黑龙江	9	8	1	4.41	湖南	21	23	-2	1.94	青海	16	17	-1	2.37
上海	2	2	0	7.25	广东	7	7	0	5.02	宁夏	11	12	-1	3.61
江苏	4	5	-1	6.46	广西	26	28	-2	0.87	新疆	27	26	1	0.86

5. 2018年人民生活排名及权重

和2017年相比，2018年人民生活排名上升的省份有7个：上升了2位的省份有2个，云南从第23位上升到第21位，甘肃从第28位上升到第26位；上升了1位的省份有5个，广西从第30位上升到第29位，青海从第15位上升到第14位，湖南从第24位上升到第23位，四川从第16位上升到第15位，陕西从第10位上升到第9位。

排名下降的省份有5个：下降了3位的省份有1个，黑龙江从第21位下降到第24位；下降了2位的省份有2个，新疆从第14位下降到第16位，江西从第26位下降到第28位；下降了1位的省份有2个，重庆从第29位下降到第30位，福建从第9位下降到第10位。

其他省份排名不变（见表10、表11）。

表10　2018年人民生活排名变化总体情况

人民生活	省区市
排名上升（共7个）	云南（+2）、甘肃（+2）、广西（+1）、青海（+1）、湖南（+1）、四川（+1）、陕西（+1）
排名不变（共18个）	河北、内蒙古、吉林、北京、天津、山西、上海、江苏、浙江、安徽、河南、广东、海南、贵州、宁夏、山东、辽宁、湖北
排名下降（共5个）	福建（-1）、重庆（-1）、江西（-2）、新疆（-2）、黑龙江（-3）

表11　2018年人民生活排名变化及权重

地区	2017年	2018年	2018年变化	权重（%）	地区	2017年	2018年	2018年变化	权重（%）	地区	2017年	2018年	2018年变化	权重（%）
北京	3	3	0	5.72	浙江	4	4	0	5.20	海南	20	20	0	2.52
天津	2	2	0	6.08	安徽	25	25	0	1.94	重庆	29	30	-1	1.44
河北	17	17	0	3.01	福建	9	10	-1	3.97	四川	16	15	1	3.12
山西	11	11	0	3.82	江西	26	28	-2	1.82	贵州	27	27	0	1.79
内蒙古	13	13	0	3.31	山东	8	8	0	4.11	云南	23	21	2	2.19
辽宁	6	6	0	4.35	河南	18	18	0	2.90	陕西	10	9	1	3.86
吉林	7	7	0	4.12	湖北	12	12	0	3.66	甘肃	28	26	2	1.76
黑龙江	21	24	-3	2.23	湖南	24	23	1	2.14	青海	15	14	1	3.13
上海	1	1	0	7.22	广东	19	19	0	2.79	宁夏	22	22	0	2.22
江苏	5	5	0	4.85	广西	30	29	1	1.44	新疆	14	16	-2	3.29

6. 2018年环境质量排名及权重

和2017年相比，2018年环境质量排名上升的省份有10个：上升了2位的省份有1个，湖北从第28位上升到第26位；上升了1位的省份有9个，四川从第24位上升到第23位，云南从第6位上升到第5位，黑龙江从第11位上升到第10位，浙江从第8位上升到第7位，辽宁从第26位上升到第25

位，上海从第4位上升到第3位，甘肃从第22位上升到第21位，吉林从第17位上升到第16位，内蒙古从第9位上升到第8位。

排名下降的省份有8个：下降了3位的省份有1个，山西从第25位下降到第28位；下降了2位的省份有1个，新疆从第7位下降到第9位；下降了1位的省份有6个，宁夏从第5位下降到第6位，贵州从第16位下降到第17位，安徽从第21位下降到第22位，福建从第10位下降到第11位，青海从第3位下降到第4位，陕西从第23位下降到第24位。

其他省份排名不变（见表12、表13）。

表12　2018年环境质量排名变化总体情况

环境质量	省区市
排名上升（共10个）	湖北（+2）、四川（+1）、云南（+1）、黑龙江（+1）、浙江（+1）、辽宁（+1）、上海（+1）、甘肃（+1）、吉林（+1）、内蒙古（+1）
排名不变（共12个）	山东、河南、湖南、广西、重庆、江西、河北、北京、广东、江苏、海南、天津
排名下降（共8个）	陕西（-1）、青海（-1）、福建（-1）、安徽（-1）、贵州（-1）、宁夏（-1）、新疆（-2）、山西（-3）

表13　2018年环境质量排名变化及权重

地区	2017年	2018年	2018年变化	权重（%）	地区	2017年	2018年	2018年变化	权重（%）	地区	2017年	2018年	2018年变化	权重（%）
北京	2	2	0	5.33	浙江	8	7	1	3.99	海南	1	1	0	12.12
天津	14	14	0	3.44	安徽	21	22	-1	2.38	重庆	19	19	0	2.39
河北	29	29	0	1.31	福建	10	11	-1	3.82	四川	24	23	1	1.87
山西	25	28	-3	1.68	江西	18	18	0	2.82	贵州	16	17	-1	3.22
内蒙古	9	8	1	3.90	山东	27	27	0	1.46	云南	6	5	1	4.51
辽宁	26	25	1	1.65	河南	30	30	0	0.38	陕西	23	24	-1	2.03
吉林	17	16	1	3.12	湖北	28	26	2	1.44	甘肃	22	21	1	2.35
黑龙江	11	10	1	3.80	湖南	15	15	0	3.30	青海	3	4	-1	4.86
上海	4	3	1	4.56	广东	12	12	0	3.49	宁夏	5	6	-1	4.53
江苏	20	20	0	2.38	广西	13	13	0	3.47	新疆	7	9	-2	4.40

（二）各省区市发展前景与一级指标指数及排名

1. 各省区市发展前景指数及排名情况

通过主成分分析法得出各省区市1990~2018年发展前景排名情况（按排名顺序）、各省区市1990~2018年发展前景排名情况、各省区市1990~2018年发展前景指数（上一年=100）和各省区市1990~2018年发展前景指数（以1990年为基期），分别见附录1的表78至表81。30个省区市2018年、2010年以来、2000年以来、1990年以来以及2017年、2016年、2015年发展前景综合评分分别见图1至图7。

30个省区市以及东部、中部、西部地区与全国1990~2018年发展前景指数（以1990年为基期）见附录1的图55。从图55可以看出，29年来广东省的发展前景指数改善最多，黑龙江省的发展前景指数改善最少；西部地区发展前景指数改善优于东部地区和中部地区，东部地区发展前景指数改善优于中部地区。

下面是各省区市发展前景一级指标经济增长、增长潜力、政府效率、人民生活和环境质量指数及排名情况。

2. 各省区市经济增长指数及排名情况

通过主成分分析法得出各省区市1990~2018年经济增长排名情况（按排名顺序）、各省区市1990~2018年经济增长排名情况、各省区市1990~2018年经济增长指数（上一年=100）和各省区市1990~2018年经济增长指数（以1990年为基期），分别见附录1的表82至表85。30个省区市2018年、2010年以来、2000年以来、1990年以来以及2017年、2016年、2015年经济增长综合评分分别见图8至图14。

30个省区市以及东部、中部、西部地区与全国1990~2018年经济增长指数（以1990年为基期）见附录1的图56。从图56可以看出，29年来四川省的经济增长指数改善最多，贵州省的经济增长指数改善最少；东部地区经济增长指数改善优于西部地区和中部地区，西部地区经济增长指数改善优于中部地区。

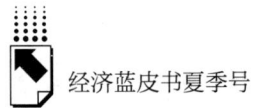

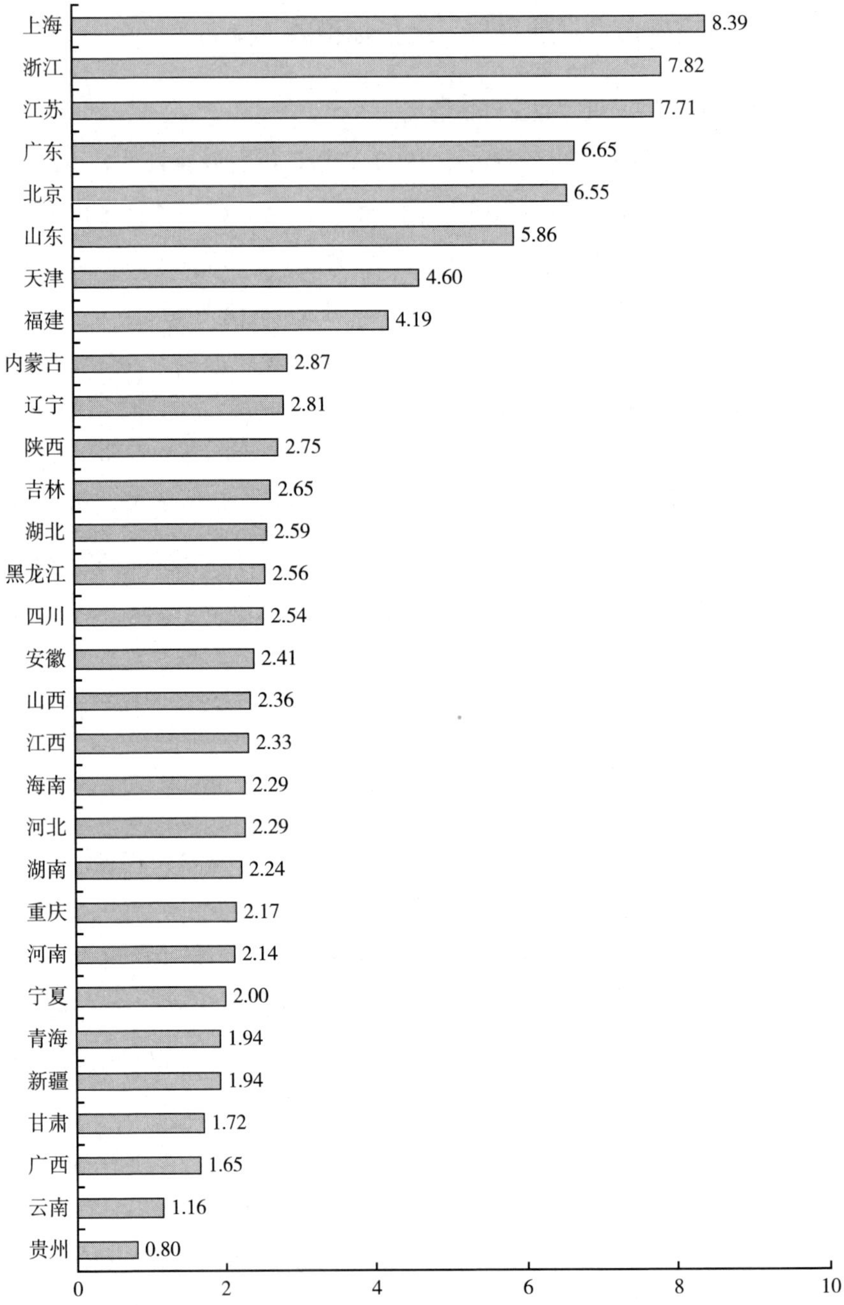

图1 30个省区市2018年发展前景综合评分

1990～2018年中国各省区市发展前景评价

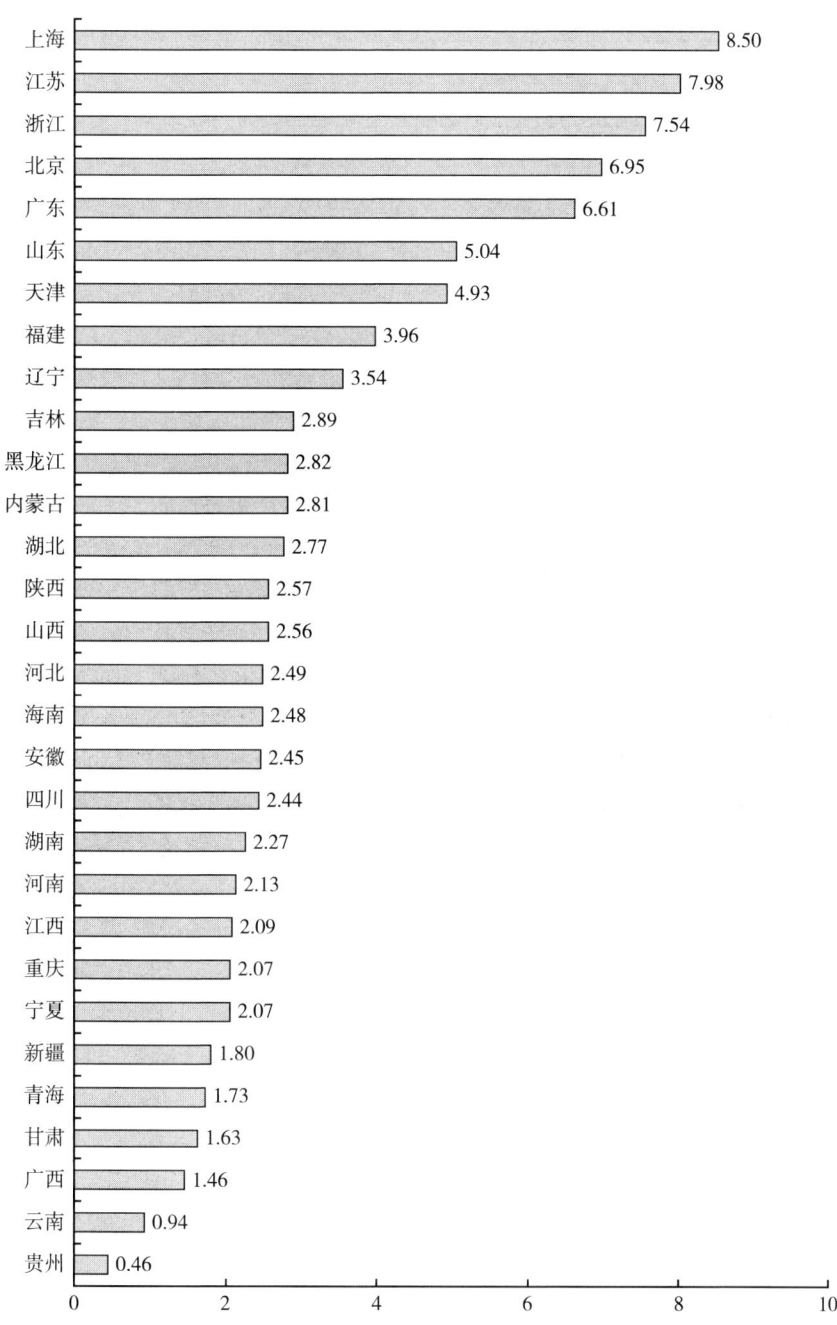

图2 30个省区市2010年以来发展前景综合评分

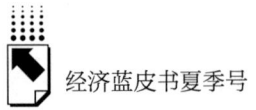

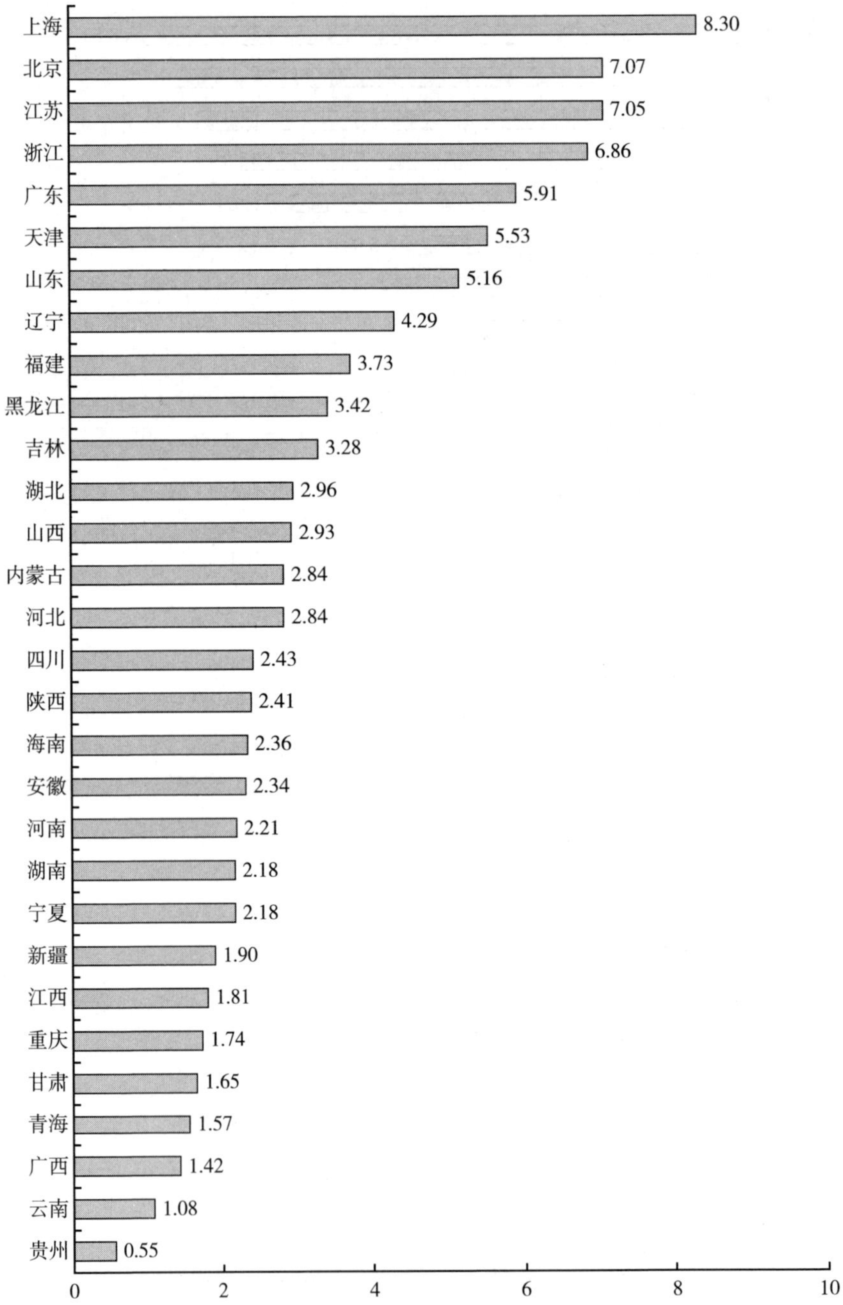

图3 30个省区市2000年以来发展前景综合评分

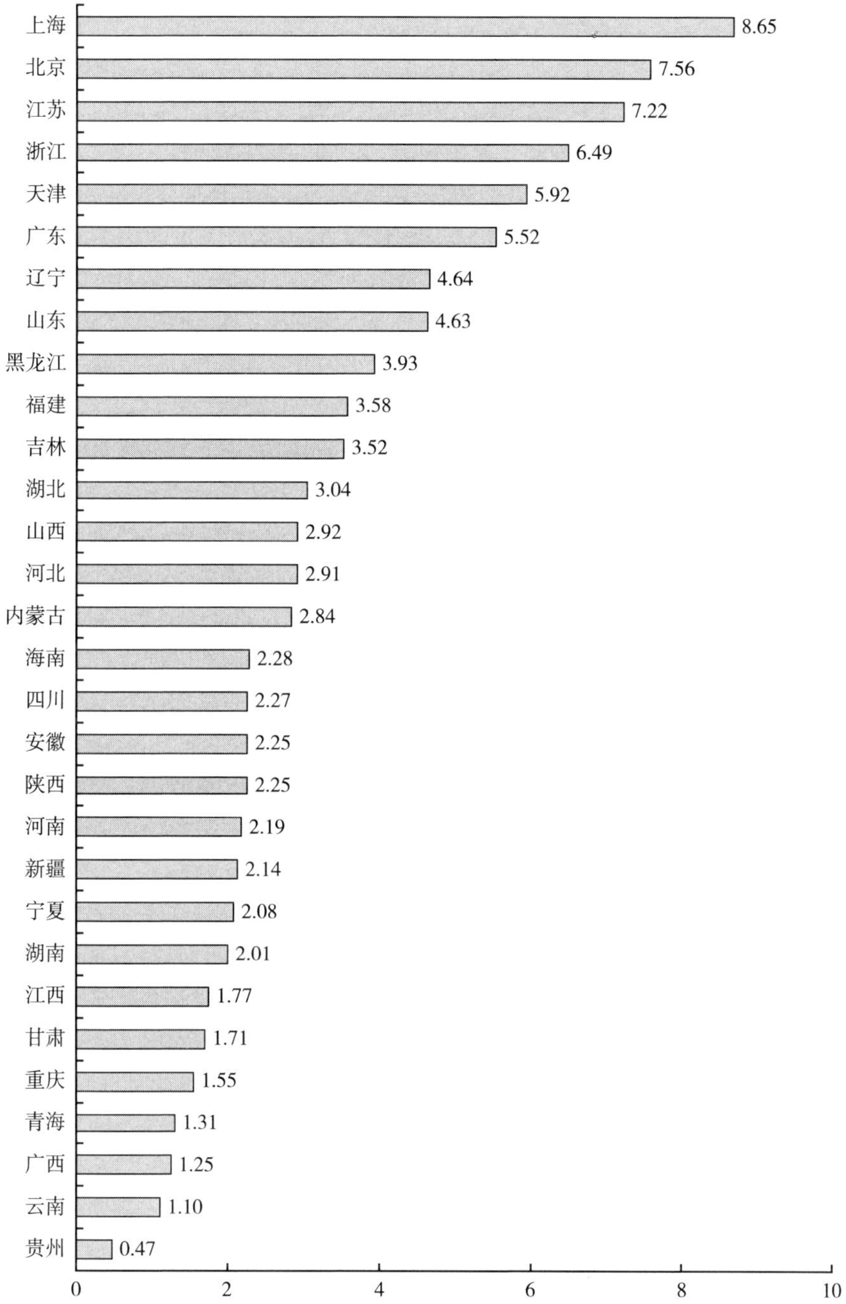

1990~2018年中国各省区市发展前景评价

省区市	评分
上海	8.65
北京	7.56
江苏	7.22
浙江	6.49
天津	5.92
广东	5.52
辽宁	4.64
山东	4.63
黑龙江	3.93
福建	3.58
吉林	3.52
湖北	3.04
山西	2.92
河北	2.91
内蒙古	2.84
海南	2.28
四川	2.27
安徽	2.25
陕西	2.25
河南	2.19
新疆	2.14
宁夏	2.08
湖南	2.01
江西	1.77
甘肃	1.71
重庆	1.55
青海	1.31
广西	1.25
云南	1.10
贵州	0.47

图4　30个省区市1990年以来发展前景综合评分

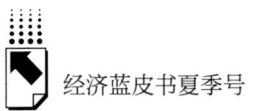

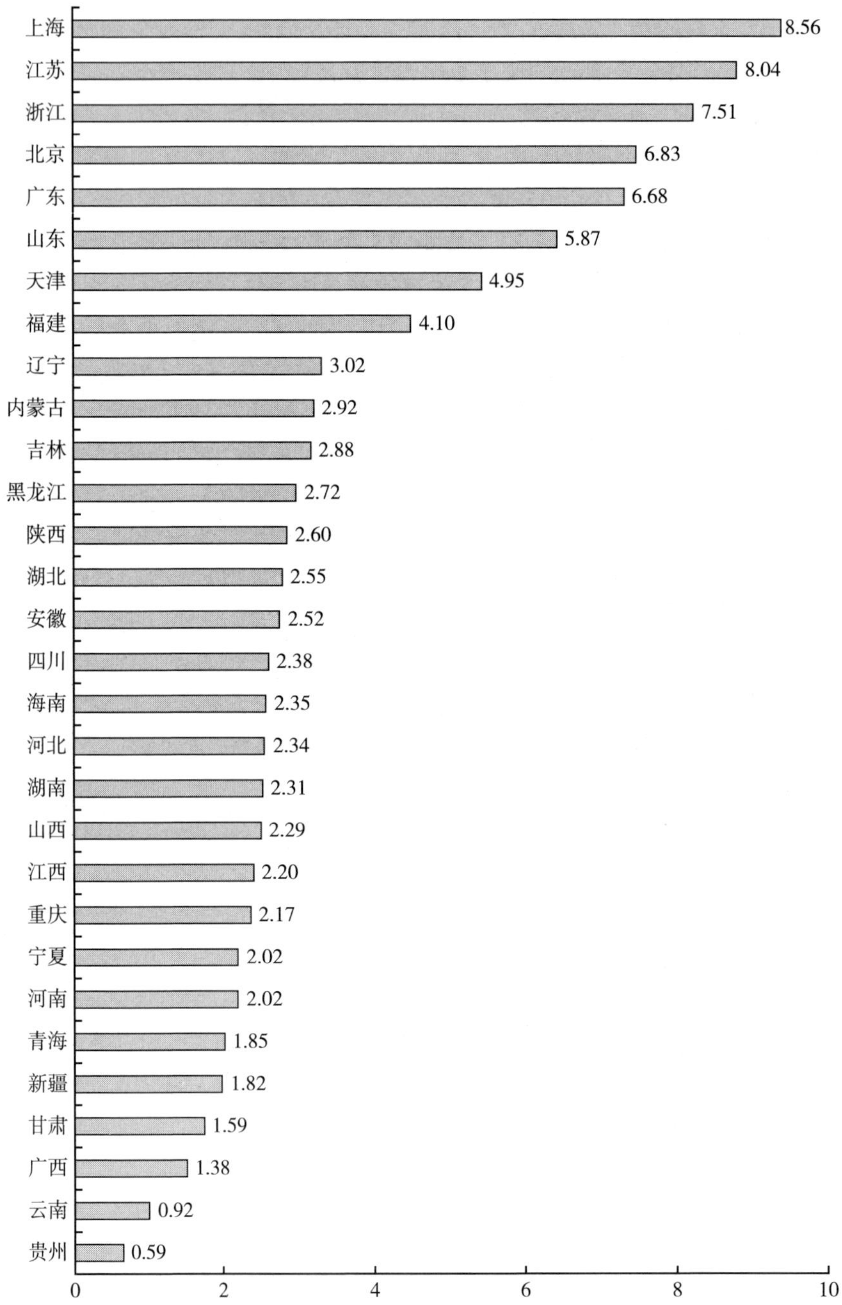

图5 30个省区市2017年发展前景综合评分

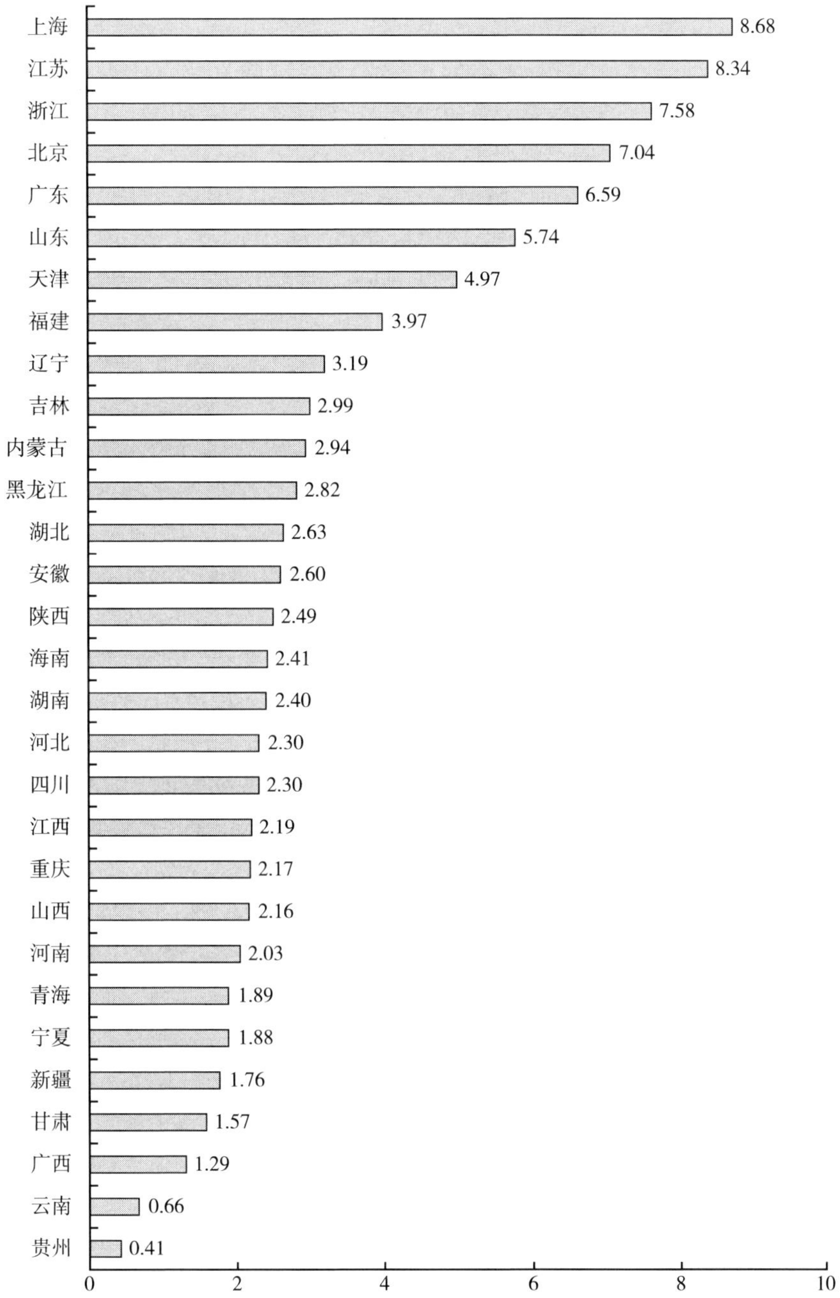

1990~2018年中国各省区市发展前景评价

省区市	评分
上海	8.68
江苏	8.34
浙江	7.58
北京	7.04
广东	6.59
山东	5.74
天津	4.97
福建	3.97
辽宁	3.19
吉林	2.99
内蒙古	2.94
黑龙江	2.82
湖北	2.63
安徽	2.60
陕西	2.49
海南	2.41
湖南	2.40
河北	2.30
四川	2.30
江西	2.19
重庆	2.17
山西	2.16
河南	2.03
青海	1.89
宁夏	1.88
新疆	1.76
甘肃	1.57
广西	1.29
云南	0.66
贵州	0.41

图6 30个省区市2016年发展前景综合评分

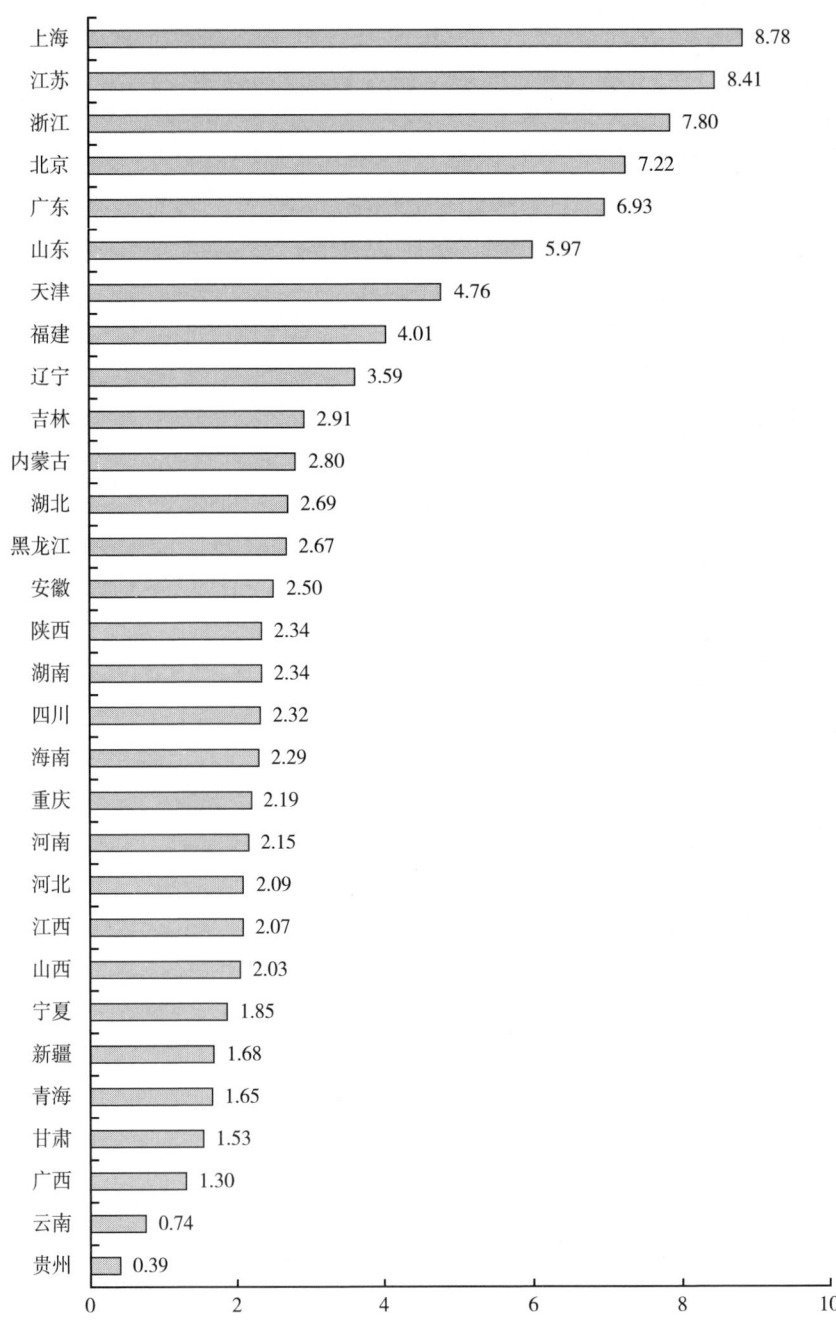

图7 30个省区市2015年发展前景综合评分

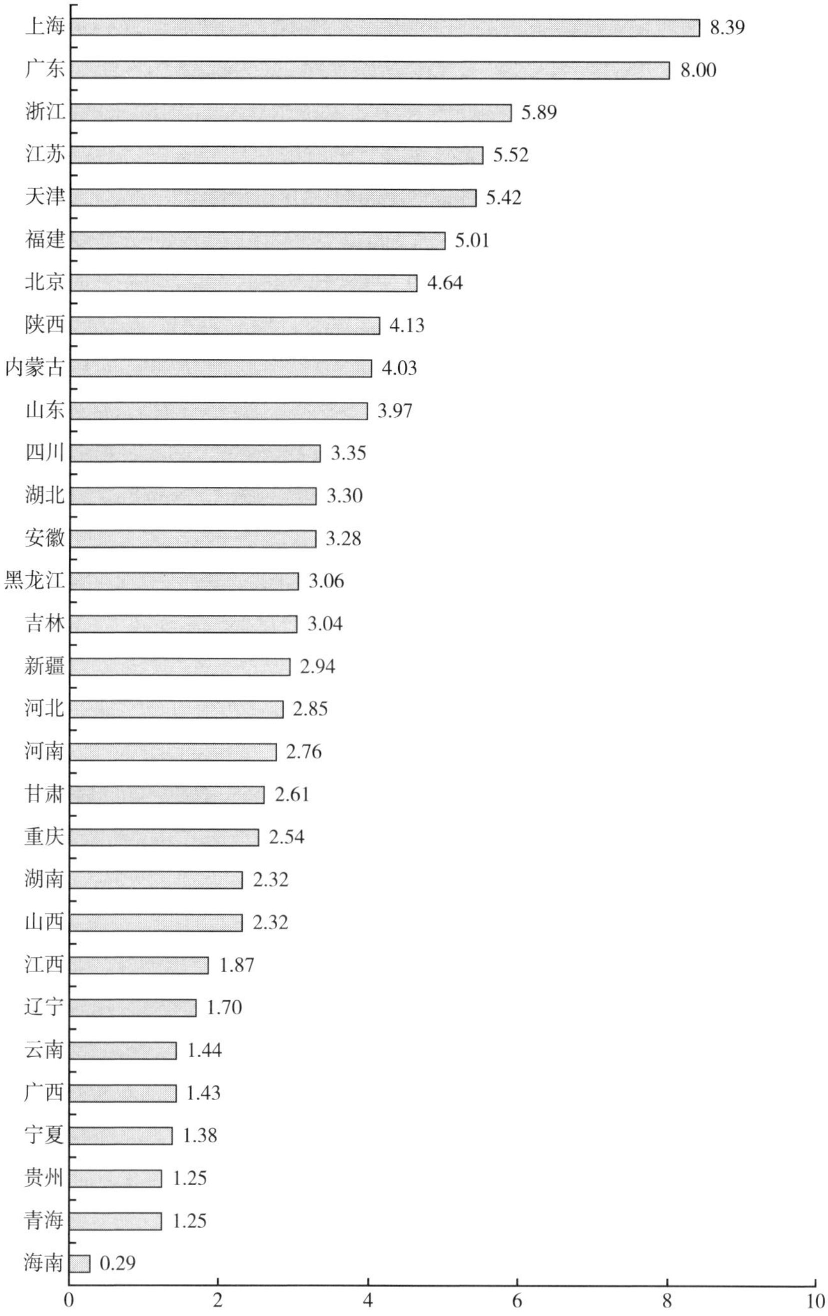

1990~2018年中国各省区市发展前景评价

图8　30个省区市2018年经济增长综合评分

省区市	评分
上海	8.39
广东	8.00
浙江	5.89
江苏	5.52
天津	5.42
福建	5.01
北京	4.64
陕西	4.13
内蒙古	4.03
山东	3.97
四川	3.35
湖北	3.30
安徽	3.28
黑龙江	3.06
吉林	3.04
新疆	2.94
河北	2.85
河南	2.76
甘肃	2.61
重庆	2.54
湖南	2.32
山西	2.32
江西	1.87
辽宁	1.70
云南	1.44
广西	1.43
宁夏	1.38
贵州	1.25
青海	1.25
海南	0.29

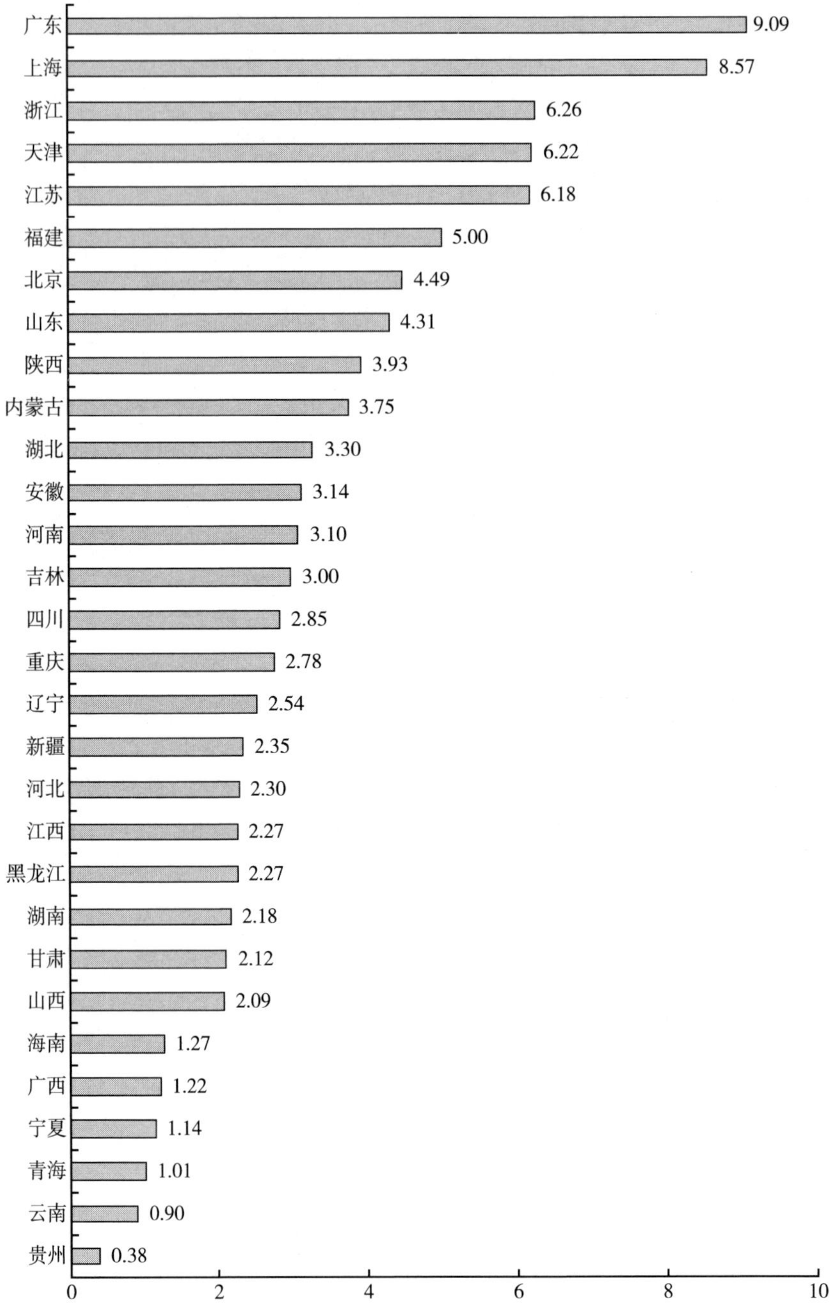

图9 30个省区市2010年以来经济增长综合评分

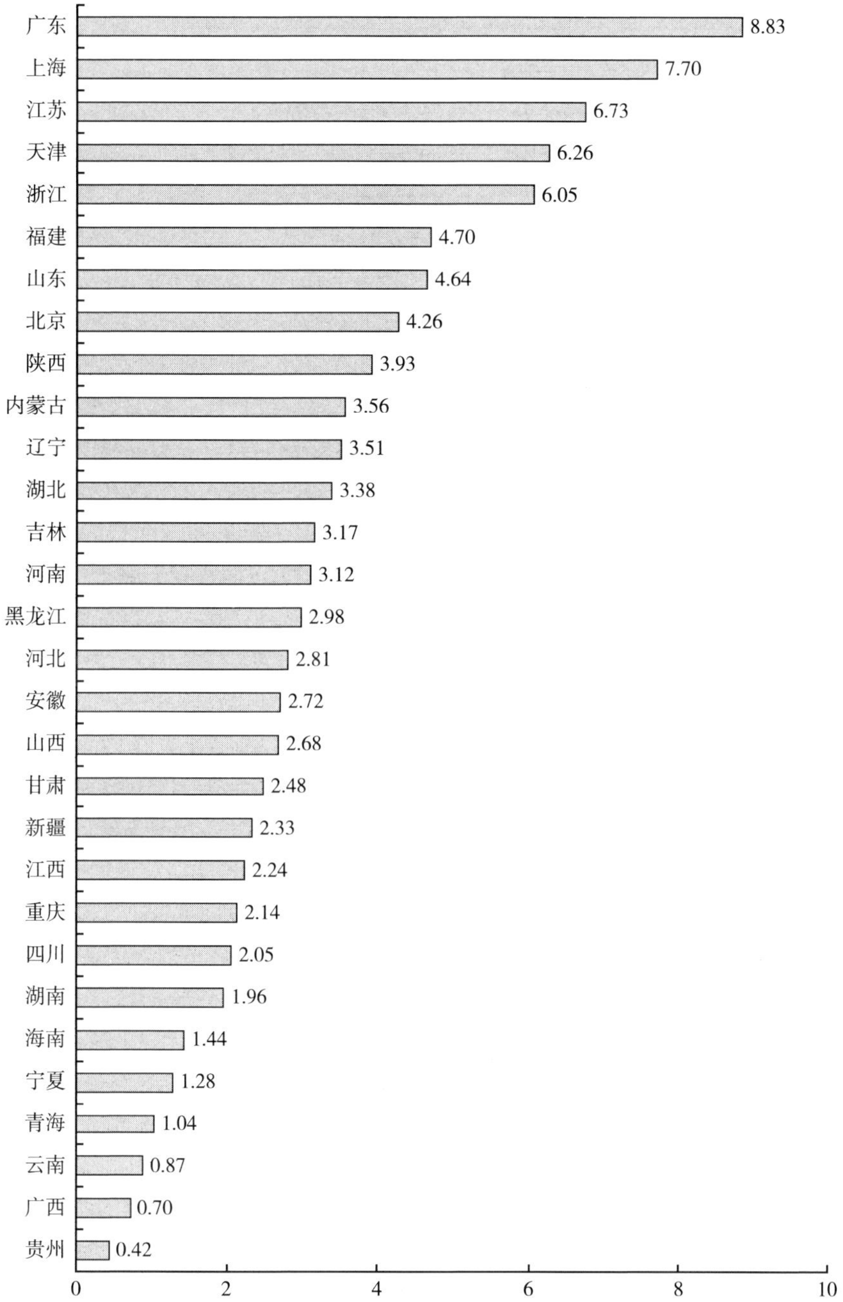

1990～2018年中国各省区市发展前景评价

图10 30个省区市2000年以来经济增长综合评分

省区市	评分
广东	8.83
上海	7.70
江苏	6.73
天津	6.26
浙江	6.05
福建	4.70
山东	4.64
北京	4.26
陕西	3.93
内蒙古	3.56
辽宁	3.51
湖北	3.38
吉林	3.17
河南	3.12
黑龙江	2.98
河北	2.81
安徽	2.72
山西	2.68
甘肃	2.48
新疆	2.33
江西	2.24
重庆	2.14
四川	2.05
湖南	1.96
海南	1.44
宁夏	1.28
青海	1.04
云南	0.87
广西	0.70
贵州	0.42

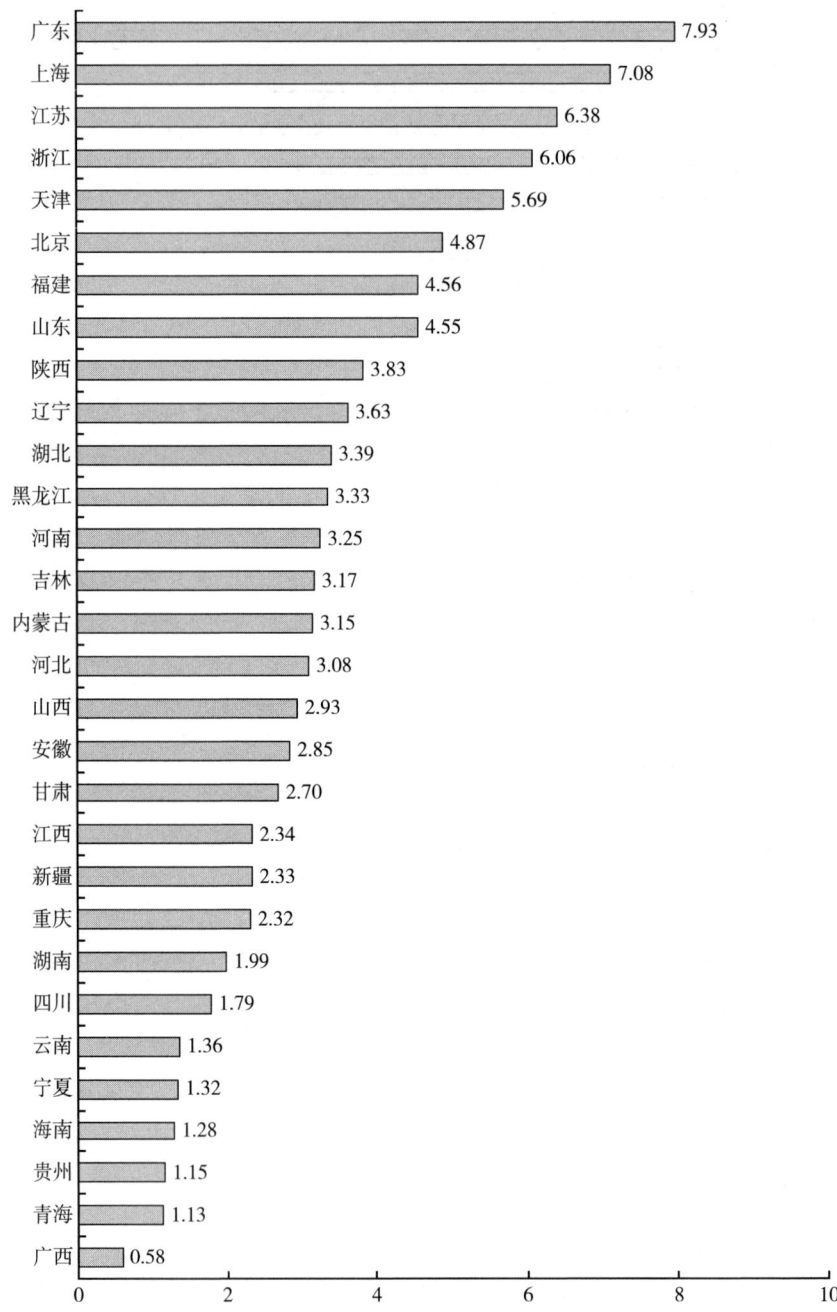

图 11 30 个省区市 1990 年以来经济增长综合评分

1990~2018年中国各省区市发展前景评价

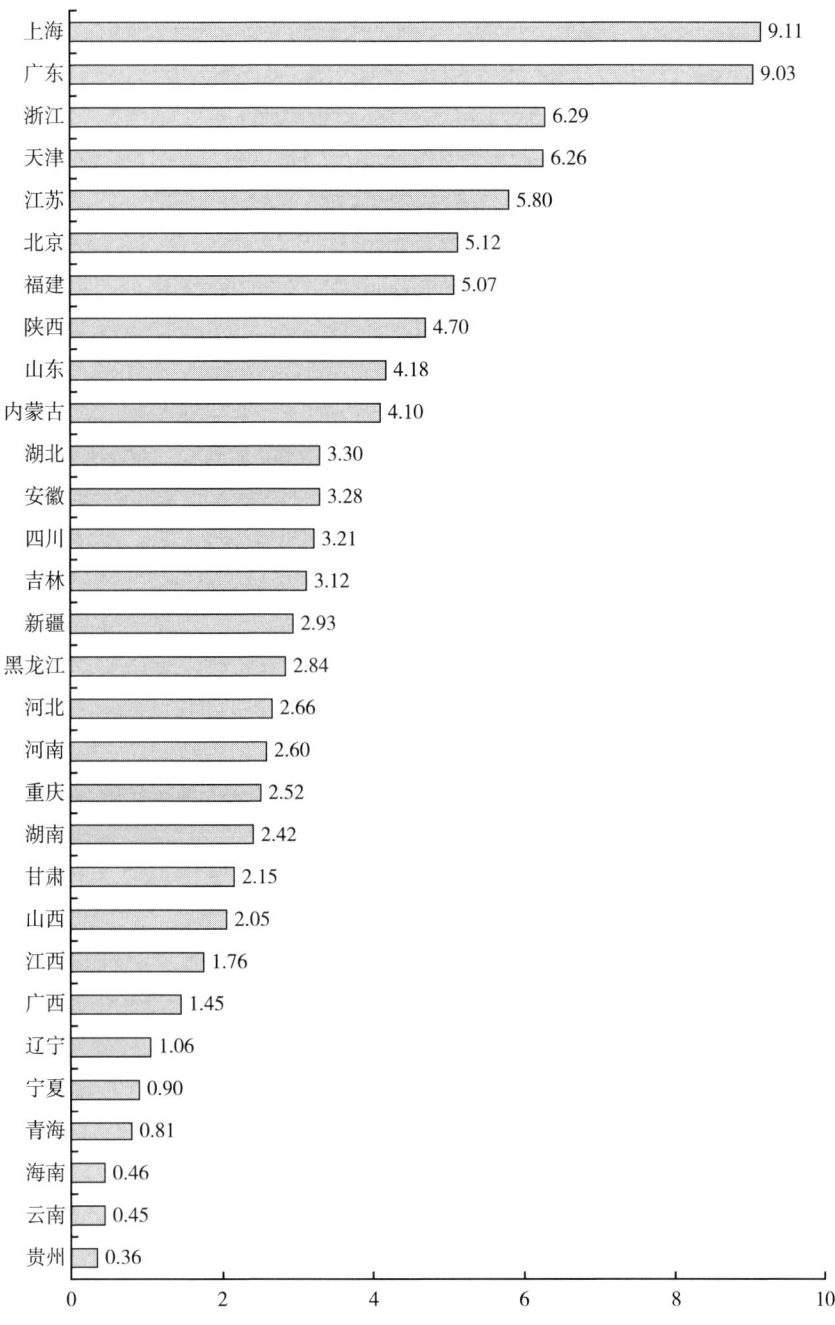

图12 30个省区市2017年经济增长综合评分

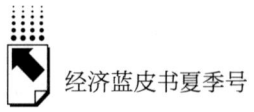

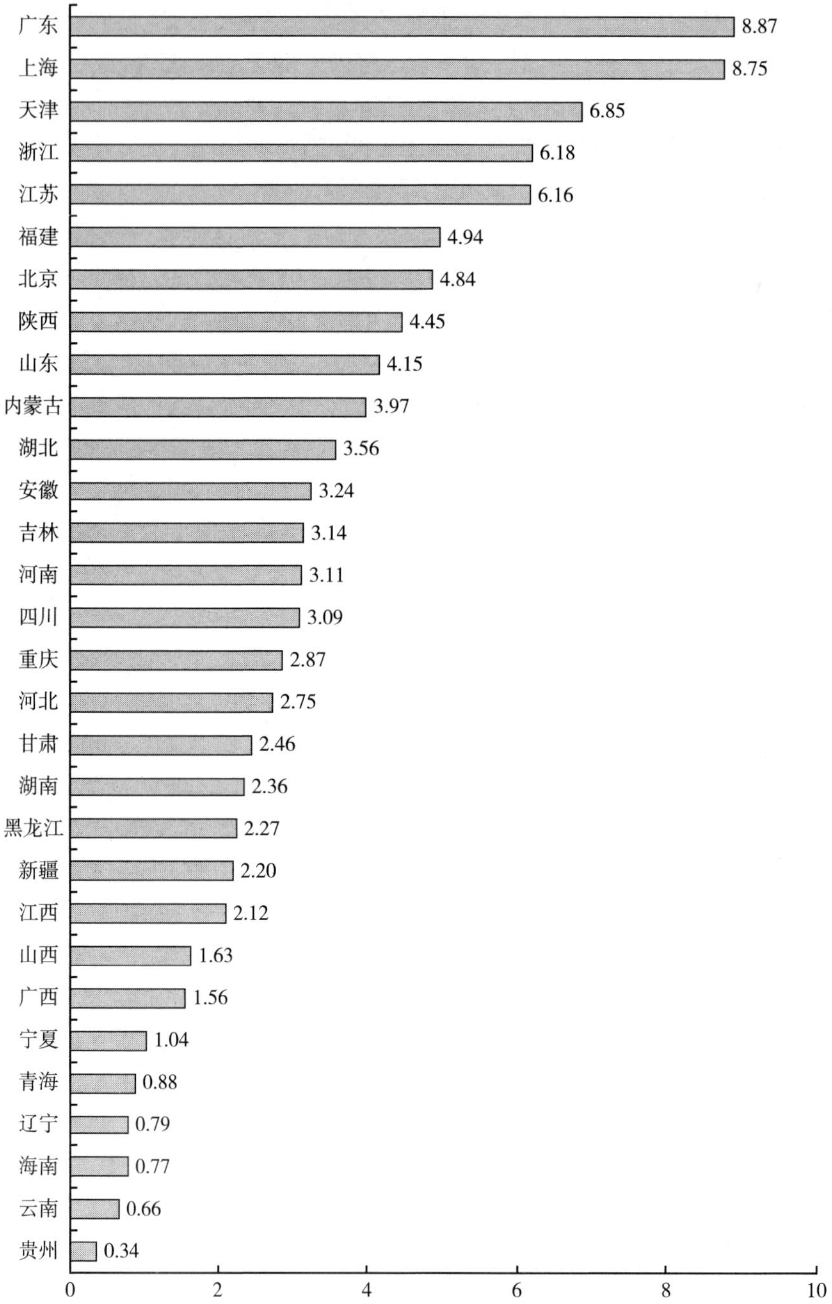

图13 30个省区市2016年经济增长综合评分

1990~2018年中国各省区市发展前景评价

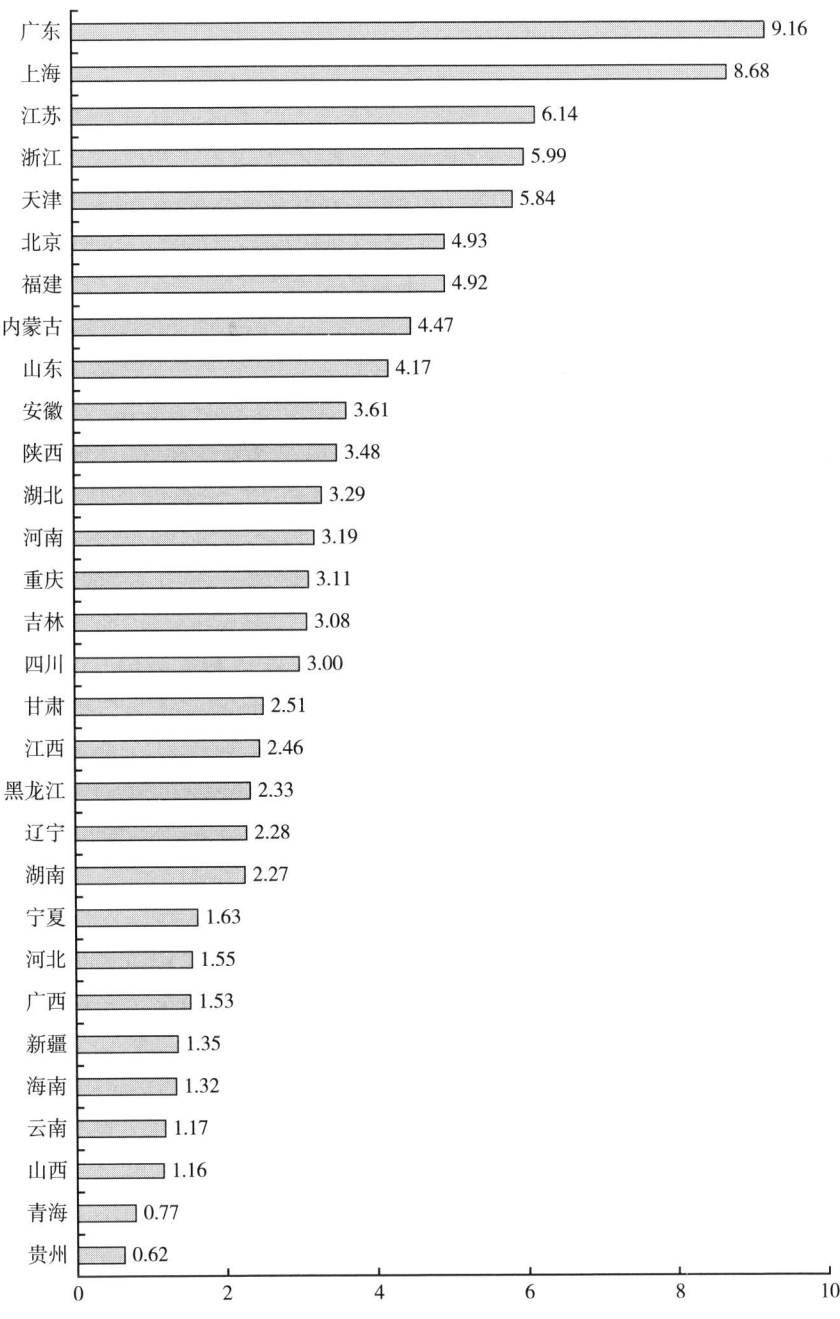

图14 30个省区市2015年经济增长综合评分

3. 各省区市增长潜力指数及排名情况

通过主成分分析法得出各省区市1990~2018年增长潜力排名情况（按排名顺序）、各省区市1990~2018年增长潜力排名情况、各省区市1990~2018年增长潜力指数（上一年=100）和各省区市1990~2018年增长潜力指数（以1990年为基期），分别见附录1的表86至表89。30个省区市2018年、2010年以来、2000年以来、1990年以来以及2017年、2016年、2015年增长潜力综合评分分别见图15至图21。

30个省区市以及东部、中部和西部地区与全国1990~2018年增长潜力指数（以1990年为基期）见附录1的图57。从图57可以看出，29年来安徽省的增长潜力指数改善最多，天津市的增长潜力指数改善最少；东部地区增长潜力指数改善优于中部地区和西部地区，中部地区增长潜力指数改善优于西部地区。

4. 各省区市政府效率指数及排名情况

通过主成分分析法得出各省区市1990~2018年政府效率排名情况（按排名顺序）、各省区市1990~2018年政府效率排名情况、各省区市1990~2018年政府效率指数（上一年=100）和各省区市1990~2018年政府效率指数（以1990年为基期），分别见附录1的表90至表93。30个省区市2018年、2010年以来、2000年以来、1990年以来以及2017年、2016年、2015年政府效率综合评分分别见图22至图28。

30个省区市以及东部、中部和西部地区与全国1990~2018年政府效率指数（以1990年为基期）见附录1的图58。从图58可以看出，29年来福建省的政府效率指数改善最多，甘肃省的政府效率指数改善最少；东部地区政府效率指数改善优于中部地区和西部地区，中部地区政府效率指数改善优于西部地区。

5. 各省区市人民生活指数及排名情况

通过主成分分析法得出各省区市1990~2018年人民生活排名情况（按排名顺序）、各省区市1990~2018年人民生活排名情况、各省区市1990~2018年人民生活指数（上一年=100）和各省区市1990~2018年人民生活

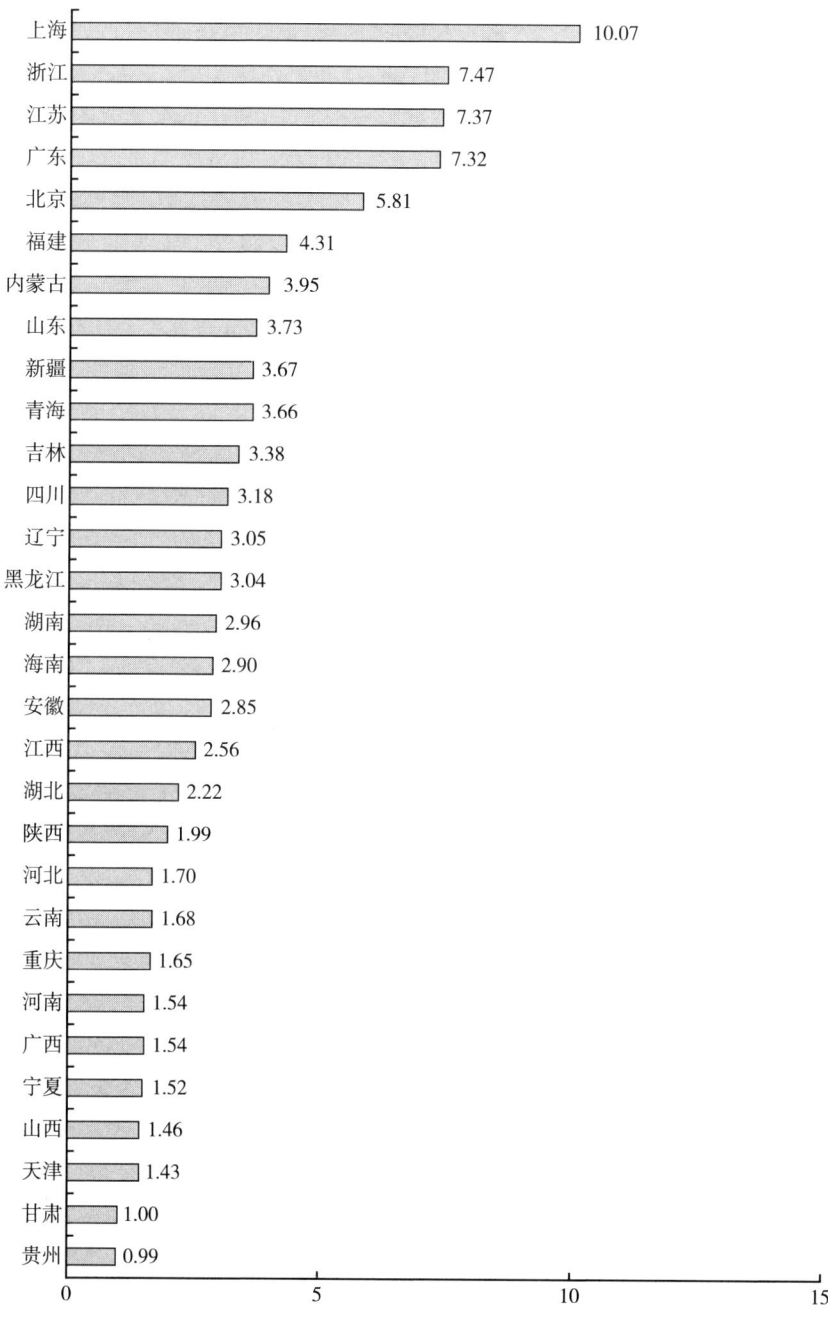

图15 30个省区市2018年增长潜力综合评分

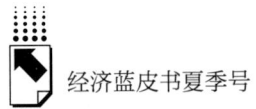

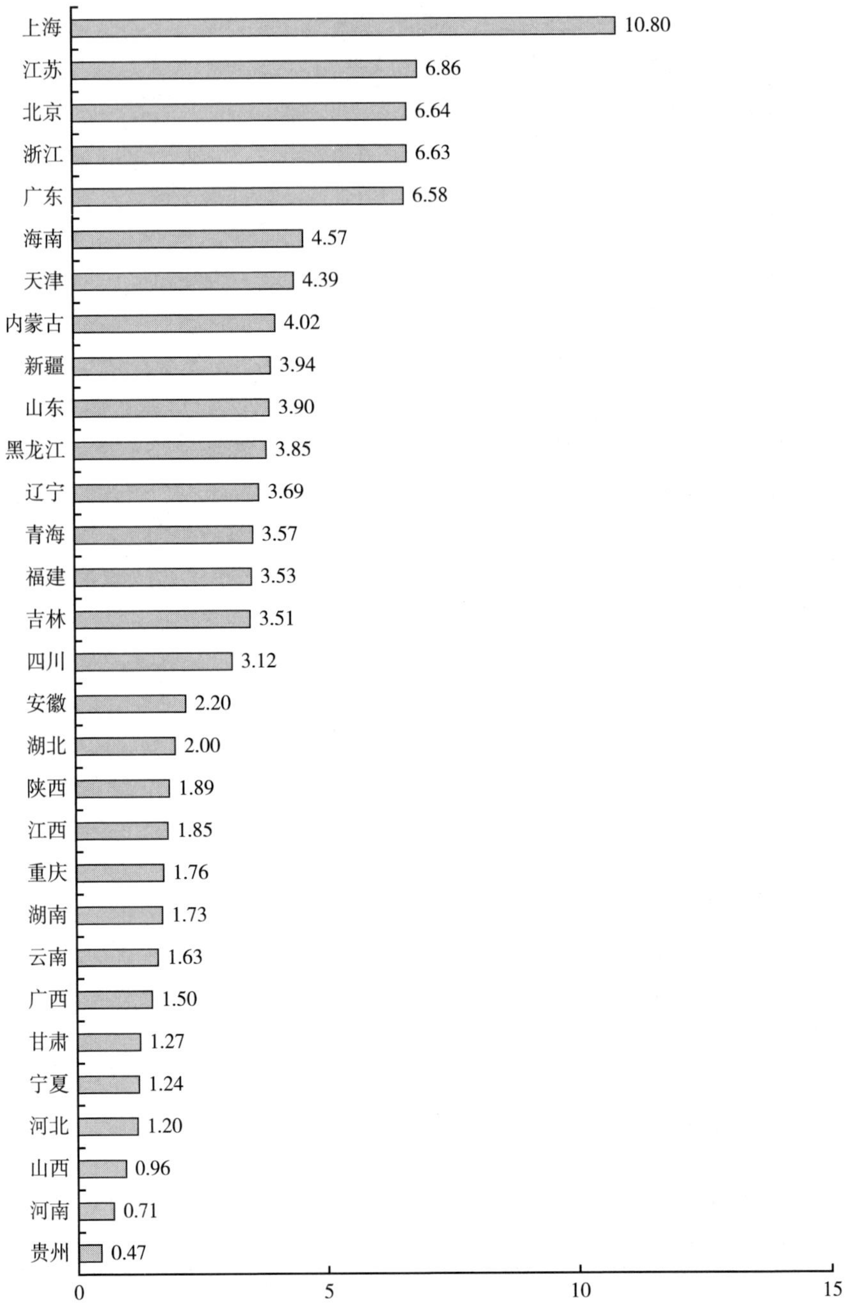

图16 30个省区市2010年以来增长潜力综合评分

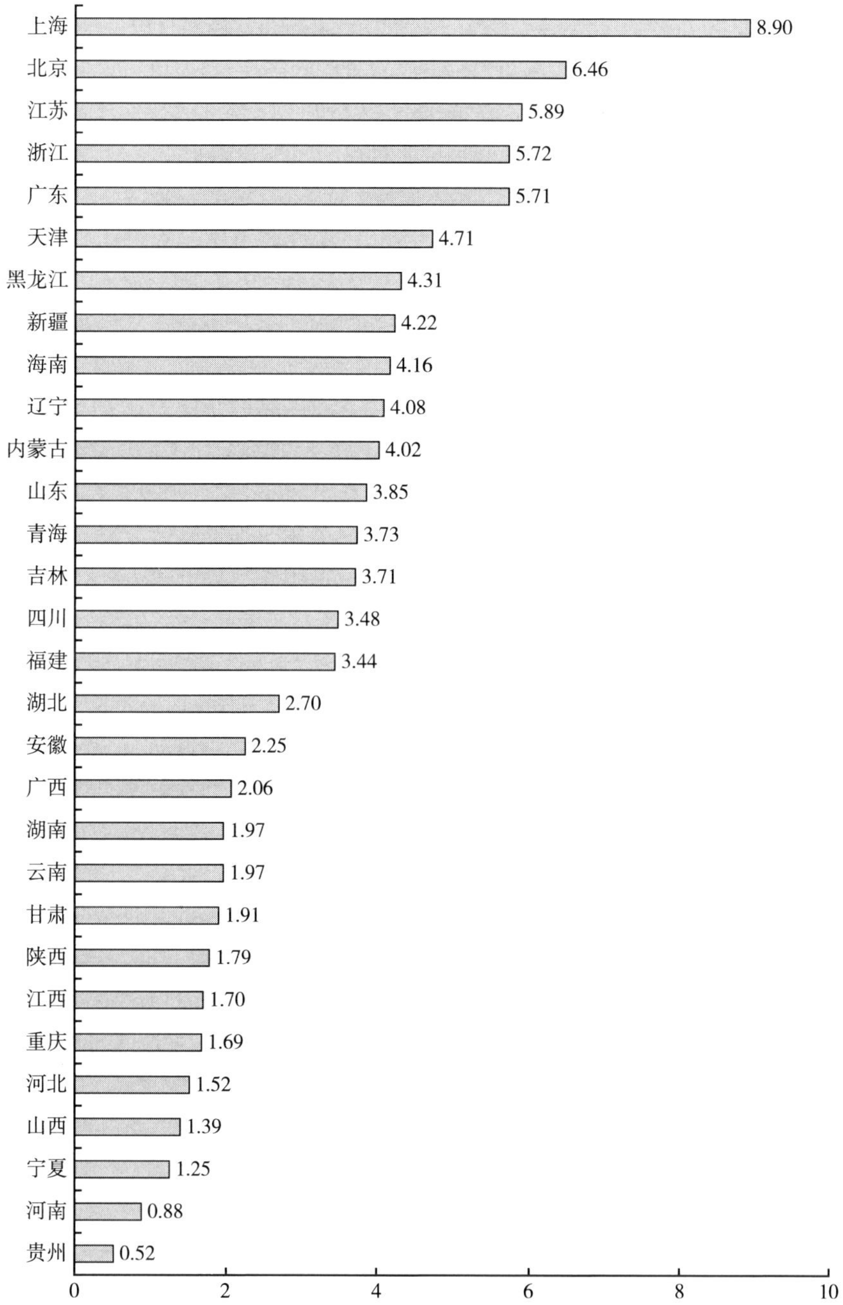

1990~2018年中国各省区市发展前景评价

图17 30个省区市2000年以来增长潜力综合评分

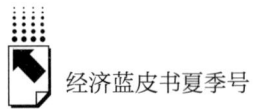

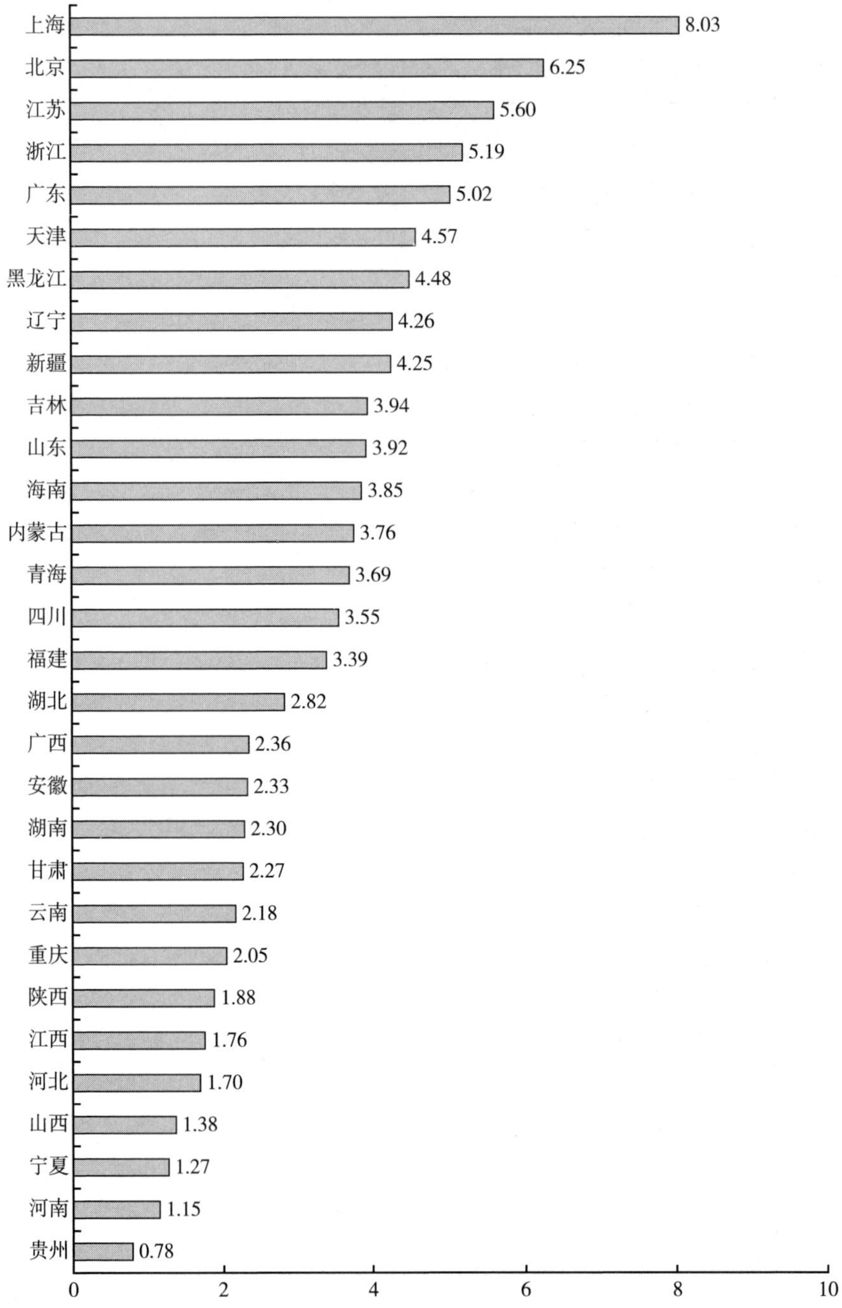

图18 30个省区市1990年以来增长潜力综合评分

1990~2018年中国各省区市发展前景评价

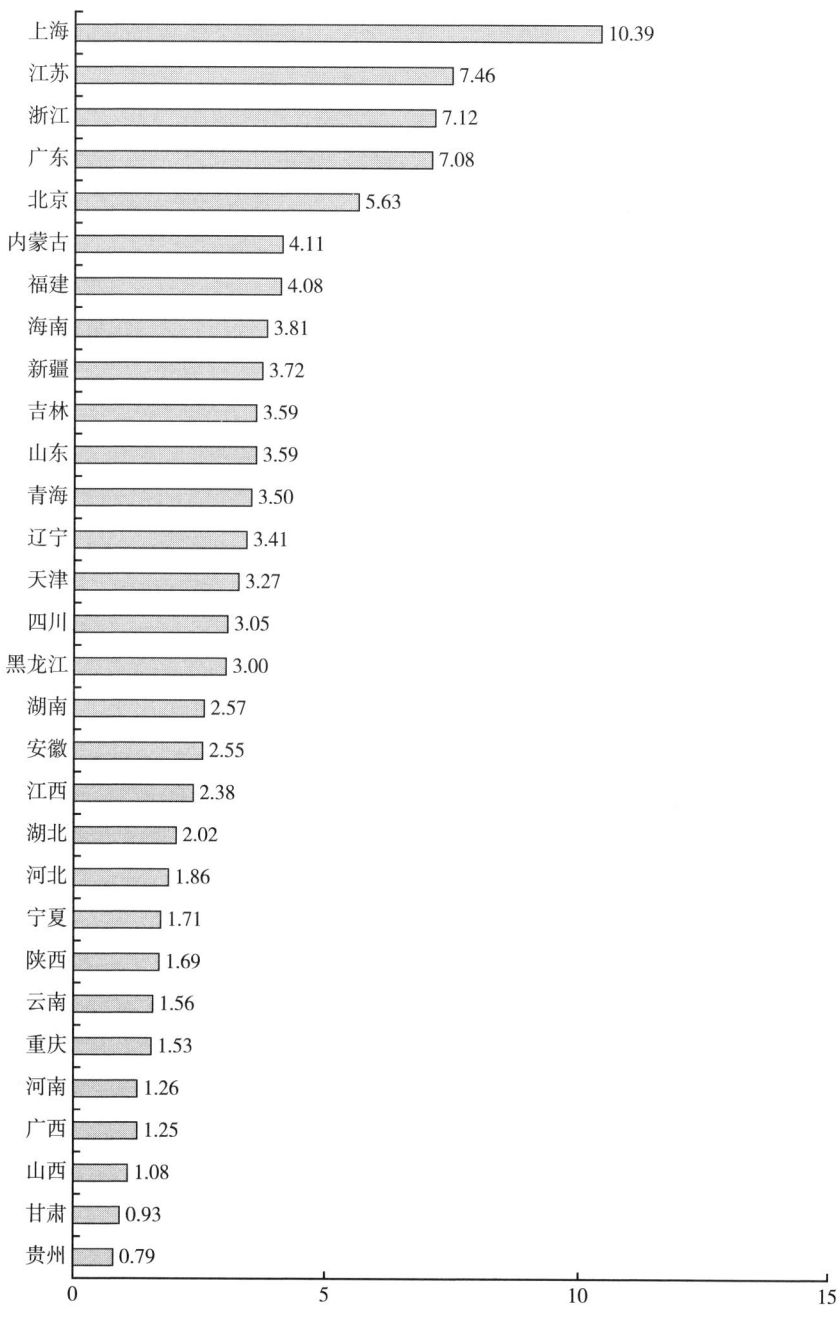

图19 30个省区市2017年增长潜力综合评分

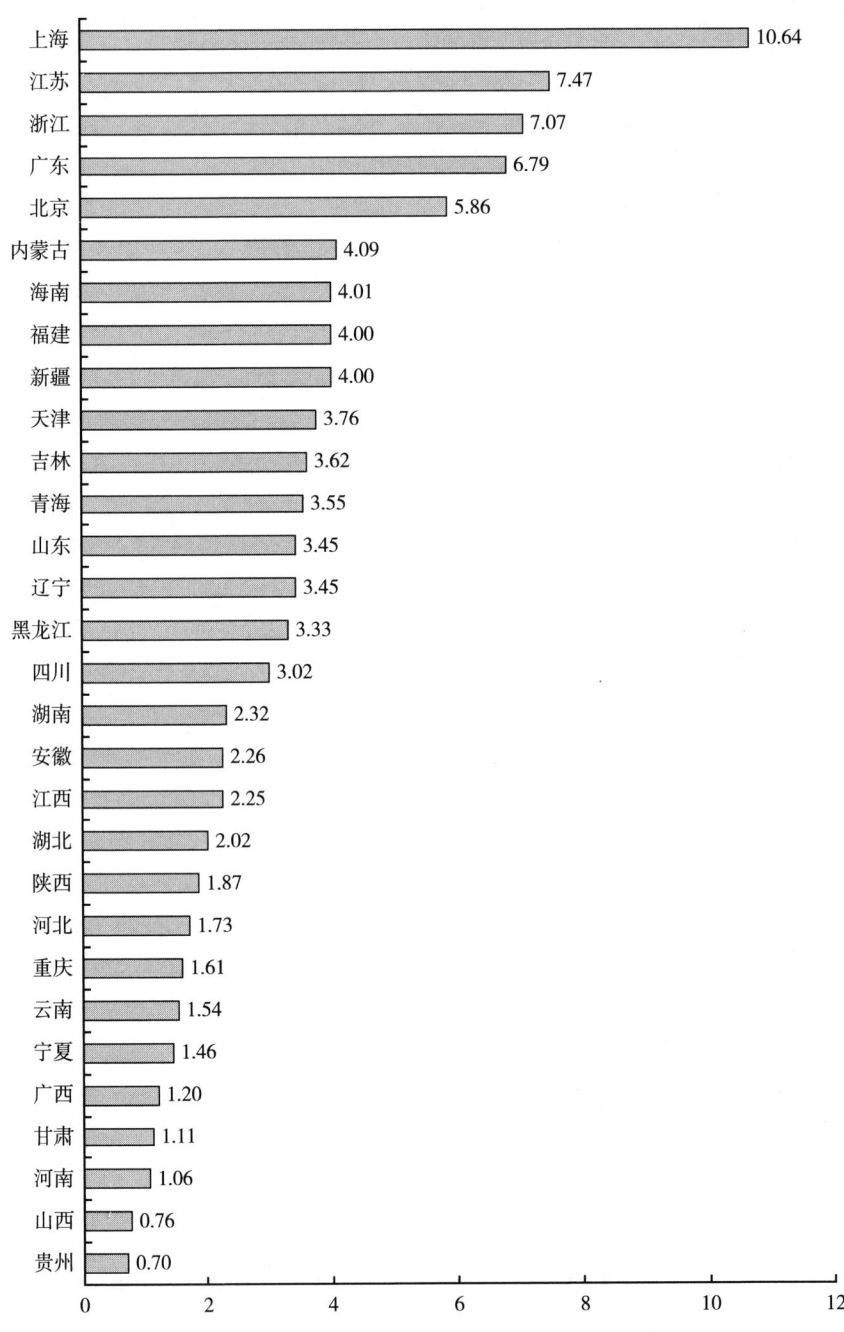

图20 30个省区市2016年增长潜力综合评分

1990～2018年中国各省区市发展前景评价

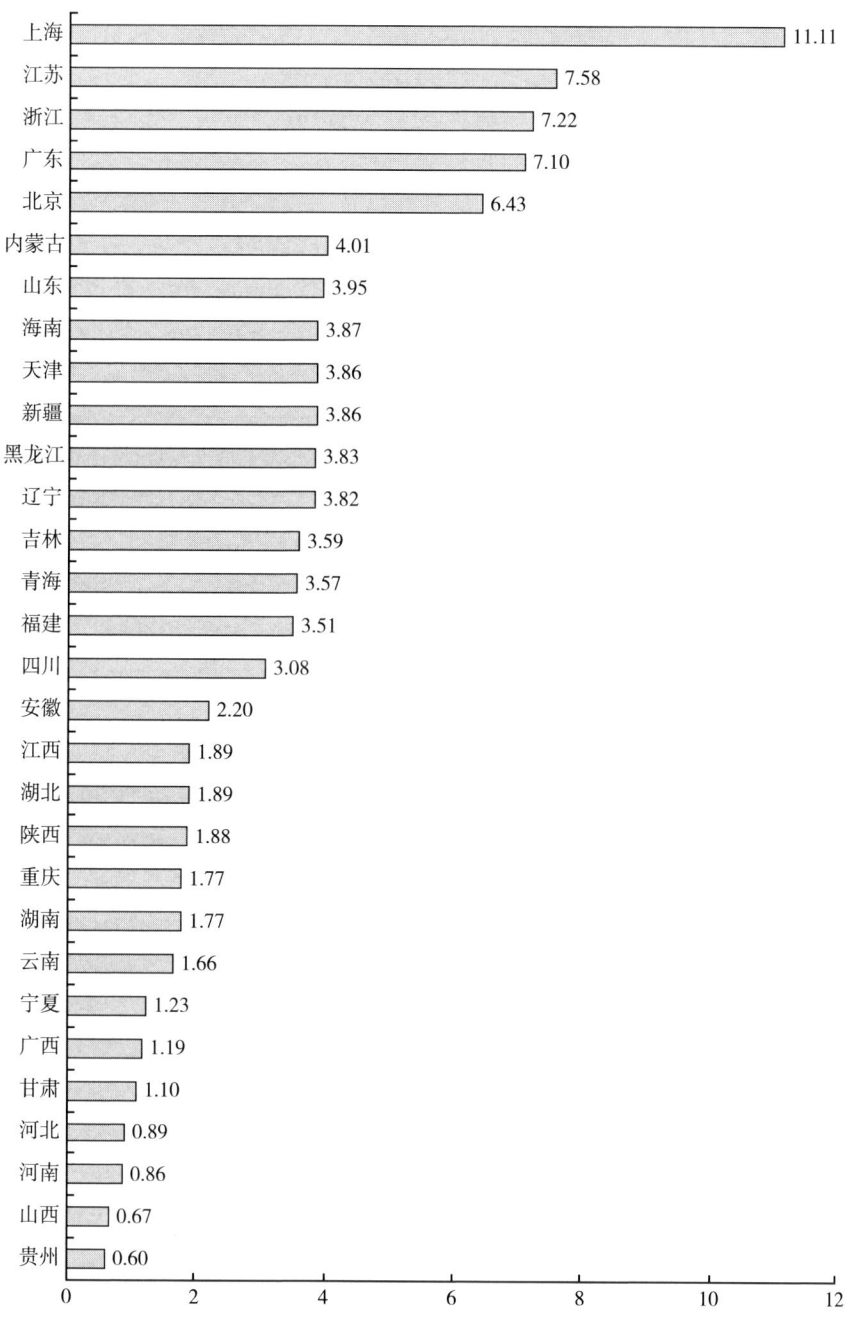

图21 30个省区市2015年增长潜力综合评分

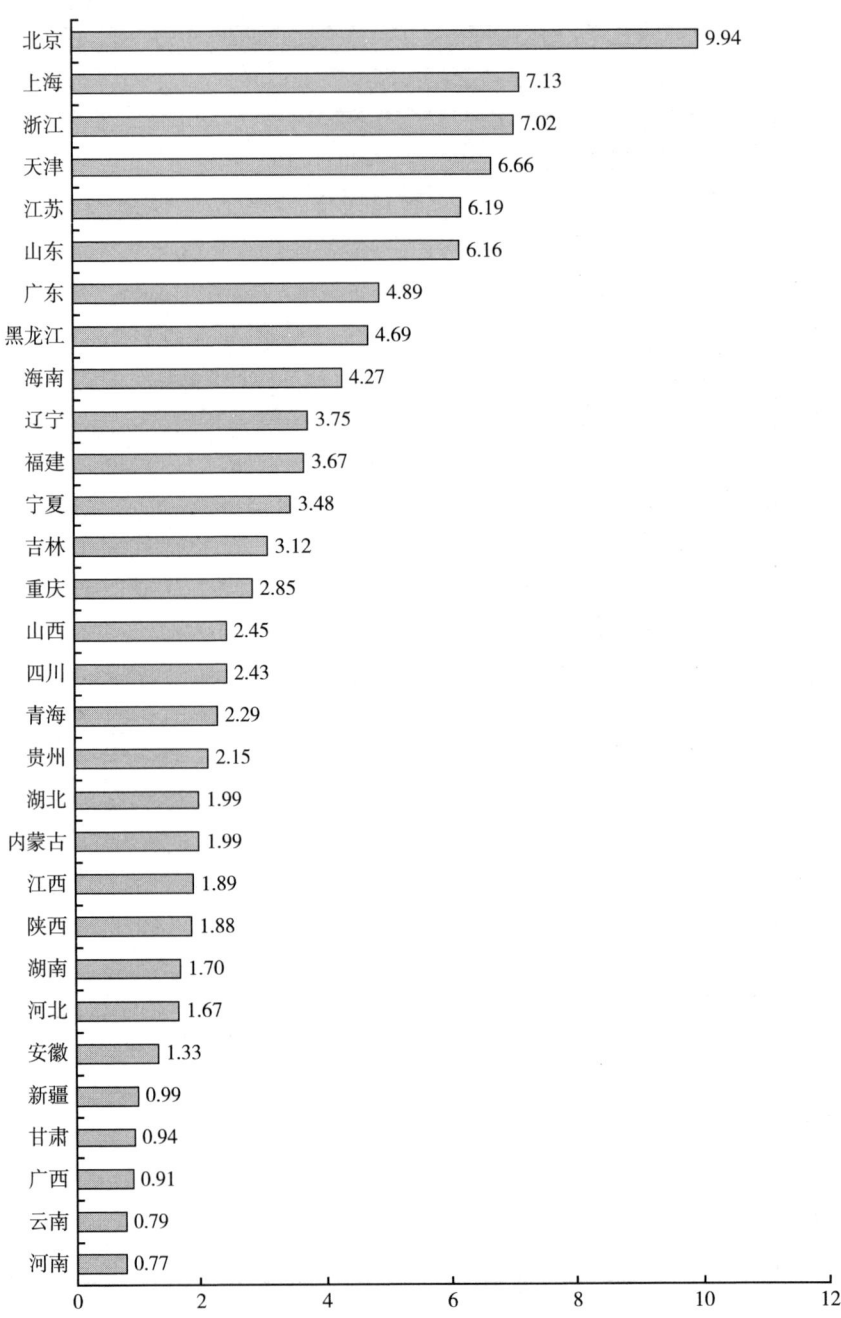

图22　30个省区市2018年政府效率综合评分

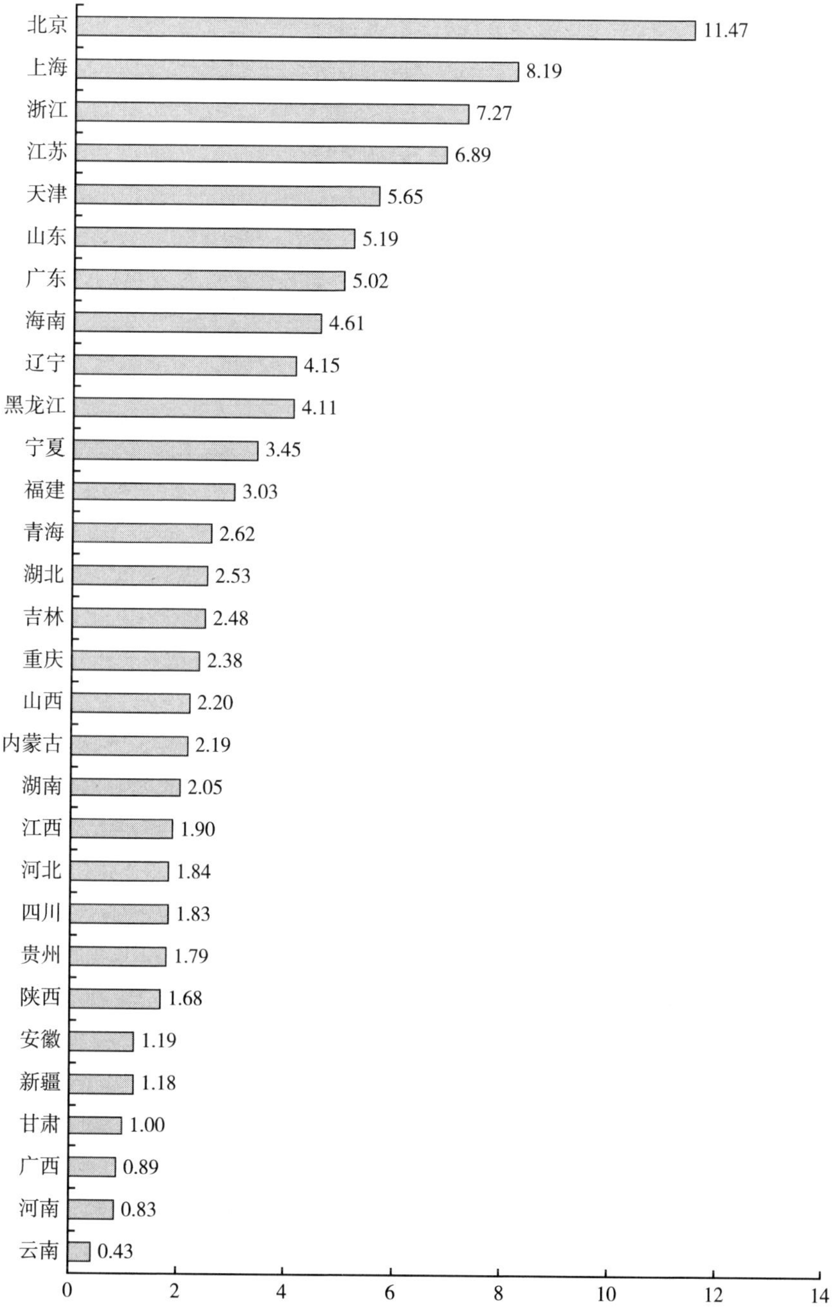

1990~2018年中国各省区市发展前景评价

图23 30个省区市2010年以来政府效率综合评分

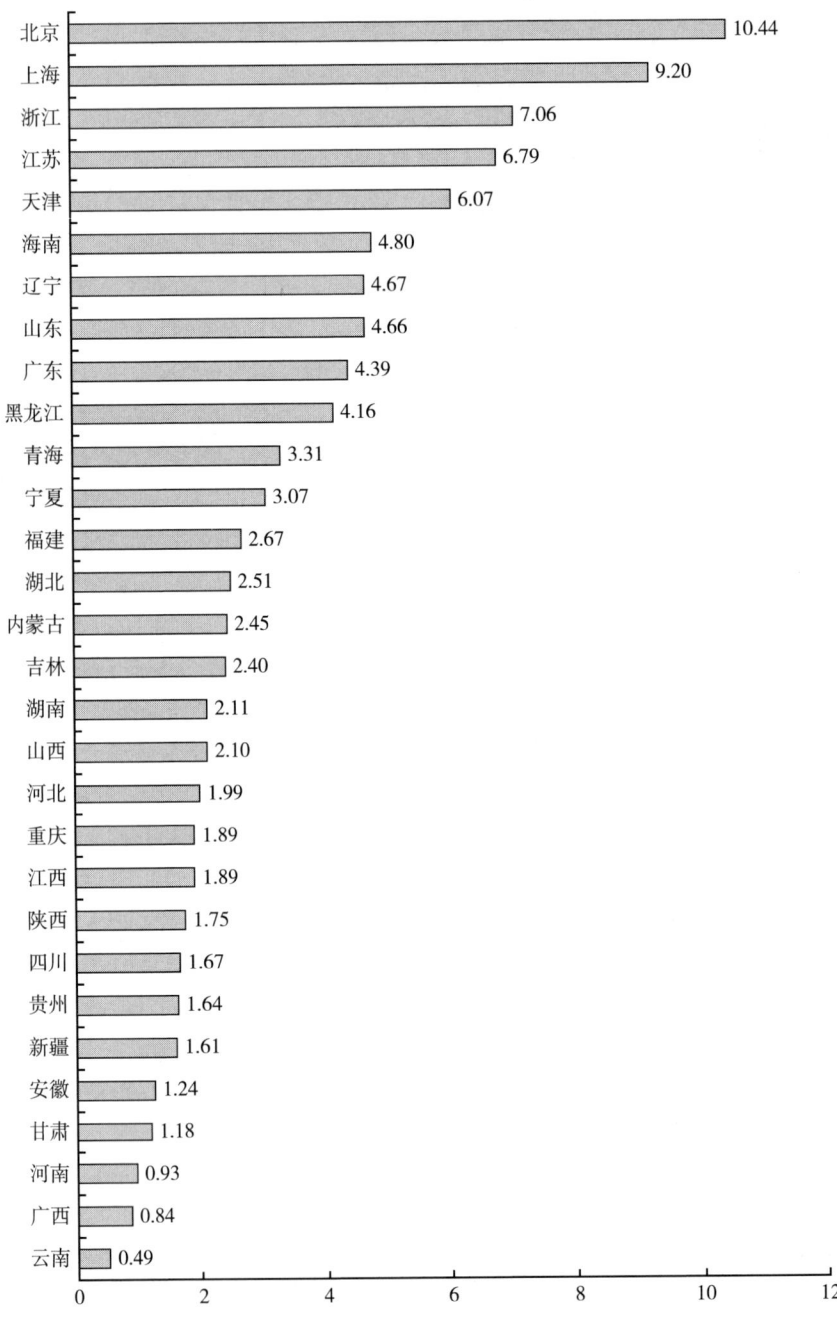

图24　30个省区市2000年以来政府效率综合评分

1990~2018年中国各省区市发展前景评价

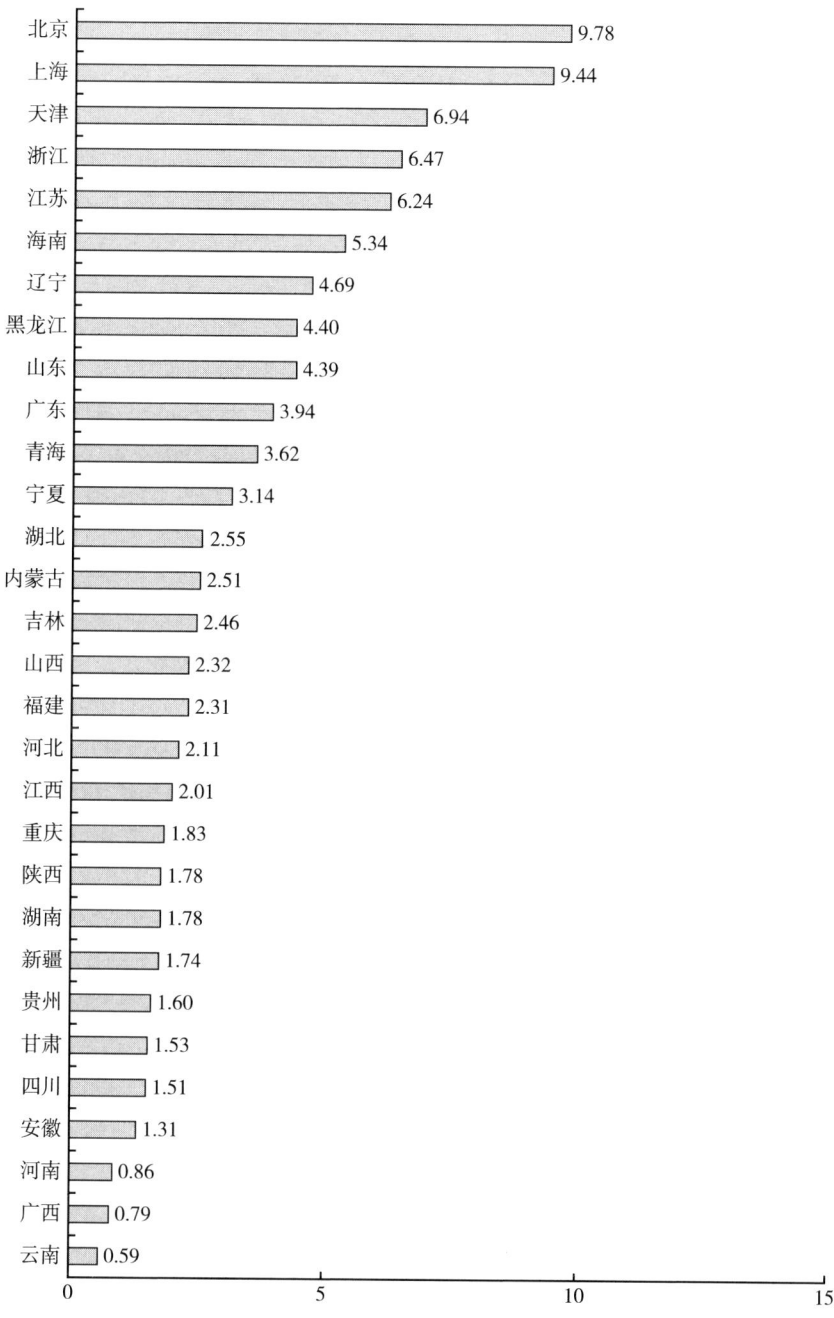

图25 30个省区市1990年以来政府效率综合评分

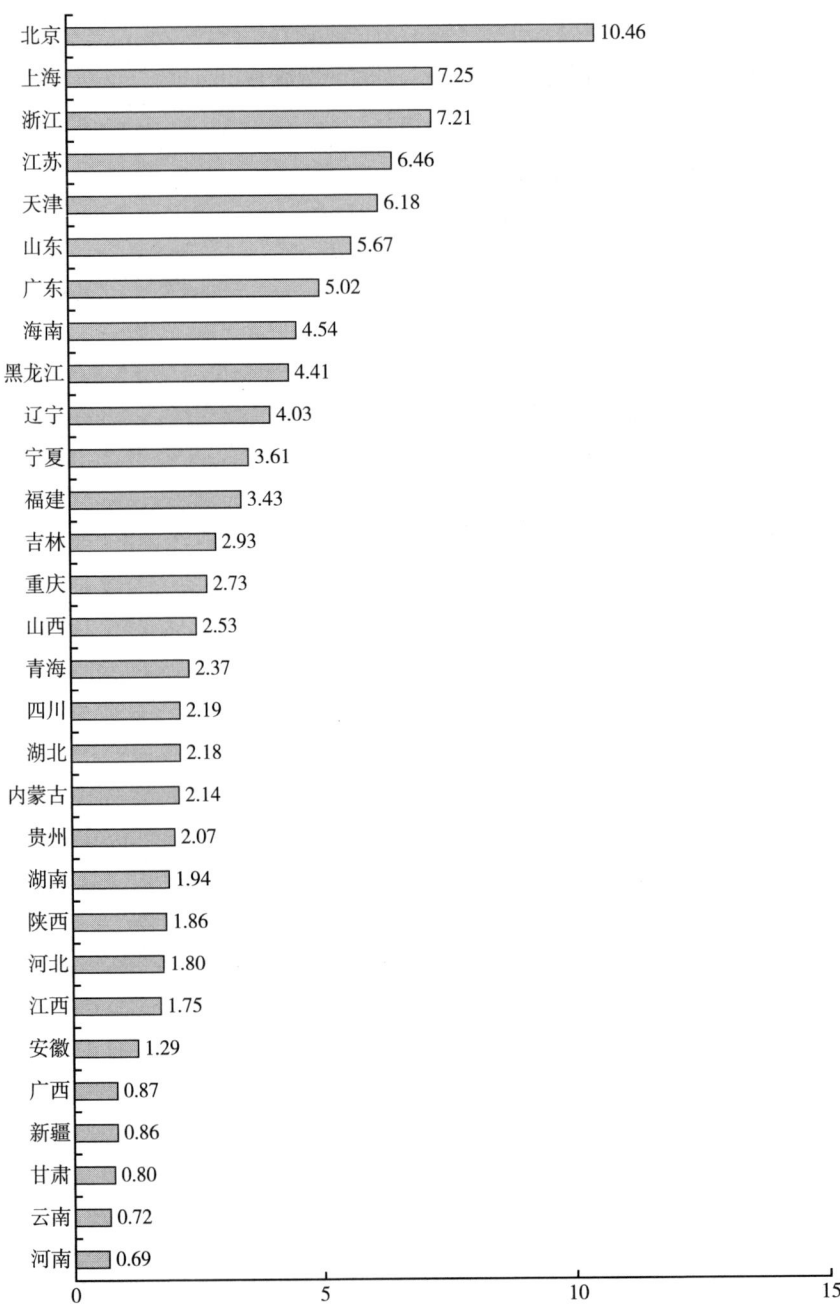

图26　30个省区市2017年政府效率综合评分

1990~2018年中国各省区市发展前景评价

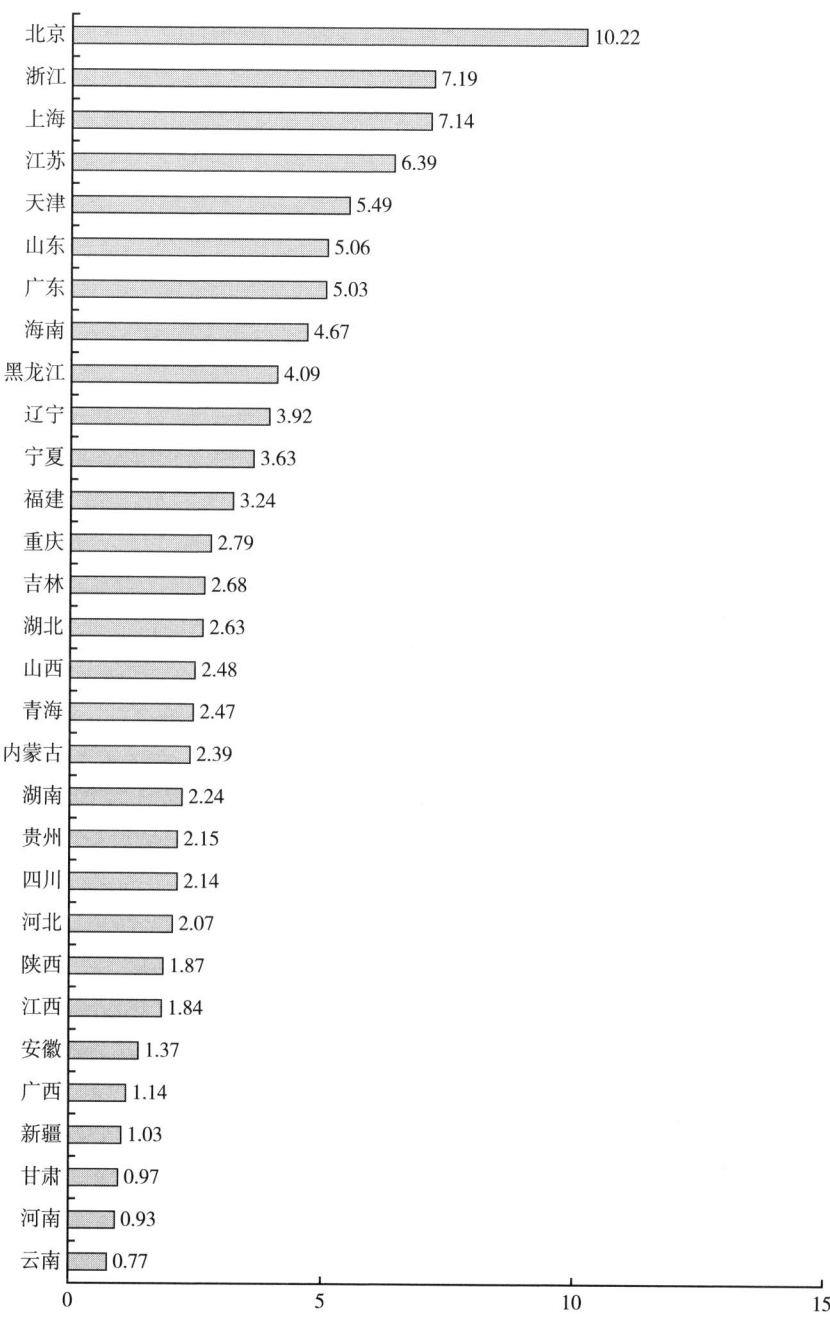

图27 30个省区市2016年政府效率综合评分

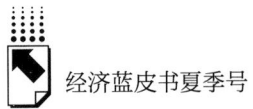

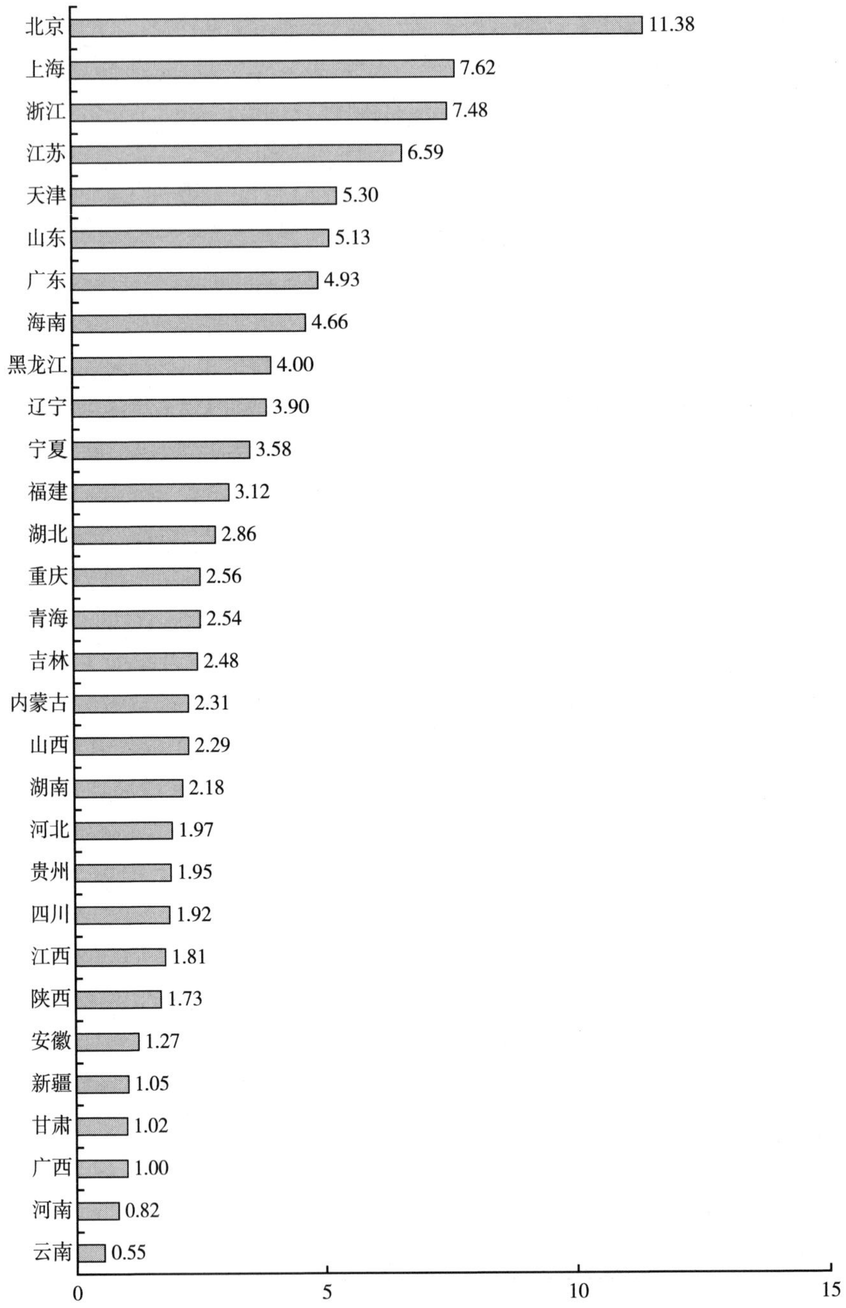

图28 30个省区市2015年政府效率综合评分

指数（以 1990 年为基期），分别见附录 1 的表 94 至表 97。30 个省区市 2018 年、2010 年以来、2000 年以来、1990 年以来以及 2017 年、2016 年、2015 年人民生活综合评分分别见图 29 至图 35。

30 个省区市以及东部、中部和西部地区与全国 1990~2018 年人民生活指数（以 1990 年为基期）见附录 1 的图 59。从图 59 可以看出，29 年来贵州省的人民生活指数改善最多，北京市的人民生活指数改善最少；西部地区人民生活指数改善优于中部地区和东部地区，中部地区人民生活指数改善优于东部地区。

6. 各省区市环境质量指数及排名情况

通过主成分分析法得出各省区市 1990~2018 年环境质量排名情况（按排名顺序）、各省区市 1990~2018 年环境质量排名情况、各省区市 1990~2018 年环境质量指数（上一年＝100）和各省区市 1990~2018 年环境质量指数（以 1990 年为基期），分别见附录 1 的表 98 至表 101。30 个省区市 2018 年、2010 年以来、2000 年以来、1990 年以来以及 2017 年、2016 年、2015 年环境质量综合评分分别见图 36 至图 42。

30 个省区市以及东部、中部和西部地区与全国 1990~2018 年环境质量指数（以 1990 年为基期）见附录 1 的图 60。从图 60 可以看出，29 年来北京市的环境质量指数改善最多，河南省的环境质量指数改善最少；东部地区环境质量指数改善优于中部地区和西部地区，中部地区环境质量指数改善优于西部地区。按四个板块（东部地区、东北地区、中部地区、西部地区）划分，29 年来环境质量指数改善的顺序为东部地区＞中部地区＞西部地区＞东北地区，分别改善了 98.09%、62.03%、54.57%、41.38%。

按发展前景五个等级划分，29 年来环境质量指数改善的顺序为一级地区＞二级地区＞四级地区＞五级地区＞三级地区，分别改善了 126.75%、70.84%、69.81%、52.71%、51.15%。

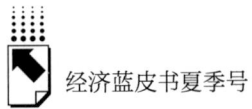

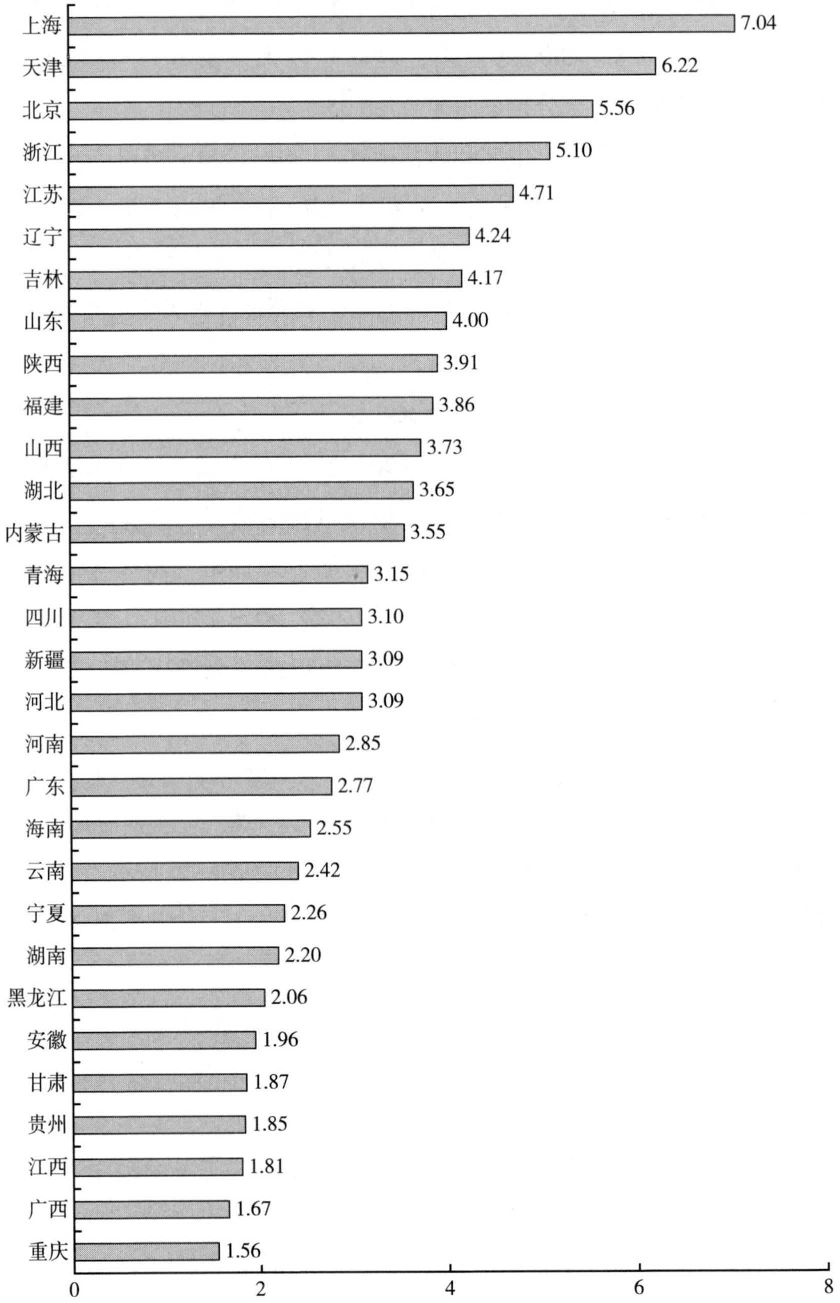

图29 30个省区市2018年人民生活综合评分

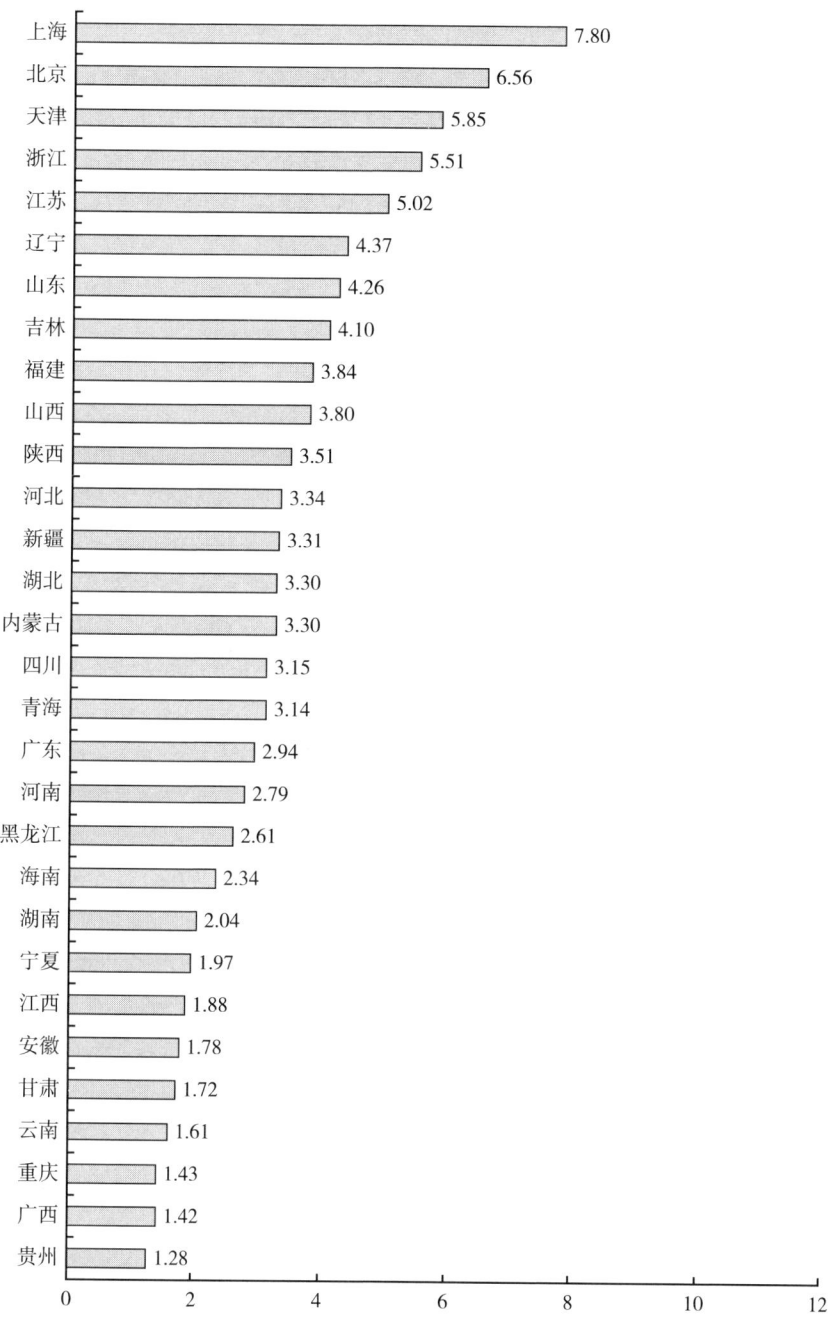

图30　30个省区市2010年以来人民生活综合评分

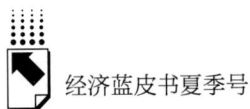

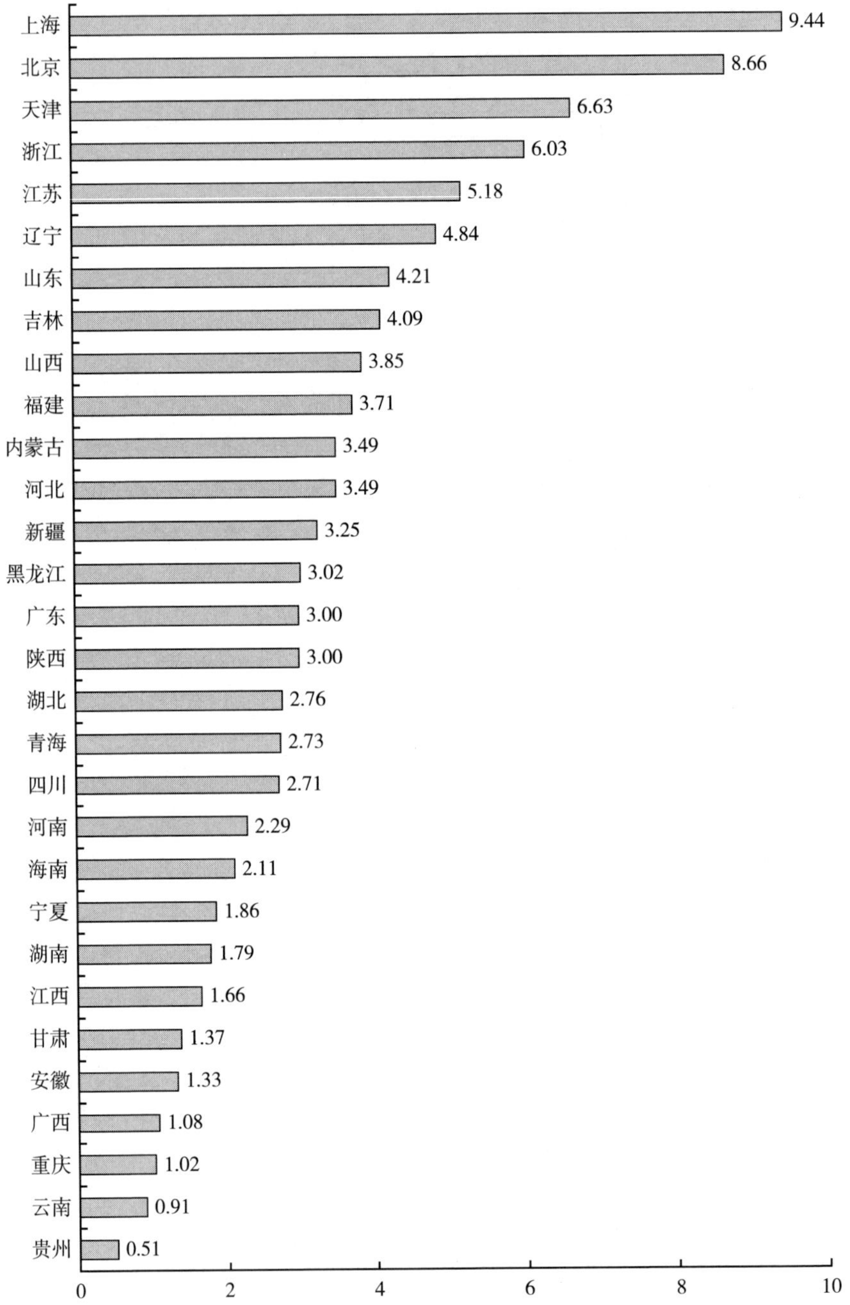

省区市	评分
上海	9.44
北京	8.66
天津	6.63
浙江	6.03
江苏	5.18
辽宁	4.84
山东	4.21
吉林	4.09
山西	3.85
福建	3.71
内蒙古	3.49
河北	3.49
新疆	3.25
黑龙江	3.02
广东	3.00
陕西	3.00
湖北	2.76
青海	2.73
四川	2.71
河南	2.29
海南	2.11
宁夏	1.86
湖南	1.79
江西	1.66
甘肃	1.37
安徽	1.33
广西	1.08
重庆	1.02
云南	0.91
贵州	0.51

图 31 30 个省区市 2000 年以来人民生活综合评分

1990~2018年中国各省区市发展前景评价

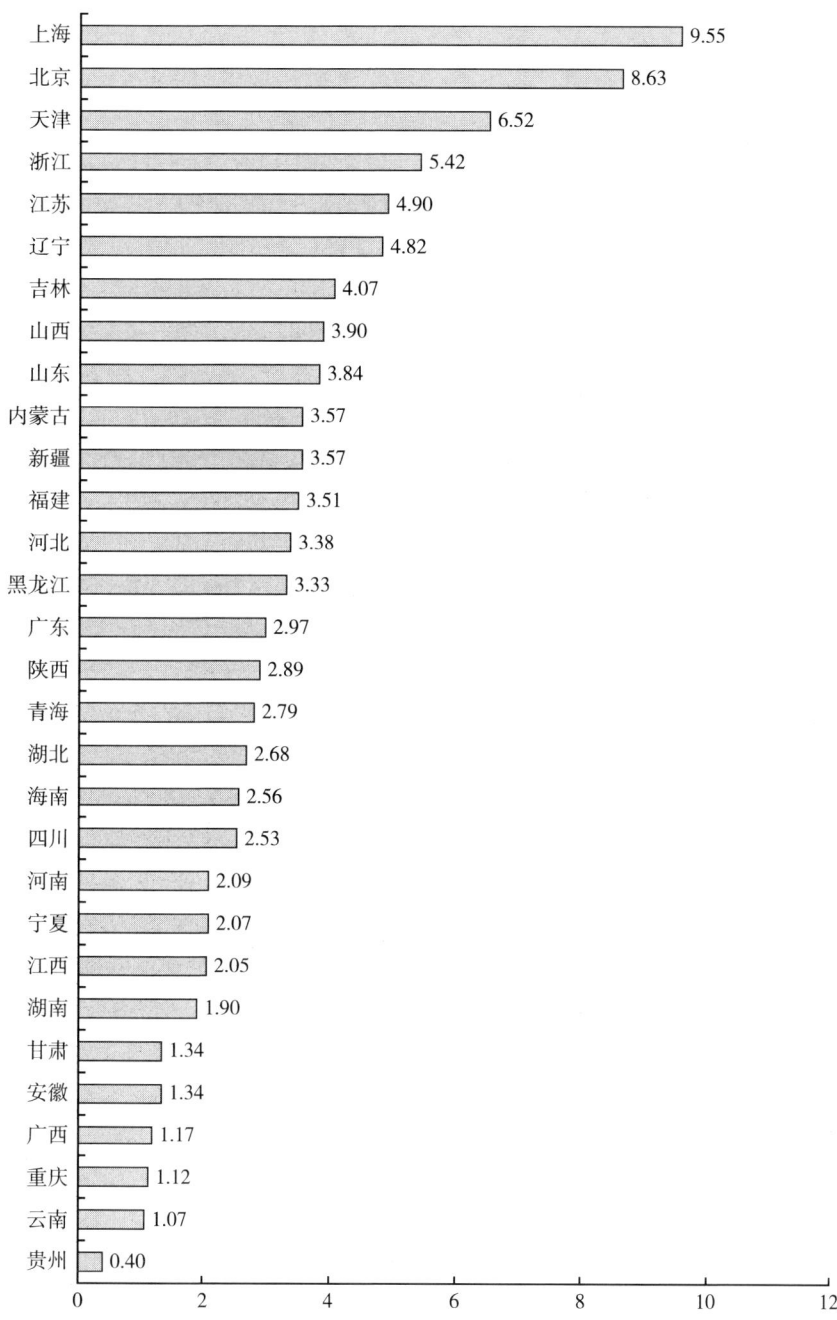

图32 30个省区市1990年以来人民生活综合评分

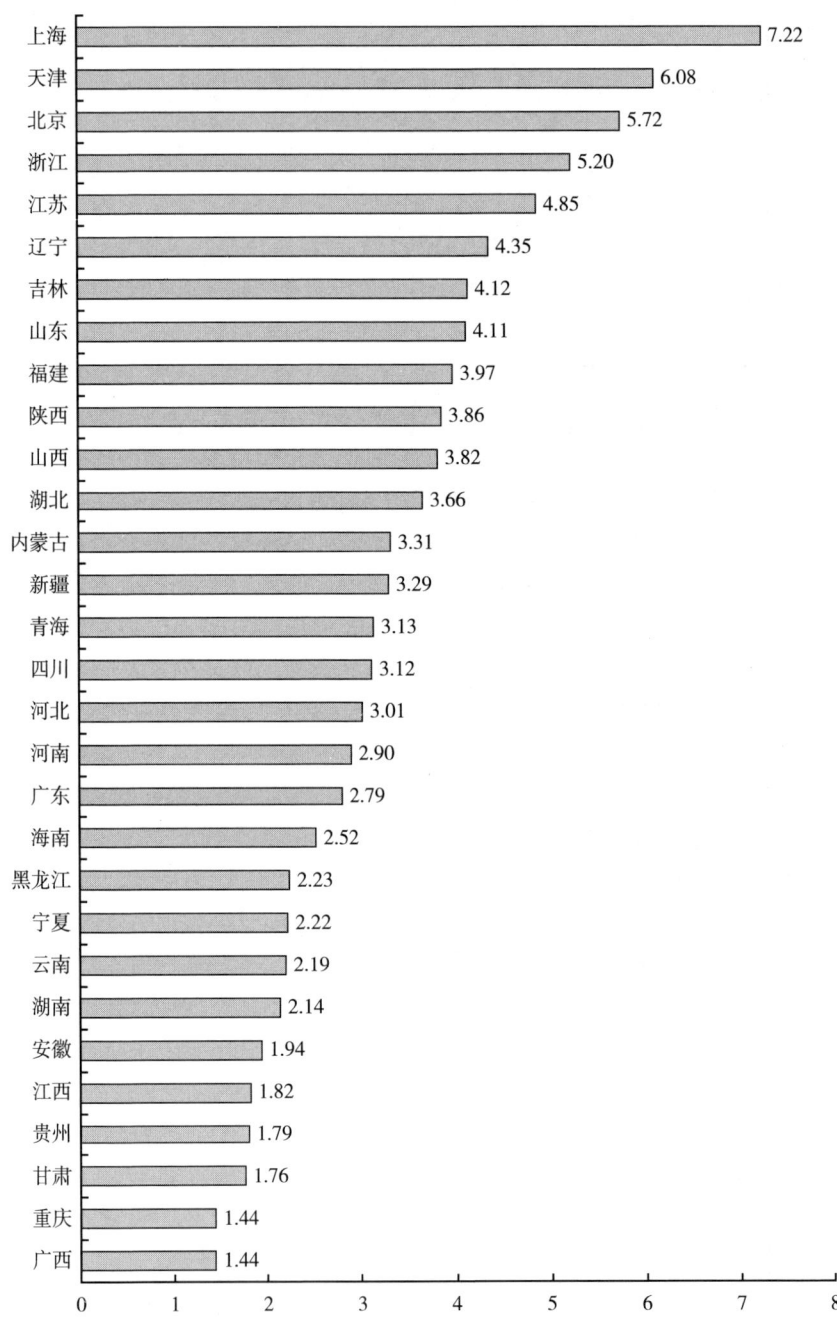

图33　30个省区市2017年人民生活综合评分

1990~2018年中国各省区市发展前景评价

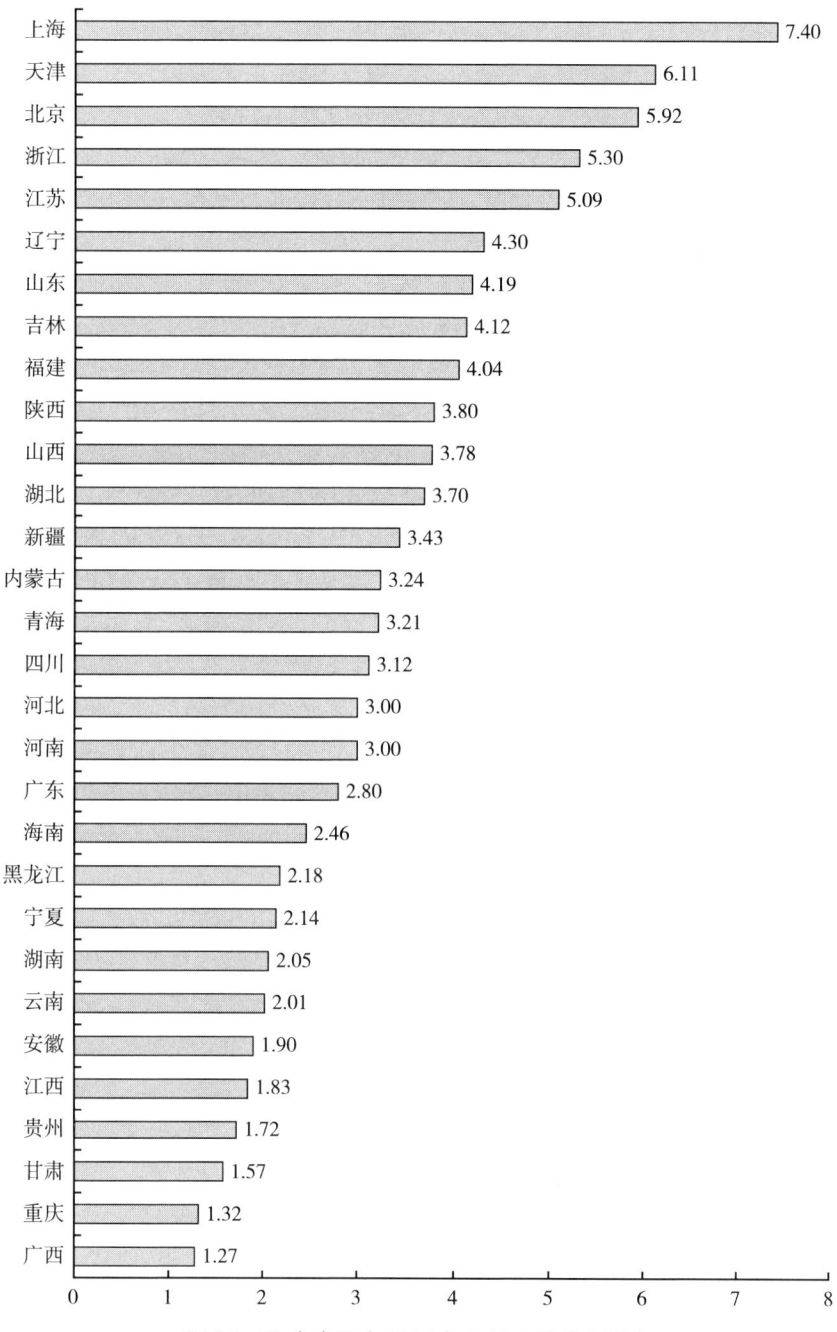

图34 30个省区市2016年人民生活综合评分

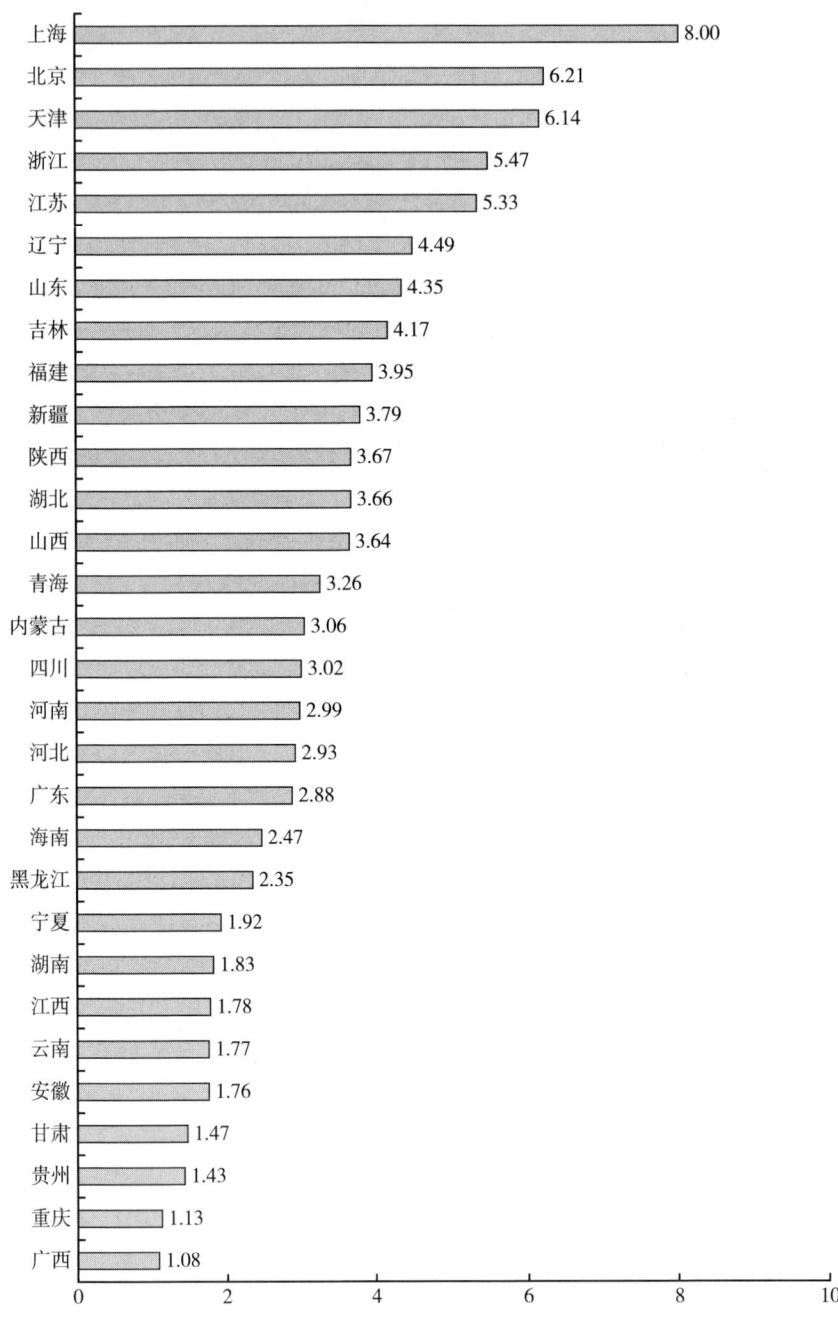

图35 30个省区市2015年人民生活综合评分

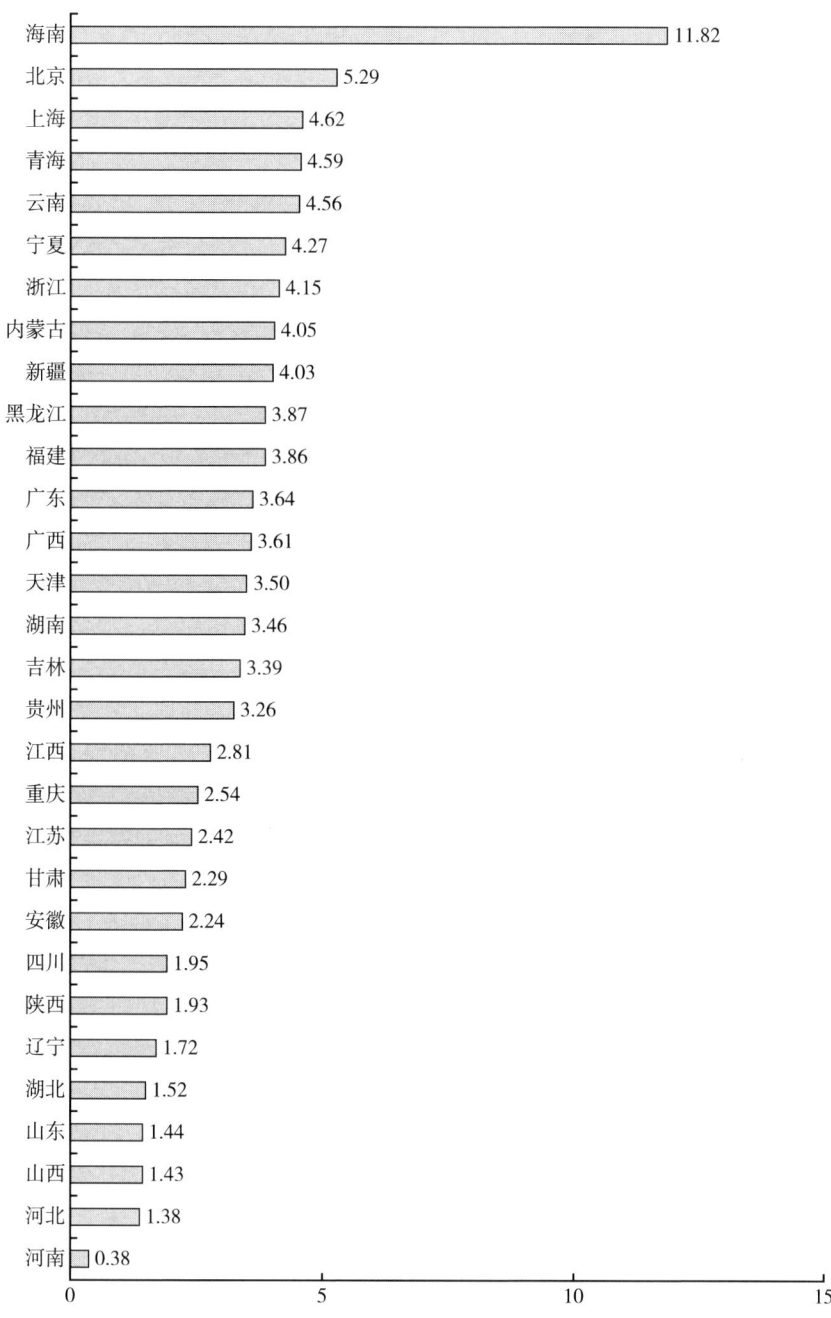

图36 30个省区市2018年环境质量综合评分

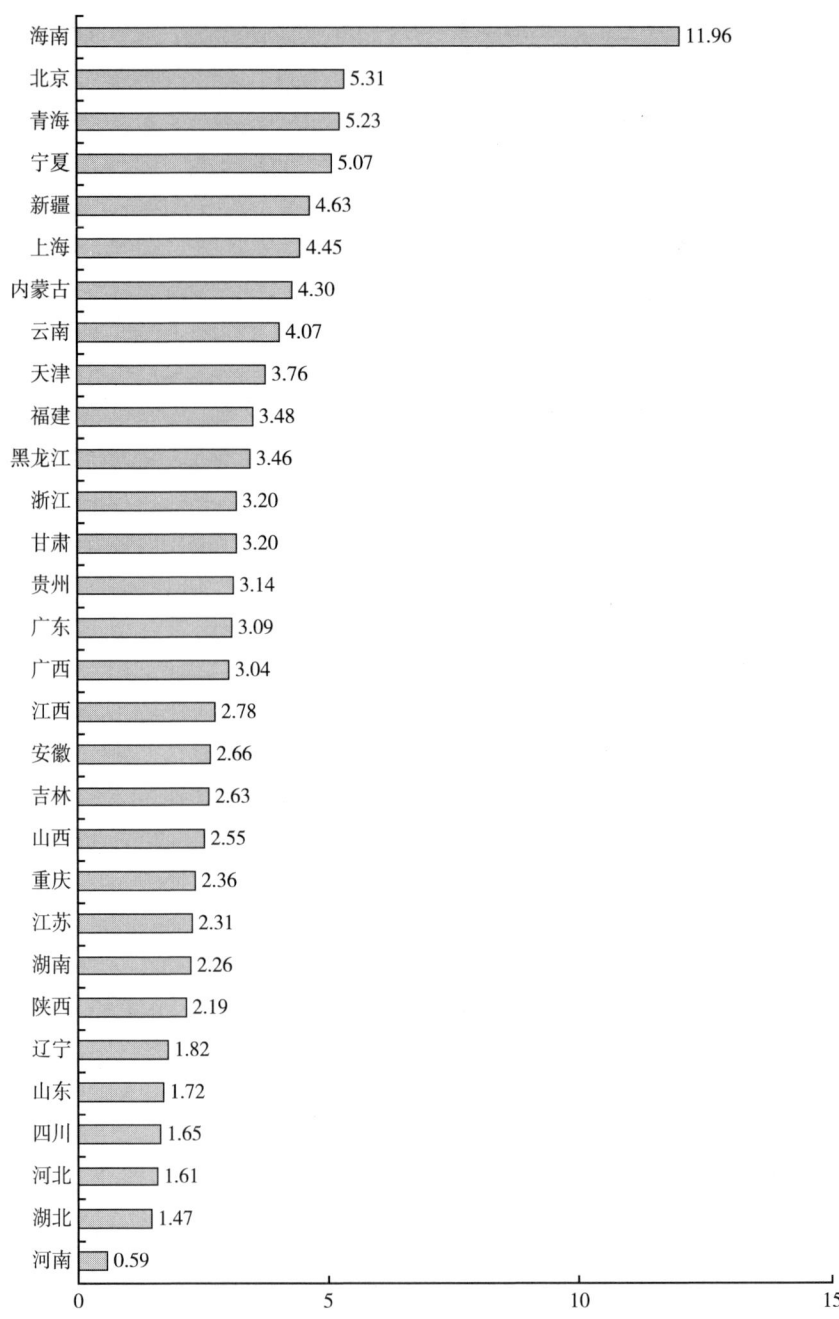

图37 30个省区市2010年以来环境质量综合评分

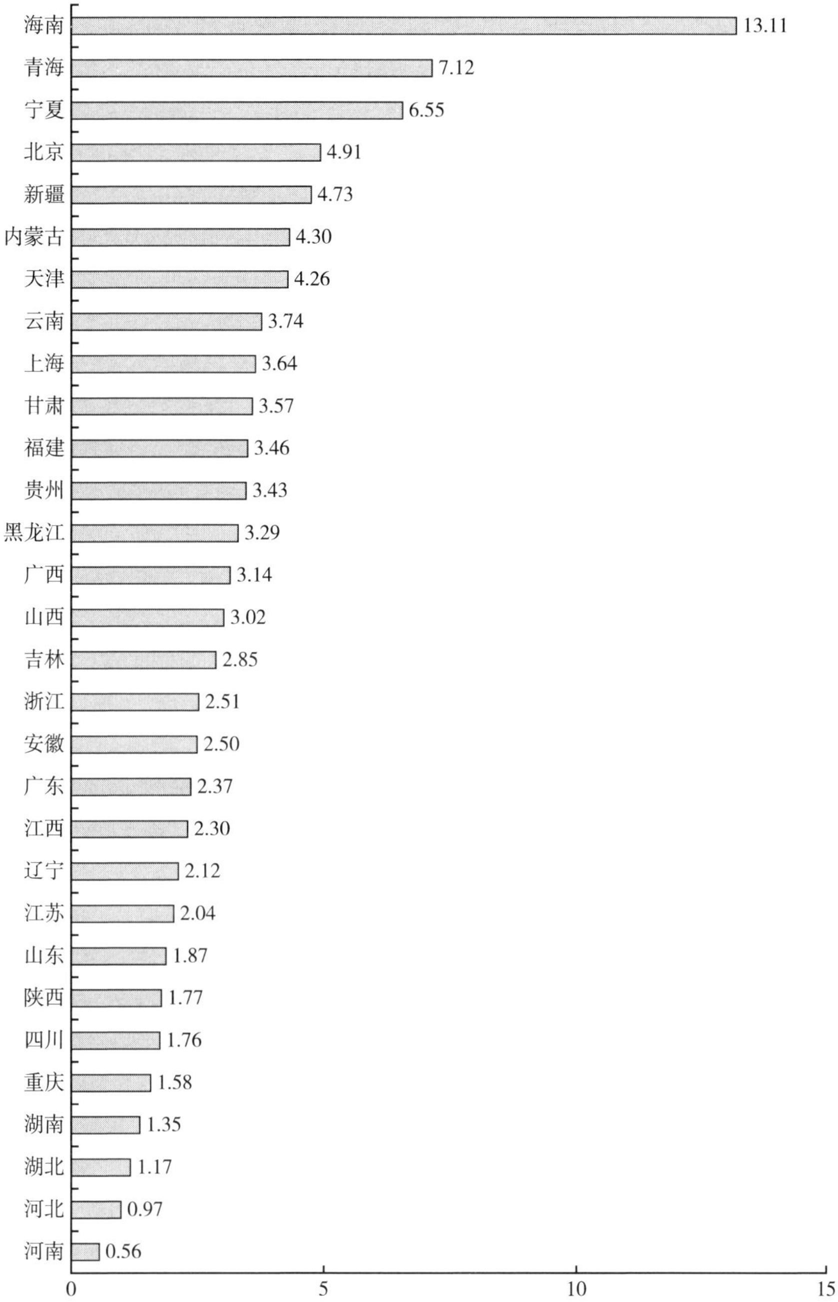

1990~2018年中国各省区市发展前景评价

省区市	评分
海南	13.11
青海	7.12
宁夏	6.55
北京	4.91
新疆	4.73
内蒙古	4.30
天津	4.26
云南	3.74
上海	3.64
甘肃	3.57
福建	3.46
贵州	3.43
黑龙江	3.29
广西	3.14
山西	3.02
吉林	2.85
浙江	2.51
安徽	2.50
广东	2.37
江西	2.30
辽宁	2.12
江苏	2.04
山东	1.87
陕西	1.77
四川	1.76
重庆	1.58
湖南	1.35
湖北	1.17
河北	0.97
河南	0.56

图38 30个省区市2000年以来环境质量综合评分

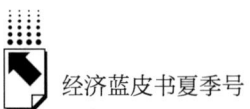

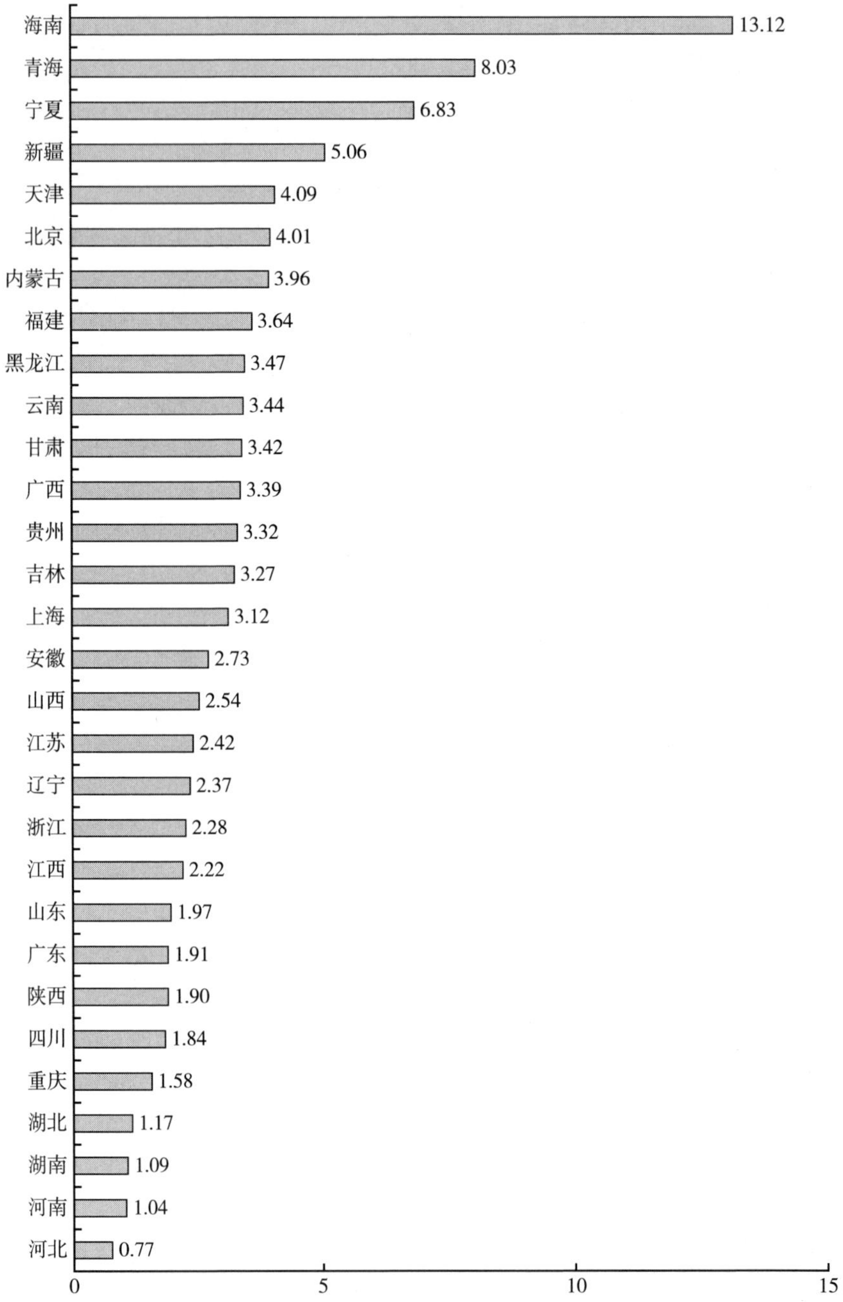

图39 30个省区市1990年以来环境质量综合评分

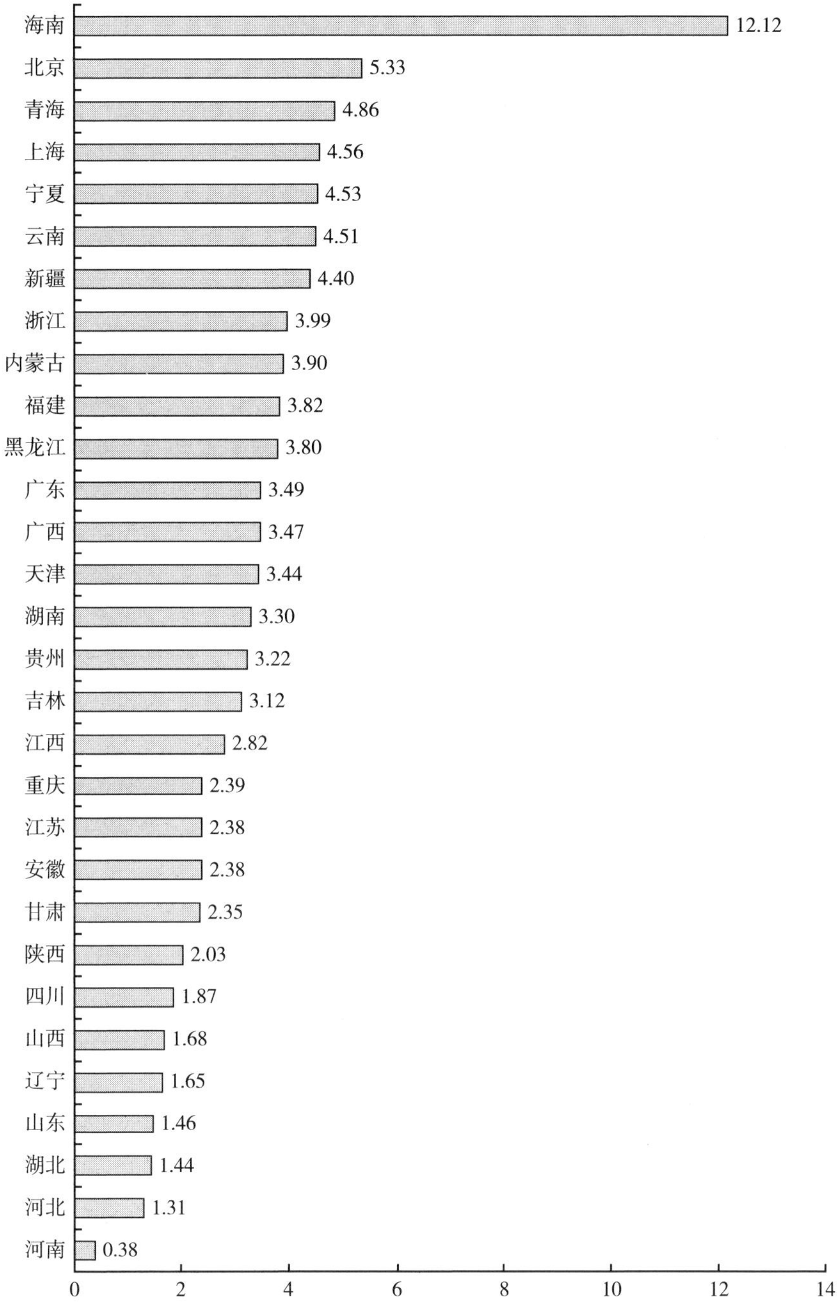

图40 30个省区市2017年环境质量综合评分

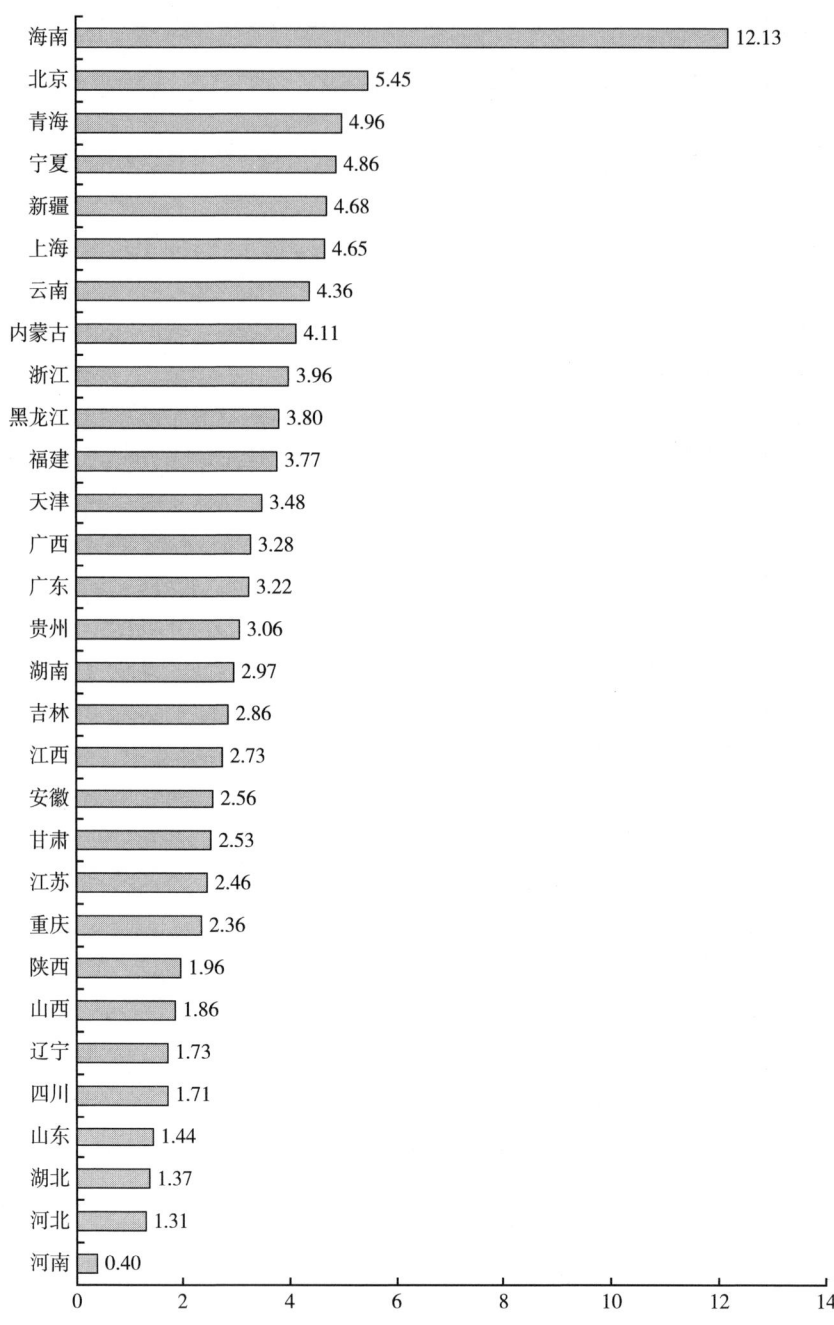

图41　30个省区市2016年环境质量综合评分

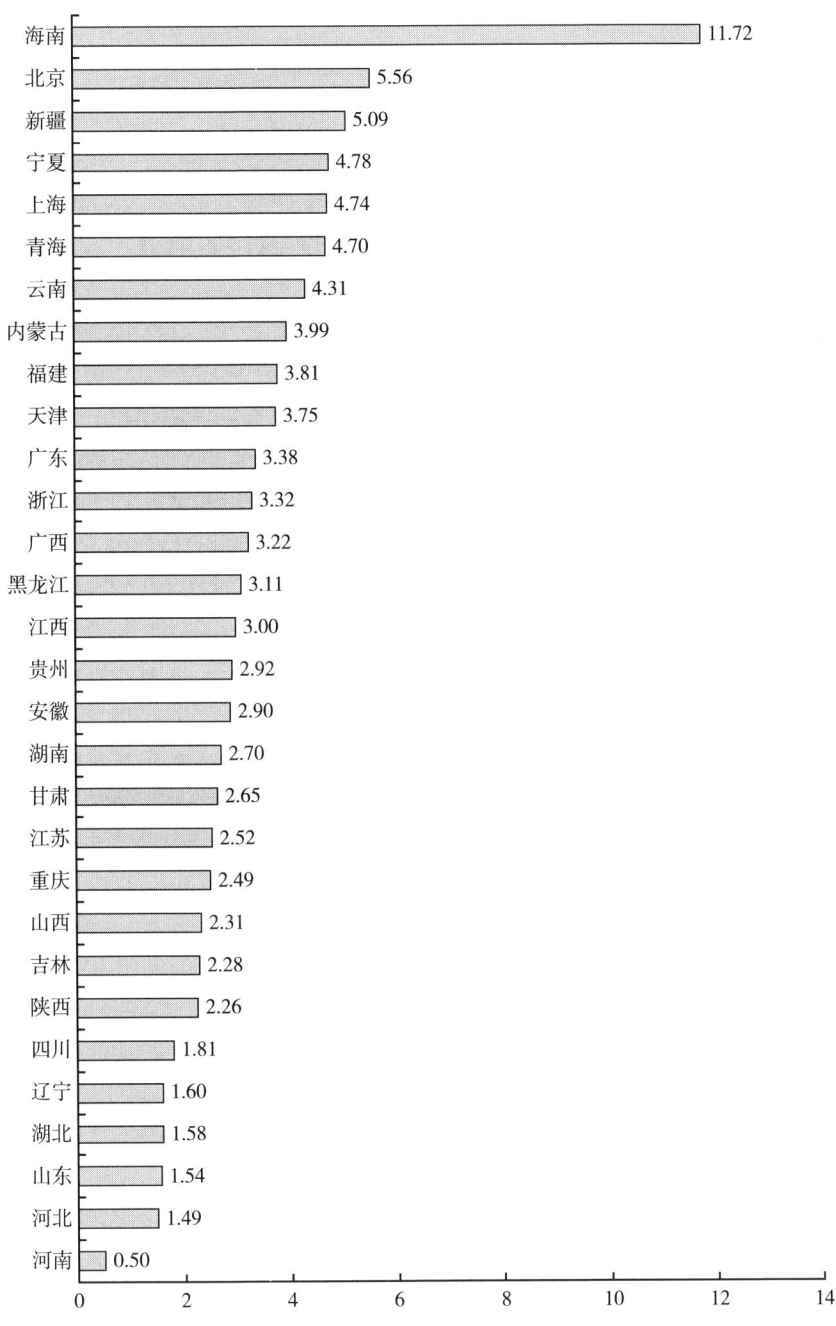

图42 30个省区市2015年环境质量综合评分

三 中国各省区市"十三五"发展前景与一级指标指数及排名

(一)各省区市"十三五"发展前景指数及排名情况

各省区市"十三五"发展前景及一级指标排名情况见表14。从表14可以看出各省区市"十三五"开局三年发展前景综合排名以及经济增长、增长潜力、政府效率、人民生活和环境质量各一级指标的排名情况。

表14 各省区市"十三五"发展前景及一级指标排名情况

地区	发展前景	经济增长	增长潜力	政府效率	人民生活	环境质量	地区	发展前景	经济增长	增长潜力	政府效率	人民生活	环境质量
北京	4	7	5	1	3	2	河南	23	15	27	29	18	30
天津	7	3	16	5	2	12	湖北	14	11	20	17	12	28
河北	19	16	22	23	17	29	湖南	18	21	17	21	24	15
山西	20	22	28	15	11	26	广东	5	2	4	7	19	14
内蒙古	10	10	7	19	13	9	广西	28	24	26	26	29	13
辽宁	9	25	13	10	6	25	海南	17	30	11	8	20	1
吉林	11	14	12	13	7	17	重庆	22	19	24	14	30	19
黑龙江	12	17	14	9	23	10	四川	16	13	15	18	16	24
上海	1	1	1	2	1	4	贵州	30	29	30	20	27	16
江苏	2	5	2	4	5	20	云南	29	28	23	30	21	6
浙江	3	4	3	3	4	8	陕西	13	8	21	22	10	23
安徽	15	12	18	25	25	22	甘肃	27	20	29	28	28	21
福建	8	6	6	12	9	11	青海	25	27	10	16	15	3
江西	21	23	19	24	26	18	宁夏	24	26	25	11	22	5
山东	6	9	9	6	8	27	新疆	26	18	8	27	14	7

和"十二五"相比,"十三五"发展前景方面共有8个省份排名上升:上升了4名的省份有1个,陕西省从第17名上升到第13名;上升了3名的省份有4个,安徽省从第18名上升到第15名,江西省从第24名上升到第21名,内蒙古自治区从第13名上升到第10名,四川省从第19名上升到第

16 名；上升了 2 名的省份有 1 个，湖南省从第 20 名上升到第 18 名；上升了 1 名的省份有 2 个，重庆市从第 23 名上升到第 22 名，青海省从第 26 名上升到第 25 名。

共有 8 个省份排名下降：下降了 6 名的省份有 1 个，山西省从第 14 名下降到第 20 名；下降了 3 名的省份有 2 个，湖北省从第 11 名下降到第 14 名，河北省从第 16 名下降到第 19 名；下降了 2 名的省份有 3 个，宁夏回族自治区从第 22 名下降到第 24 名，河南省从第 21 名下降到第 23 名，海南省从第 15 名下降到第 17 名；下降了 1 名的省份有 2 个，新疆维吾尔自治区从第 25 名下降到第 26 名，吉林省从第 10 名下降到第 11 名。

共有 14 个省份排名不变（见表 15 和表 16）。

表15 各省区市"十三五"发展前景排名变化总体情况

发展前景	省区市
排名上升(共8个)	陕西省(+4)、安徽省(+3)、江西省(+3)、内蒙古自治区(+3)、四川省(+3)、湖南省(+2)、重庆市(+1)、青海省(+1)
排名不变(共14个)	北京市、天津市、辽宁省、黑龙江省、上海市、江苏省、浙江省、福建省、山东省、广东省、广西壮族自治区、贵州省、云南省、甘肃省
排名下降(共8个)	吉林省(-1)、新疆维吾尔自治区(-1)、海南省(-2)、河南省(-2)、宁夏回族自治区(-2)、河北省(-3)、湖北省(-3)、山西省(-6)

表16 各省区市"十三五"发展前景排名变化

地区	"十三五"	"十二五"	变化	地区	"十三五"	"十二五"	变化	地区	"十三五"	"十二五"	变化
北京	4	4	0	浙江	3	3	0	海南	17	15	-2
天津	7	7	0	安徽	15	18	3	重庆	22	23	1
河北	19	16	-3	福建	8	8	0	四川	16	19	3
山西	20	14	-6	江西	21	24	3	贵州	30	30	0
内蒙古	10	13	3	山东	6	6	0	云南	29	29	0
辽宁	9	9	0	河南	23	21	-2	陕西	13	17	4
吉林	11	10	-1	湖北	14	11	-3	甘肃	27	27	0
黑龙江	12	12	0	湖南	18	20	2	青海	25	26	1
上海	1	1	0	广东	5	5	0	宁夏	24	22	-2
江苏	2	2	0	广西	28	28	0	新疆	26	25	-1

"八五"至"十三五"平均发展前景指数见表17。

表17 "八五"至"十三五"平均发展前景指数

地区	"八五"	"九五"	"十五"	"十一五"	"十二五"	"十三五"
北京	99.7	100.0	101.3	106.4	101.9	103.6
天津	102.3	100.2	103.0	103.3	100.5	104.7
河北	103.9	101.1	103.1	105.4	98.0	105.5
山西	103.6	102.2	104.2	106.3	96.6	106.4
内蒙古	101.8	98.6	104.9	107.1	101.3	104.9
辽宁	104.6	100.4	101.6	104.0	99.7	101.2
吉林	102.0	102.2	98.3	106.0	101.4	104.2
黑龙江	99.8	99.4	100.6	105.1	99.2	106.1
上海	98.8	100.7	101.7	107.2	102.8	105.2
江苏	99.3	101.0	102.9	107.9	105.0	104.7
浙江	103.2	101.4	105.3	108.8	103.0	105.6
安徽	99.8	100.3	100.9	109.0	103.2	107.1
福建	104.5	100.6	106.1	106.1	102.7	106.2
江西	102.0	95.3	107.0	109.2	102.7	105.9
山东	103.7	101.3	101.7	108.1	104.5	105.4
河南	107.4	100.4	103.2	105.6	101.9	103.8
湖北	100.7	101.3	103.9	106.3	99.6	103.6
湖南	105.8	99.9	104.7	109.6	100.8	107.6
广东	103.3	101.4	105.4	109.2	103.2	105.1
广西	102.8	104.8	102.9	110.5	99.6	106.4
海南	103.2	101.6	100.6	110.9	100.3	104.0
重庆	97.6	102.0	103.1	111.8	103.1	103.8
四川	106.8	98.9	107.6	107.1	99.9	105.8
贵州	103.7	98.7	105.3	106.6	101.5	106.5
云南	102.2	102.5	99.1	108.7	100.3	106.8
陕西	104.4	99.3	104.0	111.0	99.6	107.2
甘肃	103.9	97.1	103.2	108.4	100.7	105.0
青海	102.2	101.6	107.7	108.7	101.6	106.0
宁夏	105.5	100.2	103.4	109.0	100.1	104.8
新疆	98.4	97.9	102.4	105.9	101.5	105.7

（二）各省区市"十三五"经济增长指数及排名情况

和"十二五"相比，"十三五"经济增长方面共有14个省份排名上升：上升了7名的省份有1个，黑龙江省从第24名上升到第17名；上升了6名的省份有1个，河北省从第22名上升到第16名；上升了4名的省份有2个，广西壮族自治区从第28名上升到第24名，四川省从第17名上升到第13名；上升了3名的省份有2个，湖北省从第14名上升到第11名，甘肃省从第23名上升到第20名；上升了2名的省份有2个，天津市从第5名上升到第3名，陕西省从第10名上升到第8名；上升了1名的省份有6个，宁夏回族自治区从第27名上升到第26名，吉林省从第15名上升到第14名，新疆维吾尔自治区从第19名上升到第18名，上海市从第2名上升到第1名，贵州省从第30名上升到第29名，云南省从第29名上升到第28名。

共有12个省份排名下降：下降了12名的省份有1个，辽宁省从第13名下降到第25名；下降了5名的省份有2个，江西省从第18名下降到第23名，海南省从第25名下降到第30名；下降了4名的省份有1个，河南省从第11名下降到第15名；下降了3名的省份有1个，重庆市从第16名下降到第19名；下降了2名的省份有1个，山西省从第20名下降到第22名；下降了1名的省份有6个，青海省从第26名下降到第27名，山东省从第8名下降到第9名，浙江省从第3名下降到第4名，江苏省从第4名下降到第5名，内蒙古自治区从第9名下降到第10名，广东省从第1名下降到第2名。

共有4个省份排名不变（见表18和表19）。

表18 各省区市"十三五"经济增长排名变化总体情况

经济增长	省区市
排名上升(共14个)	黑龙江省(+7)、河北省(+6)、广西壮族自治区(+4)、四川省(+4)、湖北省(+3)、甘肃省(+3)、天津市(+2)、陕西省(+2)、宁夏回族自治区(+1)、吉林省(+1)、新疆维吾尔自治区(+1)、上海市(+1)、贵州省(+1)、云南省(+1)

续表

经济增长	省区市
排名不变(共4个)	湖南省、北京市、安徽省、福建省
排名下降(共12个)	广东省(-1)、内蒙古自治区(-1)、江苏省(-1)、浙江省(-1)、山东省(-1)、青海省(-1)、山西省(-2)、重庆市(-3)、河南省(-4)、海南省(-5)、江西省(-5)、辽宁省(-12)

表19 各省区市"十三五"经济增长排名变化

地区	"十三五"	"十二五"	变化	地区	"十三五"	"十二五"	变化	地区	"十三五"	"十二五"	变化
北京	7	7	0	浙江	4	3	-1	海南	30	25	-5
天津	3	5	2	安徽	12	12	0	重庆	19	16	-3
河北	16	22	6	福建	6	6	0	四川	13	17	4
山西	22	20	-2	江西	23	18	-5	贵州	29	30	1
内蒙古	10	9	-1	山东	9	8	-1	云南	28	29	1
辽宁	25	13	-12	河南	15	11	-4	陕西	8	10	2
吉林	14	15	1	湖北	11	14	3	甘肃	20	23	3
黑龙江	17	24	7	湖南	21	21	0	青海	27	26	-1
上海	1	2	1	广东	2	1	-1	宁夏	26	27	1
江苏	5	4	-1	广西	24	28	4	新疆	18	19	1

"八五"至"十三五"平均经济增长指数见表20。

表20 "八五"至"十三五"平均经济增长指数

地区	"八五"	"九五"	"十五"	"十一五"	"十二五"	"十三五"
北京	100.5	97.7	100.0	101.4	103.1	101.6
天津	110.7	98.6	102.6	101.9	100.5	101.8
河北	100.7	100.1	102.4	97.9	98.4	110.0
山西	101.5	97.9	104.5	98.9	96.7	109.2
内蒙古	108.3	100.6	103.7	101.1	102.9	102.0
辽宁	103.4	103.7	100.4	100.6	96.8	98.6
吉林	112.0	98.2	102.6	100.3	100.4	99.0
黑龙江	101.0	100.8	101.9	98.1	100.2	104.7
上海	101.9	99.2	101.6	103.5	103.8	103.0
江苏	106.4	101.1	100.8	100.7	100.7	101.1
浙江	99.4	100.2	100.9	102.8	101.4	102.7

续表

地区	"八五"	"九五"	"十五"	"十一五"	"十二五"	"十三五"
安 徽	107.6	98.7	98.2	102.8	103.4	101.8
福 建	102.4	99.3	102.9	101.6	101.3	103.0
江 西	101.0	102.0	99.5	102.3	99.6	98.5
山 东	106.4	100.7	101.9	101.1	99.5	101.6
河 南	104.4	98.2	102.1	100.1	101.1	100.0
湖 北	100.1	100.0	102.0	101.9	99.7	102.0
湖 南	102.3	99.4	101.8	102.0	99.7	101.6
广 东	107.4	100.8	103.4	102.2	102.3	100.9
广 西	109.4	101.1	98.8	105.3	99.8	100.2
海 南	99.6	103.1	103.5	99.8	99.3	94.4
重 庆	104.6	97.2	99.6	106.5	100.6	99.2
四 川	107.9	97.7	104.6	104.1	100.5	106.0
贵 州	99.8	99.6	100.3	99.7	99.8	103.1
云 南	105.3	99.2	97.7	102.7	99.8	101.9
陕 西	101.7	102.9	99.8	102.1	99.5	104.9
甘 肃	104.1	100.2	101.5	98.4	101.8	101.9
青 海	101.3	99.6	103.4	98.7	100.1	102.9
宁 夏	105.3	99.7	103.3	100.2	100.5	99.4
新 疆	99.0	101.3	102.6	99.7	98.9	107.5

（三）各省区市"十三五"增长潜力指数及排名情况

和"十二五"相比，"十三五"增长潜力方面共有13个省份排名上升：上升了9名的省份有1个，福建省从第15名上升到第6名；上升了7名的省份有1个，湖南省从第24名上升到第17名；上升了6名的省份有1个，河北省从第28名上升到第22名；上升了4名的省份有2个，内蒙古自治区从第11名上升到第7名，新疆维吾尔自治区从第12名上升到第8名；上升了3名的省份有1个，青海省从第13名上升到第10名；上升了2名的省份有4个，吉林省从第14名上升到第12名，浙江省从第5名上升到第3名，江西省从第21名上升到第19名，河南省从第29名上升到第27名；上升了1名的省份有3个，宁夏回族自治区从第26名上升到第25名，江苏省从第3名上升到第2名，四川省从第16名上升到第15名。

共有14个省份排名下降：下降了10名的省份有1个，天津市从第6名下降到第16名；下降了5名的省份有1个，黑龙江省从第9名下降到第14名；下降了4名的省份有3个，重庆市从第20名下降到第24名，甘肃省从第25名下降到第29名，海南省从第7名下降到第11名；下降了3名的省份有4个，陕西省从第18名下降到第21名，辽宁省从第10名下降到第13名，广西壮族自治区从第23名下降到第26名，北京市从第2名下降到第5名；下降了1名的省份有5个，山东省从第8名下降到第9名，云南省从第22名下降到第23名，山西省从第27名下降到第28名，湖北省从第19名下降到第20名，安徽省从第17名下降到第18名。

共有3个省份排名不变（见表21和表22）。

表21　各省区市"十三五"增长潜力排名变化总体情况

增长潜力	省区市
排名上升（共13个）	福建省（+9）、湖南省（+7）、河北省（+6）、内蒙古自治区（+4）、新疆维吾尔自治区（+4）、青海省（+3）、吉林省（+2）、浙江省（+2）、江西省（+2）、河南省（+2）、宁夏回族自治区（+1）、江苏省（+1）、四川省（+1）
排名不变（共3个）	上海市、广东省、贵州省
排名下降（共14个）	安徽省（-1）、湖北省（-1）、山西省（-1）、云南省（-1）、山东省（-1）、北京市（-3）、广西壮族自治区（-3）、辽宁省（-3）、陕西省（-3）、海南省（-4）、甘肃省（-4）、重庆市（-4）、黑龙江省（-5）、天津市（-10）

表22　各省区市"十三五"增长潜力排名变化

地区	"十三五"	"十二五"	变化	地区	"十三五"	"十二五"	变化	地区	"十三五"	"十二五"	变化
北京	5	2	-3	浙江	3	5	2	海南	11	7	-4
天津	16	6	-10	安徽	18	17	-1	重庆	24	20	-4
河北	22	28	6	福建	6	15	9	四川	15	16	1
山西	28	27	-1	江西	19	21	2	贵州	30	30	0
内蒙古	7	11	4	山东	9	8	-1	云南	23	22	-1
辽宁	13	10	-3	河南	27	29	2	陕西	21	18	-3
吉林	12	14	2	湖北	20	19	-1	甘肃	29	25	-4
黑龙江	14	9	-5	湖南	17	24	7	青海	10	13	3
上海	1	1	0	广东	4	4	0	宁夏	25	26	1
江苏	2	3	1	广西	26	23	-3	新疆	8	12	4

"八五"至"十三五"平均增长潜力指数见表23。

表23 "八五"至"十三五"平均增长潜力指数

地区	"八五"	"九五"	"十五"	"十一五"	"十二五"	"十三五"
北京	100.8	102.2	103.6	105.0	100.1	103.3
天津	103.9	103.1	103.9	103.4	98.6	91.4
河北	106.6	100.5	106.0	100.8	99.2	106.2
山西	105.9	105.1	104.0	102.1	98.6	107.5
内蒙古	105.0	103.7	104.3	105.1	99.2	103.8
辽宁	104.9	101.1	103.9	101.7	101.0	100.5
吉林	103.0	104.3	100.4	103.0	100.9	104.5
黑龙江	100.1	102.5	103.8	104.6	98.1	100.6
上海	97.5	103.2	103.0	109.4	102.5	103.9
江苏	99.9	101.8	104.5	104.4	104.2	105.9
浙江	102.1	102.4	104.4	106.3	102.7	106.4
安徽	110.8	101.2	102.9	104.6	99.5	107.3
福建	101.1	102.5	106.8	101.7	101.1	107.4
江西	104.9	103.5	103.8	102.9	101.4	107.4
山东	104.4	102.3	102.9	105.7	99.1	103.7
河南	104.8	102.6	104.4	101.1	101.1	106.4
湖北	103.0	102.2	105.7	100.6	99.2	104.6
湖南	104.4	102.2	103.7	101.1	101.1	109.2
广东	100.4	102.9	106.7	104.7	102.7	106.2
广西	101.6	102.5	104.2	101.5	98.6	104.5
海南	97.4	106.6	102.8	109.4	96.3	99.2
重庆	101.1	100.8	102.9	104.8	100.4	102.0
四川	100.8	103.6	104.2	102.2	99.9	104.2
贵州	101.7	101.3	106.1	101.3	100.8	104.4
云南	102.5	101.7	104.9	101.9	100.2	102.8
陕西	102.1	103.2	104.6	103.0	100.5	103.5
甘肃	100.9	102.7	104.2	100.7	98.8	101.0
青海	99.8	102.9	104.9	102.9	100.5	104.4
宁夏	108.4	102.8	104.7	103.4	100.4	103.7
新疆	99.4	102.8	104.3	104.2	98.8	103.1

（四）各省区市"十三五"政府效率指数及排名情况

和"十二五"相比，"十三五"政府效率方面共有10个省份排名上升：上升了5名的省份有1个，四川省从第23名上升到第18名；上升了4名的省份有1个，山西省从第19名上升到第15名；上升了3名的省份有2个，广西壮族自治区从第29名上升到第26名，重庆市从第17名上升到第14名；上升了2名的省份有3个，吉林省从第15名上升到第13名，贵州省从第22名上升到第20名，陕西省从第24名上升到第22名；上升了1名的省份有3个，黑龙江省从第10名上升到第9名，安徽省从第26名上升到第25名，山东省从第7名上升到第6名。

共有11个省份排名下降：下降了4名的省份有1个，江西省从第20名下降到第24名；下降了3名的省份有4个，青海省从第13名下降到第16名，湖南省从第18名下降到第21名，湖北省从第14名下降到第17名，内蒙古自治区从第16名下降到第19名；下降了2名的省份有2个，新疆维吾尔自治区从第25名下降到第27名，河北省从第21名下降到第23名；下降了1名的省份有4个，甘肃省从第27名下降到第28名，广东省从第6名下降到第7名，河南省从第28名下降到第29名，辽宁省从第9名下降到第10名。

共有9个省份排名不变（见表24和表25）。

表24　各省区市"十三五"政府效率排名变化总体情况

政府效率	省区市
排名上升(共10个)	四川省(+5)、山西省(+4)、广西壮族自治区(+3)、重庆市(+3)、吉林省(+2)、贵州省(+2)、陕西省(+2)、黑龙江省(+1)、安徽省(+1)、山东省(+1)
排名不变(共9个)	浙江省、北京市、天津市、江苏省、福建省、海南省、云南省、宁夏回族自治区、上海市
排名下降(共11个)	辽宁省(-1)、河南省(-1)、广东省(-1)、甘肃省(-1)、河北省(-2)、新疆维吾尔自治区(-2)、内蒙古自治区(-3)、湖北省(-3)、湖南省(-3)、青海省(-3)、江西省(-4)

表25 各省区市"十三五"政府效率排名变化

地区	"十三五"	"十二五"	变化	地区	"十三五"	"十二五"	变化	地区	"十三五"	"十二五"	变化
北京	1	1	0	浙江	3	3	0	海南	8	8	0
天津	5	5	0	安徽	25	26	1	重庆	14	17	3
河北	23	21	-2	福建	12	12	0	四川	18	23	5
山西	15	19	4	江西	24	20	-4	贵州	20	22	2
内蒙古	19	16	-3	山东	6	7	1	云南	30	30	0
辽宁	10	9	-1	河南	29	28	-1	陕西	22	24	2
吉林	13	15	2	湖北	17	14	-3	甘肃	28	27	-1
黑龙江	9	10	1	湖南	21	18	-3	青海	16	13	-3
上海	2	2	0	广东	7	6	-1	宁夏	11	11	0
江苏	4	4	0	广西	26	29	3	新疆	27	25	-2

"八五"至"十三五"平均政府效率指数见表26。

表26 "八五"至"十三五"平均政府效率指数

地区	"八五"	"九五"	"十五"	"十一五"	"十二五"	"十三五"
北京	100.2	98.6	104.3	113.7	106.0	101.6
天津	100.1	95.0	101.6	102.6	106.3	111.6
河北	99.5	98.8	100.6	105.9	107.1	103.3
山西	98.6	94.4	101.1	107.6	108.7	107.1
内蒙古	100.7	98.0	103.9	104.8	106.3	103.3
辽宁	99.6	100.4	105.0	103.5	104.0	104.9
吉林	100.6	100.4	97.2	109.3	108.5	110.4
黑龙江	100.6	98.3	99.2	106.6	107.1	109.4
上海	101.1	101.4	101.7	105.1	103.0	103.8
江苏	100.4	103.6	105.1	106.8	106.0	104.0
浙江	102.7	102.6	107.0	103.3	109.2	103.3
安徽	100.6	99.9	99.1	107.2	107.3	106.6
福建	101.4	99.2	107.9	106.3	110.3	109.2
江西	99.5	97.5	98.3	110.7	105.5	106.6
山东	98.2	100.9	103.4	108.4	108.9	110.4
河南	97.8	98.6	105.5	107.6	104.4	105.4
湖北	100.4	98.5	101.7	108.2	107.1	99.3
湖南	99.8	102.9	107.9	106.8	105.8	101.8

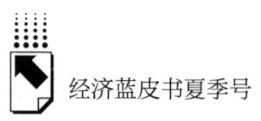

续表

地区	"八五"	"九五"	"十五"	"十一五"	"十二五"	"十三五"
广东	97.9	101.0	105.7	110.5	107.9	105.5
广西	100.8	96.3	103.1	110.7	106.1	105.1
海南	100.6	97.8	97.1	107.7	106.4	103.7
重庆	100.8	95.2	100.3	112.5	110.9	107.9
四川	102.5	96.3	105.1	106.1	110.4	110.0
贵州	101.0	101.8	95.8	109.9	110.6	107.5
云南	99.6	96.5	99.4	106.5	108.9	111.2
陕西	101.9	98.9	101.3	106.5	106.7	107.1
甘肃	98.2	96.0	96.3	108.1	105.9	105.1
青海	99.6	99.5	103.4	100.8	104.3	103.9
宁夏	100.3	95.5	101.2	110.6	108.8	105.1
新疆	100.8	97.4	105.3	103.1	102.2	105.3

（五）各省区市"十三五"人民生活指数及排名情况

和"十二五"相比，"十三五"人民生活方面共有13个省份排名上升：上升了8名的省份有1个，云南省从第29名上升到第21名；上升了5名的省份有1个，湖北省从第17名上升到第12名；上升了3名的省份有2个，贵州省从第30名上升到第27名，陕西省从第13名上升到第10名；上升了2名的省份有3个，宁夏回族自治区从第24名上升到第22名，天津市从第4名上升到第2名，河南省从第20名上升到第18名；上升了1名的省份有6个，辽宁省从第7名上升到第6名，安徽省从第26名上升到第25名，海南省从第21名上升到第20名，青海省从第16名上升到第15名，内蒙古自治区从第14名上升到第13名，吉林省从第8名上升到第7名。

共有14个省份排名下降：下降了6名的省份有1个，河北省从第11名下降到第17名；下降了4名的省份有2个，江西省从第22名下降到第26名，黑龙江省从第19名下降到第23名；下降了3名的省份有2个，甘肃省从第25名下降到第28名，重庆市从第27名下降到第30名；下降了

2名的省份有2个，新疆维吾尔自治区从第12名下降到第14名，山东省从第6名下降到第8名；下降了1名的省份有7个，广西壮族自治区从第28名下降到第29名，四川省从第15名下降到第16名，广东省从第18名下降到第19名，湖南省从第23名下降到第24名，浙江省从第3名下降到第4名，山西省从第10名下降到第11名，北京市从第2名下降到第3名。

共有3个省份排名不变（见表27和表28）。

表27　各省区市"十三五"人民生活排名变化总体情况

人民生活	省区市
排名上升（共13个）	云南省（+8）、湖北省（+5）、贵州省（+3）、陕西省（+3）、宁夏回族自治区（+2）、天津市（+2）、河南省（+2）、辽宁省（+1）、安徽省（+1）、海南省（+1）、青海省（+1）、内蒙古自治区（+1）、吉林省（+1）
排名不变（共3个）	上海市、江苏省、福建省
排名下降（共14个）	北京市（-1）、山西省（-1）、浙江省（-1）、湖南省（-1）、广东省（-1）、四川省（-1）、广西壮族自治区（-1）、山东省（-2）、新疆维吾尔自治区（-2）、重庆市（-3）、甘肃省（-3）、黑龙江省（-4）、江西省（-4）、河北省（-6）

表28　各省区市"十三五"人民生活排名变化

地区	"十三五"	"十二五"	变化	地区	"十三五"	"十二五"	变化	地区	"十三五"	"十二五"	变化
北京	3	2	-1	浙江	4	3	-1	海南	20	21	1
天津	2	4	2	安徽	25	26	1	重庆	30	27	-3
河北	17	11	-6	福建	9	9	0	四川	16	15	-1
山西	11	10	-1	江西	26	22	-4	贵州	27	30	3
内蒙古	13	14	1	山东	8	6	-2	云南	21	29	8
辽宁	6	7	1	河南	18	20	2	陕西	10	13	3
吉林	7	8	1	湖北	12	17	5	甘肃	28	25	-3
黑龙江	23	19	-4	湖南	24	23	-1	青海	15	16	1
上海	1	1	0	广东	19	18	-1	宁夏	22	24	2
江苏	5	5	0	广西	29	28	-1	新疆	14	12	-2

"八五"至"十三五"平均人民生活指数见表29。

表29 "八五"至"十三五"平均人民生活指数

地区	"八五"	"九五"	"十五"	"十一五"	"十二五"	"十三五"
北京	98.7	103.0	102.1	104.3	100.6	105.2
天津	98.1	104.0	101.4	104.5	106.6	108.2
河北	101.5	108.0	98.8	110.7	101.4	106.7
山西	99.1	101.3	101.0	111.2	102.7	106.9
内蒙古	99.7	104.5	100.8	107.9	102.7	108.7
辽宁	99.3	103.9	103.1	106.2	103.7	105.7
吉林	96.4	102.2	102.5	108.7	105.2	106.7
黑龙江	100.7	100.3	103.3	107.8	99.9	103.0
上海	98.1	100.2	102.8	104.3	104.2	105.2
江苏	98.5	103.6	103.0	107.1	106.4	104.6
浙江	97.8	107.2	103.9	107.4	103.6	105.9
安徽	95.1	106.0	104.7	110.7	104.0	105.7
福建	99.2	107.2	100.6	109.4	105.3	106.1
江西	98.1	101.3	101.3	109.4	103.6	104.5
山东	103.2	104.7	102.2	109.2	104.9	105.1
河南	99.8	106.0	102.5	112.3	105.0	104.9
湖北	95.7	102.7	103.7	110.2	107.1	106.3
湖南	97.9	108.3	101.2	110.0	102.8	107.1
广东	101.2	105.1	103.1	106.7	104.0	104.9
广西	98.4	107.8	102.3	109.8	102.6	108.0
海南	101.6	100.3	99.4	108.0	106.4	105.7
重庆	106.7	108.1	100.2	110.9	102.5	106.8
四川	102.5	105.2	102.6	111.8	103.8	106.2
贵州	95.0	108.2	109.0	109.5	106.9	107.1
云南	95.9	108.1	98.8	111.5	107.2	109.0
陕西	99.5	102.5	102.1	111.3	106.7	107.7
甘肃	101.5	107.1	103.9	109.9	102.5	107.0
青海	96.7	103.6	101.6	111.1	104.9	105.3
宁夏	99.1	104.4	102.8	107.3	103.8	106.9
新疆	94.5	102.1	103.4	107.2	106.2	102.5

(六)各省区市"十三五"环境质量指数及排名情况

和"十二五"相比,"十三五"环境质量方面共有12个省份排名上升:

上升了12名的省份有1个,湖南省从第27名上升到第15名;上升了9名的省份有1个,浙江省从第17名上升到第8名;上升了5名的省份有3个,吉林省从第22名上升到第17名,广东省从第19名上升到第14名,广西壮族自治区从第18名上升到第13名;上升了4名的省份有1个,四川省从第28名上升到第24名;上升了3名的省份有2个,上海市从第7名上升到第4名,云南省从第9名上升到第6名;上升了2名的省份有3个,北京市从第4名上升到第2名,黑龙江省从第12名上升到第10名,重庆市从第21名上升到第19名;上升了1名的省份有1个,湖北省从第29名上升到第28名。

共有12个省份排名下降:下降了12名的省份有1个,山西省从第14名下降到第26名;下降了11名的省份有1个,甘肃省从第10名下降到第21名;下降了7名的省份有1个,安徽省从第15名下降到第22名;下降了4名的省份有1个,天津市从第8名下降到第12名;下降了3名的省份有4个,河北省从第26名下降到第29名,贵州省从第13名下降到第16名,宁夏回族自治区从第2名下降到第5名,内蒙古自治区从第6名下降到第9名;下降了2名的省份有3个,山东省从第25名下降到第27名,江西省从第16名下降到第18名,新疆维吾尔自治区从第5名下降到第7名;下降了1名的省份有1个,辽宁省从第24名下降到第25名。

共有6个省份排名不变(见表30和表31)。

表30 各省区市"十三五"环境质量排名变化总体情况

环境质量	省区市
排名上升(共12个)	湖南省(+12)、浙江省(+9)、吉林省(+5)、广东省(+5)、广西壮族自治区(+5)、四川省(+4)、上海市(+3)、云南省(+3)、北京市(+2)、黑龙江省(+2)、重庆市(+2)、湖北省(+1)
排名不变(共6个)	福建省、河南省、青海省、海南省、陕西省、江苏省
排名下降(共12个)	辽宁省(-1)、新疆维吾尔自治区(-2)、江西省(-2)、山东省(-2)、内蒙古自治区(-3)、宁夏回族自治区(-3)、贵州省(-3)、河北省(-3)、天津市(-4)、安徽省(-7)、甘肃省(-11)、山西省(-12)

表31 各省区市"十三五"环境质量排名总体变化

地区	"十三五"	"十二五"	变化	地区	"十三五"	"十二五"	变化	地区	"十三五"	"十二五"	变化
北京	2	4	2	浙江	8	17	9	海南	1	1	0
天津	12	8	-4	安徽	22	15	-7	重庆	19	21	2
河北	29	26	-3	福建	11	11	0	四川	24	28	4
山西	26	14	-12	江西	18	16	-2	贵州	16	13	-3
内蒙古	9	6	-3	山东	27	25	-2	云南	6	9	3
辽宁	25	24	-1	河南	30	30	0	陕西	23	23	0
吉林	17	22	5	湖北	28	29	1	甘肃	21	10	-11
黑龙江	10	12	2	湖南	15	27	12	青海	3	3	0
上海	4	7	3	广东	14	19	5	宁夏	5	2	-3
江苏	20	20	0	广西	13	18	5	新疆	7	5	-2

"八五"至"十三五"平均环境质量指数见表32。

表32 "八五"至"十三五"平均环境质量指数

地区	"八五"	"九五"	"十五"	"十一五"	"十二五"	"十三五"
北京	101.1	107.3	106.9	103.7	103.6	104.9
天津	99.8	106.2	104.3	99.2	99.8	104.3
河北	102.5	100.7	108.3	101.6	99.0	104.0
山西	100.8	109.2	104.6	102.8	95.2	97.8
内蒙古	101.6	105.5	99.6	105.6	99.8	106.4
辽宁	102.5	99.8	105.8	94.5	99.7	106.3
吉林	100.4	110.4	91.3	102.6	98.3	114.0
黑龙江	99.9	103.7	96.5	103.8	101.8	110.9
上海	100.9	104.4	101.8	106.9	103.1	105.4
江苏	100.5	98.5	104.9	97.4	103.1	104.7
浙江	100.8	106.0	97.1	103.8	105.2	111.2
安徽	100.5	102.3	98.9	100.7	103.2	100.7
福建	99.7	101.4	105.8	96.5	103.5	106.1
江西	101.0	102.8	104.1	101.8	101.4	104.3
山东	100.8	103.3	104.3	97.4	98.0	104.1
河南	101.1	101.3	100.1	96.6	97.5	102.6
湖北	101.1	103.6	103.2	100.1	99.4	104.6
湖南	100.4	104.8	102.5	102.1	106.2	111.0

续表

地区	"八五"	"九五"	"十五"	"十一五"	"十二五"	"十三五"
广东	101.9	104.9	104.9	108.2	99.7	107.4
广西	101.8	103.8	99.4	101.1	101.0	108.3
海南	96.4	100.7	99.0	105.7	102.7	108.5
重庆	100.6	103.0	97.6	107.3	100.9	105.9
四川	100.9	105.5	102.3	94.8	102.4	106.5
贵州	101.4	101.7	107.3	95.5	100.9	108.1
云南	100.1	105.9	100.1	102.5	103.3	107.3
陕西	100.1	103.8	101.5	104.7	97.4	102.7
甘肃	101.4	107.5	101.2	102.2	97.6	102.8
青海	99.1	102.5	97.9	99.9	99.0	105.5
宁夏	100.7	103.5	99.5	103.5	103.3	103.4
新疆	99.6	101.5	99.2	100.1	106.6	100.6

四 中国各省区市发展前景分级情况

（一）各省区市发展前景分级

2018年、2010年以来、2000年以来、1990年以来以及2017年、2016年、2015年30个省区市发展前景等级划分具体如下。

1. 2018年各省区市发展前景分级

将2018年各省区市发展前景综合得分按权重比3∶3∶2∶1∶1分为五级，第一至五级权重分别为30%、30%、20%、10%、10%（下面的分级采用相同的方法）。和2017年相比，2018年发展前景方面广东从Ⅱ级上升到Ⅰ级，上升了一级；北京从Ⅰ级下降到Ⅱ级，下降了一级；陕西从Ⅲ级上升到Ⅱ级，上升了一级；吉林从Ⅱ级下降到Ⅲ级，下降了一级；山西从Ⅳ级上升到Ⅲ级，上升了一级；江西从Ⅳ级上升到Ⅲ级，上升了一级；河北从Ⅲ级下降到Ⅳ级，下降了一级；湖南从Ⅲ级下降到Ⅳ级，下降了一级。

30个省区市2018年发展前景等级划分见表33。

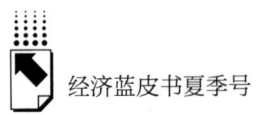

表33　30个省区市2018年发展前景等级划分

发展前景	省区市
Ⅰ级(共4个)	上海、浙江、江苏、广东
Ⅱ级(共7个)	北京、山东、天津、福建、内蒙古、辽宁、陕西
Ⅲ级(共8个)	吉林、湖北、黑龙江、四川、安徽、山西、江西、海南
Ⅳ级(共5个)	河北、湖南、重庆、河南、宁夏
Ⅴ级(共6个)	青海、新疆、甘肃、广西、云南、贵州

注：西藏由于数据原因，暂不列入；香港、澳门和台湾因为数据统计口径差别，也暂不列入。下同。

2. 2010年以来各省区市发展前景分级

和2000年以来相比，2010年以来发展前景方面重庆从Ⅴ级上升到Ⅳ级，上升了一级；新疆从Ⅳ级下降到Ⅴ级，下降了一级。

30个省区市2010年以来发展前景等级划分见表34。

表34　30个省区市2010年以来发展前景等级划分

发展前景	省区市
Ⅰ级(共4个)	上海、江苏、浙江、北京
Ⅱ级(共7个)	广东、山东、天津、福建、辽宁、吉林、黑龙江
Ⅲ级(共8个)	内蒙古、湖北、陕西、山西、河北、海南、安徽、四川
Ⅳ级(共5个)	湖南、河南、江西、重庆、宁夏
Ⅴ级(共6个)	新疆、青海、甘肃、广西、云南、贵州

3. 2000年以来各省区市发展前景分级

和1990年以来相比，2000年以来发展前景方面吉林从Ⅲ级上升到Ⅱ级，上升了一级；陕西从Ⅳ级上升到Ⅲ级，上升了一级；安徽从Ⅳ级上升到Ⅲ级，上升了一级；湖南从Ⅴ级上升到Ⅳ级，上升了一级；江西从Ⅴ级上升到Ⅳ级，上升了一级。

将2000年以来和上一年得到的2000年以来发展前景分级情况进行比较，各省区市分级没有变化。

30个省区市2000年以来发展前景等级划分见表35。

表35 30个省区市2000年以来发展前景等级划分

发展前景	省区市
Ⅰ级(共4个)	上海、北京、江苏、浙江
Ⅱ级(共7个)	广东、天津、山东、辽宁、福建、黑龙江、吉林
Ⅲ级(共8个)	湖北、山西、内蒙古、河北、四川、陕西、海南、安徽
Ⅳ级(共5个)	河南、湖南、宁夏、新疆、江西
Ⅴ级(共6个)	重庆、甘肃、青海、广西、云南、贵州

4. 1990年以来各省区市发展前景分级

将1990年以来和上一年得到的1990年以来发展前景分级情况进行比较，第二级发生变化的省份有：福建从Ⅲ级上升到Ⅱ级，上升了一级。第三级发生变化的省份有：吉林从Ⅱ级下降到Ⅲ级，下降了一级。

30个省区市1990年以来发展前景等级划分见表36。

表36 30个省区市1990年以来发展前景等级划分

发展前景	省区市
Ⅰ级(共4个)	上海、北京、江苏、浙江
Ⅱ级(共6个)	天津、广东、辽宁、山东、黑龙江、福建
Ⅲ级(共7个)	吉林、湖北、山西、河北、内蒙古、海南、四川
Ⅳ级(共5个)	安徽、陕西、河南、新疆、宁夏
Ⅴ级(共8个)	湖南、江西、甘肃、重庆、青海、广西、云南、贵州

5. 2017年各省区市发展前景分级

和2016年相比，2017年发展前景方面宁夏从Ⅴ级上升到Ⅳ级，上升了一级；青海从Ⅳ级下降到Ⅴ级，下降了一级。

30个省区市2017年发展前景等级划分见表37。

6. 2016年各省区市发展前景分级

和2015年相比，2016年发展前景方面河北从Ⅳ级上升到Ⅲ级，上升了一级；重庆从Ⅲ级下降到Ⅳ级，下降了一级；青海从Ⅴ级上升到Ⅳ级，上升

表37　30个省区市2017年发展前景等级划分

发展前景	省区市
Ⅰ级(共4个)	上海、江苏、浙江、北京
Ⅱ级(共7个)	广东、山东、天津、福建、辽宁、内蒙古、吉林
Ⅲ级(共8个)	黑龙江、陕西、湖北、安徽、四川、海南、河北、湖南
Ⅳ级(共5个)	山西、江西、重庆、宁夏、河南
Ⅴ级(共6个)	青海、新疆、甘肃、广西、云南、贵州

了一级；宁夏从Ⅳ级下降到Ⅴ级，下降了一级。

30个省区市2016年发展前景等级划分见表38。

表38　30个省区市2016年发展前景等级划分

发展前景	省区市
Ⅰ级(共4个)	上海、江苏、浙江、北京
Ⅱ级(共7个)	广东、山东、天津、福建、辽宁、吉林、内蒙古
Ⅲ级(共8个)	黑龙江、湖北、安徽、陕西、海南、湖南、河北、四川
Ⅳ级(共5个)	江西、重庆、山西、河南、青海
Ⅴ级(共6个)	宁夏、新疆、甘肃、广西、云南、贵州

7. 2015年各省区市发展前景分级

和2014年相比，2015年发展前景方面内蒙古从Ⅲ级上升到Ⅱ级，上升了一级；湖北从Ⅱ级下降到Ⅲ级，下降了一级；湖南从Ⅳ级上升到Ⅲ级，上升了一级；重庆从Ⅳ级上升到Ⅲ级，上升了一级；河南从Ⅲ级下降到Ⅳ级，下降了一级；山西从Ⅲ级下降到Ⅳ级，下降了一级。

30个省区市2015年发展前景等级划分见表39。

表39　30个省区市2015年发展前景等级划分

发展前景	省区市
Ⅰ级(共4个)	上海、江苏、浙江、北京
Ⅱ级(共7个)	广东、山东、天津、福建、辽宁、吉林、内蒙古
Ⅲ级(共8个)	湖北、黑龙江、安徽、陕西、湖南、四川、海南、重庆
Ⅳ级(共5个)	河南、河北、江西、山西、宁夏
Ⅴ级(共6个)	新疆、青海、甘肃、广西、云南、贵州

(二)各省区市经济增长分级

2018年、2010年以来、2000年以来、1990年以来以及2017年、2016年、2015年30个省区市经济增长等级划分具体如下。

1. 2018年各省区市经济增长分级

和2017年相比,2018年经济增长方面江苏从Ⅱ级上升到Ⅰ级,上升了一级;天津从Ⅰ级下降到Ⅱ级,下降了一级;四川从Ⅲ级上升到Ⅱ级,上升了一级;河北从Ⅳ级上升到Ⅲ级,上升了一级;河南从Ⅳ级上升到Ⅲ级,上升了一级;甘肃从Ⅴ级上升到Ⅳ级,上升了一级;山西从Ⅴ级上升到Ⅳ级,上升了一级。

30个省区市2018年经济增长等级划分见表40。

表40　30个省区市2018年经济增长等级划分

经济增长	省区市
Ⅰ级(共4个)	上海、广东、浙江、江苏
Ⅱ级(共7个)	天津、福建、北京、陕西、内蒙古、山东、四川
Ⅲ级(共7个)	湖北、安徽、黑龙江、吉林、新疆、河北、河南
Ⅳ级(共4个)	甘肃、重庆、湖南、山西
Ⅴ级(共8个)	江西、辽宁、云南、广西、宁夏、贵州、青海、海南

2. 2010年以来各省区市经济增长分级

和2000年以来相比,2010年以来经济增长方面浙江从Ⅱ级上升到Ⅰ级,上升了一级;江苏从Ⅰ级下降到Ⅱ级,下降了一级;湖北从Ⅲ级上升到Ⅱ级,上升了一级;四川从Ⅴ级上升到Ⅲ级,上升了两级;重庆从Ⅳ级上升到Ⅲ级,上升了一级;辽宁从Ⅱ级下降到Ⅲ级,下降了一级;新疆从Ⅳ级上升到Ⅲ级,上升了一级;河北从Ⅲ级下降到Ⅳ级,下降了一级;黑龙江从Ⅲ级下降到Ⅳ级,下降了一级;湖南从Ⅴ级上升到Ⅳ级,上升了一级;甘肃从Ⅳ级下降到Ⅴ级,下降了一级;山西从Ⅲ级下降到Ⅴ级,下降了两级。

30个省区市2010年以来经济增长等级划分见表41。

表41 30个省区市2010年以来经济增长等级划分

经济增长	省区市
Ⅰ级(共4个)	广东、上海、浙江、天津
Ⅱ级(共7个)	江苏、福建、北京、山东、陕西、内蒙古、湖北
Ⅲ级(共7个)	安徽、河南、吉林、四川、重庆、辽宁、新疆
Ⅳ级(共4个)	河北、江西、黑龙江、湖南
Ⅴ级(共8个)	甘肃、山西、海南、广西、宁夏、青海、云南、贵州

3. 2000年以来各省区市经济增长分级

和1990年以来相比，2000年以来经济增长方面天津从Ⅱ级上升到Ⅰ级，上升了一级；浙江从Ⅰ级下降到Ⅱ级，下降了一级；内蒙古从Ⅲ级上升到Ⅱ级，上升了一级；湖北从Ⅱ级下降到Ⅲ级，下降了一级；安徽从Ⅳ级上升到Ⅲ级，上升了一级。

将2000年以来和上一年得到的2000年以来经济增长分级情况进行比较，各省区市分级没有变化。

30个省区市2000年以来经济增长等级划分见表42。

表42 30个省区市2000年以来经济增长等级划分

经济增长	省区市
Ⅰ级(共4个)	广东、上海、江苏、天津
Ⅱ级(共7个)	浙江、福建、山东、北京、陕西、内蒙古、辽宁
Ⅲ级(共7个)	湖北、吉林、河南、黑龙江、河北、安徽、山西
Ⅳ级(共4个)	甘肃、新疆、江西、重庆
Ⅴ级(共8个)	四川、湖南、海南、宁夏、青海、云南、广西、贵州

4. 1990年以来各省区市经济增长分级

将1990年以来和上一年得到的1990年以来经济增长分级情况进行比较，各省区市分级没有变化。

30个省区市1990年以来经济增长等级划分见表43。

表43　30个省区市1990年以来经济增长等级划分

经济增长	省区市
Ⅰ级（共4个）	广东、上海、江苏、浙江
Ⅱ级（共7个）	天津、北京、福建、山东、陕西、辽宁、湖北
Ⅲ级（共6个）	黑龙江、河南、吉林、内蒙古、河北、山西
Ⅳ级（共5个）	安徽、甘肃、江西、新疆、重庆
Ⅴ级（共8个）	湖南、四川、云南、宁夏、海南、贵州、青海、广西

5. 2017年各省区市经济增长分级

和2016年相比，2017年经济增长方面新疆从Ⅴ级上升到Ⅲ级，上升了两级；黑龙江从Ⅳ级上升到Ⅲ级，上升了一级；河南从Ⅲ级下降到Ⅳ级，下降了一级；重庆从Ⅲ级下降到Ⅳ级，下降了一级；甘肃从Ⅳ级下降到Ⅴ级，下降了一级。

30个省区市2017年经济增长等级划分见表44。

表44　30个省区市2017年经济增长等级划分

经济增长	省区市
Ⅰ级（共4个）	上海、广东、浙江、天津
Ⅱ级（共6个）	江苏、北京、福建、陕西、山东、内蒙古
Ⅲ级（共6个）	湖北、安徽、四川、吉林、新疆、黑龙江
Ⅳ级（共4个）	河北、河南、重庆、湖南
Ⅴ级（共10个）	甘肃、山西、江西、广西、辽宁、宁夏、青海、海南、云南、贵州

6. 2016年各省区市经济增长分级

和2015年相比，2016年经济增长方面天津从Ⅱ级上升到Ⅰ级，上升了一级；江苏从Ⅰ级下降到Ⅱ级，下降了一级；陕西从Ⅲ级上升到Ⅱ级，上升了一级；安徽从Ⅱ级下降到Ⅲ级，下降了一级；河北从Ⅴ级上升到Ⅳ级，上升了一级；甘肃从Ⅲ级下降到Ⅳ级，下降了一级；江西从Ⅳ级下降到Ⅴ级，下降了一级；辽宁从Ⅳ级下降到Ⅴ级，下降了一级。

30个省区市2016年经济增长等级划分见表45。

表45　30个省区市2016年经济增长等级划分

经济增长	省区市
Ⅰ级(共4个)	广东、上海、天津、浙江
Ⅱ级(共6个)	江苏、福建、北京、陕西、山东、内蒙古
Ⅲ级(共6个)	湖北、安徽、吉林、河南、四川、重庆
Ⅳ级(共4个)	河北、甘肃、湖南、黑龙江
Ⅴ级(共10个)	新疆、江西、山西、广西、宁夏、青海、辽宁、海南、云南、贵州

7. 2015年各省区市经济增长分级

和2014年相比,2015年经济增长方面内蒙古从Ⅲ级上升到Ⅱ级,上升了一级;安徽从Ⅲ级上升到Ⅱ级,上升了一级;河南从Ⅱ级下降到Ⅲ级,下降了一级;四川从Ⅳ级上升到Ⅲ级,上升了一级;甘肃从Ⅴ级上升到Ⅲ级,上升了两级;黑龙江从Ⅴ级上升到Ⅳ级,上升了一级;辽宁从Ⅱ级下降到Ⅳ级,下降了两级;新疆从Ⅳ级下降到Ⅴ级,下降了一级。

30个省区市2015年经济增长等级划分见表46。

表46　30个省区市2015年经济增长等级划分

经济增长	省区市
Ⅰ级(共4个)	广东、上海、江苏、浙江
Ⅱ级(共6个)	天津、北京、福建、内蒙古、山东、安徽
Ⅲ级(共7个)	陕西、湖北、河南、重庆、吉林、四川、甘肃
Ⅳ级(共4个)	江西、黑龙江、辽宁、湖南
Ⅴ级(共9个)	宁夏、河北、广西、新疆、海南、云南、山西、青海、贵州

(三)各省区市增长潜力分级

2018年、2010年以来、2000年以来、1990年以来以及2017年、2016年、2015年30个省区市增长潜力等级划分具体如下。

1. 2018年各省区市增长潜力分级

和2017年相比,2018年增长潜力方面青海从Ⅲ级上升到Ⅱ级,上升了一级；海南从Ⅱ级下降到Ⅲ级，下降了一级；安徽从Ⅳ级上升到Ⅲ级，上升了一级；江西从Ⅳ级上升到Ⅲ级，上升了一级；陕西从Ⅴ级上升到Ⅳ级，上升了一级；云南从Ⅴ级上升到Ⅳ级，上升了一级；重庆从Ⅴ级上升到Ⅳ级，上升了一级；宁夏从Ⅳ级下降到Ⅴ级，下降了一级；天津从Ⅲ级下降到Ⅴ级，下降了两级。

30个省区市2018年增长潜力等级划分见表47。

表47 30个省区市2018年增长潜力等级划分

增长潜力	省区市
Ⅰ级（共4个）	上海、浙江、江苏、广东
Ⅱ级（共7个）	北京、福建、内蒙古、山东、新疆、青海、吉林
Ⅲ级（共7个）	四川、辽宁、黑龙江、湖南、海南、安徽、江西
Ⅳ级（共5个）	湖北、陕西、河北、云南、重庆
Ⅴ级（共7个）	河南、广西、宁夏、山西、天津、甘肃、贵州

2. 2010年以来各省区市增长潜力分级

和2000年以来相比，2010年以来增长潜力方面广东从Ⅰ级下降到Ⅱ级，下降了一级；辽宁从Ⅱ级下降到Ⅲ级，下降了一级；湖北从Ⅲ级下降到Ⅳ级，下降了一级；江西从Ⅴ级上升到Ⅳ级，上升了一级；重庆从Ⅴ级上升到Ⅳ级，上升了一级；广西从Ⅳ级下降到Ⅴ级，下降了一级；甘肃从Ⅳ级下降到Ⅴ级，下降了一级。

30个省区市2010年以来增长潜力等级划分见表48。

表48 30个省区市2010年以来增长潜力等级划分

增长潜力	省区市
Ⅰ级（共4个）	上海、江苏、北京、浙江
Ⅱ级（共7个）	广东、海南、天津、内蒙古、新疆、山东、黑龙江
Ⅲ级（共6个）	辽宁、青海、福建、吉林、四川、安徽
Ⅳ级（共6个）	湖北、陕西、江西、重庆、湖南、云南
Ⅴ级（共7个）	广西、甘肃、宁夏、河北、山西、河南、贵州

3. 2000年以来各省区市增长潜力分级

和1990年以来相比，2000年以来增长潜力方面内蒙古从Ⅲ级上升到Ⅱ

级,上升了一级;吉林从Ⅱ级下降到Ⅲ级,下降了一级;安徽从Ⅳ级上升到Ⅲ级,上升了一级;广西从Ⅲ级下降到Ⅳ级,下降了一级;陕西从Ⅴ级上升到Ⅳ级,上升了一级;重庆从Ⅳ级下降到Ⅴ级,下降了一级。

将2000年以来和上一年得到的2000年以来增长潜力分级情况进行比较,各省区市分级没有变化。

30个省区市2000年以来增长潜力等级划分见表49。

表49　30个省区市2000年以来增长潜力等级划分

增长潜力	省区市
Ⅰ级(共5个)	上海、北京、江苏、浙江、广东
Ⅱ级(共7个)	天津、黑龙江、新疆、海南、辽宁、内蒙古、山东
Ⅲ级(共6个)	青海、吉林、四川、福建、湖北、安徽
Ⅳ级(共5个)	广西、湖南、云南、甘肃、陕西
Ⅴ级(共7个)	江西、重庆、河北、山西、宁夏、河南、贵州

4. 1990年以来各省区市增长潜力分级

将1990年以来和上一年得到的1990年以来增长潜力分级情况进行比较,各省区市分级没有变化。

30个省区市1990年以来增长潜力等级划分见表50。

表50　30个省区市1990年以来增长潜力等级划分

增长潜力	省区市
Ⅰ级(共5个)	上海、北京、江苏、浙江、广东
Ⅱ级(共7个)	天津、黑龙江、辽宁、新疆、吉林、山东、海南
Ⅲ级(共6个)	内蒙古、青海、四川、福建、湖北、广西
Ⅳ级(共5个)	安徽、湖南、甘肃、云南、重庆
Ⅴ级(共7个)	陕西、江西、河北、山西、宁夏、河南、贵州

5. 2017年各省区市增长潜力分级

和2016年相比,2017年增长潜力方面山东从Ⅲ级上升到Ⅱ级,上升了一级;天津从Ⅱ级下降到Ⅲ级,下降了一级;宁夏从Ⅴ级上升到Ⅳ级,上升了一级;陕西从Ⅳ级下降到Ⅴ级,下降了一级。

30个省区市2017年增长潜力等级划分见表51。

表51　30个省区市2017年增长潜力等级划分

增长潜力	省区市
Ⅰ级(共4个)	上海、江苏、浙江、广东
Ⅱ级(共7个)	北京、内蒙古、福建、海南、新疆、吉林、山东
Ⅲ级(共6个)	青海、辽宁、天津、四川、黑龙江、湖南
Ⅳ级(共5个)	安徽、江西、湖北、河北、宁夏
Ⅴ级(共8个)	陕西、云南、重庆、河南、广西、山西、甘肃、贵州

6. 2016年各省区市增长潜力分级

和2015年相比,2016年增长潜力方面福建从Ⅲ级上升到Ⅱ级,上升了一级;吉林从Ⅲ级上升到Ⅱ级,上升了一级;山东从Ⅱ级下降到Ⅲ级,下降了一级;黑龙江从Ⅱ级下降到Ⅲ级,下降了一级;湖南从Ⅳ级上升到Ⅲ级,上升了一级;安徽从Ⅲ级下降到Ⅳ级,下降了一级;河北从Ⅴ级上升到Ⅳ级,上升了一级;重庆从Ⅳ级下降到Ⅴ级,下降了一级。

30个省区市2016年增长潜力等级划分见表52。

表52　30个省区市2016年增长潜力等级划分

增长潜力	省区市
Ⅰ级(共4个)	上海、江苏、浙江、广东
Ⅱ级(共7个)	北京、内蒙古、海南、福建、新疆、天津、吉林
Ⅲ级(共6个)	青海、山东、辽宁、黑龙江、四川、湖南
Ⅳ级(共5个)	安徽、江西、湖北、陕西、河北
Ⅴ级(共8个)	重庆、云南、宁夏、广西、甘肃、河南、山西、贵州

7. 2015年各省区市增长潜力分级

和2014年相比,2015年增长潜力方面浙江从Ⅱ级上升到Ⅰ级,上升了一级;

北京从Ⅰ级下降到Ⅱ级,下降了一级;内蒙古从Ⅲ级上升到Ⅱ级,上升了一级;黑龙江从Ⅲ级上升到Ⅱ级,上升了一级;辽宁从Ⅱ级下降到Ⅲ级,下降了一级;安徽从Ⅳ级上升到Ⅲ级,上升了一级;湖南从Ⅴ级上升到Ⅳ级,上升了一级。

30个省区市2015年增长潜力等级划分见表53。

表53　30个省区市2015年增长潜力等级划分

增长潜力	省区市
Ⅰ级(共4个)	上海、江苏、浙江、广东
Ⅱ级(共7个)	北京、内蒙古、山东、海南、天津、新疆、黑龙江
Ⅲ级(共6个)	辽宁、吉林、青海、福建、四川、安徽
Ⅳ级(共5个)	江西、湖北、陕西、重庆、湖南
Ⅴ级(共8个)	云南、宁夏、广西、甘肃、河北、河南、山西、贵州

(四)各省区市政府效率分级

2018年、2010年以来、2000年以来、1990年以来以及2017年、2016年、2015年30个省区市政府效率等级划分具体如下。

1. 2018年各省区市政府效率分级

和2017年相比,2018年政府效率方面天津从Ⅱ级上升到Ⅰ级,上升了一级;江苏从Ⅰ级下降到Ⅱ级,下降了一级;江西从Ⅴ级上升到Ⅳ级,上升了一级;湖南从Ⅳ级下降到Ⅴ级,下降了一级;河北从Ⅳ级下降到Ⅴ级,下降了一级。

30个省区市2018年政府效率等级划分见表54。

表54　30个省区市2018年政府效率等级划分

政府效率	省区市
Ⅰ级(共4个)	北京、上海、浙江、天津
Ⅱ级(共6个)	江苏、山东、广东、黑龙江、海南、辽宁
Ⅲ级(共7个)	福建、宁夏、吉林、重庆、山西、四川、青海
Ⅳ级(共5个)	贵州、湖北、内蒙古、江西、陕西
Ⅴ级(共8个)	湖南、河北、安徽、新疆、甘肃、广西、云南、河南

2. 2010年以来各省区市政府效率分级

和2000年以来相比，2010年以来政府效率方面江苏从Ⅱ级上升到Ⅰ级，上升了一级；黑龙江从Ⅲ级上升到Ⅱ级，上升了一级；重庆从Ⅳ级上升到Ⅲ级，上升了一级；内蒙古从Ⅲ级下降到Ⅳ级，下降了一级。

30个省区市2010年以来政府效率等级划分见表55。

表55 30个省区市2010年以来政府效率等级划分

政府效率	省区市
Ⅰ级（共4个）	北京、上海、浙江、江苏
Ⅱ级（共6个）	天津、山东、广东、海南、辽宁、黑龙江
Ⅲ级（共6个）	宁夏、福建、青海、湖北、吉林、重庆
Ⅳ级（共5个）	山西、内蒙古、湖南、江西、河北
Ⅴ级（共9个）	四川、贵州、陕西、安徽、新疆、甘肃、广西、河南、云南

3. 2000年以来各省区市政府效率分级

和1990年以来相比，2000年以来政府效率方面天津从Ⅰ级下降到Ⅱ级，下降了一级；黑龙江从Ⅱ级下降到Ⅲ级，下降了一级；福建从Ⅳ级上升到Ⅲ级，上升了一级；山西从Ⅲ级下降到Ⅳ级，下降了一级；陕西从Ⅳ级下降到Ⅴ级，下降了一级。

将2000年以来和上一年得到的2000年以来政府效率分级情况进行比较，各省区市分级没有变化。

30个省区市2000年以来政府效率等级划分见表56。

表56 30个省区市2000年以来政府效率等级划分

政府效率	省区市
Ⅰ级（共3个）	北京、上海、浙江
Ⅱ级（共6个）	江苏、天津、海南、辽宁、山东、广东
Ⅲ级（共7个）	黑龙江、青海、宁夏、福建、湖北、内蒙古、吉林
Ⅳ级（共5个）	湖南、山西、河北、重庆、江西
Ⅴ级（共9个）	陕西、四川、贵州、新疆、安徽、甘肃、河南、广西、云南

4. 1990年以来各省区市政府效率分级

将1990年以来和上一年得到的1990年以来政府效率分级情况进行比较，第四级发生变化的省份有：重庆从Ⅴ级上升到Ⅳ级，上升了一级。第五级发生变化的省份有：新疆从Ⅳ级下降到Ⅴ级，下降了一级。

30个省区市1990年以来政府效率等级划分见表57。

表57 30个省区市1990年以来政府效率等级划分

政府效率	省区市
Ⅰ级(共4个)	北京、上海、天津、浙江
Ⅱ级(共6个)	江苏、海南、辽宁、黑龙江、山东、广东
Ⅲ级(共6个)	青海、宁夏、湖北、内蒙古、吉林、山西
Ⅳ级(共6个)	福建、河北、江西、重庆、陕西、湖南
Ⅴ级(共8个)	新疆、贵州、甘肃、四川、安徽、河南、广西、云南

5. 2017年各省区市政府效率分级

和2016年相比，2017年政府效率方面四川从Ⅳ级上升到Ⅲ级，上升了一级；湖北从Ⅲ级下降到Ⅳ级，下降了一级；陕西从Ⅴ级上升到Ⅳ级，上升了一级。

30个省区市2017年政府效率等级划分见表58。

表58 30个省区市2017年政府效率等级划分

政府效率	省区市
Ⅰ级(共4个)	北京、上海、浙江、江苏
Ⅱ级(共6个)	天津、山东、广东、海南、黑龙江、辽宁
Ⅲ级(共7个)	宁夏、福建、吉林、重庆、山西、青海、四川
Ⅳ级(共6个)	湖北、内蒙古、贵州、湖南、陕西、河北
Ⅴ级(共7个)	江西、安徽、广西、新疆、甘肃、云南、河南

6. 2016年各省区市政府效率分级

和2015年相比，2016年政府效率方面山西从Ⅳ级上升到Ⅲ级，上升了一级；内蒙古从Ⅲ级下降到Ⅳ级，下降了一级。

30个省区市2016年政府效率等级划分见表59。

表59　30个省区市2016年政府效率等级划分

政府效率	省区市
Ⅰ级(共4个)	北京、浙江、上海、江苏
Ⅱ级(共6个)	天津、山东、广东、海南、黑龙江、辽宁
Ⅲ级(共7个)	宁夏、福建、重庆、吉林、湖北、山西、青海
Ⅳ级(共5个)	内蒙古、湖南、贵州、四川、河北
Ⅴ级(共8个)	陕西、江西、安徽、广西、新疆、甘肃、河南、云南

7. 2015年各省区市政府效率分级

和2014年相比，2015年政府效率方面江苏从Ⅱ级上升到Ⅰ级，上升了一级；黑龙江从Ⅲ级上升到Ⅱ级，上升了一级；内蒙古从Ⅳ级上升到Ⅲ级，上升了一级；贵州从Ⅴ级上升到Ⅳ级，上升了一级；四川从Ⅴ级上升到Ⅳ级，上升了一级；江西从Ⅳ级下降到Ⅴ级，下降了一级。

30个省区市2015年政府效率等级划分见表60。

表60　30个省区市2015年政府效率等级划分

政府效率	省区市
Ⅰ级(共4个)	北京、上海、浙江、江苏
Ⅱ级(共6个)	天津、山东、广东、海南、黑龙江、辽宁
Ⅲ级(共7个)	宁夏、福建、湖北、重庆、青海、吉林、内蒙古
Ⅳ级(共5个)	山西、湖南、河北、贵州、四川
Ⅴ级(共8个)	江西、陕西、安徽、新疆、甘肃、广西、河南、云南

（五）各省区市人民生活分级

2018年、2010年以来、2000年以来、1990年以来以及2017年、2016年、2015年30个省区市人民生活等级划分具体如下。

1. 2018年各省区市人民生活分级

和2017年相比，2018年人民生活方面各省区市分级没有变化。

30个省区市2018年人民生活等级划分见表61。

表61　30个省区市2018年人民生活等级划分

人民生活	省区市
Ⅰ级(共5个)	上海、天津、北京、浙江、江苏
Ⅱ级(共8个)	辽宁、吉林、山东、陕西、福建、山西、湖北、内蒙古
Ⅲ级(共7个)	青海、四川、新疆、河北、河南、广东、海南
Ⅳ级(共5个)	云南、宁夏、湖南、黑龙江、安徽
Ⅴ级(共5个)	甘肃、贵州、江西、广西、重庆

2. 2010年以来各省区市人民生活分级

和2000年以来相比，2010年以来人民生活方面江苏从Ⅱ级上升到Ⅰ级，上升了一级；陕西从Ⅲ级上升到Ⅱ级，上升了一级；河北从Ⅲ级上升到Ⅱ级，上升了一级；新疆从Ⅲ级上升到Ⅱ级，上升了一级；内蒙古从Ⅱ级下降到Ⅲ级，下降了一级；四川从Ⅳ级上升到Ⅲ级，上升了一级；河南从Ⅳ级上升到Ⅲ级，上升了一级；黑龙江从Ⅲ级下降到Ⅳ级，下降了一级；江西从Ⅴ级上升到Ⅳ级，上升了一级。

将2010年以来和上一年得到的2010年以来人民生活分级情况进行比较，各省区市分级没有变化。

30个省区市2010年以来人民生活等级划分见表62。

表62　30个省区市2010年以来人民生活等级划分

人民生活	省区市
Ⅰ级(共5个)	上海、北京、天津、浙江、江苏
Ⅱ级(共8个)	辽宁、山东、吉林、福建、山西、陕西、河北、新疆
Ⅲ级(共6个)	湖北、内蒙古、四川、青海、广东、河南
Ⅳ级(共5个)	黑龙江、海南、湖南、宁夏、江西
Ⅴ级(共6个)	安徽、甘肃、云南、重庆、广西、贵州

3. 2000年以来各省区市人民生活分级

和1990年以来相比，2000年以来人民生活方面福建从Ⅲ级上升到Ⅱ级，上升了一级；新疆从Ⅱ级下降到Ⅲ级，下降了一级；湖北从Ⅳ级上升到Ⅲ级，上升了一级；湖南从Ⅴ级上升到Ⅳ级，上升了一级。

将2000年以来和上一年得到的2000年以来人民生活分级情况进行比较，第二级发生变化的省份有：内蒙古从Ⅲ级上升到Ⅱ级，上升了一级。第三级发生变化的省份有：河北从Ⅱ级下降到Ⅲ级，下降了一级；湖北从Ⅳ级上升到Ⅲ级，上升了一级。第四级发生变化的省份有：四川从Ⅲ级下降到Ⅳ级，下降了一级。

30个省区市2000年以来人民生活等级划分见表63。

表63　30个省区市2000年以来人民生活等级划分

人民生活	省区市
Ⅰ级(共4个)	上海、北京、天津、浙江
Ⅱ级(共7个)	江苏、辽宁、山东、吉林、山西、福建、内蒙古
Ⅲ级(共7个)	河北、新疆、黑龙江、广东、陕西、湖北、青海
Ⅳ级(共5个)	四川、河南、海南、宁夏、湖南
Ⅴ级(共7个)	江西、甘肃、安徽、广西、重庆、云南、贵州

4. 1990年以来各省区市人民生活分级

将1990年以来和上一年得到的1990年以来人民生活分级情况进行比较，第四级发生变化的省份有：河南从Ⅴ级上升到Ⅳ级，上升了一级。第五级发生变化的省份有：江西从Ⅳ级下降到Ⅴ级，下降了一级。

30个省区市1990年以来人民生活等级划分见表64。

表64　30个省区市1990年以来人民生活等级划分

人民生活	省区市
Ⅰ级(共4个)	上海、北京、天津、浙江
Ⅱ级(共7个)	江苏、辽宁、吉林、山西、山东、内蒙古、新疆
Ⅲ级(共6个)	福建、河北、黑龙江、广东、陕西、青海
Ⅳ级(共5个)	湖北、海南、四川、河南、宁夏
Ⅴ级(共8个)	江西、湖南、甘肃、安徽、广西、重庆、云南、贵州

5. 2017年各省区市人民生活分级

和2016年相比，2017年人民生活方面内蒙古从Ⅲ级上升到Ⅱ级，上升了一级；新疆从Ⅱ级下降到Ⅲ级，下降了一级；海南从Ⅳ级上升到Ⅲ级，上升了一级;安徽从Ⅴ级上升到Ⅳ级,上升了一级。

30个省区市2017年人民生活等级划分见表65。

表65 30个省区市2017年人民生活等级划分

人民生活	省区市
Ⅰ级(共5个)	上海、天津、北京、浙江、江苏
Ⅱ级(共8个)	辽宁、吉林、山东、福建、陕西、山西、湖北、内蒙古
Ⅲ级(共7个)	新疆、青海、四川、河北、河南、广东、海南
Ⅳ级(共5个)	黑龙江、宁夏、云南、湖南、安徽
Ⅴ级(共5个)	江西、贵州、甘肃、重庆、广西

6. 2016年各省区市人民生活分级

和2015年相比,2016年人民生活方面云南从Ⅴ级上升到Ⅳ级,上升了一级;江西从Ⅳ级下降到Ⅴ级,下降了一级。

30个省区市2016年人民生活等级划分见表66。

表66 30个省区市2016年人民生活等级划分

人民生活	省区市
Ⅰ级(共5个)	上海、天津、北京、浙江、江苏
Ⅱ级(共8个)	辽宁、山东、吉林、福建、陕西、山西、湖北、新疆
Ⅲ级(共6个)	内蒙古、青海、四川、河北、河南、广东
Ⅳ级(共5个)	海南、黑龙江、宁夏、湖南、云南
Ⅴ级(共6个)	安徽、江西、贵州、甘肃、重庆、广西

7. 2015年各省区市人民生活分级

和2014年相比,2015年人民生活方面浙江从Ⅱ级上升到Ⅰ级,上升了一级;湖北从Ⅲ级上升到Ⅱ级,上升了一级;山西从Ⅲ级上升到Ⅱ级,上升了一级;内蒙古从Ⅳ级上升到Ⅲ级,上升了一级;四川从Ⅳ级上升到Ⅲ级,上升了一级;宁夏从Ⅴ级上升到Ⅳ级,上升了一级;湖南从Ⅴ级上升到Ⅳ级,上升了一级。

30个省区市2015年人民生活等级划分见表67。

表 67　30个省区市2015年人民生活等级划分

人民生活	省区市
Ⅰ级(共5个)	上海、北京、天津、浙江、江苏
Ⅱ级(共8个)	辽宁、山东、吉林、福建、新疆、陕西、湖北、山西
Ⅲ级(共6个)	青海、内蒙古、四川、河南、河北、广东
Ⅳ级(共5个)	海南、黑龙江、宁夏、湖南、江西
Ⅴ级(共6个)	云南、安徽、甘肃、贵州、重庆、广西

（六）各省区市环境质量分级

2018年、2010年以来、2000年以来、1990年以来以及2017年、2016年、2015年30个省区市环境质量等级划分具体如下。

1. 2018年各省区市环境质量分级

和2017年相比，2018年环境质量方面四川从Ⅴ级上升到Ⅳ级，上升了一级；陕西从Ⅳ级下降到Ⅴ级，下降了一级。

30个省区市2018年环境质量等级划分见表68。

表 68　30个省区市2018年环境质量等级划分

环境质量	省区市
Ⅰ级(共4个)	海南、北京、上海、青海
Ⅱ级(共8个)	云南、宁夏、浙江、内蒙古、新疆、黑龙江、福建、广东
Ⅲ级(共6个)	广西、天津、湖南、吉林、贵州、江西
Ⅳ级(共5个)	重庆、江苏、甘肃、安徽、四川
Ⅴ级(共7个)	陕西、辽宁、湖北、山东、山西、河北、河南

2. 2010年以来各省区市环境质量分级

和2000年以来相比，2010年以来环境质量方面北京从Ⅱ级上升到Ⅰ级，上升了一级；黑龙江从Ⅲ级上升到Ⅱ级，上升了一级；浙江从Ⅲ级上升到Ⅱ级，上升了一级；甘肃从Ⅱ级下降到Ⅲ级，下降了一级；广东从Ⅳ级上升到Ⅲ级，上升了一级；江西从Ⅳ级上升到Ⅲ级，上升了一级；山西从Ⅲ级下降到Ⅳ级，下降了一级；重庆从Ⅴ级上升到Ⅳ级，上升了一级；湖南从Ⅴ级上升到Ⅳ级，上升了一级；陕西从Ⅴ级上升到Ⅳ级，上升了一级；辽宁从Ⅳ级下降到Ⅴ级，下降了一级；山东从Ⅳ级下降到Ⅴ级，下降了一级。

30个省区市2010年以来环境质量等级划分见表69。

表69　30个省区市2010年以来环境质量等级划分

环境质量	省区市
Ⅰ级（共4个）	海南、北京、青海、宁夏
Ⅱ级（共8个）	新疆、上海、内蒙古、云南、天津、福建、黑龙江、浙江
Ⅲ级（共7个）	甘肃、贵州、广东、广西、江西、安徽、吉林
Ⅳ级（共5个）	山西、重庆、江苏、湖南、陕西
Ⅴ级（共6个）	辽宁、山东、四川、河北、湖北、河南

3. 2000年以来各省区市环境质量分级

和1990年以来相比，2000年以来环境质量方面上海从Ⅲ级上升到Ⅱ级，上升了一级；黑龙江从Ⅱ级下降到Ⅲ级，下降了一级；浙江从Ⅳ级上升到Ⅲ级，上升了一级；江苏从Ⅲ级下降到Ⅳ级，下降了一级。

30个省区市2000年以来环境质量等级划分见表70。

表70　30个省区市2000年以来环境质量等级划分

环境质量	省区市
Ⅰ级（共3个）	海南、青海、宁夏
Ⅱ级（共8个）	北京、新疆、内蒙古、天津、云南、上海、甘肃、福建
Ⅲ级（共7个）	贵州、黑龙江、广西、山西、吉林、浙江、安徽
Ⅳ级（共5个）	广东、江西、辽宁、江苏、山东
Ⅴ级（共7个）	陕西、四川、重庆、湖南、湖北、河北、河南

4. 1990年以来各省区市环境质量分级

将1990年以来和上一年得到的1990年以来环境质量分级情况进行比较，第二级发生变化的省份有：云南从Ⅲ级上升到Ⅱ级，上升了一级。第三级发生变化的省份有：广西从Ⅱ级下降到Ⅲ级，下降了一级。第四级发生变化的省份有：广东从Ⅴ级上升到Ⅳ级，上升了一级。第五级发生变化的省份有：陕西从Ⅳ级下降到Ⅴ级，下降了一级。

30个省区市1990年以来环境质量等级划分见表71。

表71　30个省区市1990年以来环境质量等级划分

环境质量	省区市
Ⅰ级（共3个）	海南、青海、宁夏
Ⅱ级（共8个）	新疆、天津、北京、内蒙古、福建、黑龙江、云南、甘肃
Ⅲ级（共7个）	广西、贵州、吉林、上海、安徽、山西、江苏
Ⅳ级（共5个）	辽宁、浙江、江西、山东、广东
Ⅴ级（共7个）	陕西、四川、重庆、湖北、湖南、河南、河北

5. 2017年各省区市环境质量分级

和2016年相比，2017年环境质量方面上海从Ⅱ级上升到Ⅰ级，上升了一级；宁夏从Ⅰ级下降到Ⅱ级，下降了一级；广东从Ⅲ级上升到Ⅱ级，上升了一级。

30个省区市2017年环境质量等级划分见表72。

表72　30个省区市2017年环境质量等级划分

环境质量	省区市
Ⅰ级（共4个）	海南、北京、青海、上海
Ⅱ级（共8个）	宁夏、云南、新疆、浙江、内蒙古、福建、黑龙江、广东
Ⅲ级（共6个）	广西、天津、湖南、贵州、吉林、江西
Ⅳ级（共5个）	重庆、江苏、安徽、甘肃、陕西
Ⅴ级（共7个）	四川、山西、辽宁、山东、湖北、河北、河南

6. 2016年各省区市环境质量分级

和2015年相比，2016年环境质量方面青海从Ⅱ级上升到Ⅰ级，上升了一级；新疆从Ⅰ级下降到Ⅱ级，下降了一级；浙江从Ⅲ级上升到Ⅱ级，上升了一级；黑龙江从Ⅲ级上升到Ⅱ级，上升了一级；天津从Ⅱ级下降到Ⅲ级，下降了一级;广东从Ⅱ级下降到Ⅲ级,下降了一级;吉林从Ⅳ级上升到Ⅲ级,上升了一级;安徽从Ⅲ级下降到Ⅳ级,下降了一级;陕西从Ⅴ级上升到Ⅳ级,上升了一级;山西从Ⅳ级下降到Ⅴ级,下降了一级。

30个省区市2016年环境质量等级划分见表73。

表73 30个省区市2016年环境质量等级划分

环境质量	省区市
Ⅰ级(共4个)	海南、北京、青海、宁夏
Ⅱ级(共7个)	新疆、上海、云南、内蒙古、浙江、黑龙江、福建
Ⅲ级(共7个)	天津、广西、广东、贵州、湖南、吉林、江西
Ⅳ级(共5个)	安徽、甘肃、江苏、重庆、陕西
Ⅴ级(共7个)	山西、辽宁、四川、山东、湖北、河北、河南

7. 2015年各省区市环境质量分级

和2014年相比,2015年环境质量方面福建从Ⅲ级上升到Ⅱ级,上升了一级;广东从Ⅲ级上升到Ⅱ级,上升了一级;广西从Ⅳ级上升到Ⅲ级,上升了一级;贵州从Ⅱ级下降到Ⅲ级,下降了一级;湖南从Ⅴ级上升到Ⅲ级,上升了两级;甘肃从Ⅱ级下降到Ⅳ级,下降了两级;山西从Ⅲ级下降到Ⅳ级,下降了一级;陕西从Ⅳ级下降到Ⅴ级,下降了一级。

30个省区市2015年环境质量等级划分见表74。

表74 30个省区市2015年环境质量等级划分

环境质量	省区市
Ⅰ级(共4个)	海南、北京、新疆、宁夏
Ⅱ级(共7个)	上海、青海、云南、内蒙古、福建、天津、广东
Ⅲ级(共7个)	浙江、广西、黑龙江、江西、贵州、安徽、湖南
Ⅳ级(共5个)	甘肃、江苏、重庆、山西、吉林
Ⅴ级(共7个)	陕西、四川、辽宁、湖北、山东、河北、河南

五 中国各省区市发展前景的影响因素分析

（一）一级指标

1. 一级指标权重

一级指标中，经济增长占11.75%，增长潜力占15.01%，政府效率占20.19%，人民生活占26.47%，环境质量占26.58%（见表75）。

表75 发展前景一级指标权重

一级指标	编号	权重(%)
经济增长	1	11.75
增长潜力	2	15.01
政府效率	3	20.19
人民生活	4	26.47
环境质量	5	26.58

2. 主要省区市发展前景雷达图

2018年、2010年以来、2000年以来、1990年以来以及2017年、2016年、2015年、2014年、2013年、2012年、2011年、2010年主要省区市发展前景雷达图分别见图43至图54。从雷达图可以看出影响各省区市发展前景的五个一级指标经济增长、增长潜力、政府效率、人民生活和环境质量的权重情况，从中可以分析各省区市之间和自身可持续发展情况。

从2018年前5个省区市发展前景雷达图来看，2018年上海市经济增长、增长潜力、政府效率、人民生活和环境质量的权重分别为8.39%、10.07%、7.13%、7.04%和4.62%，除政府效率和环境质量的权重排名第二外，经济增长、增长潜力和人民生活均排名第一。2018年浙江省经济增长、增长潜力、政府效率、人民生活和环境质量的权重分别为5.89%、7.47%、7.02%、5.10%和4.15%。2018年江苏省经济增长、增长潜力、

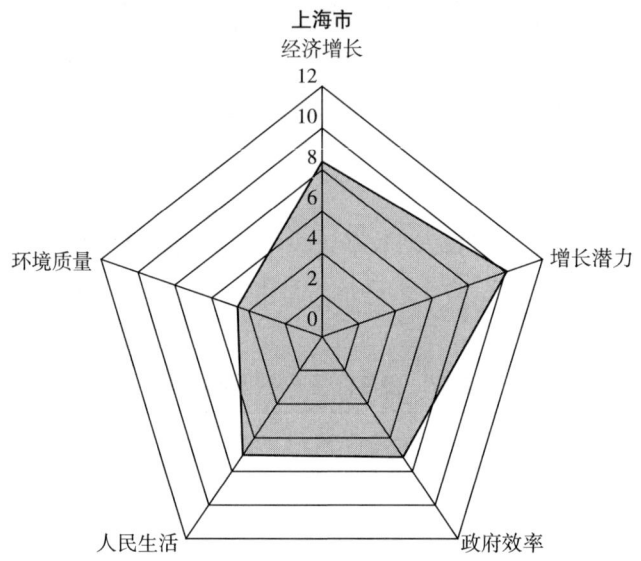

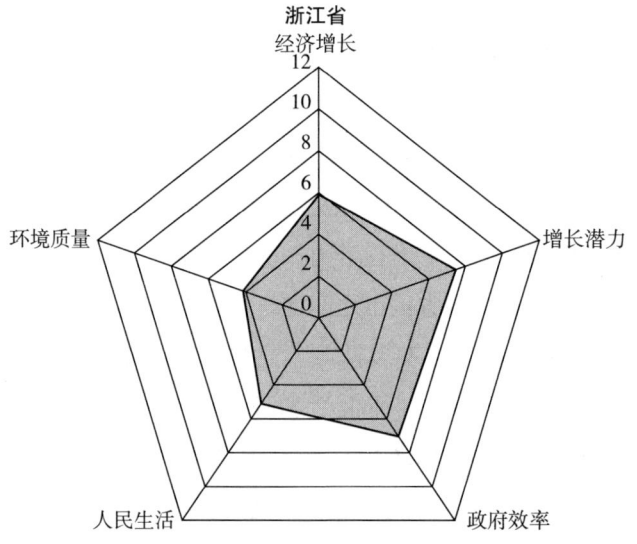

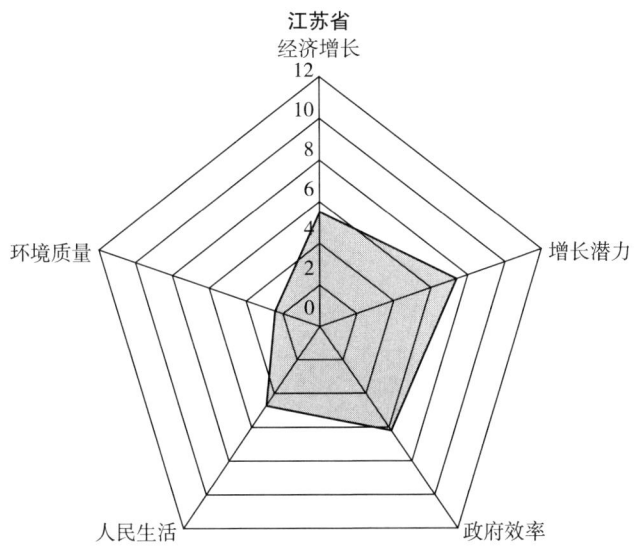

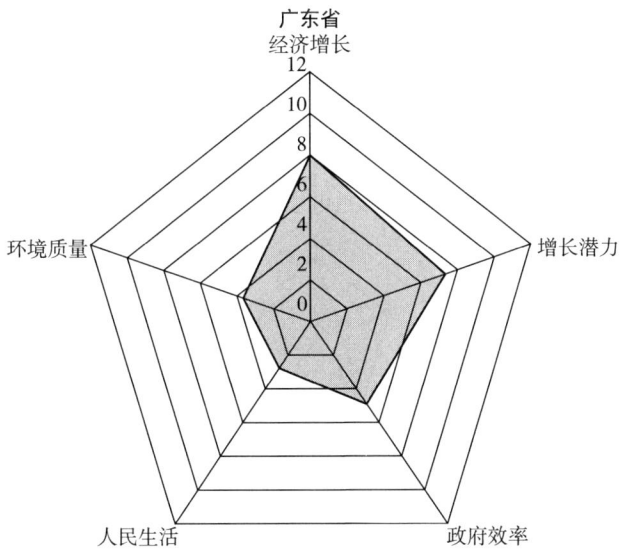

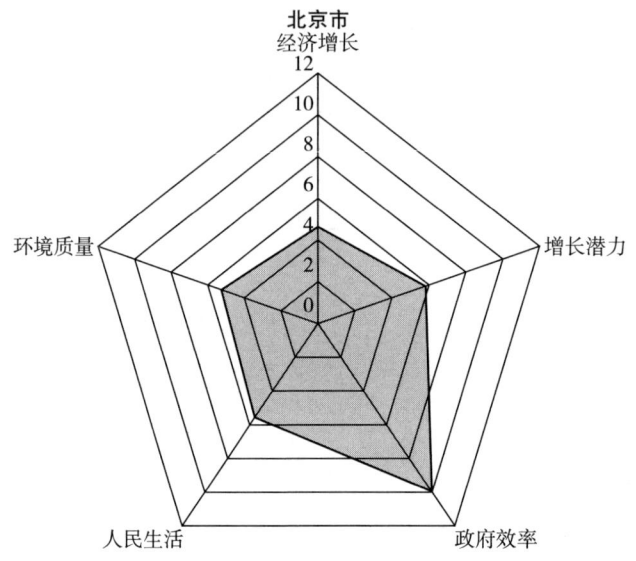

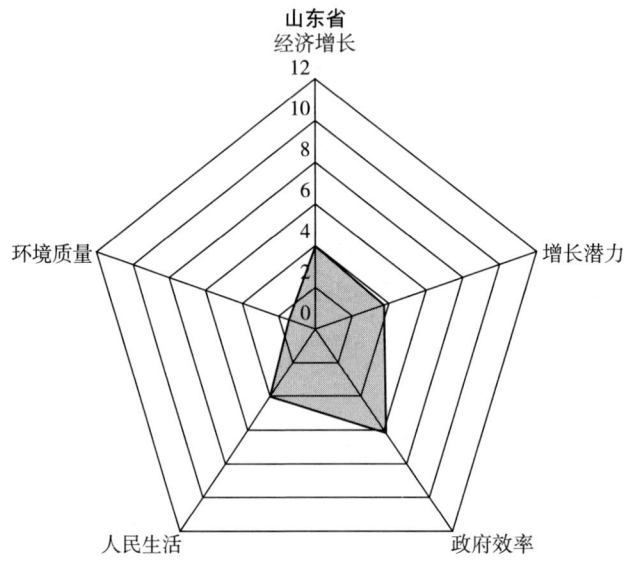

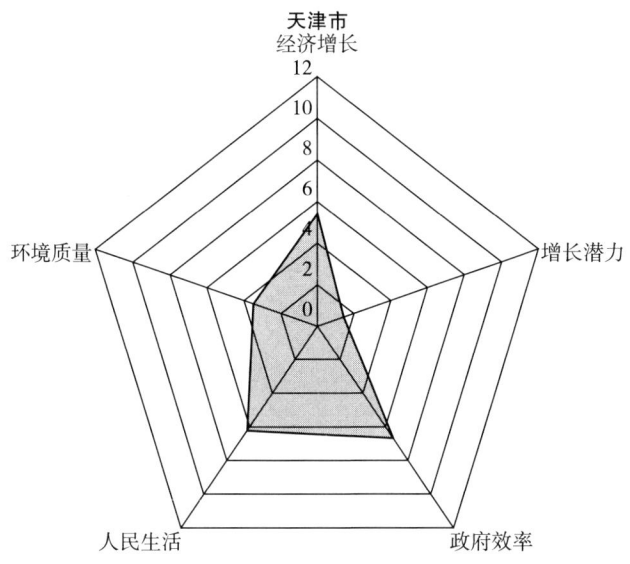

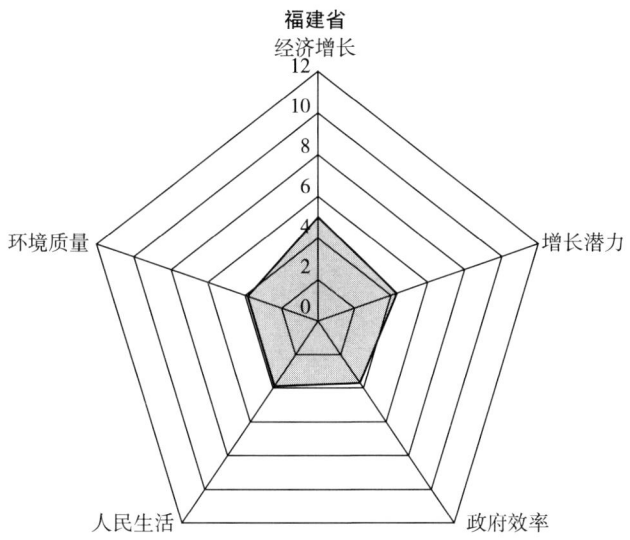

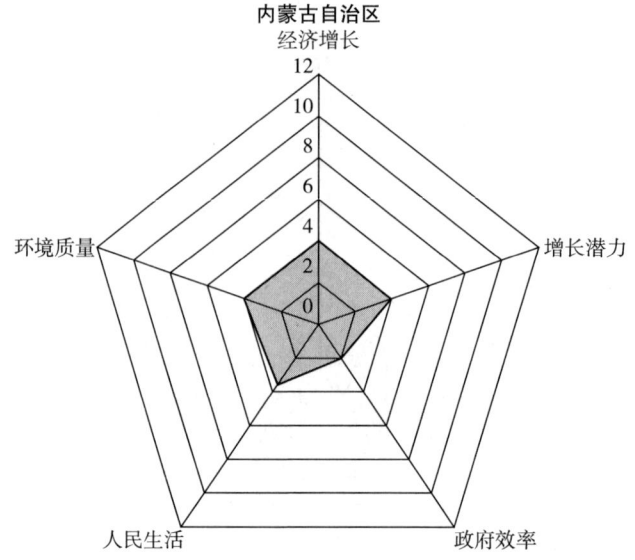

图43　2018年主要省区市发展前景雷达图

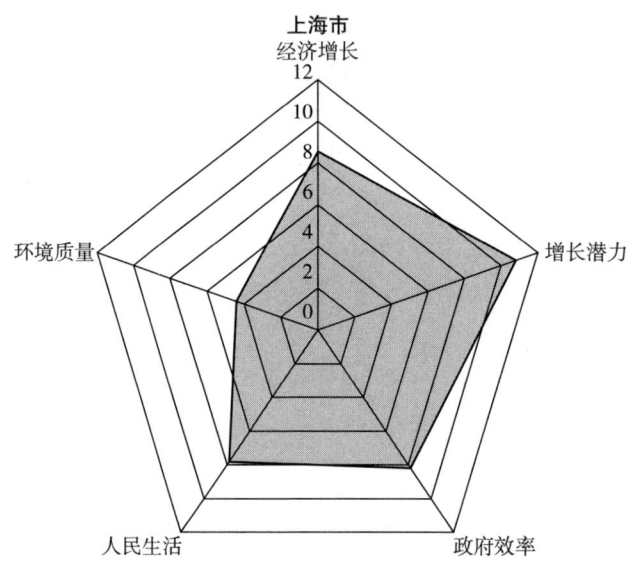

1990～2018年中国各省区市发展前景评价

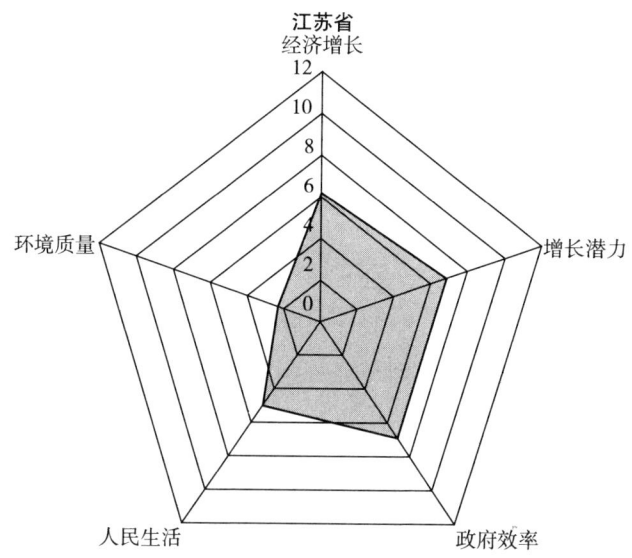

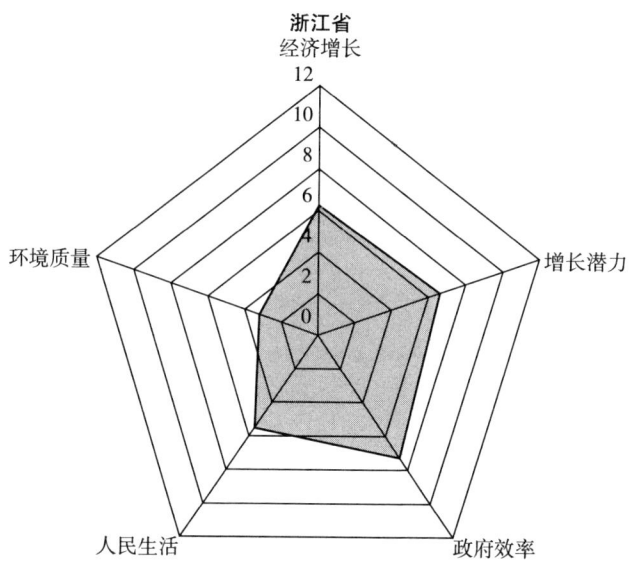

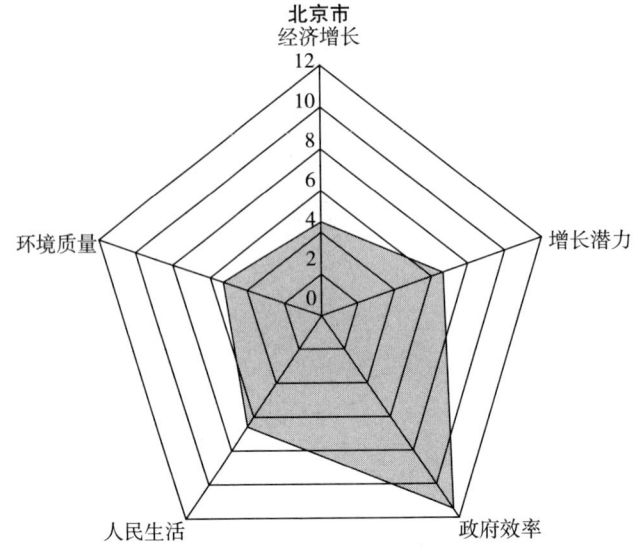

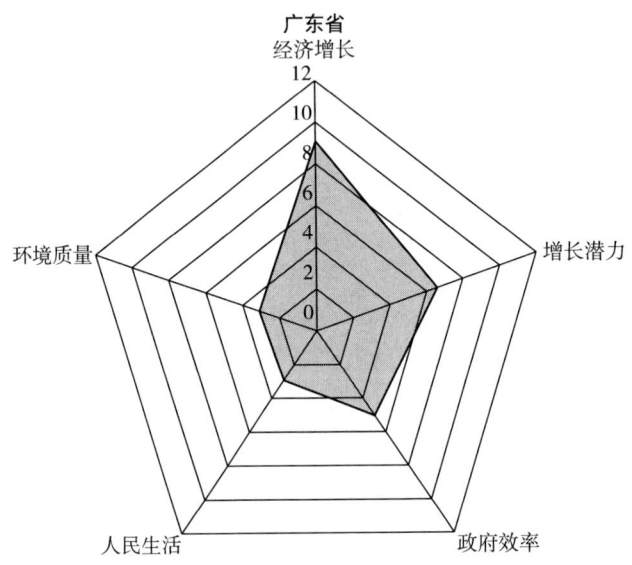

1990～2018年中国各省区市发展前景评价

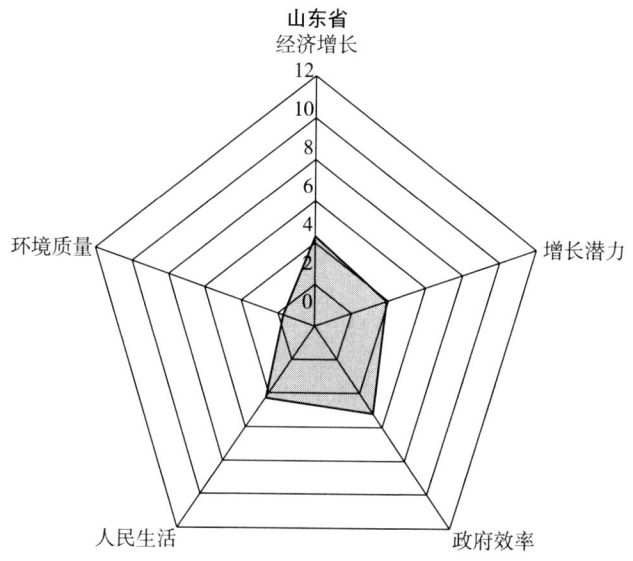

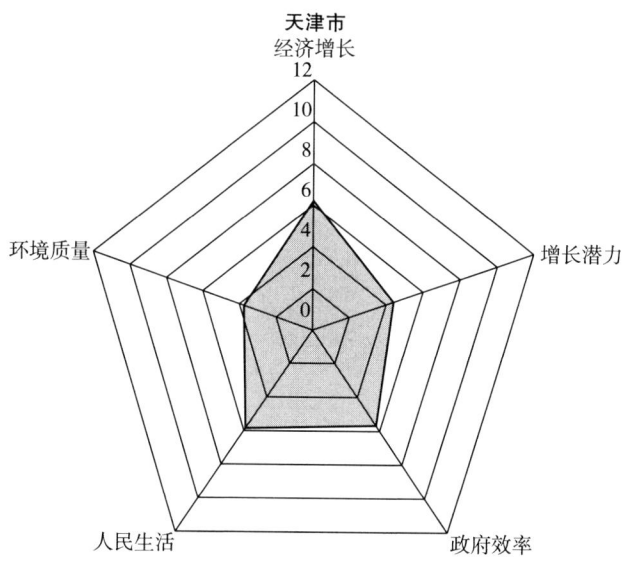

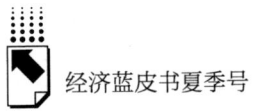

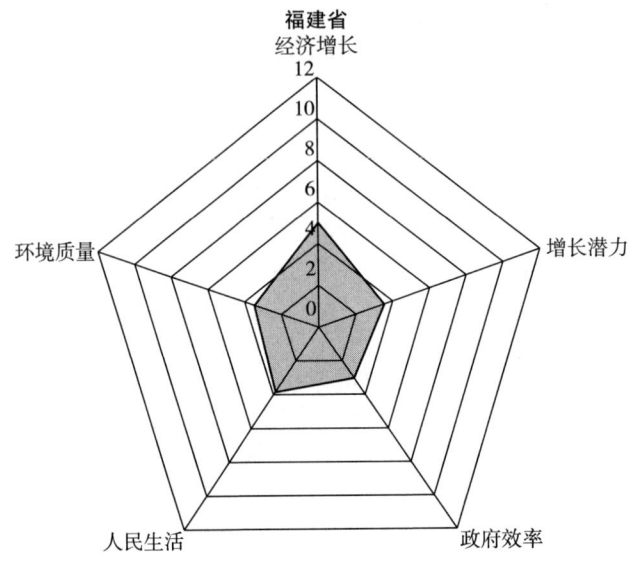

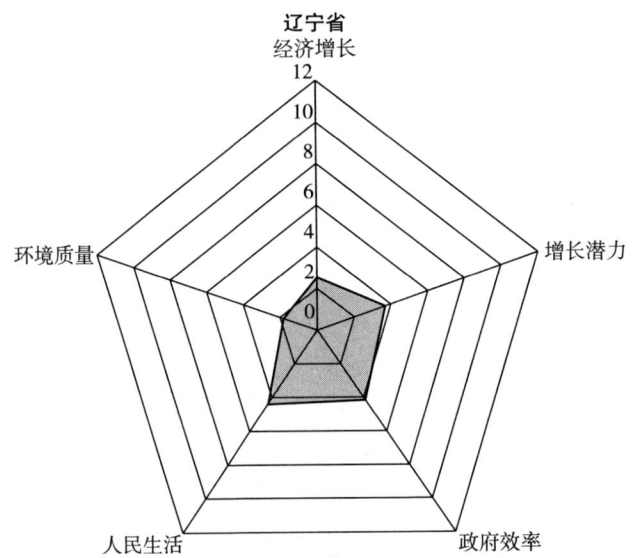

图44 2010年以来主要省区市发展前景雷达图

1990～2018年中国各省区市发展前景评价

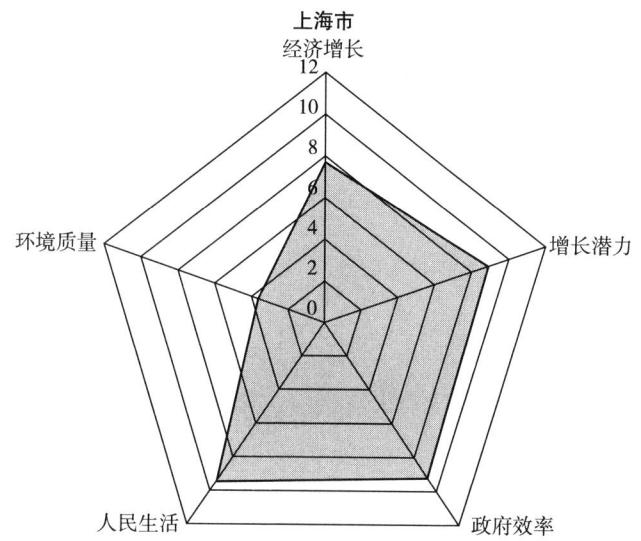

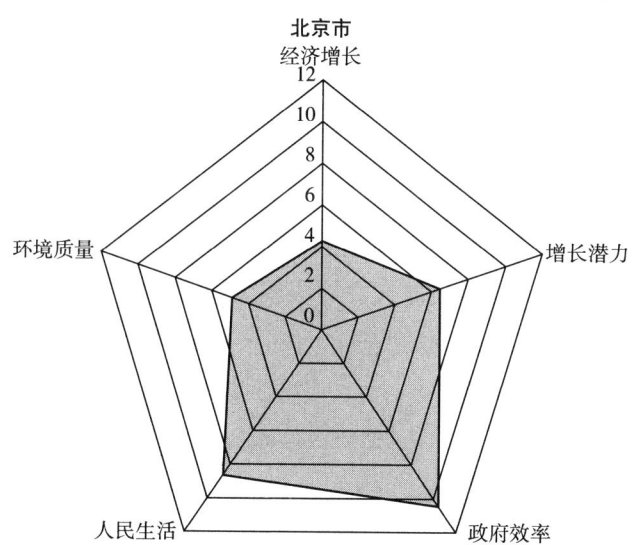

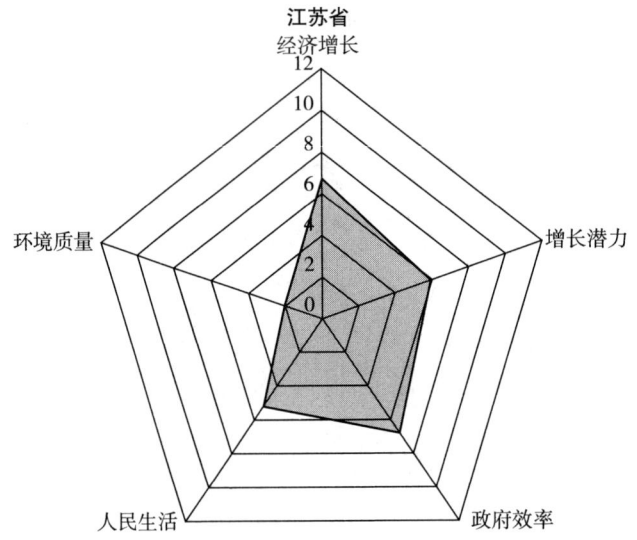

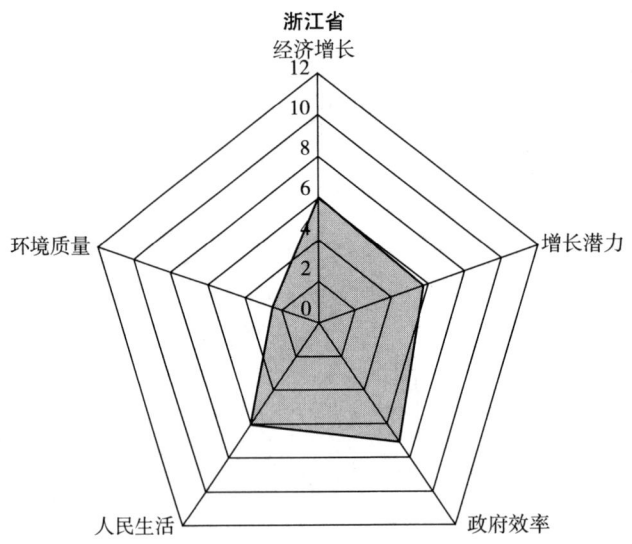

1990～2018年中国各省区市发展前景评价

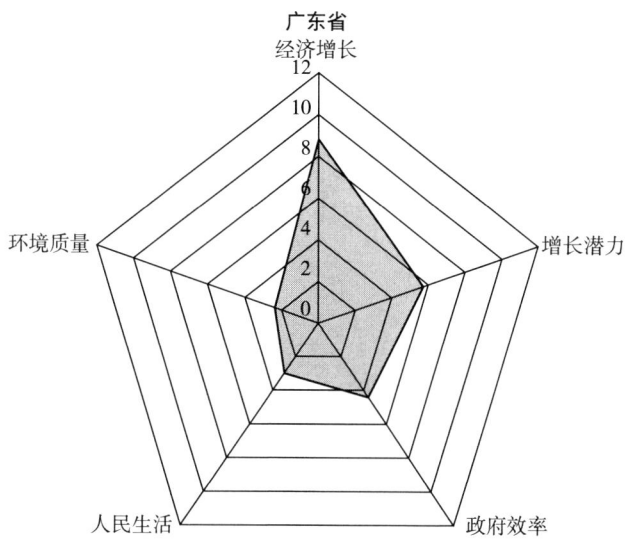

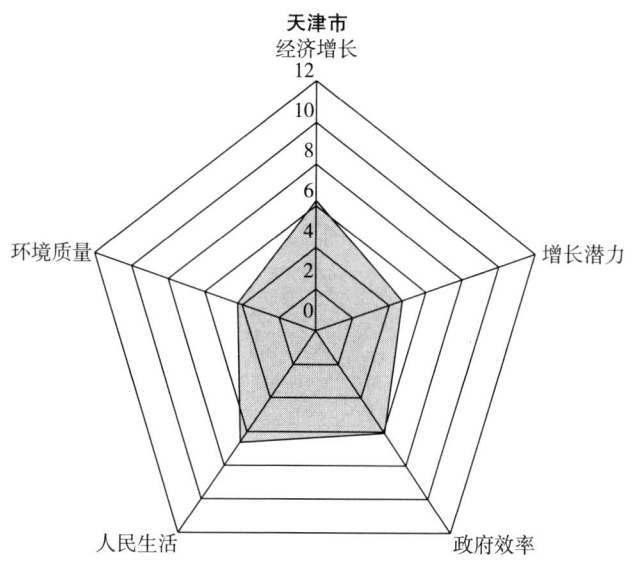

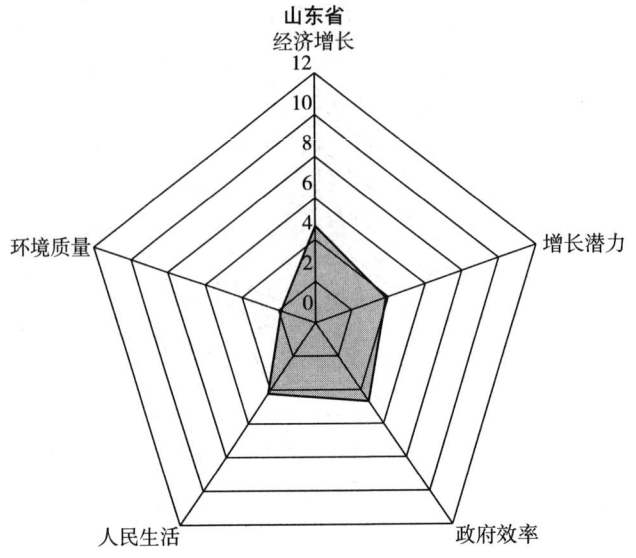

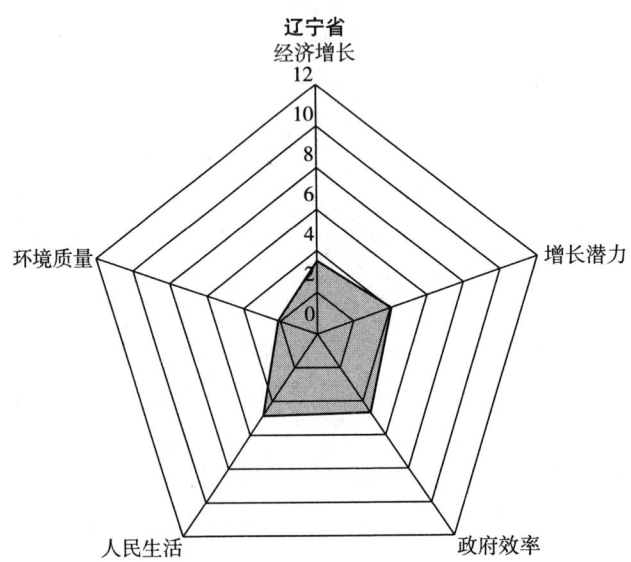

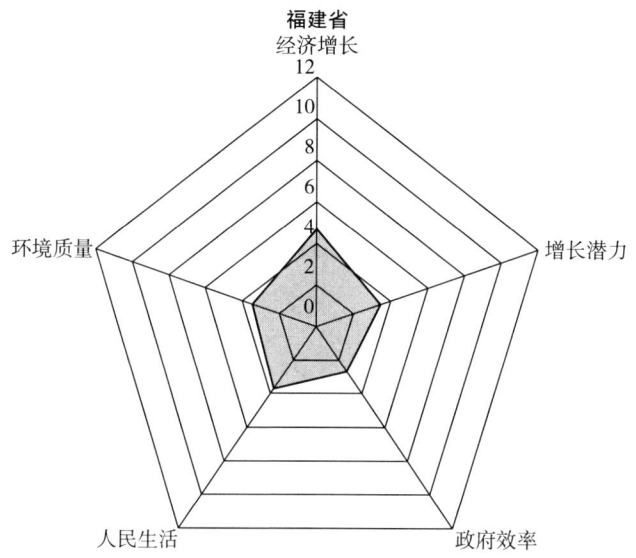

图45 2000年以来主要省区市发展前景雷达图

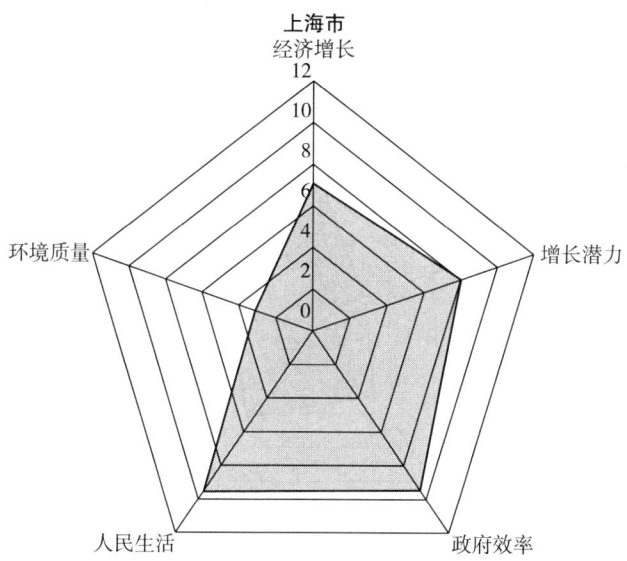

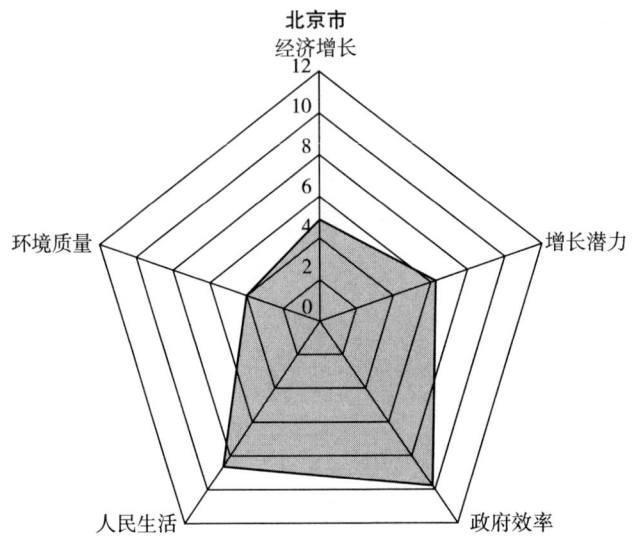

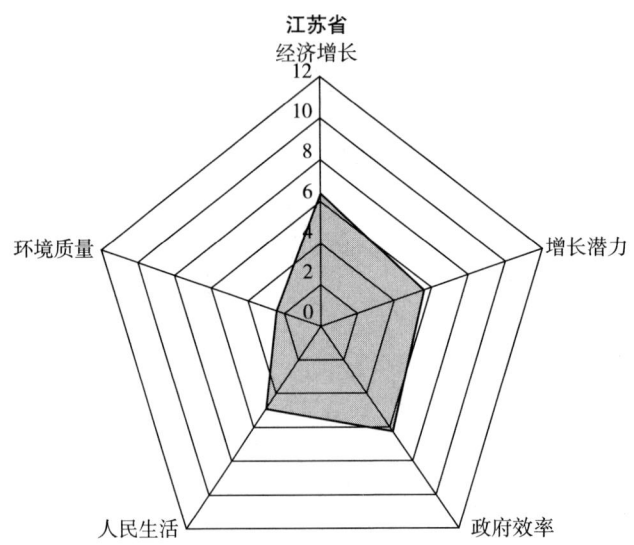

1990~2018年中国各省区市发展前景评价

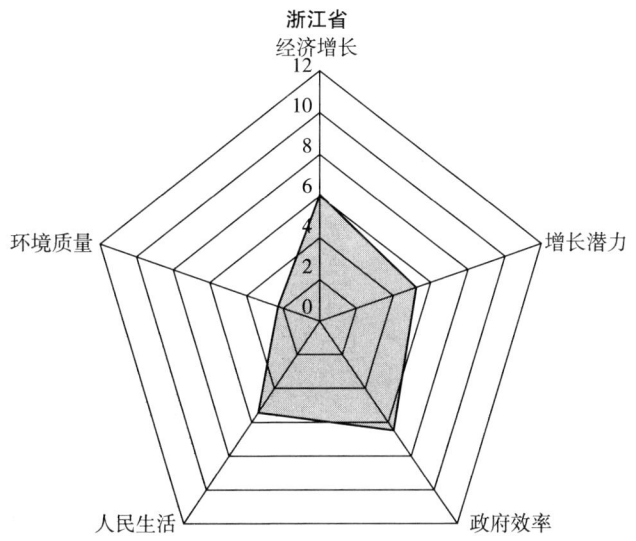

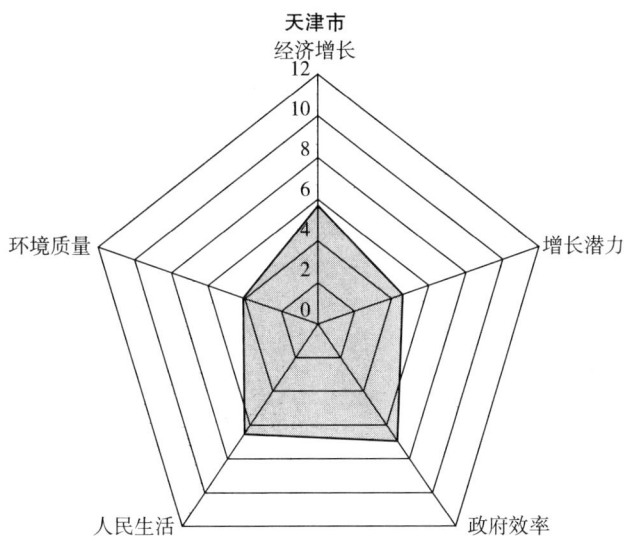

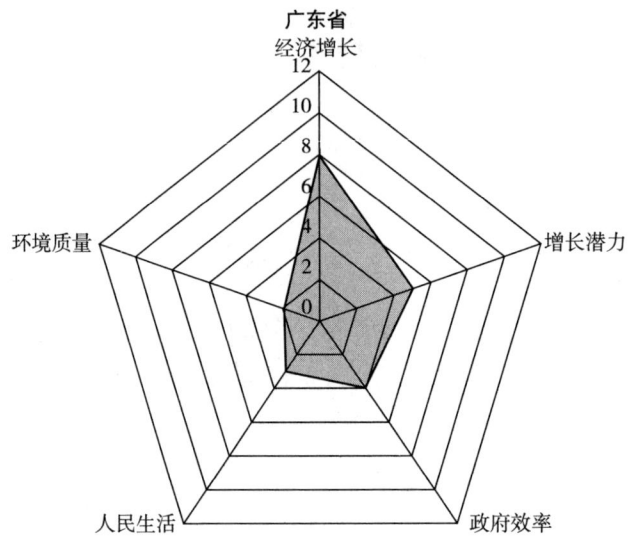

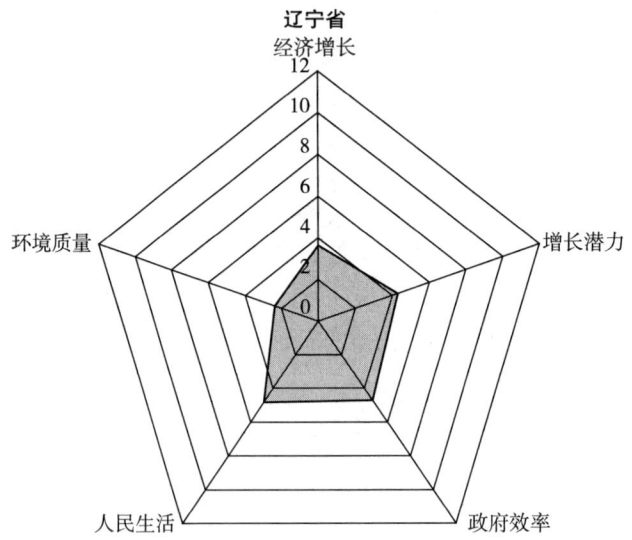

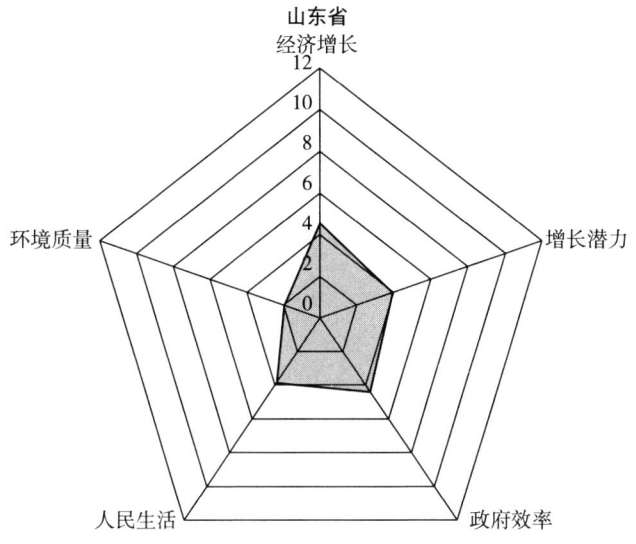

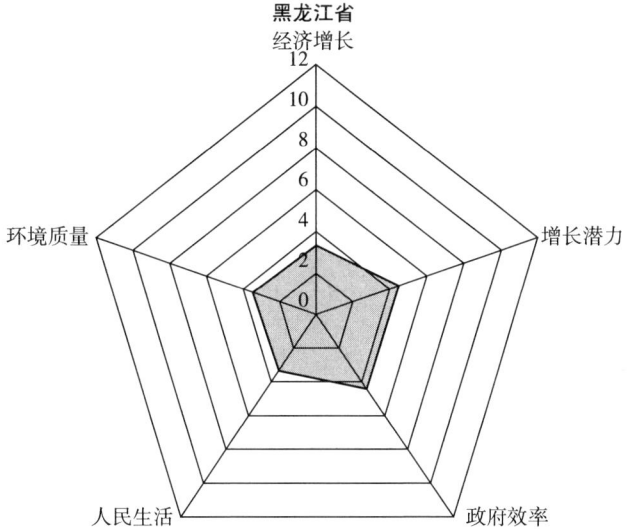

图46 1990年以来主要省区市发展前景雷达图

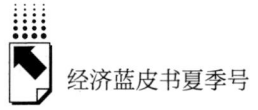

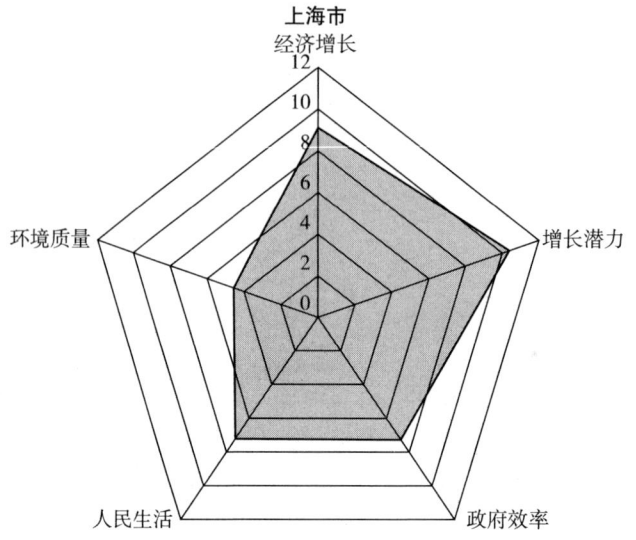

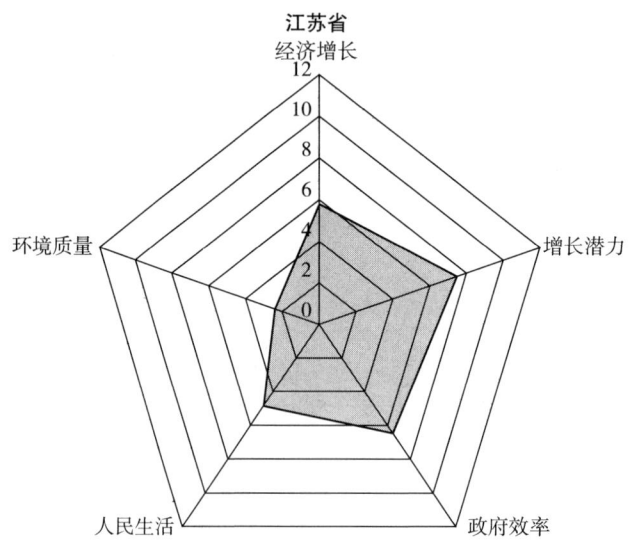

1990～2018年中国各省区市发展前景评价

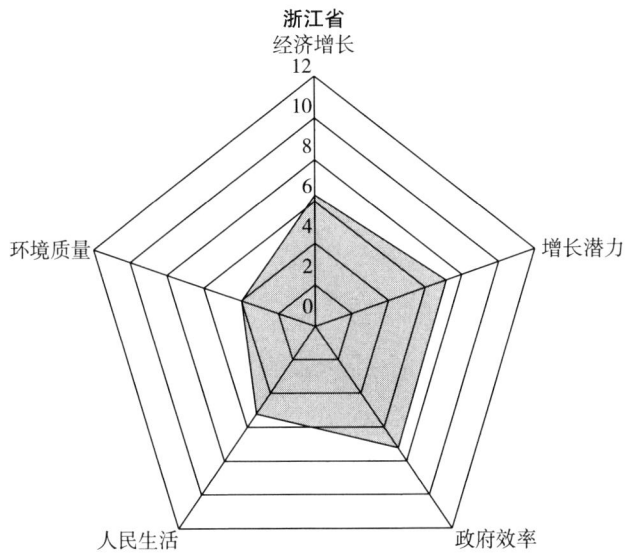

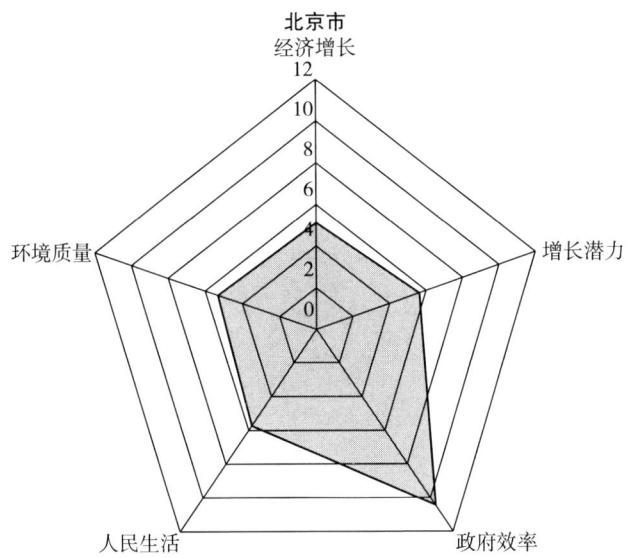

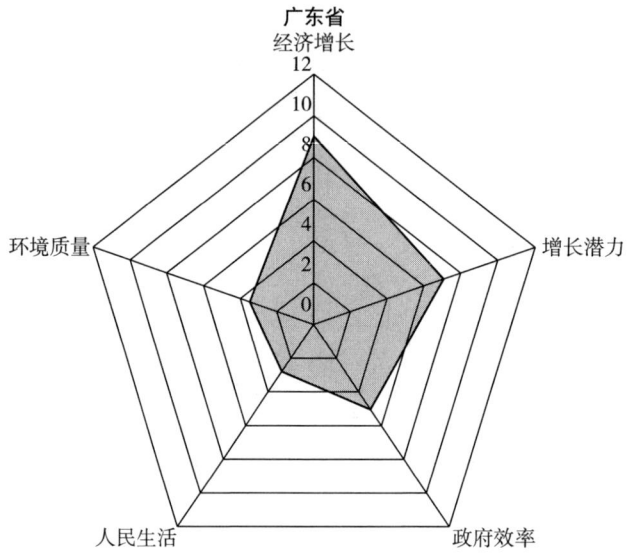

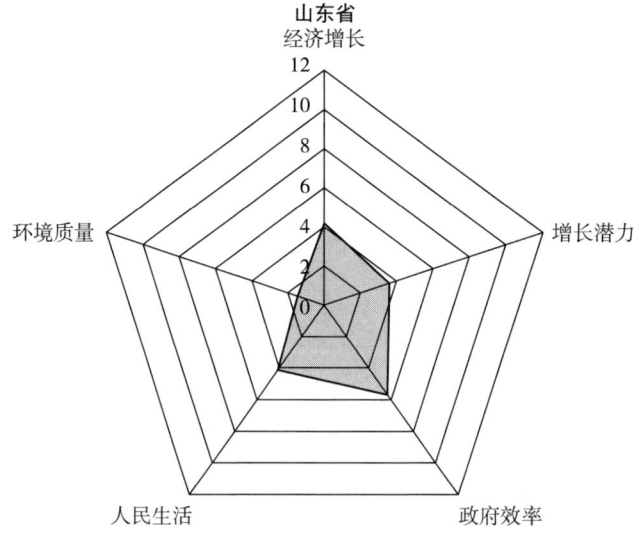

1990~2018年中国各省区市发展前景评价

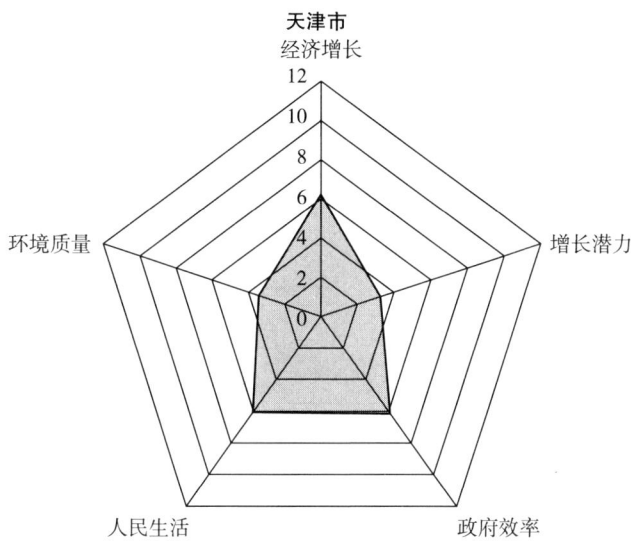

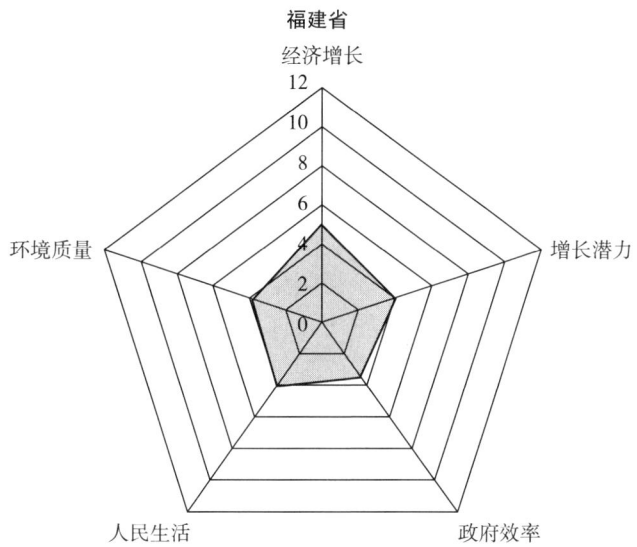

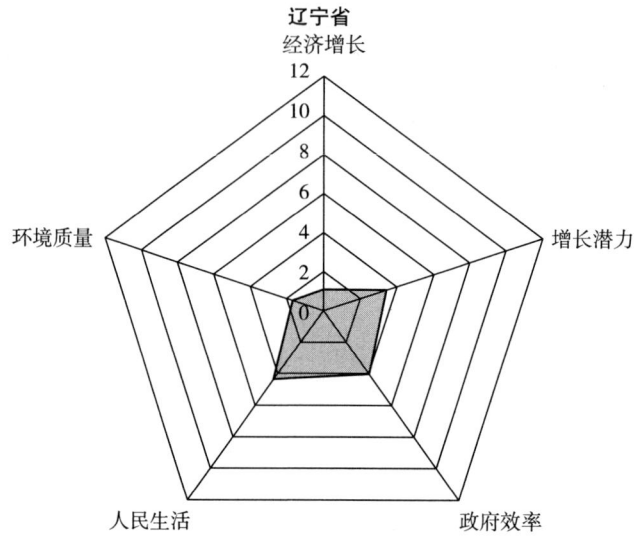

图47　2017年主要省区市发展前景雷达图

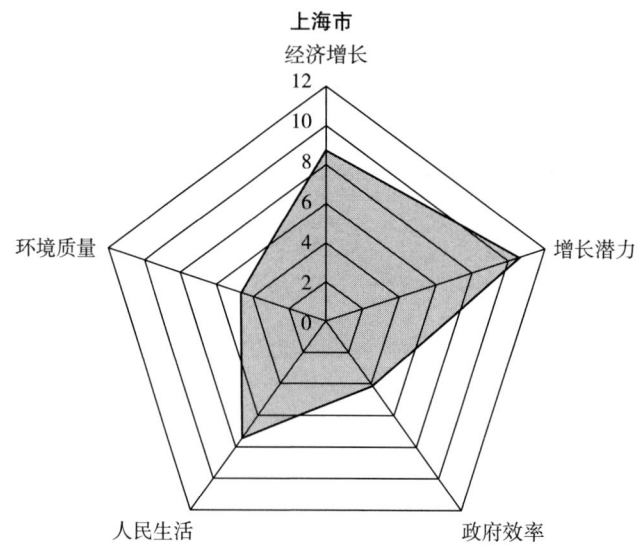

1990~2018年中国各省区市发展前景评价

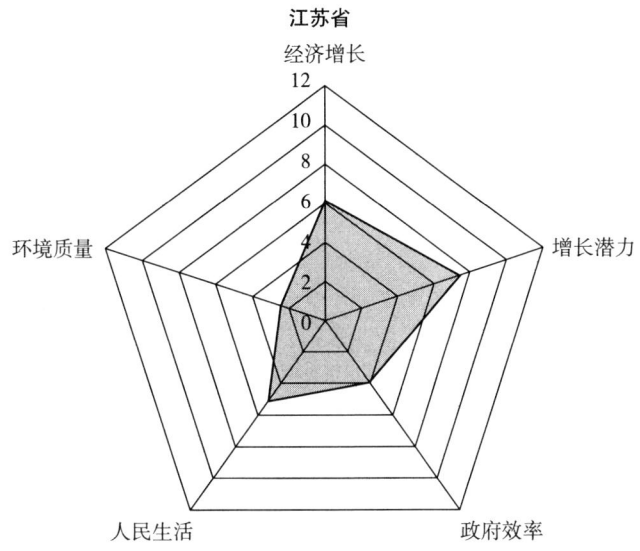

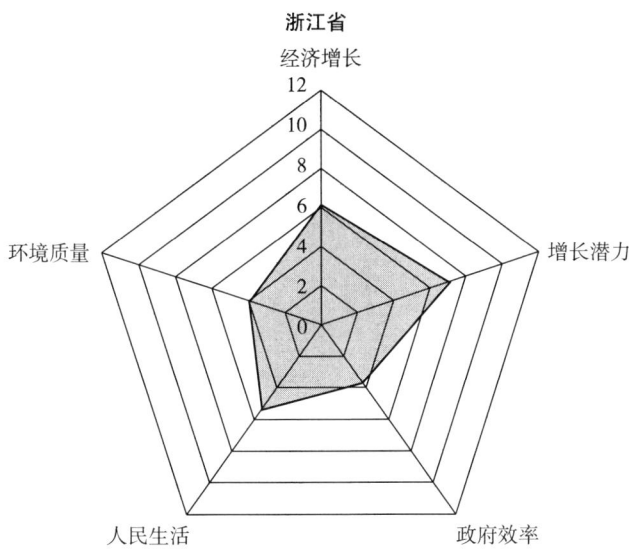

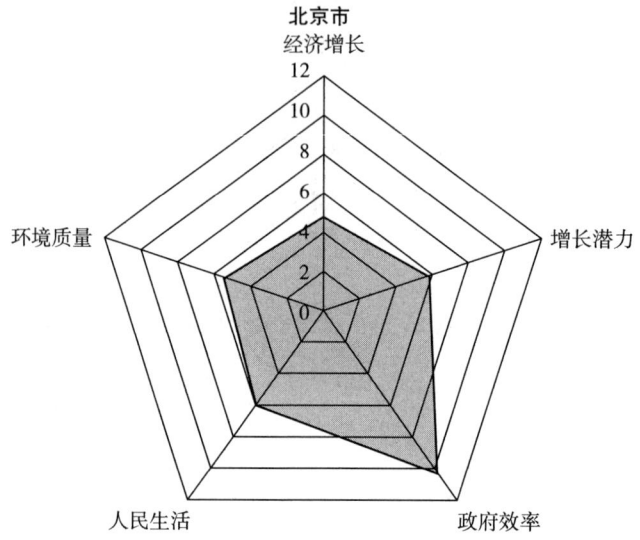

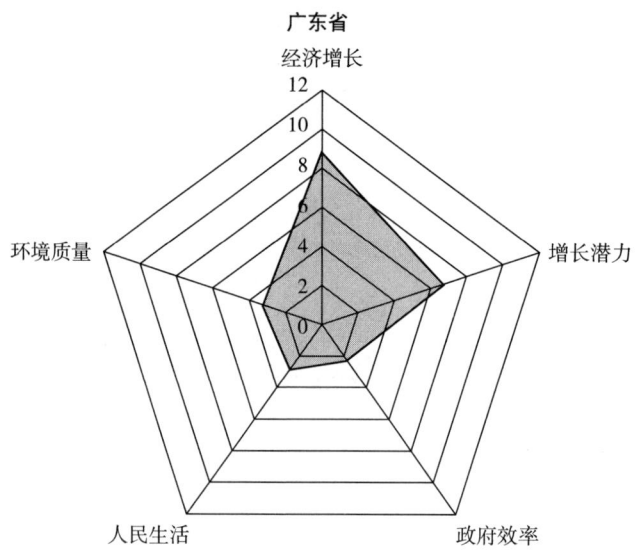

1990~2018年中国各省区市发展前景评价

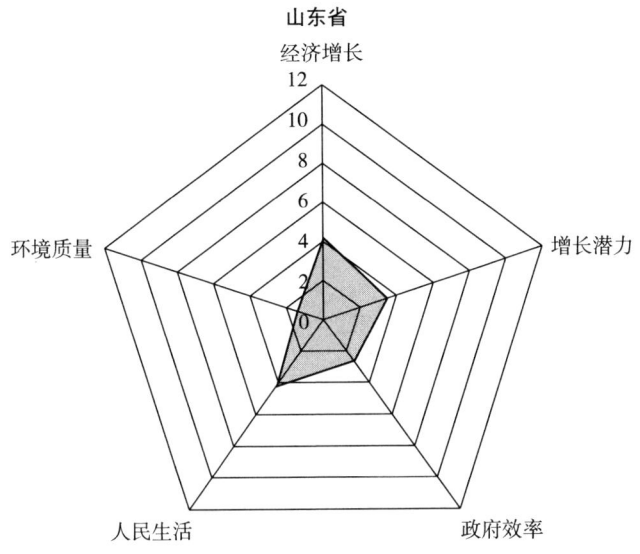

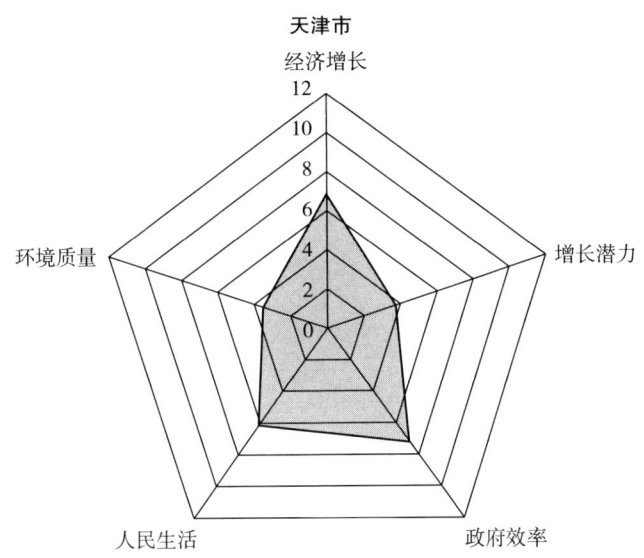

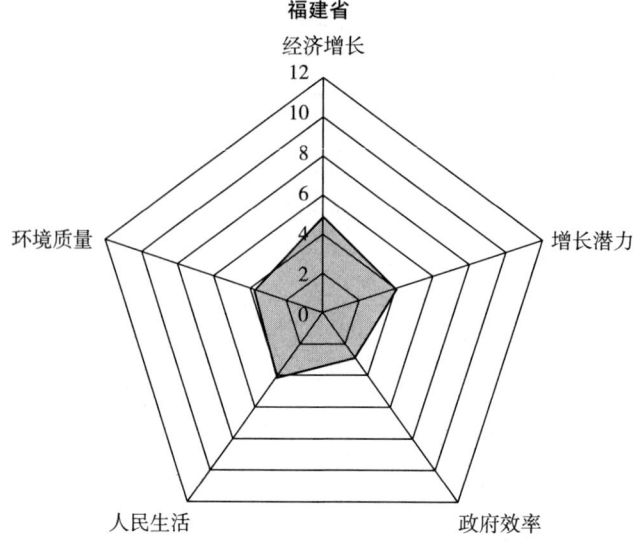
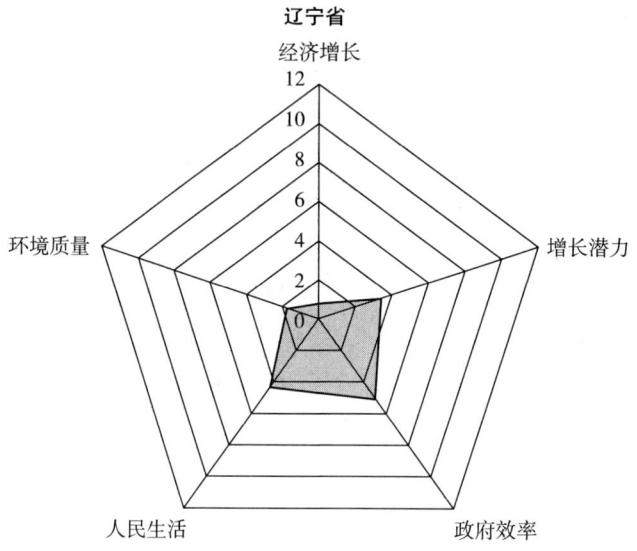

图48 2016年主要省区市发展前景雷达图

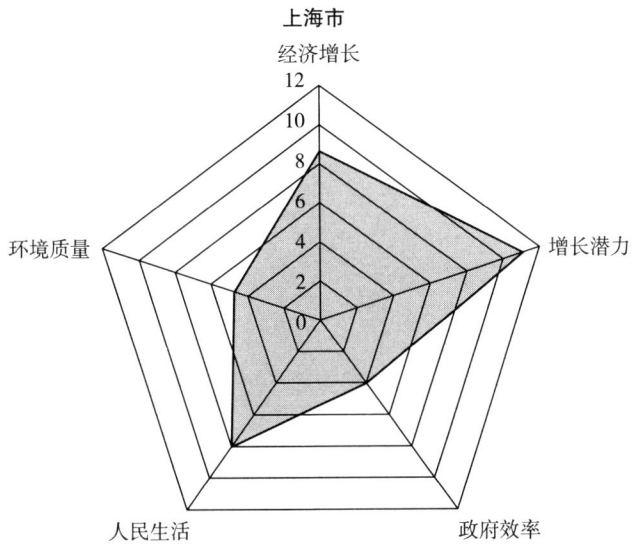

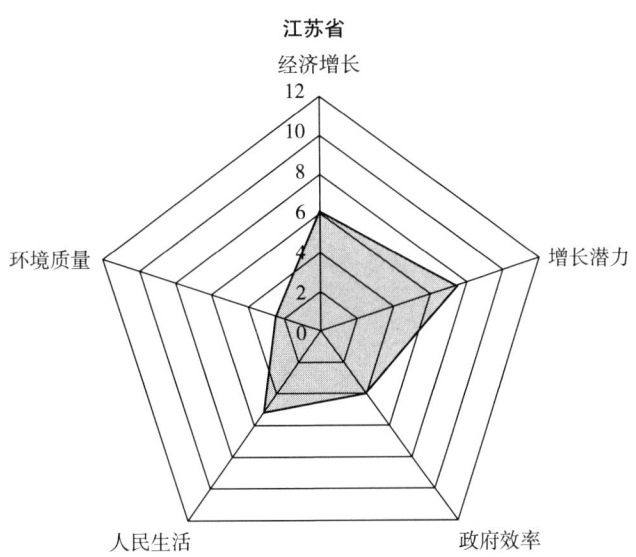

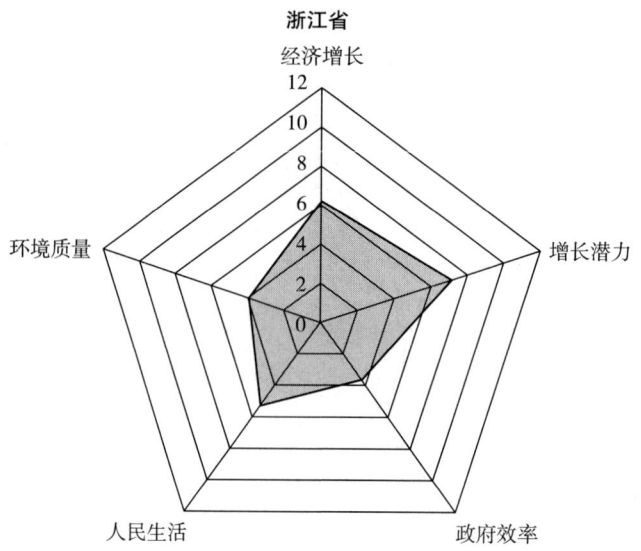

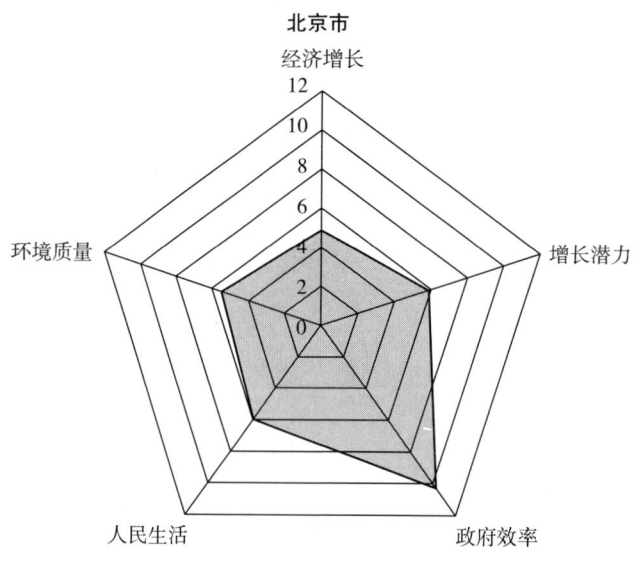

1990~2018年中国各省区市发展前景评价

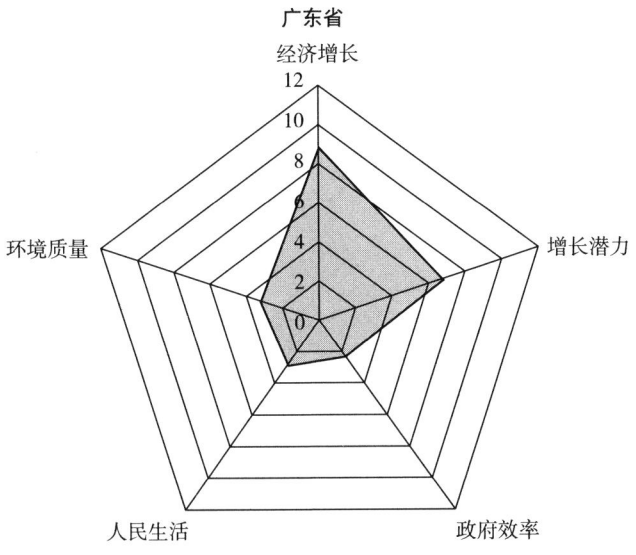

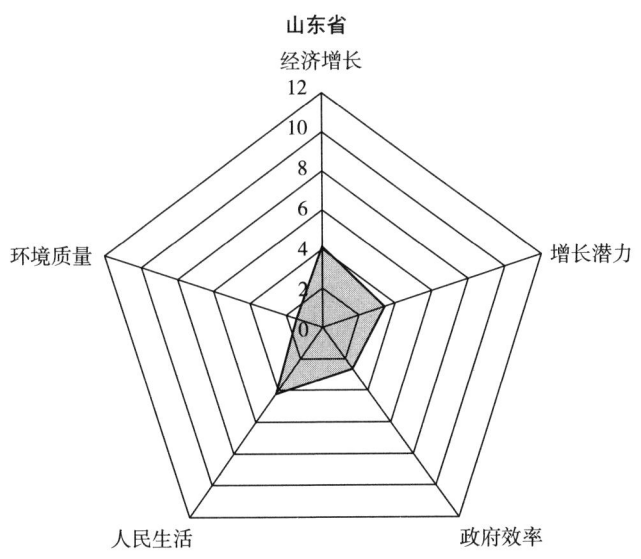

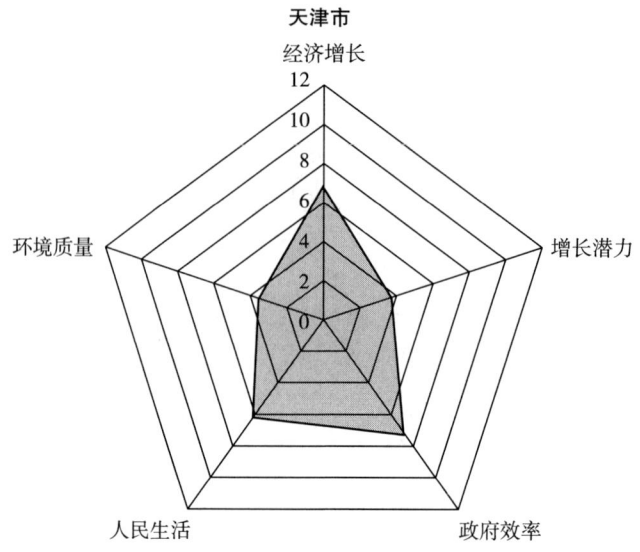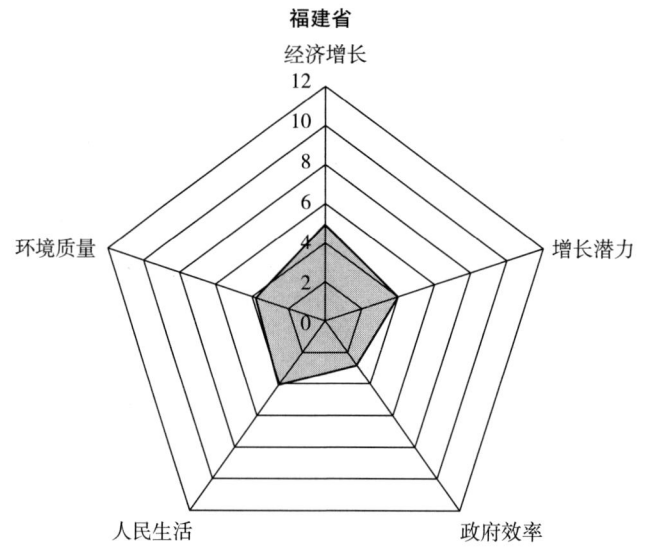

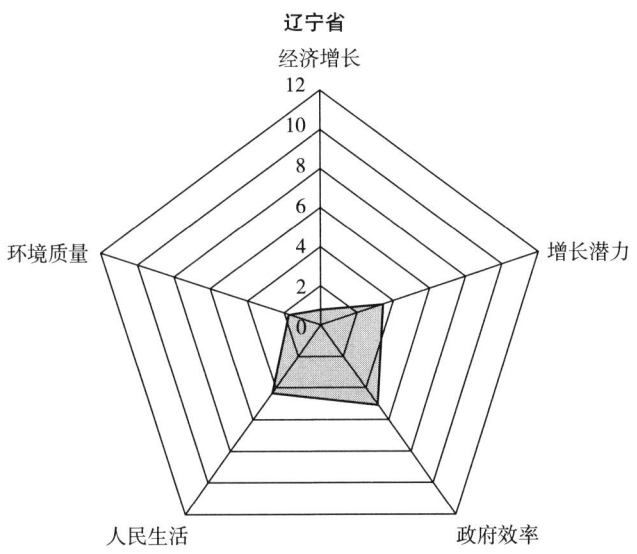

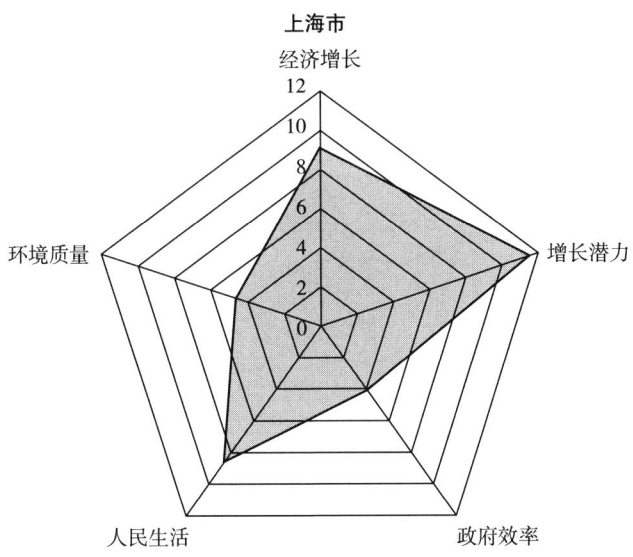

图49 2015年主要省区市发展前景雷达图

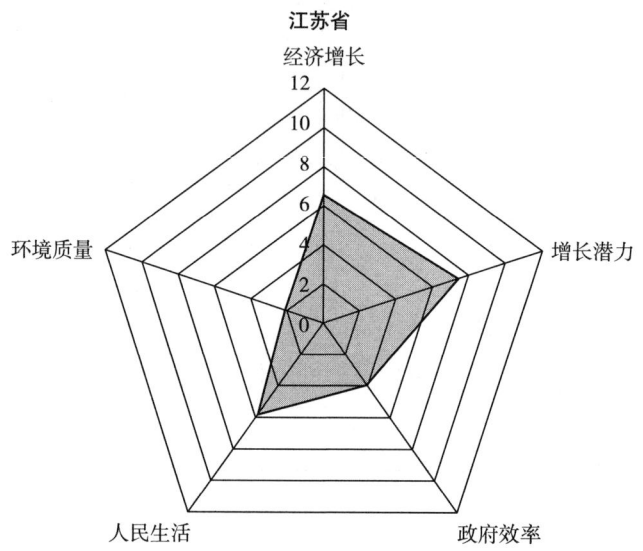

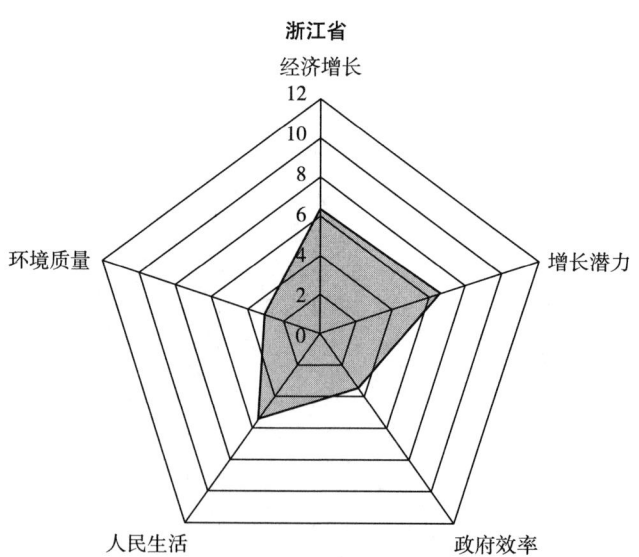

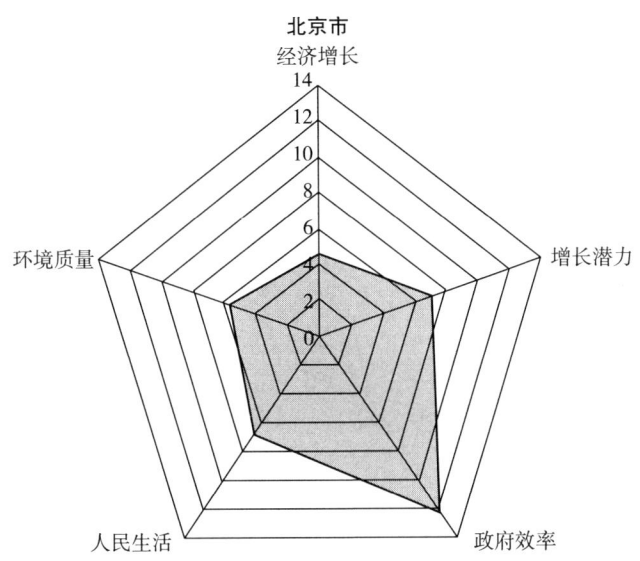

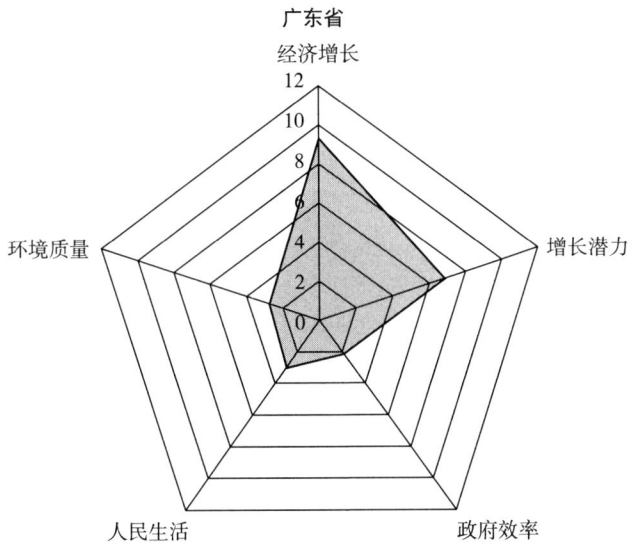

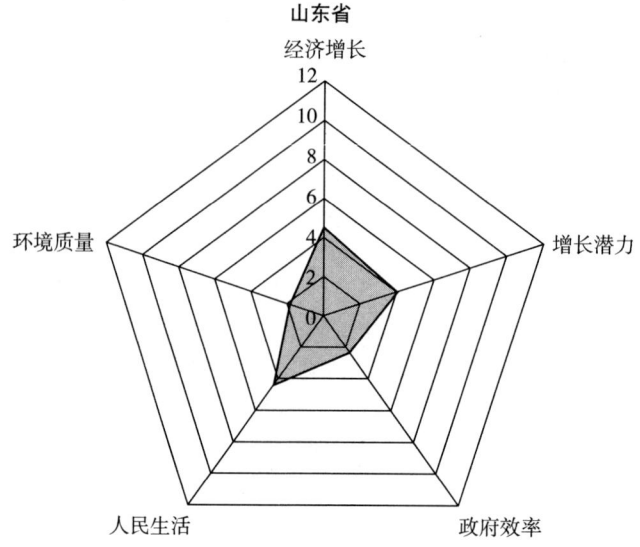

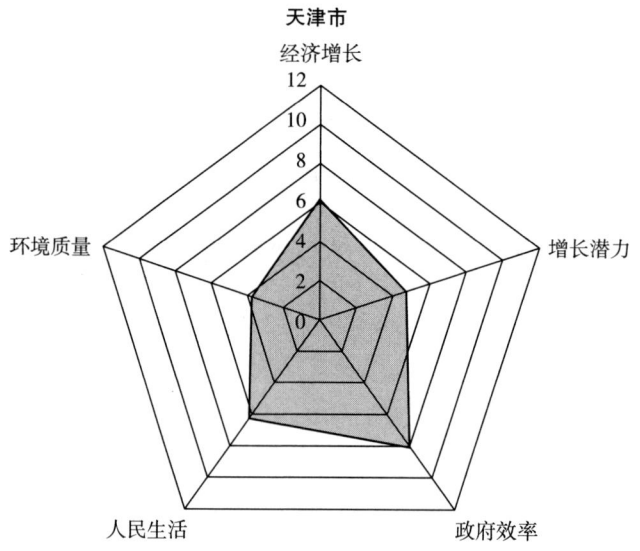

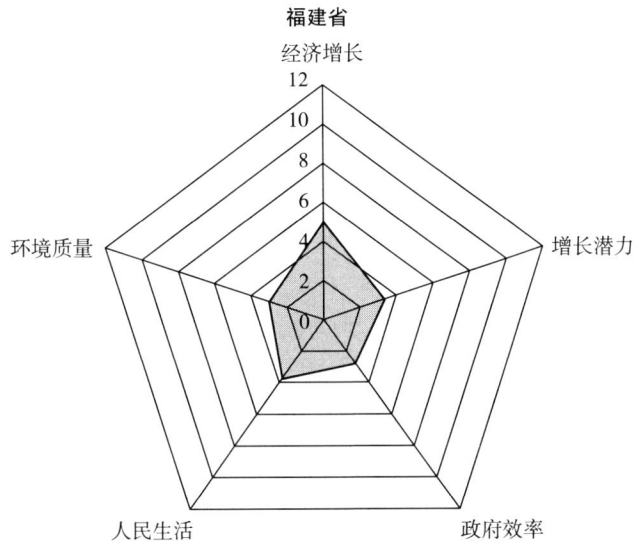

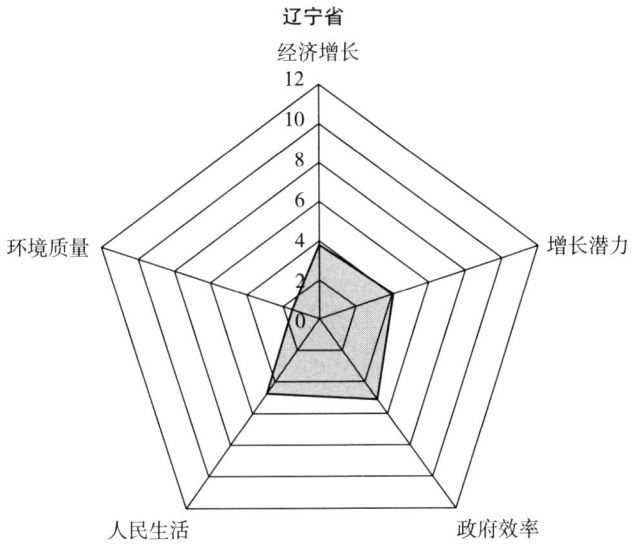

图 50 2014年主要省区市发展前景雷达图

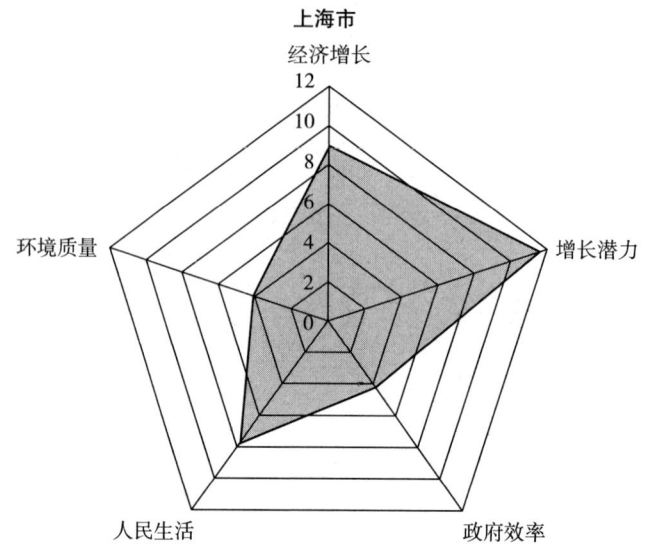

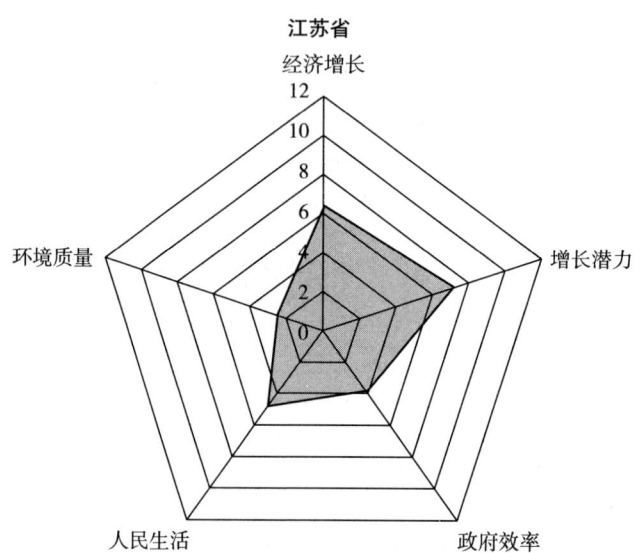

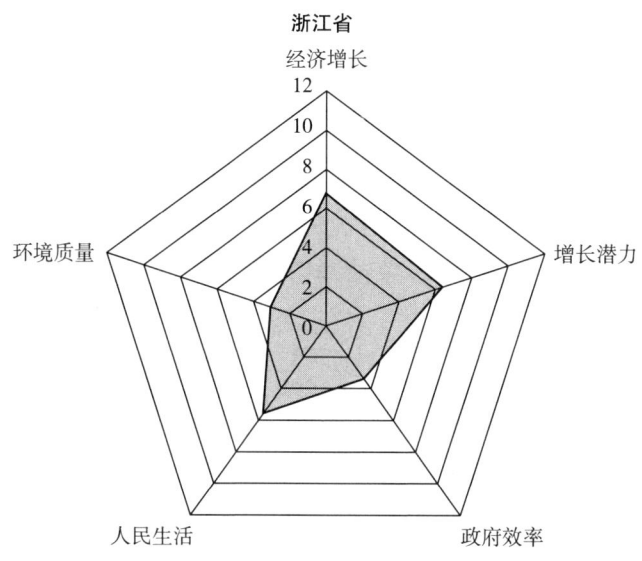

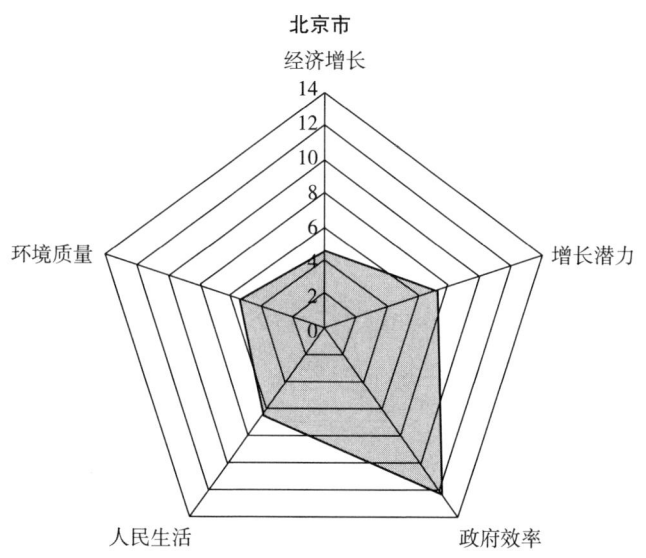

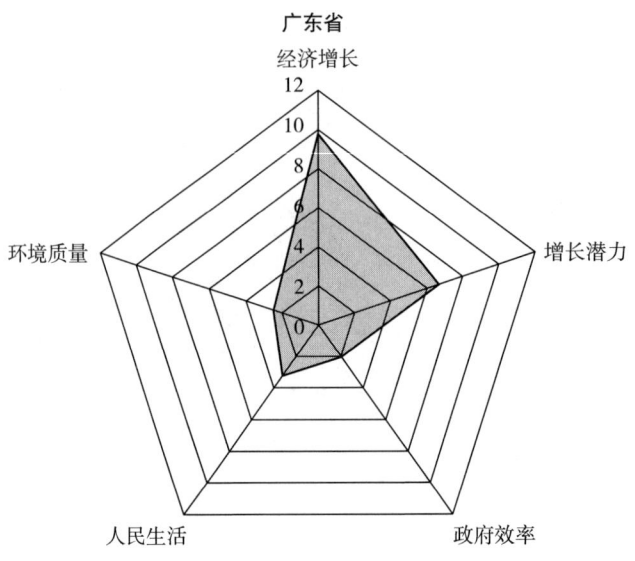

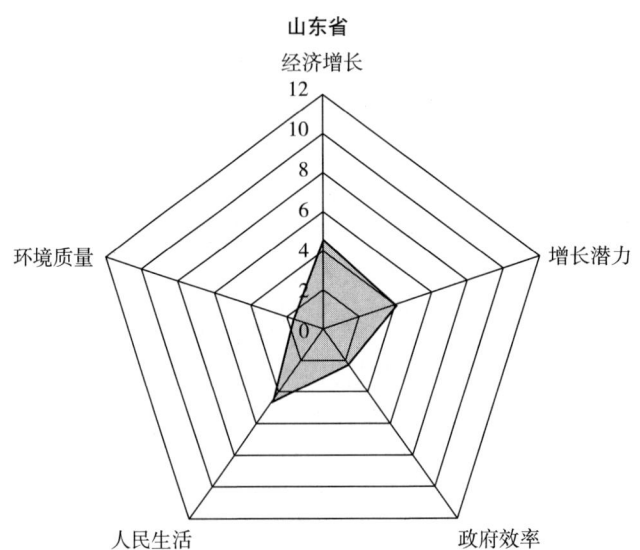

1990~2018年中国各省区市发展前景评价

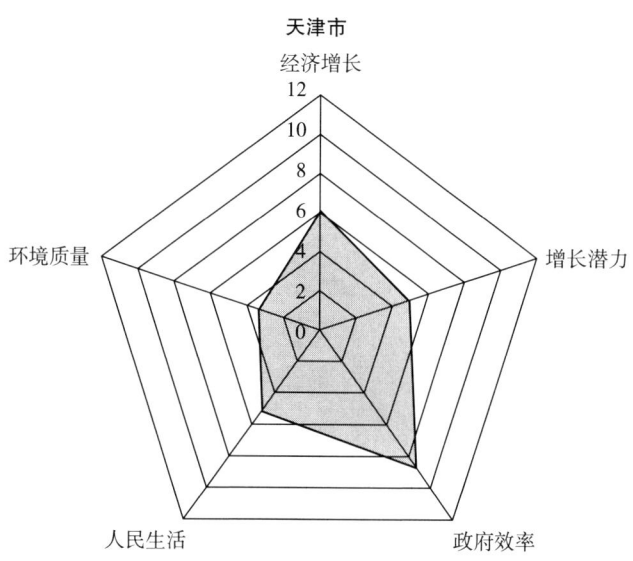

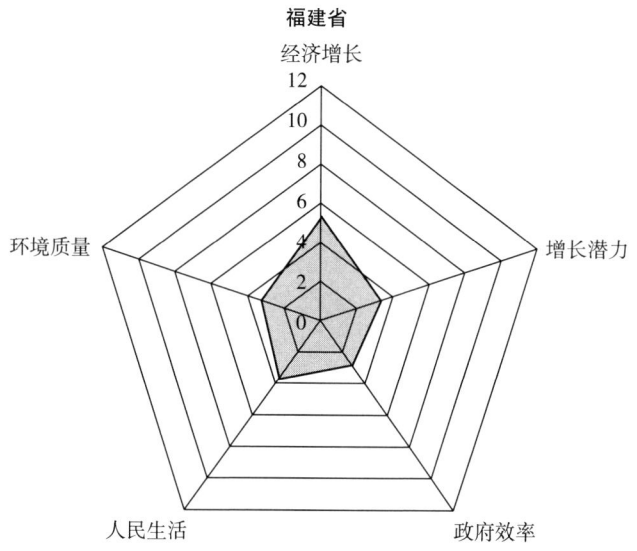

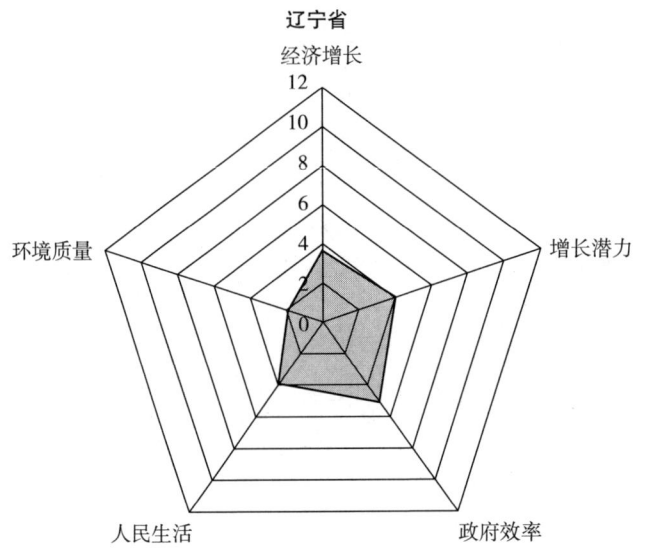

图 51　2013 年主要省区市发展前景雷达图

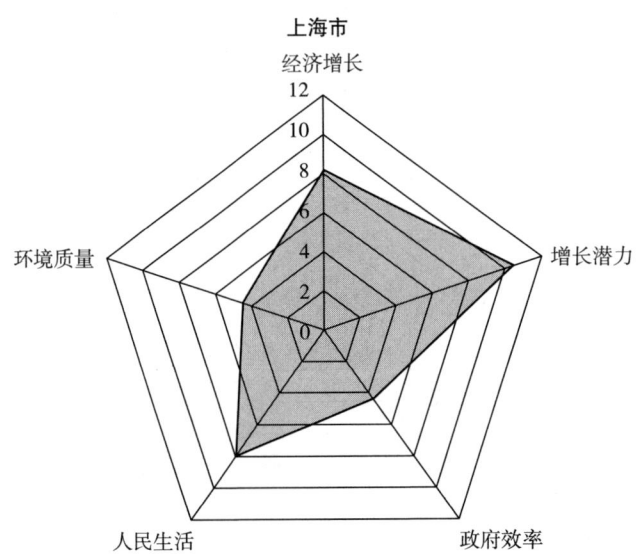

1990~2018年中国各省区市发展前景评价

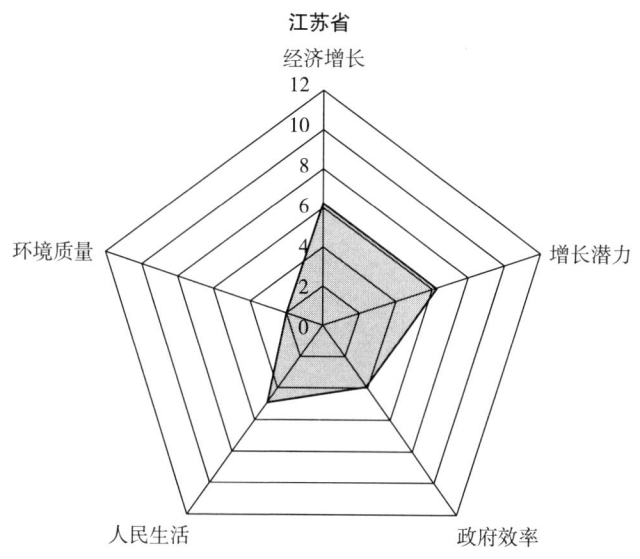

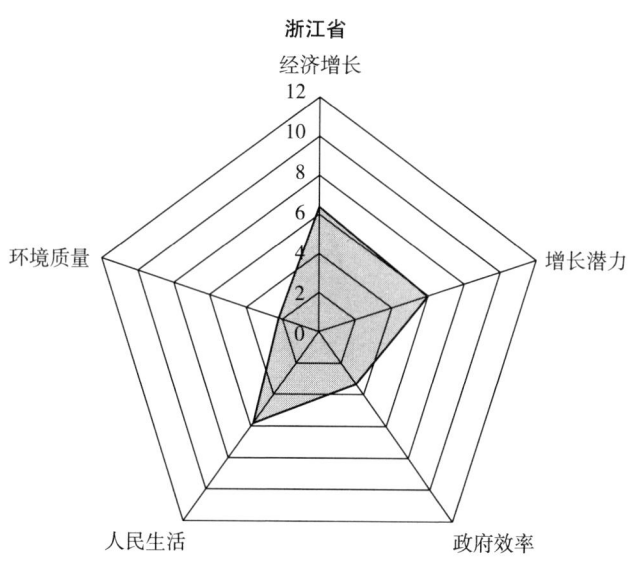

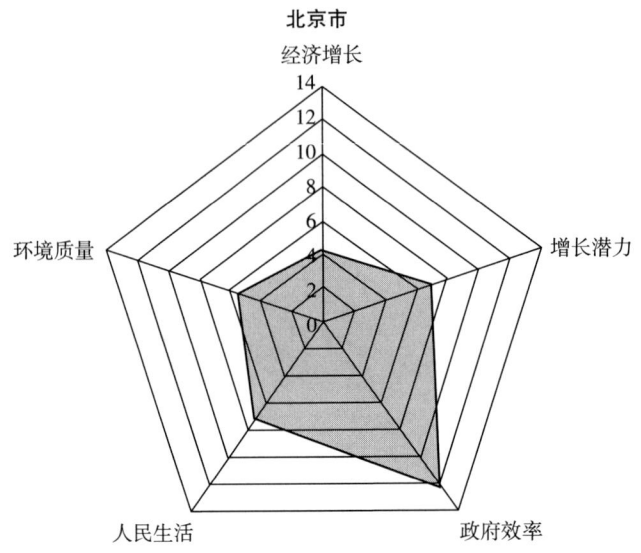

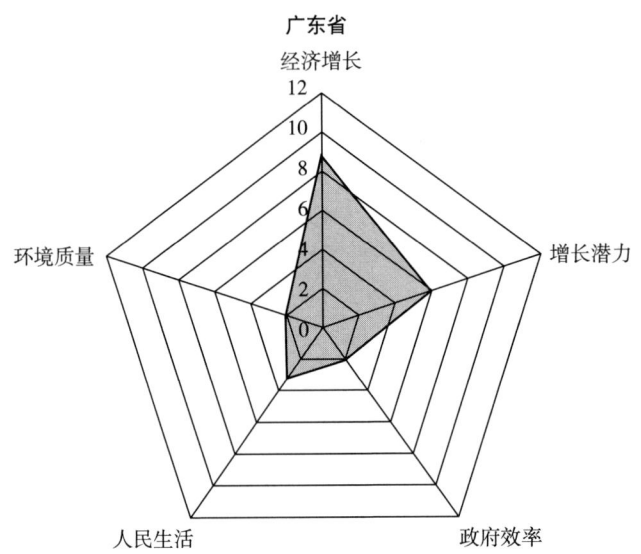

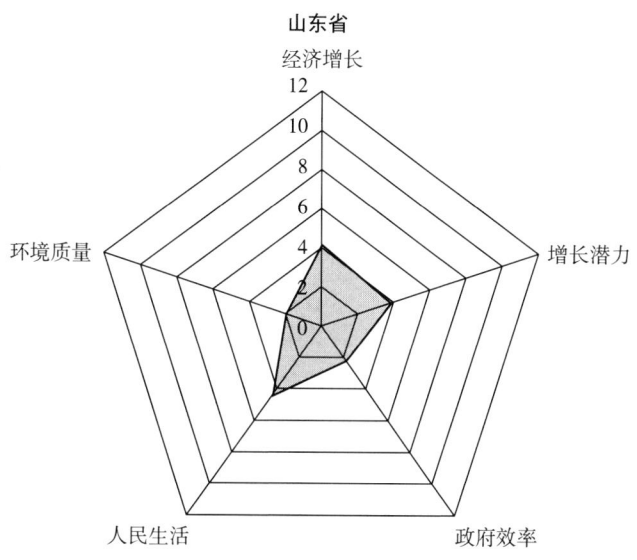

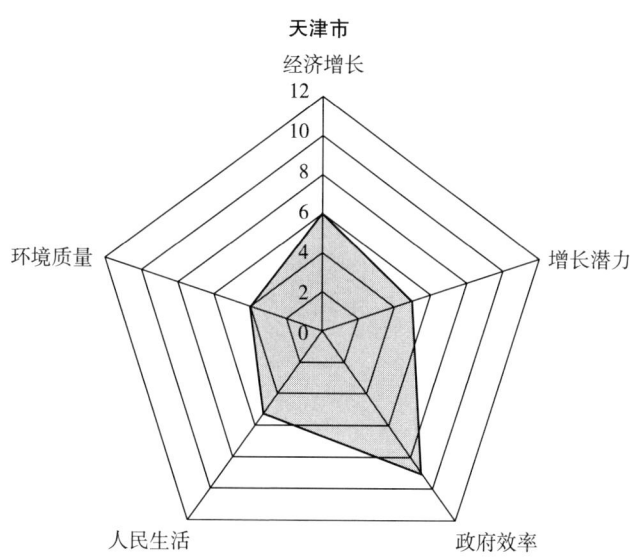

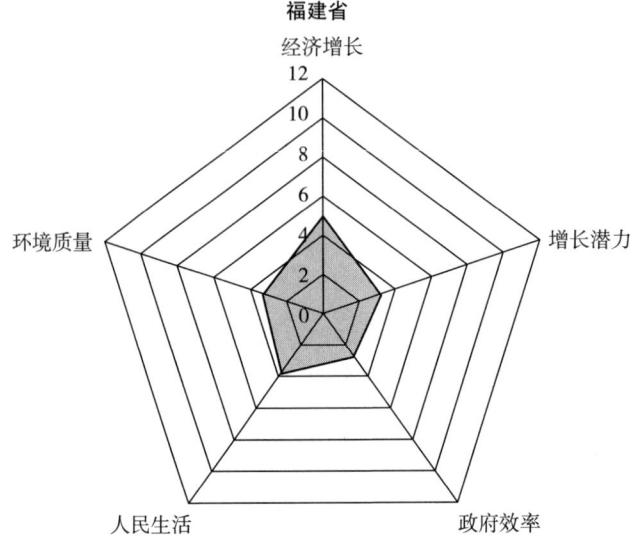

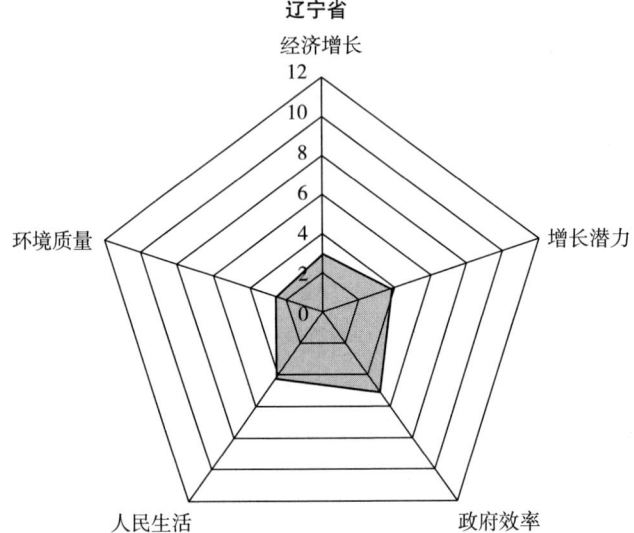

图52　2012年主要省区市发展前景雷达图

1990~2018年中国各省区市发展前景评价

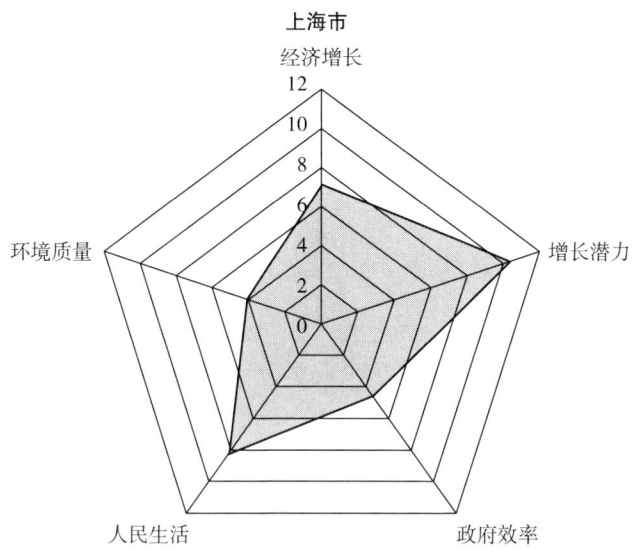

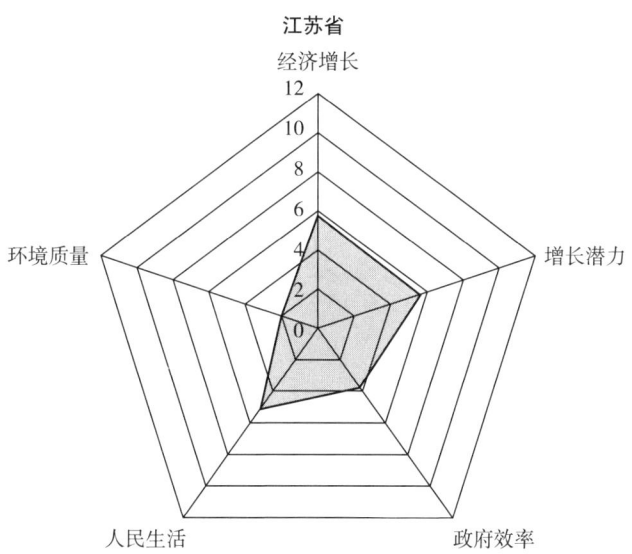

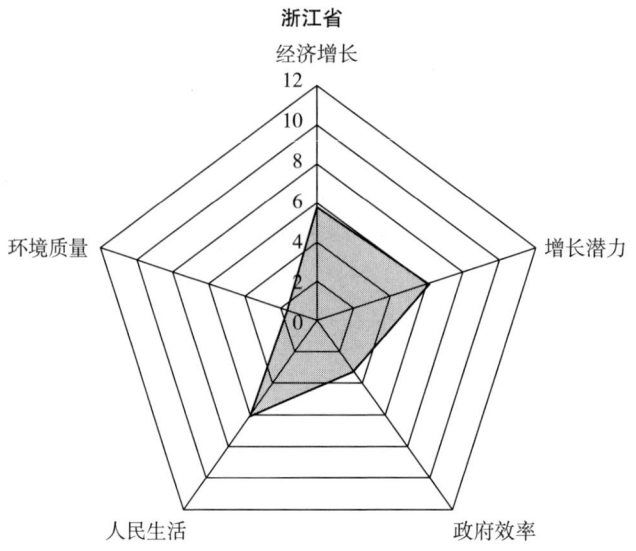

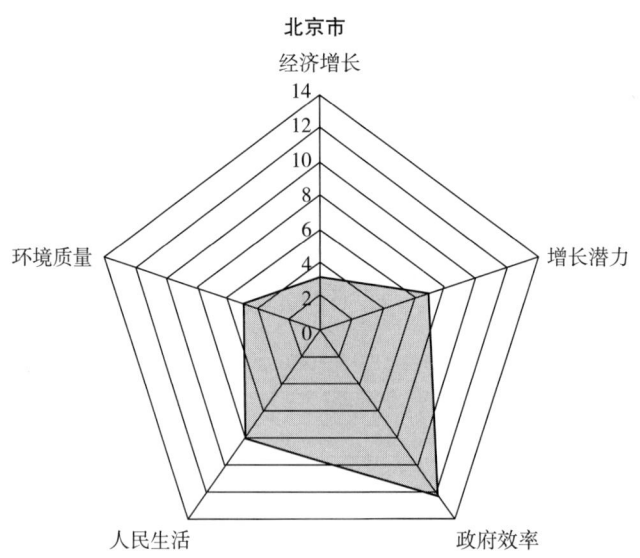

1990~2018年中国各省区市发展前景评价

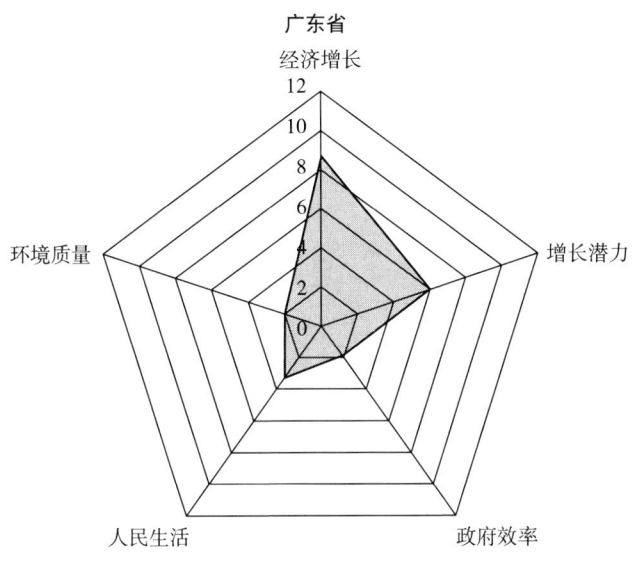

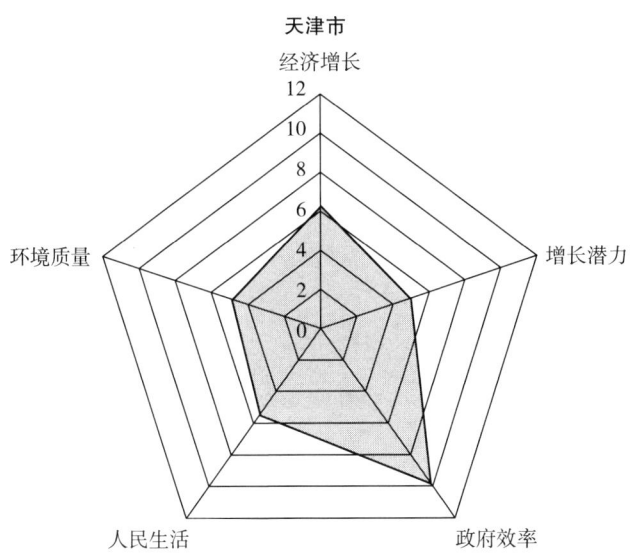

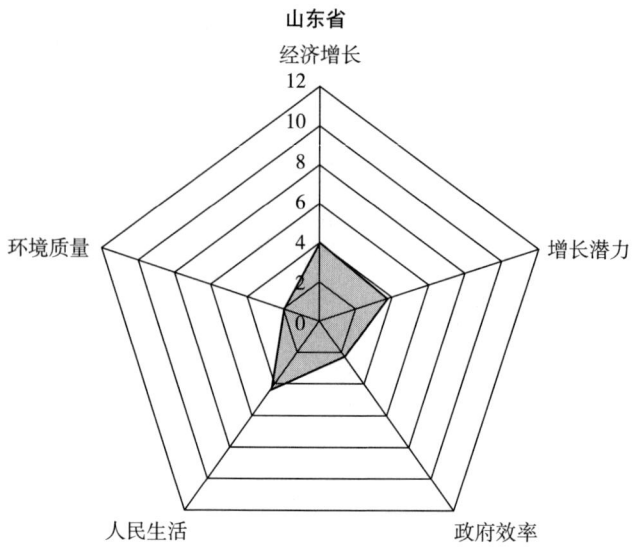

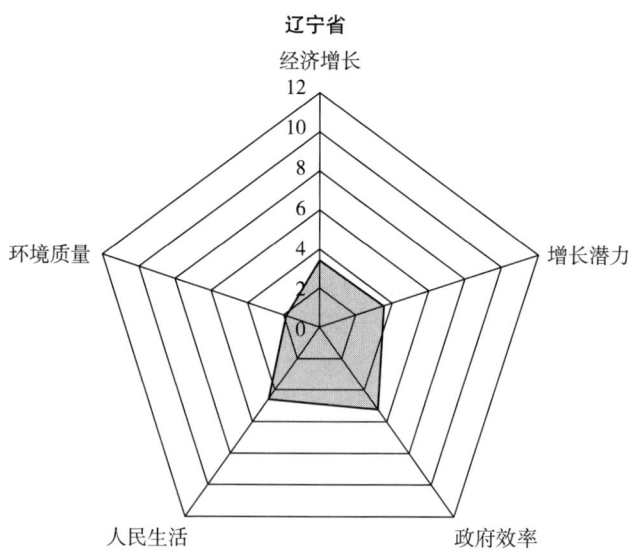

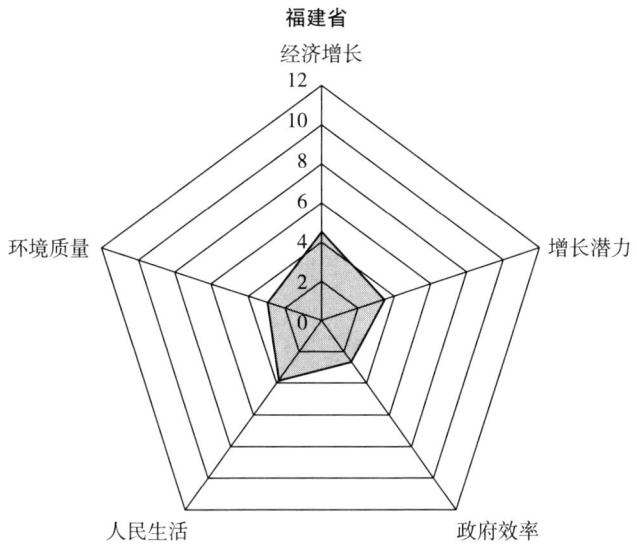

图53　2011年主要省区市发展前景雷达图

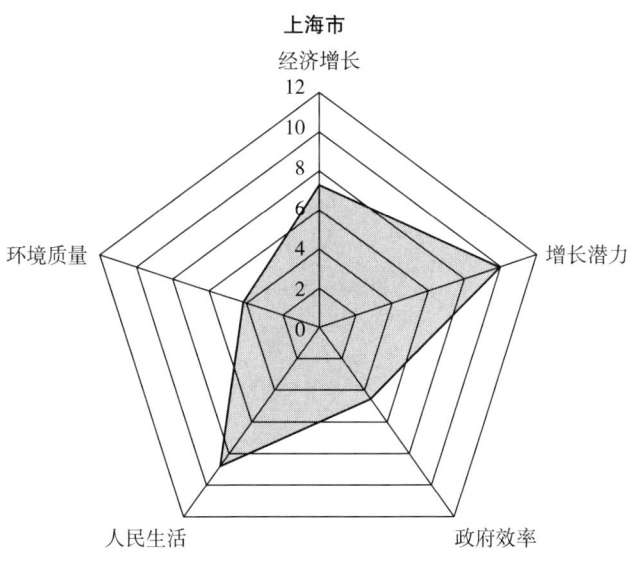

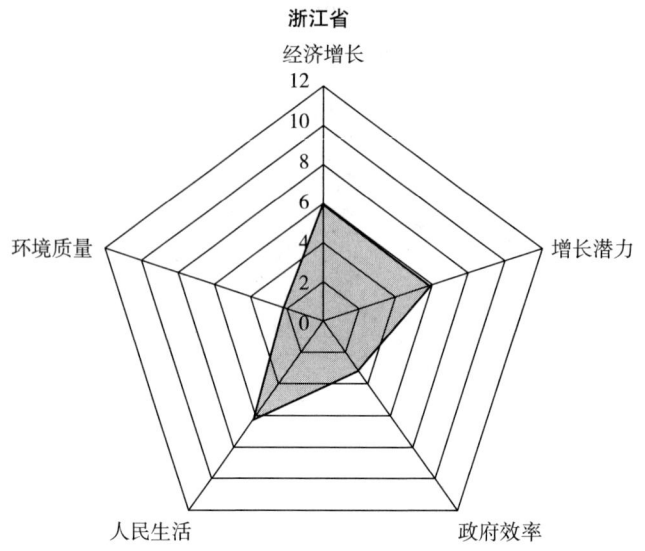

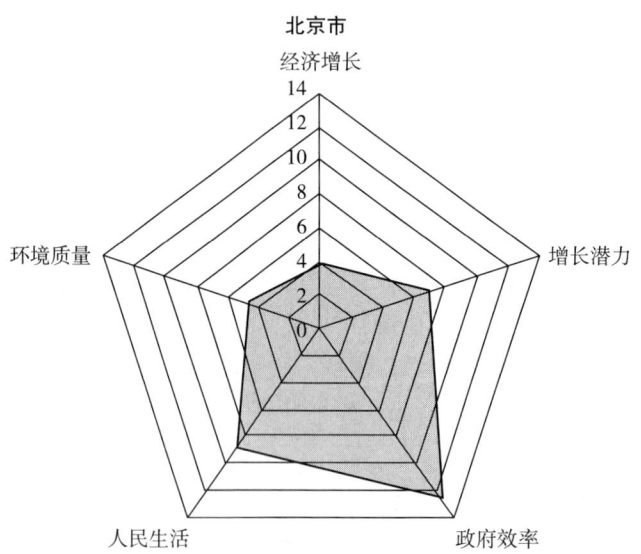

1990~2018年中国各省区市发展前景评价

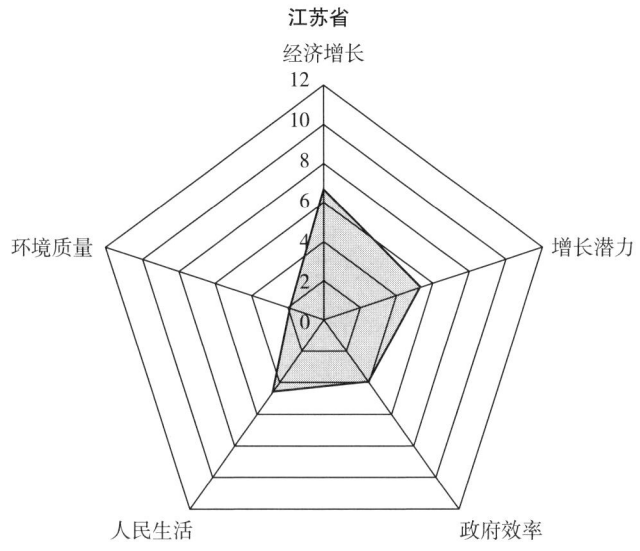

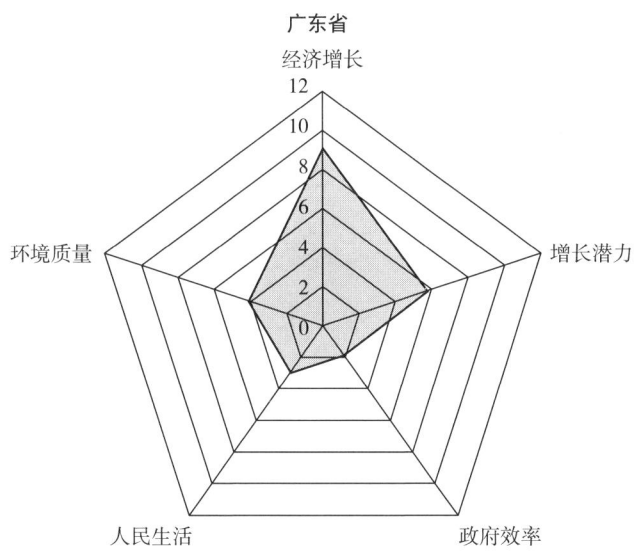

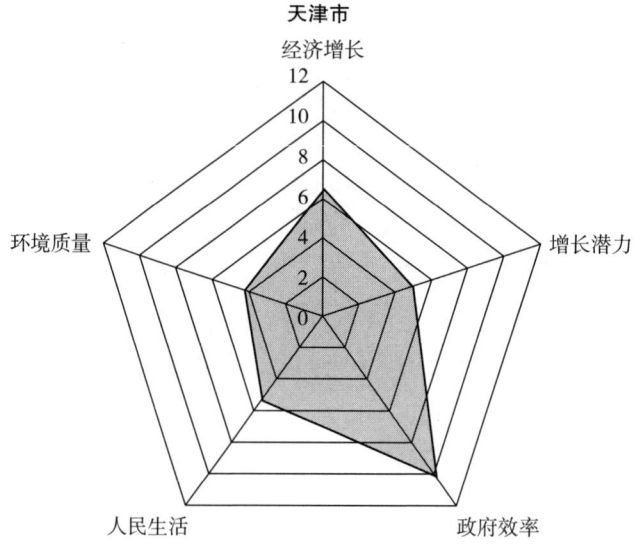

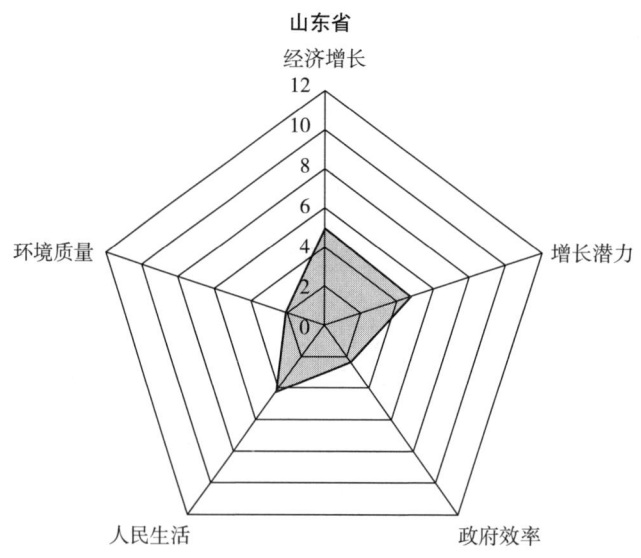

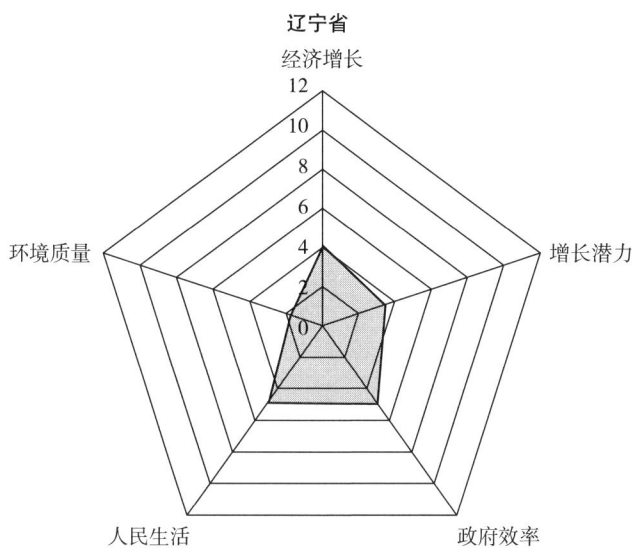

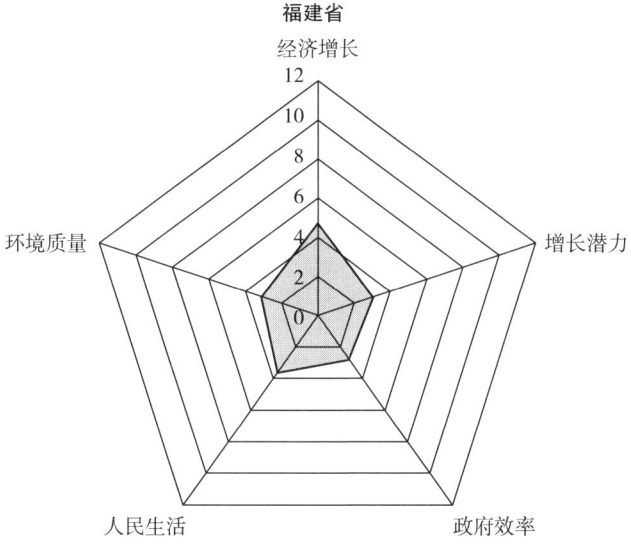

图 54　2010 年主要省区市发展前景雷达图

政府效率、人民生活和环境质量的权重分别为 5.52%、7.37%、6.19%、4.71% 和 2.42%。2018 年广东省经济增长、增长潜力、政府效率、人民生活和环境质量的权重分别为 8.00%、7.32%、4.89%、2.77% 和 3.64%。2018 年北京市经济增长、增长潜力、政府效率、人民生活和环境质量的权重分别为 4.64%、5.81%、9.94%、5.56% 和 5.29%，在各省区市中北京市政府效率的权重最高，自身比较来看也是远远高出经济增长、增长潜力、人民生活和环境质量的权重。

从 2018 年前 5 个省区市发展前景雷达图来看，经济增长方面，上海市的权重排名第一，广东省排名第二，上海市、广东省、浙江省、江苏省、北京市在 30 个省区市中的权重分别为 8.39%、8.00%、5.89%、5.52%、4.64%；增长潜力方面，上海市的权重排名第一，浙江省排名第二，上海市、浙江省、江苏省、广东省、北京市在 30 个省区市中的权重分别为 10.07%、7.47%、7.37%、7.32%、5.81%；政府效率方面，北京市的权重排名第一，上海市排名第二，北京市、上海市、浙江省、江苏省、广东省在 30 个省区市中的权重分别为 9.94%、7.13%、7.02%、6.19%、4.89%；人民生活方面，上海市的权重排名第一，北京市排名第二，上海市、北京市、浙江省、江苏省、广东省在 30 个省区市中的权重分别为 7.04%、5.56%、5.10%、4.71%、2.77%；环境质量方面，北京市的权重排名第一，上海市排名第二，北京市、上海市、浙江省、广东省、江苏省在 30 个省区市中的权重分别为 5.29%、4.62%、4.15%、3.64%、2.42%。

（二）二级指标

二级指标中，人民生活的权重最高，为 26.47%；其次是增长可持续性，权重为 13.99%；其余权重较高的指标依次是社会保障 12.68%、空气监测 10.90%、工业排放治理 9.17%、公共服务效率 7.51%（见表 76）。

表76 发展前景二级指标权重及排名

排名	指标	权重(%)	排名	指标	权重(%)
1	人民生活	26.47	8	产出能耗	4.63
2	增长可持续性	13.99	9	产出效率	4.59
3	社会保障	12.68	10	生态环境	1.83
4	空气监测	10.90	11	经济稳定	1.62
5	工业排放治理	9.17	12	产出消耗	1.02
6	公共服务效率	7.51	13	环保投资	0.05
7	经济结构	5.53			

（三）具体指标

共有39个权重比较高的指标，总权重为98.737%，2018年具体指标权重最高的是城镇失业保险覆盖率，为3.629%；城镇基本养老保险覆盖率、城乡居民消费水平比指标、城市化率、二氧化硫指标和GDP3（第三产业增加值占GDP比重）的权重分别为3.545%、3.387%、3.299%、3.064%和3.060%（见表77）。通过对比近年来具体指标权重的变化可以发现，权重最高的具体指标如下：2014年为城镇基本养老保险覆盖率，2015年为专利授权量，2016年为人均GDP和农村居民家庭人均年纯收入，而2017年和2018年连续两年权重最高的具体指标为城镇失业保险覆盖率，城乡居民消费水平比指标的权重也第二次进入前三位。城市化率在2014~2018年连续五年位于权重的前列，城镇基本养老保险覆盖率在2015~2018年连续四年位于权重的前列，人均GDP在2015~2017年连续三年位于权重的前列（2018年排在第16位）。权重位于前列的具体指标的变化反映了我国经济在从粗放型发展转向高质量发展过程中，涉及的城镇基本养老保险覆盖率、城镇失业保险覆盖率、城市化率、第三产业增加值占GDP比重、大气污染物排放等与人民生活和环境保护密切相关的指标的重要程度，客观指标反映了高质量型经济的关注点，即从关注城市化发展本身转向关注与城市化和高质量发展相关联的各种公共服务、人民生活和生态环境，包括城镇基本养老保险、城镇失业保险、城乡消费水平、第三产业发展和生态环境变化。

表77　主要指标权重

指标	名称	编号	权重（%）
unemploymentInsurance	城镇失业保险覆盖率	32	3.629
urbanEndowmentInsurance	城镇基本养老保险覆盖率	30	3.545
urbanCountryConsume	城乡居民消费水平比指标	46	3.387
urban	城市化率	7	3.299
SO2	二氧化硫指标	60	3.064
GDP3	GDP3（第三产业增加值占GDP比重）	6	3.060
exhaustSO2Disposal	工业二氧化硫排放指标	54	3.052
exhaustDustDisposal	工业粉尘排放指标	56	3.015
PM10	PM10	58	2.974
urbanMedicare	城镇基本医疗保险覆盖率	31	2.875
exhaustSootDisposal	工业烟尘排放指标	55	2.860
save	人均储蓄存款额	42	2.858
consumeLevel	居民消费水平	47	2.845
parkVirescence	万人城市园林绿地面积	49	2.844
urbanCountry	城乡居民人均纯收入指标	38	2.783
pgdp	人均GDP	34	2.756
energyExp	万元GDP能耗指标	51	2.728
productivity	全社会劳动生产率	2	2.700
countryIncome	农村居民家庭人均年纯收入	37	2.653
countryEndowmentInsurance	农村社会养老保险覆盖率	33	2.631
sciFin	地方财政科学事业费支出比	20	2.624
postCount	人均邮电业务量	22	2.545
beds	万人拥有床位数	44	2.506
doctors	万人拥有医生数	43	2.435
PM25	PM2.5	59	2.315
wasteWaterEligible	工业废水排放指标	53	2.273
HC	人力资本	18	2.225
urbanIncome	城镇居民家庭人均可支配收入	36	2.153
establishmentLevel	城市设施水平	29	2.123
eduFin	地方财政教育事业费支出比	17	2.104
traffic	交通事故指标	27	2.046
populationIncRate	人口增长率	19	1.925
sanitationFin	地方财政卫生事业费支出比	39	1.916
eleExp	万元GDP电力消耗指标	52	1.900

续表

指标	名称	编号	权重(%)
patent	专利授权量	16	1.746
TFP	全要素生产率	1	1.731
marketDegree	市场化程度	25	1.599
NO2	二氧化氮指标	61	1.560
countryEngel	农村居民恩格尔系数	41	1.453
39个主要指标			98.737

六 区域发展

下面从具体指标方面分析5个发达省区市在全国30个省区市中的地位。5个发达省区市分别是北京市、上海市、江苏省、浙江省和广东省。分析发现,5个发达省区市分属于长三角地区、珠三角地区和京津冀地区。其中,北京市属于京津冀地区,上海市、江苏省和浙江省属于长三角地区,广东省属于珠三角地区。四大自贸区分属于4个省区市——北京市、上海市、广东省和天津市,其中北京市、上海市、广东省是发展前景排名前几位的省区市。

(一)经济增长

1. 产出效率

2018年上海全要素生产率在5个省区市和30个省区市中排名最高。在30个省区市中,北京排名第3,与上一年比较上升了2位;上海排名第1;江苏排名第6,与上一年比较上升了11位;浙江排名第5,与上一年比较上升了2位;广东排名第11,与上一年比较下降了3位。

2018年上海全社会劳动生产率在5个省区市和30个省区市中排名最高。在30个省区市中,北京排名第15,与上一年比较下降了2位;上海排名第1;江苏排名第3;浙江排名第9;广东排名第6,与上一年比较下降了1位。

2018年广东资本产出率在5个省区市和30个省区市中排名最高。在30

个省区市中，北京排名第5；上海排名第2；江苏排名第4；浙江排名第3；广东排名第1。

2018年上海投资效果系数在5个省区市和30个省区市中排名最高。在30个省区市中，北京排名第6；上海排名第1；江苏排名第4，与上一年比较上升了1位；浙江排名第5，与上一年比较下降了1位；广东排名第2。

2. 经济结构

2018年江苏第二产业增加值占GDP比重在5个省区市中排名最高。在30个省区市中，北京排名第30；上海排名第27，与上一年比较上升了1位；江苏排名第11，与上一年比较上升了1位；浙江排名第16；广东排名第15，与上一年比较上升了2位。

2018年北京第三产业增加值占GDP比重在5个省区市和30个省区市中排名最高。在30个省区市中，北京排名第1；上海排名第2；江苏排名第13，与上一年比较下降了2位；浙江排名第10，与上一年比较下降了1位；广东排名第9，与上一年比较下降了2位。

2018年上海城市化率在5个省区市和30个省区市中排名最高。在30个省区市中，北京排名第2；上海排名第1；江苏排名第6，与上一年比较下降了1位；浙江排名第5，与上一年比较上升了1位；广东排名第4。

3. 经济稳定

2018年浙江经济增长波动率指标在5个省区市和30个省区市中排名最高。在30个省区市中，北京排名第10，与上一年比较下降了9位；上海排名第17，与上一年比较下降了10位；江苏排名第16，与上一年比较上升了3位；浙江排名第1，与上一年比较上升了14位；广东排名第9，与上一年比较下降了7位。

2018年广东对外开放稳定性在5个省区市中排名最高。在30个省区市中，北京排名第10；上海排名第24，与上一年比较下降了1位；江苏排名第14，与上一年比较上升了10位；浙江排名第16，与上一年比较上升了9位；广东排名第7，与上一年比较上升了13位。

2018年北京人均GDP增长率在5个省区市中排名最高。在30个省区市中，北京排名第10，与上一年比较上升了3位；上海排名第11，与上一年比较上升了1位；江苏排名第12，与上一年比较上升了2位；浙江排名第18，与上一年比较下降了1位；广东排名第22。

2018年广东通货膨胀率指标在5个省区市中排名最高。在30个省区市中，北京排名第26，与上一年比较下降了2位；上海排名第19，与上一年比较上升了11位；江苏排名第17，与上一年比较上升了5位；浙江排名第27；广东排名第7，与上一年比较上升了8位。

2018年北京失业率指标在5个省区市和30个省区市中排名最高。在30个省区市中，北京排名第1；上海排名第25，与上一年比较上升了2位；江苏排名第10；浙江排名第7；广东排名第5，与上一年比较下降了1位。

（二）增长潜力

1. 产出消耗

2018年江苏劳动投入弹性指标在5个省区市和30个省区市中排名最高。在30个省区市中，北京排名第24，与上一年比较上升了2位；上海排名第12，与上一年比较下降了1位；江苏排名第1，与上一年比较上升了1位；浙江排名第19；广东排名第15。

2018年上海资本投入弹性指标在5个省区市中排名最高。在30个省区市中，北京排名第3，与上一年比较上升了1位；上海排名第2；江苏排名第5，与上一年比较上升了3位；浙江排名第6，与上一年比较下降了1位；广东排名第11，与上一年比较下降了2位。

2018年北京能源消耗弹性指标在5个省区市中排名最高。在30个省区市中，北京排名第5，与上一年比较下降了1位；上海排名第6，与上一年比较下降了1位；江苏排名第13；浙江排名第8；广东排名第20，与上一年比较上升了1位。

2. 增长可持续性

2018年江苏专利授权量在5个省区市和30个省区市中排名最高。在30个省区市中，北京排名第5；上海排名第6；江苏排名第1；浙江排名第2；

广东排名第3。

2018年上海地方财政教育事业费支出比在5个省区市中排名最高。在30个省区市中，北京排名第11，与上一年比较下降了1位；上海排名第2；江苏排名第4；浙江排名第12；广东排名第16。

2018年上海人力资本在5个省区市中排名最高。在30个省区市中，北京排名第4，与上一年比较下降了1位；上海排名第2；江苏排名第13，与上一年比较下降了3位；浙江排名第20，与上一年比较下降了4位；广东排名第18，与上一年比较上升了3位。

2018年广东人口增长率在5个省区市中排名最高。在30个省区市中，北京排名第27，与上一年比较下降了1位；上海排名第25；江苏排名第20，与上一年比较上升了1位；浙江排名第3；广东排名第2。

2018年上海地方财政科学事业费支出比在5个省区市和30个省区市中排名最高。在30个省区市中，北京排名第3；上海排名第1；江苏排名第2；浙江排名第4；广东排名第8。

2018年北京有效劳动力比例在5个省区市中排名最高。在30个省区市中，北京排名第5；上海排名第18；江苏排名第15；浙江排名第21；广东排名第14，与上一年比较下降了2位。

2018年广东人均邮电业务量在5个省区市和30个省区市中排名最高。在30个省区市中，北京排名第4；上海排名第3；江苏排名第10，与上一年比较下降了2位；浙江排名第2；广东排名第1。

2018年江苏万人耕地面积在5个省区市中排名最高。在30个省区市中，北京排名第29；上海排名第30；江苏排名第22；浙江排名第26；广东排名第28。

2018年广东产品质量在5个省区市中排名最高。在30个省区市中，北京排名第13；上海排名第4；江苏排名第29；浙江排名第18；广东排名第3。

（三）政府效率

1. 公共服务效率

2018年浙江市场化程度在5个省区市和30个省区市中排名最高。在30

个省区市中,北京排名第29;上海排名第15;江苏排名第2;浙江排名第1;广东排名第3,与上一年比较上升了1位。

2018年广东城镇社区服务设施数在5个省区市中排名最高。在30个省区市中,北京排名第3;上海排名第21;江苏排名第7;浙江排名第6,与上一年比较下降了1位;广东排名第2。

2018年上海交通事故指标在5个省区市中排名最高。在30个省区市中,北京排名第16;上海排名第4;江苏排名第27;浙江排名第28;广东排名第29。

2018年浙江火灾事故指标在5个省区市中排名最高。在30个省区市中,北京排名第17;上海排名第29;江苏排名第15;浙江排名第13;广东排名第28。

2018年浙江城市设施水平在5个省区市中排名最高。在30个省区市中,北京排名第21,与上一年比较下降了1位;上海排名第29;江苏排名第7,与上一年比较下降了2位;浙江排名第6,与上一年比较上升了1位;广东排名第14,与上一年比较下降了1位。

2. 社会保障

2018年上海城镇基本养老保险覆盖率在5个省区市和30个省区市中排名最高。在30个省区市中,北京排名第2;上海排名第1;江苏排名第14,与上一年比较下降了3位;浙江排名第4;广东排名第11,与上一年比较下降了4位。

2018年北京城镇基本医疗保险覆盖率在5个省区市中排名最高。在30个省区市中,北京排名第4,与上一年比较下降了1位;上海排名第8,与上一年比较下降了2位;江苏排名第12,与上一年比较上升了2位;浙江排名第10;广东排名第14,与上一年比较下降了2位。

2018年北京城镇失业保险覆盖率在5个省区市和30个省区市中排名最高。在30个省区市中,北京排名第1;上海排名第2;江苏排名第7,与上一年比较下降了1位;浙江排名第4;广东排名第3。

2018年江苏农村社会养老保险覆盖率在5个省区市和30个省区市中排名最高。在30个省区市中,北京排名第10,与上一年比较下降了6位;上海排名第18,与上一年比较下降了3位;江苏排名第1;浙江排名第2;广东排名第23。

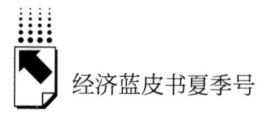

（四）人民生活

2018年上海人均GDP在5个省区市和30个省区市中排名最高。在30个省区市中，北京排名第7；上海排名第1，与上一年比较上升了1位；江苏排名第3；浙江排名第4；广东排名第8。

2018年浙江人均可支配收入占GDP的比重在5个省区市中排名最高。在30个省区市中，北京排名第18；上海排名第17，与上一年比较下降了3位；江苏排名第29；浙江排名第15；广东排名第22。

2018年上海城镇居民家庭人均可支配收入在5个省区市和30个省区市中排名最高。在30个省区市中，北京排名第7，与上一年比较上升了2位；上海排名第1；江苏排名第5，与上一年比较上升了1位；浙江排名第2；广东排名第8，与上一年比较下降了1位。

2018年上海农村居民家庭人均年纯收入在5个省区市和30个省区市中排名最高。在30个省区市中，北京排名第11；上海排名第1；江苏排名第4；浙江排名第2；广东排名第10，与上一年比较下降了1位。

2018年浙江城乡居民人均纯收入指标在5个省区市中排名最高。在30个省区市中，北京排名第23，与上一年比较下降了5位；上海排名第4，与上一年比较上升了1位；江苏排名第7，与上一年比较下降了1位；浙江排名第2；广东排名第20，与上一年比较下降了1位。

2018年上海地方财政卫生事业费支出比在5个省区市中排名最高。在30个省区市中，北京排名第8；上海排名第3；江苏排名第14；浙江排名第13；广东排名第22，与上一年比较下降了1位。

2018年北京城镇居民恩格尔系数在5个省区市和30个省区市中排名最高。在30个省区市中，北京排名第1；上海排名第18；江苏排名第9，与上一年比较上升了1位；浙江排名第22，与上一年比较上升了1位；广东排名第20，与上一年比较上升了1位。

2018年北京农村居民恩格尔系数在5个省区市中排名最高。在30个省区市中，北京排名第7；上海排名第28；江苏排名第19；浙江排名第24；

广东排名第29，与上一年比较上升了1位。

2018年北京人均储蓄存款额在5个省区市和30个省区市中排名最高。在30个省区市中，北京排名第1，与上一年比较上升了1位；上海排名第2，与上一年比较下降了1位；江苏排名第6；浙江排名第5；广东排名第13，与上一年比较下降了1位。

2018年北京万人拥有医生数在5个省区市和30个省区市中排名最高。在30个省区市中，北京排名第1；上海排名第30；江苏排名第8；浙江排名第3；广东排名第17，与上一年比较下降了1位。

2018年北京万人床位数在5个省区市中排名最高。在30个省区市中，北京排名第6，与上一年比较上升了1位；上海排名第14，与上一年比较下降了1位；江苏排名第23，与上一年比较下降了1位；浙江排名第18，与上一年比较下降了1位；广东排名第30。

2018年浙江万人卫生机构数在5个省区市中排名最高。在30个省区市中，北京排名第25，与上一年比较下降了2位；上海排名第30；江苏排名第26；浙江排名第22，与上一年比较下降了2位；广东排名第24，与上一年比较上升了1位。

2018年浙江城乡消费水平指标在5个省区市中排名最高。在30个省区市中，北京排名第17，与上一年比较下降了1位；上海排名第7；江苏排名第5，与上一年比较下降了1位；浙江排名第2；广东排名第24。

2018年上海消费水平在5个省区市和30个省区市中排名最高。在30个省区市中，北京排名第6；上海排名第1；江苏排名第5；浙江排名第2；广东排名第3。

（五）环境质量

1. 生态环境

2018年广东自然保护区面积在5个省区市中排名最高。在30个省区市中，北京排名第28；上海排名第29；江苏排名第23；浙江排名第27；广东排名第11。

2018年上海万人城市园林绿地面积在5个省区市和30个省区市中排名

最高。在30个省区市中，北京排名第4；上海排名第1；江苏排名第6，与上一年比较下降了1位；浙江排名第5，与上一年比较上升了2位；广东排名第7，与上一年比较下降了1位。

2018年浙江人均水资源量在5个省区市中排名最高。在30个省区市中，北京排名第26，与上一年比较上升了1位；上海排名第30；江苏排名第22；浙江排名第6；广东排名第10，与上一年比较上升了1位。

2. 产出能耗

2018年广东万元GDP能耗指标在5个省区市和30个省区市中排名最高。在30个省区市中，北京排名第6，与上一年比较下降了1位；上海排名第5，与上一年比较下降了1位；江苏排名第9，与上一年比较下降了1位；浙江排名第8，与上一年比较下降了1位；广东排名第1。

2018年上海万元GDP电力消耗指标在5个省区市中排名最高。在30个省区市中，北京排名第4；上海排名第3；江苏排名第13，与上一年比较上升了2位；浙江排名第18，与上一年比较上升了1位；广东排名第7。

3. 工业排放治理

2018年北京工业废水排放量在5个省区市和30个省区市中排名最高。在30个省区市中，北京排名第1；上海排名第7；江苏排名第28；浙江排名第29；广东排名第22，与上一年比较上升了3位。

2018年北京工业二氧化硫排放量在5个省区市中排名最高。在30个省区市中，北京排名第2；上海排名第3；江苏排名第23，与上一年比较上升了1位；浙江排名第13，与上一年比较上升了1位；广东排名第21，与上一年比较上升了1位。

2018年北京工业烟尘排放量在5个省区市中排名最高。在30个省区市中，北京排名第3，与上一年比较下降了1位；上海排名第9，与上一年比较下降了1位；江苏排名第24，与上一年比较下降了1位；浙江排名第19，与上一年比较下降了1位；广东排名第22。

2018年北京工业粉尘排放量在5个省区市中排名最高。在30个省区市中，北京排名第5，与上一年比较下降了2位；上海排名第6；江苏排名第

13；浙江排名第14；广东排名第9。

2018年浙江工业"三废"综合利用产品产值比在5个省区市和30个省区市中排名最高。在30个省区市中，北京排名第30；上海排名第28；江苏排名第22，与上一年比较下降了2位；浙江排名第1；广东排名第26。

4. 空气监测

2018年广东PM10在5个省区市中排名最高。在30个省区市中，北京排名第22；上海排名第8；江苏排名第20；浙江排名第9；广东排名第4。

2018年广东PM2.5在5个省区市中排名最高。在30个省区市中，北京排名第29，与上一年比较上升了1位；上海排名第14，与上一年比较上升了1位；江苏排名第18，与上一年比较上升了1位；浙江排名第13；广东排名第5，与上一年比较下降了1位。

2018年北京二氧化硫含量在5个省区市中排名最高。在30个省区市中，北京排名第2；上海排名第8，与上一年比较上升了1位；江苏排名第17；浙江排名第3；广东排名第4。

2018年浙江二氧化氮含量在5个省区市中排名最高。在30个省区市中，北京排名第27；上海排名第26；江苏排名第23，与上一年比较下降了1位；浙江排名第9；广东排名第11。

2018年浙江臭氧含量在5个省区市中排名最高。在30个省区市中，北京排名第30；上海排名第18，与上一年比较上升了2位；江苏排名第25，与上一年比较上升了2位；浙江排名第6，与上一年比较上升了2位；广东排名第12，与上一年比较上升了1位。

5. 环保投资

2018年广东空气质量良好天数在5个省区市中排名最高。在30个省区市中，北京排名第29；上海排名第25；江苏排名第20；浙江排名第7；广东排名第6。

2018年北京环境污染治理投资占GDP的比重在5个省区市中排名最高。在30个省区市中，北京排名第8，与上一年比较下降了2位；上海排名第14，与上一年比较上升了1位；江苏排名第10，与上一年比较上升了2位；

浙江排名第15，与上一年比较上升了1位；广东排名第30。

2018年浙江治理工业污染项目投资占GDP的比重在5个省区市中排名最高。在30个省区市中，北京排名第24；上海排名第17；江苏排名第18，与上一年比较上升了1位；浙江排名第12；广东排名第25，与上一年比较上升了1位。

七 结论

通过对中国各省区市1990～2018年的发展前景和可持续发展进行评价，我们认为近年来虽然中国经济面临结构服务化引致的结构性减速，但各省区市的发展前景指数和经济发展质量仍然得到一定程度的提高。同时，随着城市化的发展，对公共服务、生活质量和生态环境的要求逐渐占据重要地位。

和2017年相比，2018年发展前景排名上升的省份有9个：上升了3位的省份有2个，山西从第20位上升到第17位，江西从第21位上升到第18位；上升了2位的省份有1个，陕西从第13位上升到第11位；上升了1位的省份有6个，四川从第16位上升到第15位，内蒙古从第10位上升到第9位，浙江从第3位上升到第2位，广东从第5位上升到第4位，河南从第24位上升到第23位，湖北从第14位上升到第13位。

排名下降的省份有10个：下降了2位的省份有4个，海南从第17位下降到第19位，湖南从第19位下降到第21位，黑龙江从第12位下降到第14位，河北从第18位下降到第20位；下降了1位的省份有6个，安徽从第15位下降到第16位，吉林从第11位下降到第12位，江苏从第2位下降到第3位，辽宁从第9位下降到第10位，北京从第4位下降到第5位，宁夏从第23位下降到第24位。

其他省份2018年排名不变（共11个）。

1990～2018年，全国发展前景指数平均上升了128.57%，东部地区、中部地区和西部地区发展前景指数分别改善了132.40%、102.44%和146.85%。东部地区发展前景指数提升速度低于西部地区、高于中部地区，但中部地区、西部地区与东部地区发展前景综合得分仍存在较大差距。

1990~2018年，发展前景方面，29年来广东省的发展前景指数改善最多，黑龙江省的发展前景指数延续2017年的格局改善最少；西部地区发展前景指数改善优于东部地区和中部地区，东部地区发展前景指数改善优于中部地区。

1990~2018年，经济增长方面，29年来四川省的经济增长指数改善最多，贵州省的经济增长指数改善最少，继续垫底；东部地区经济增长指数改善优于西部地区和中部地区，西部地区经济增长指数改善优于中部地区。

1990~2018年，增长潜力方面，29年来安徽省的增长潜力指数改善最多，天津市的增长潜力指数改善最少；东部地区增长潜力指数改善优于中部地区和西部地区，中部地区增长潜力指数改善优于西部地区。

1990~2018年，政府效率方面，29年来福建省的政府效率指数改善最多，甘肃省的政府效率指数改善最少；东部地区政府效率指数改善优于中部地区和西部地区，中部地区政府效率指数改善优于西部地区。

1990~2018年，人民生活方面，29年来贵州省的人民生活指数改善最多，北京市的人民生活指数改善最少；西部地区人民生活指数改善优于中部地区和东部地区，中部地区人民生活指数改善优于东部地区。

1990~2018年，环境质量方面，29年来北京市的环境质量指数改善最多，河南省的环境质量指数改善最少；东部地区环境质量指数改善优于中部地区和西部地区，中部地区环境质量指数改善优于西部地区。

除了发展前景方面西部地区改善优于东部地区和中部地区、人民生活方面西部地区改善优于中部地区和东部地区外，经济增长、增长潜力、政府效率和环境质量四个方面均是东部地区改善优于中部地区和西部地区。

本报告将各省区市1990年以来、2000年以来、2010年以来以及2009~2018年按权重比3∶3∶2∶1∶1分为五级，发展前景方面，上海、北京、江苏、浙江在2009~2017年、2010年以来、2000年以来和1990年以来均处于第一级，2018年广东进入发展前景第一级，而北京则下滑至第二级。其中，2018年发展前景等级发生变化的省份有：和2017年相比，2018年发展前景方面广东从Ⅱ级上升到Ⅰ级，上升了一级；北京从Ⅰ级下降到Ⅱ级，下降了一级；陕西从

Ⅲ级上升到Ⅱ级，上升了一级；吉林从Ⅱ级下降到Ⅲ级，下降了一级；山西从Ⅳ级上升到Ⅲ级，上升了一级；江西从Ⅳ级上升到Ⅲ级，上升了一级；河北从Ⅲ级下降到Ⅳ级，下降了一级；湖南从Ⅲ级下降到Ⅳ级，下降了一级。

一级指标中，经济增长占11.75%，增长潜力占15.01%，政府效率占20.19%，人民生活占26.47%，环境质量占26.58%。二级指标中，人民生活的权重最高，为26.47%；其次是增长可持续性，权重为13.99%；其余权重较高的指标依次是社会保障12.68%、空气监测10.90%、工业排放治理9.17%、公共服务效率7.51%。

共有39个权重比较高的指标，总权重为98.737%，2018年具体指标权重最高的是城镇失业保险覆盖率，为3.629%；城镇基本养老保险覆盖率、城乡消费水平指标、城市化率、二氧化硫含量和GDP3（第三产业增加值占GDP比重）的权重分别为3.545%、3.387%、3.299%、3.064%和3.060%。通过对比近年来具体指标权重的变化可以发现，权重最高的具体指标如下：2014年为城镇基本养老保险覆盖率，2015年为专利授权量，2016年为人均GDP和农村居民家庭人均年纯收入，而2017年和2018年连续两年权重最高的具体指标为城镇失业保险覆盖率，城乡消费水平指标的权重也第二次进入前三位。城市化率在2014~2018年连续五年位于权重的前列，城镇基本养老保险覆盖率2015~2018年连续四年位于权重的前列，人均GDP在2015~2017年连续三年位于权重的前列（2018年排在第16位）。权重位于前列的具体指标的变化反映了我国经济在从粗放型发展转向高质量发展过程中，涉及的城镇基本养老保险覆盖率、城镇失业保险覆盖率、城市化率、第三产业增加值占GDP比重、大气污染物排放等与人民生活和环境保护密切相关的指标的重要程度，客观指标反映了高质量型经济的关注点，即从关注城市化发展本身转向关注与城市化和高质量发展相关联的各种公共服务、人民生活和生态环境，包括城镇基本养老保险、城镇失业保险、城乡消费水平、第三产业发展和生态环境变化。

本报告还绘制了1990年以来、2000年以来、2010年以来以及2010~2018年影响主要省区市发展前景的一级指标经济增长、增长潜力、政府效率、人民生活和环境质量的雷达图，从中可以看出主要省区市5个一级指标在30个省区市中的地位和自身一级指标发展的均衡情况。

分析发现，排名前5位的5个发达省区市分属于长三角地区、珠三角地区和京津冀地区，其中上海市、江苏省和浙江省属于长三角地区，北京市属于京津冀地区，广东省属于珠三角地区。本报告专门对这5个发达省区市发展前景的各项具体指标进行了比较分析。

附录1：评价结果相关图表

表78 各省区市1990~2018年发展前景排名情况（按排名顺序）

年份\排名	1990	1995	2000	2005	2010	2015	2016	2017	2018	平均	2000年以来	2010年以来
1	上海	上海	上海	上海	上海	上海	上海	上海	上海	上海	上海	上海
2	北京	北京	北京	北京	北京	浙江	江苏	江苏	江苏	浙江	北京	江苏
3	江苏	天津	天津	天津	北京	江苏	浙江	浙江	浙江	江苏	江苏	浙江
4	天津	江苏	江苏	江苏	江苏	北京	北京	北京	广东	浙江	浙江	北京
5	黑龙江	辽宁	辽宁	辽宁	浙江	广东	广东	广东	北京	天津	广东	广东
6	辽宁	黑龙江	浙江	江苏	广东	天津	山东	山东	山东	广东	天津	天津
7	浙江	浙江	江苏	山东	辽宁	山东	天津	天津	天津	天津	辽宁	山东
8	吉林	山东	吉林	山东	辽宁	辽宁	福建	福建	福建	山东	辽宁	福建
9	山东	吉林	江苏	黑龙江	福建	辽宁	辽宁	辽宁	内蒙古	黑龙江	福建	辽宁
10	新疆	广东	广东	福建	吉林	吉林	吉林	内蒙古	辽宁	福建	黑龙江	吉林
11	广东	河北	河北	山西	黑龙江	内蒙古	内蒙古	吉林	陕西	吉林	吉林	黑龙江
12	湖北	湖北	山西	河北	湖北	湖北	黑龙江	黑龙江	吉林	湖北	湖北	内蒙古
13	内蒙古	福建	福建	湖北	湖北	湖北	湖北	湖北	陕西	山西	湖北	湖北
14	安徽	山西	山西	福建	吉林	吉林	安徽	安徽	湖北	黑龙江	河北	陕西
15	河北	内蒙古	内蒙古	内蒙古	内蒙古	陕西	西	西	四川	内蒙古	西	河北
16	山西	新疆	河南	河南	四川	陕西	西	河南	安徽	河南	四川	河北
17	福建	河南	河南	河南	河南	四川	四川	湖南	西	陕西	四川	河南
18	海南	安徽	安徽	安徽	河南	海南	河南	北江	西	安徽	河南	安徽
19	江西	甘肃	新疆	陕西	河南	湖南	重庆	四川	川	湖南	安徽	四川
20	甘肃	海南	宁夏	新疆	宁夏	夏	河南	江西	西	河北	湖南	河南
21	重庆	四川	陕西	宁夏	安徽	河南	北	重庆	江西	湖南	河南	南
22	陕西	陕西	四川	海南	南	江西	山	江西	庆	宁夏	夏	江西
23	宁夏	宁夏	湖南	安徽	重庆	西	河南	宁夏	南	湖南	新疆	重庆
24	河南	江西	云南	甘肃	江西	西	宁夏	青海	河	江	江西	宁夏

续表

年份 排名	1990	1995	2000	2005	2010	2015	2016	2017	2018	平均	2000年以来	2010年以来
25	云南	湖南	甘肃	江西	甘肃	新疆	宁夏	青海	青海	甘肃	重庆	新疆
26	四川	云南	广西	青海	广西	甘肃	青海	新疆	新疆	青海	甘肃	青海
27	湖南	重庆	重庆	广西	青海	新疆	甘肃	甘肃	甘肃	甘肃	青海	甘肃
28	青海	广西	江西	重庆	青海	广西	广西	广西	广西	广西	广西	广西
29	广西	广西	青海	云南	云南	云南	云南	云南	云南	云南	云南	云南
30	贵州	青海	贵州	贵州	贵州	贵州	贵州	贵州	贵州	贵州	贵州	贵州

表79　各省区市1990～2018年发展前景排名情况

年份 地区	1990	1995	2000	2005	2010	2015	2016	2017	2018	平均	2000年以来	2010年以来
北京	2	2	2	2	3	4	4	4	5	2	2	4
天津	4	3	3	3	6	7	7	7	7	5	6	7
河北	15	11	11	12	13	21	18	18	20	14	15	16
山西	16	14	12	11	10	23	22	20	17	13	13	15
内蒙古	13	15	15	15	15	11	11	10	9	15	14	12
辽宁	6	5	5	7	8	9	9	9	10	7	8	9
吉林	8	9	8	14	14	10	10	11	12	11	11	10
黑龙江	5	6	9	9	11	13	12	12	14	9	10	11
上海	1	1	1	1	1	1	1	1	1	1	1	1
江苏	3	4	4	4	4	2	2	2	3	3	3	2
浙江	7	7	6	5	2	3	3	3	2	4	4	3
安徽	14	18	18	23	21	14	14	15	16	18	19	18
福建	17	13	14	10	9	8	8	8	10	9	9	8
江西	19	24	28	25	24	22	20	21	18	24	24	22
山东	9	8	7	8	7	6	6	6	8	7	7	6
河南	24	17	16	17	22	20	23	24	23	20	20	21
湖北	12	12	13	13	12	12	13	14	13	12	12	13
湖南	27	25	23	18	19	16	17	19	21	23	21	20
广东	11	10	10	6	5	5	5	5	4	6	5	5
广西	29	29	26	27	26	28	28	28	28	28	28	28
海南	18	20	17	22	18	18	16	17	19	16	18	17
重庆	21	27	27	28	23	19	21	22	22	26	25	23
四川	26	21	22	16	17	17	19	16	15	17	16	19
贵州	30	28	30	30	30	30	30	30	30	30	30	30
云南	25	26	24	29	29	29	29	29	29	29	29	29
陕西	22	22	21	19	16	15	15	13	11	19	17	14
甘肃	20	19	25	24	25	27	27	27	25	25	26	27
青海	28	30	29	26	28	26	24	25	27	27	27	26
宁夏	23	23	20	21	20	24	25	23	24	22	22	24
新疆	10	16	19	20	27	25	26	26	26	21	23	25

1990~2018年中国各省区市发展前景评价

表80　各省区市1990~2018年发展前景指数（上一年＝100）

地区\年份	1990	1995	2000	2005	2010	2015	2016	2017	2018	平均	2000年以来	2010年以来
北　京	100	98.0	95.9	102.3	108.4	102.2	103.9	103.6	103.5	102.0	102.9	103.2
天　津	100	102.4	101.9	106.0	108.2	100.6	108.2	105.1	100.9	102.1	102.6	102.8
河　北	100	97.9	96.6	108.3	111.9	102.2	108.4	104.7	103.3	102.6	102.4	102.1
辽　宁	100	104.8	104.1	104.3	106.0	95.7	97.7	103.3	102.5	101.9	101.8	100.9
上　海	100	97.5	106.7	95.5	109.6	103.4	105.0	105.4	105.4	102.5	104.3	104.4
江　苏	100	97.4	98.0	104.6	108.6	102.1	105.3	103.1	105.4	103.3	104.8	105.3
浙　江	100	98.5	98.5	106.3	113.3	104.7	103.7	103.7	107.7	104.1	105.3	105.0
福　建	100	98.9	100.2	107.3	112.0	101.1	104.3	107.0	107.4	104.1	104.9	104.9
山　东	100	96.6	95.6	102.8	108.3	103.7	102.2	107.2	106.4	103.9	104.4	105.2
广　东	100	102.5	101.6	106.2	112.3	103.0	102.0	106.9	106.4	104.4	105.6	104.9
海　南	100	95.2	110.3	104.3	115.5	97.8	106.3	102.6	103.1	103.3	104.3	103.2
东部平均	100	99.1	100.6	103.9	110.1	101.9	104.0	104.8	105.0	103.0	103.9	104.0
山　西	100	103.7	99.4	107.0	115.0	97.1	106.4	106.7	106.2	102.9	102.8	101.9
吉　林	100	107.1	110.9	96.9	105.6	101.7	105.7	106.6	100.7	102.1	102.7	102.8
黑龙江	100	105.3	97.7	101.9	107.0	104.0	106.9	104.8	104.7	101.4	102.1	102.4
安　徽	100	99.6	94.5	91.9	112.3	98.4	105.5	107.7	107.6	103.0	104.3	105.6
江　西	100	98.9	94.3	113.8	103.0	100.6	106.1	104.1	107.4	103.4	105.6	103.8
河　南	100	103.5	99.1	110.7	106.0	98.0	100.9	103.2	107.3	103.4	103.4	103.0
湖　北	100	99.1	99.3	112.8	110.8	100.7	102.7	102.5	105.9	102.4	103.1	102.2
湖　南	100	104.4	108.2	109.5	115.1	106.0	105.1	107.3	110.4	104.4	105.6	104.7
中部平均	100	103.0	100.7	105.0	109.4	100.8	105.0	103.1	104.1	102.5	103.2	102.7
内蒙古	100	101.8	97.7	108.4	107.5	105.3	106.7	104.0	103.9	102.9	104.1	103.2
广　西	100	93.4	95.1	113.3	106.1	99.8	102.5	105.2	111.5	104.2	104.2	102.6
重　庆	100	97.5	99.1	115.3	110.1	103.6	103.2	103.6	104.4	103.8	105.3	104.1
四　川	100	105.9	96.8	110.0	109.1	102.2	105.7	108.1	103.1	104.1	104.1	102.9
贵　州	100	98.8	98.7	114.1	106.5	102.0	101.9	107.6	110.1	103.4	103.4	103.7
云　南	100	99.8	98.8	111.1	106.9	104.8	99.2	110.6	110.7	103.2	103.2	103.2
陕　西	100	102.8	98.6	105.6	111.3	100.9	106.0	106.5	108.1	103.4	104.0	103.4
甘　肃	100	102.8	96.9	111.6	106.7	102.5	104.0	103.5	107.5	102.8	103.9	102.8
青　海	100	91.8	98.7	110.1	108.7	98.2	108.9	102.5	106.6	104.4	105.6	103.9
宁　夏	100	98.3	100.5	94.2	110.0	100.6	103.9	106.8	103.8	103.6	104.1	102.8
新　疆	100	97.1	102.7	100.8	111.0	98.7	105.2	104.7	107.2	101.7	103.6	104.0
西部平均	100	99.5	98.5	107.8	108.6	101.7	104.4	105.3	107.2	103.2	104.3	103.3
全国平均	100	100.2	100.1	105.1	109.5	101.6	104.5	104.5	105.4	102.9	103.9	103.5

表81　各省区市1990~2018年发展前景指数（以1990年为基期）

年份 地区	1990	1995	2000	2005	2010	2015	2016	2017	2018
北京	100	98.4	97.9	104.2	142.2	156.1	162.2	168.0	173.8
天津	100	111.5	112.1	130.0	152.2	156.0	168.7	177.3	178.8
河北	100	120.1	125.8	145.5	188.9	169.8	184.2	192.7	199.1
辽宁	100	124.6	126.9	137.1	165.9	163.1	159.4	164.7	168.7
上海	100	93.4	96.4	104.5	147.3	169.2	178.1	187.0	197.2
江苏	100	96.0	100.4	114.8	167.7	213.5	225.0	232.0	244.7
浙江	100	116.5	124.8	161.3	244.7	283.8	294.3	309.7	333.7
福建	100	122.4	125.8	168.5	225.4	258.0	269.0	287.9	309.2
山东	100	119.0	126.1	136.0	200.2	249.4	256.2	274.7	292.3
广东	100	116.6	124.8	161.6	249.5	292.4	298.3	318.7	339.2
海南	100	115.9	124.5	127.2	212.8	215.1	228.6	234.6	241.8
东部平均	100	109.0	113.0	129.8	181.0	202.6	211.2	221.3	232.4
山西	100	118.9	132.0	159.7	213.6	179.3	190.8	203.5	216.1
吉林	100	109.6	119.8	109.9	145.7	156.2	165.1	175.5	176.6
黑龙江	100	98.8	95.9	98.1	125.4	120.2	128.6	137.1	143.6
安徽	100	99.1	99.4	103.2	158.9	184.5	195.3	210.4	226.4
江西	100	109.3	85.9	119.2	182.9	207.5	220.2	229.2	246.3
河南	100	142.7	145.7	170.0	223.2	244.2	246.4	254.4	273.0
湖北	100	103.1	109.6	131.6	178.2	174.1	178.9	183.0	193.8
湖南	100	130.6	129.5	161.5	255.0	265.3	278.9	299.2	330.3
中部平均	100	111.0	112.2	125.9	175.2	179.7	188.6	194.4	202.4
内蒙古	100	109.0	101.6	128.6	181.0	192.2	205.1	213.3	221.7
广西	100	111.8	140.5	159.8	262.7	257.5	263.9	277.5	309.4
重庆	100	88.6	97.7	112.8	197.1	228.5	235.9	244.4	255.3
四川	100	139.0	131.1	187.6	262.4	260.4	268.9	284.2	307.8
贵州	100	119.2	111.8	143.9	197.3	211.5	215.4	231.6	254.8
云南	100	109.7	124.2	117.7	178.0	177.8	176.4	195.1	216.0
陕西	100	123.8	119.7	145.1	243.9	238.5	255.1	271.6	293.6
甘肃	100	120.1	104.2	120.0	180.1	185.6	193.0	199.8	214.8
青海	100	109.3	118.2	170.6	259.2	278.6	303.5	311.0	331.5
宁夏	100	128.9	130.3	151.3	229.0	228.3	237.2	253.3	262.9
新疆	100	92.1	82.8	92.3	122.8	131.9	138.7	145.3	155.8
西部平均	100	112.3	111.7	134.5	202.3	209.5	218.7	230.3	246.9
全国平均	100	110.4	112.5	130.0	185.0	198.6	207.4	216.9	228.6

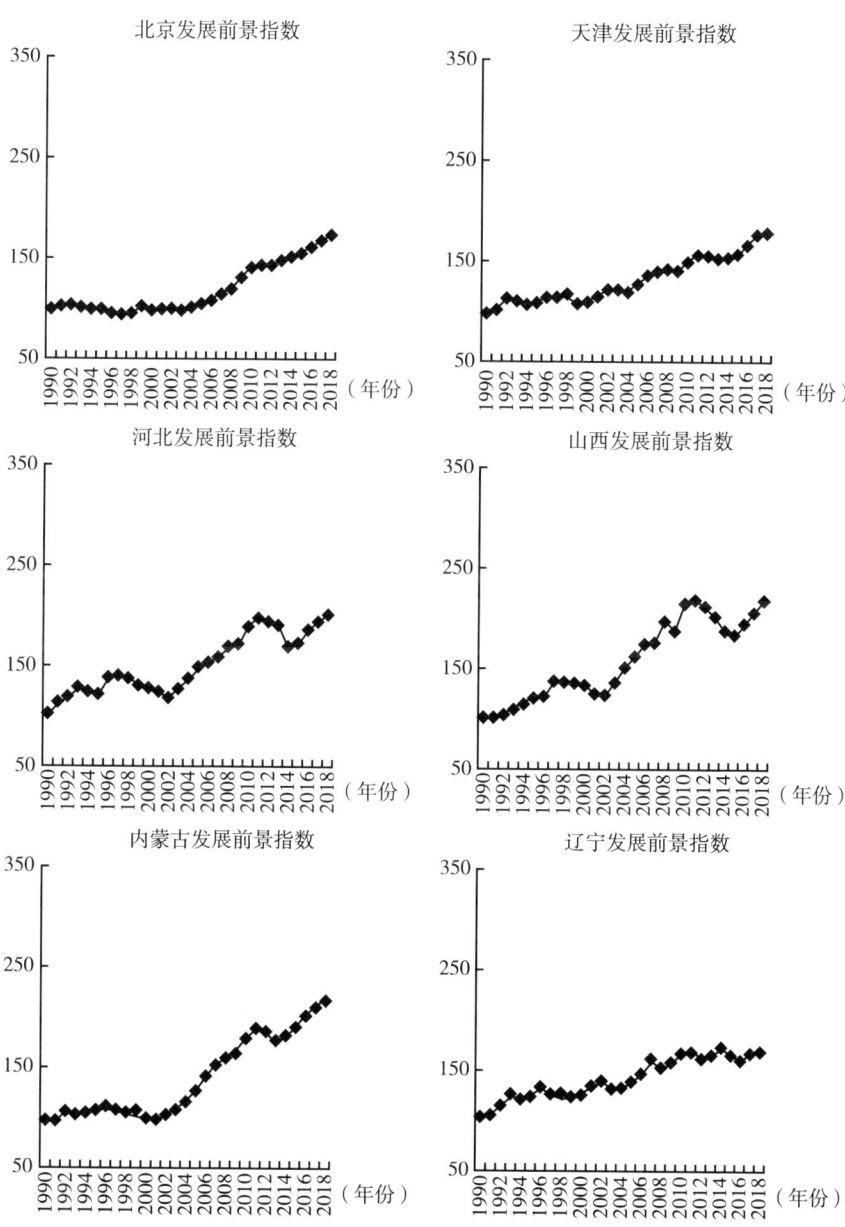

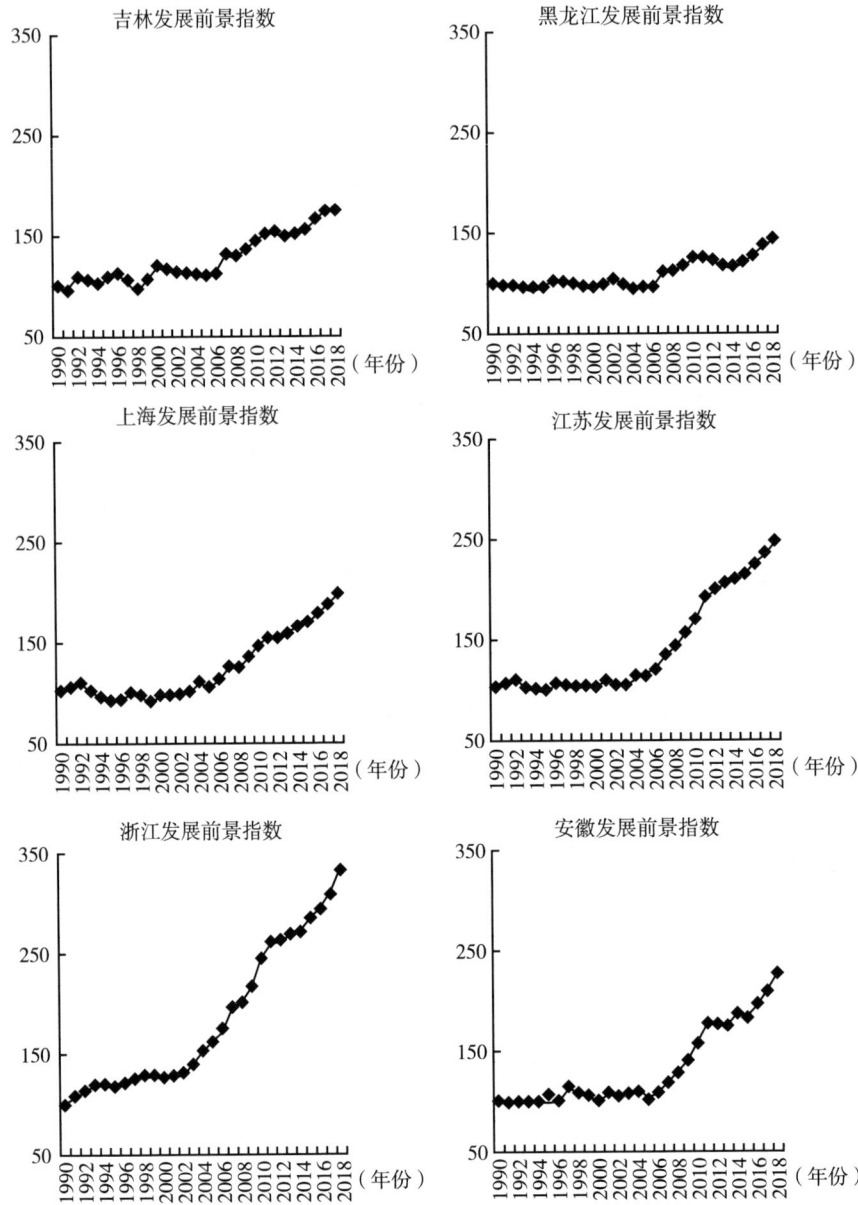

1990~2018年中国各省区市发展前景评价

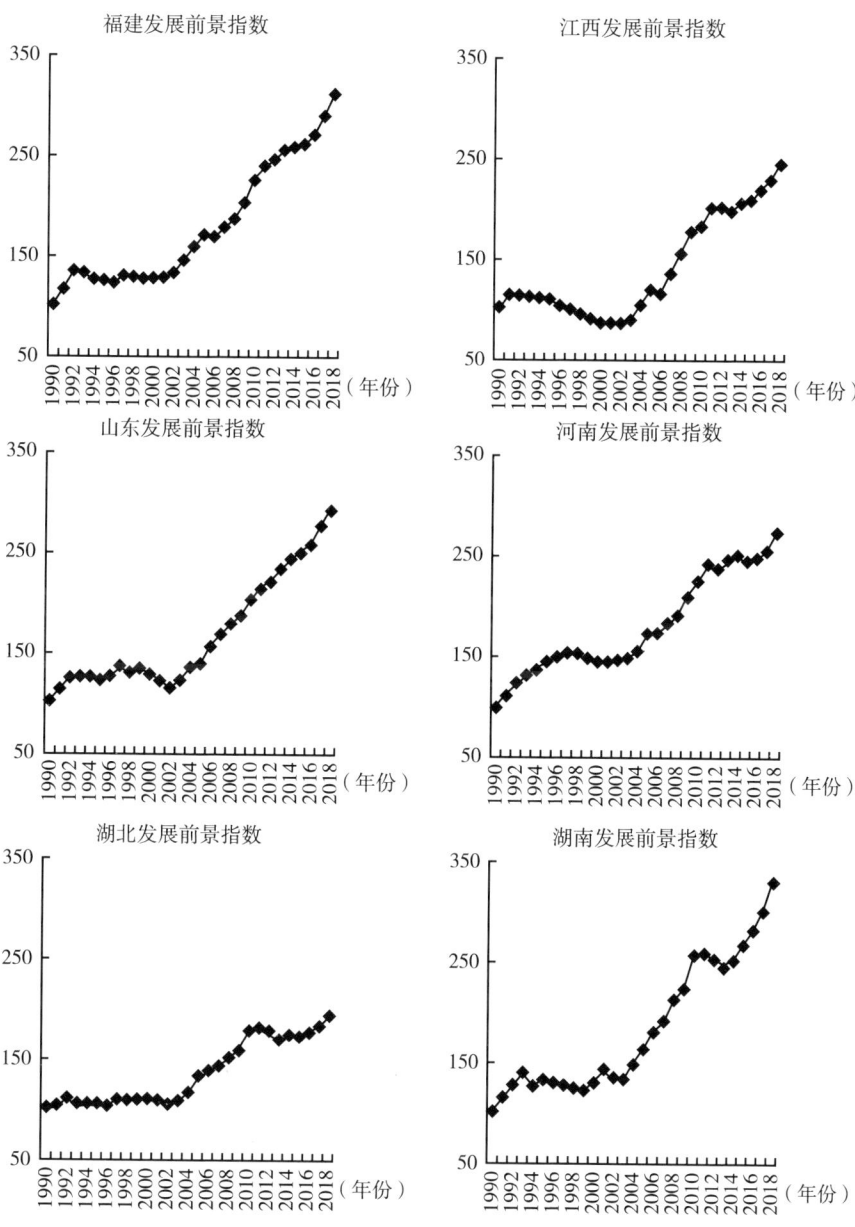

广东发展前景指数
350
250
150
50
1990
1992
1994
1996
1998
2000
2002
2004
2006
2008
2010
2012
2014
2016
2018
（年份）

广西发展前景指数
350
250
150
50
1990
1992
1994
1996
1998
2000
2002
2004
2006
2008
2010
2012
2014
2016
2018
（年份）

海南发展前景指数
350
250
150
50
1990
1992
1994
1996
1998
2000
2002
2004
2006
2008
2010
2012
2014
2016
2018
（年份）

重庆发展前景指数
350
250
150
50
1990
1992
1994
1996
1998
2000
2002
2004
2006
2008
2010
2012
2014
2016
2018
（年份）

四川发展前景指数
350
250
150
50
1990
1992
1994
1996
1998
2000
2002
2004
2006
2008
2010
2012
2014
2016
2018
（年份）

贵州发展前景指数
350
250
150
50
1990
1992
1994
1996
1998
2000
2002
2004
2006
2008
2010
2012
2014
2016
2018
（年份）

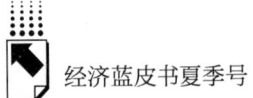

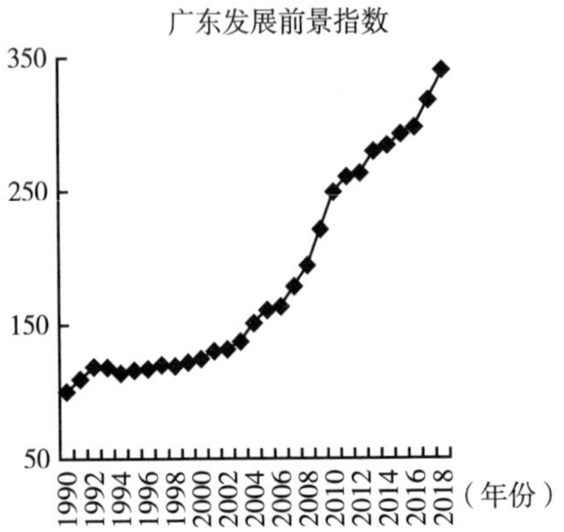

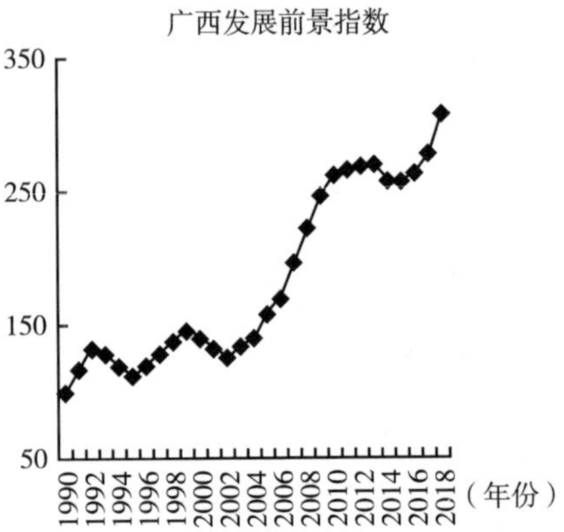

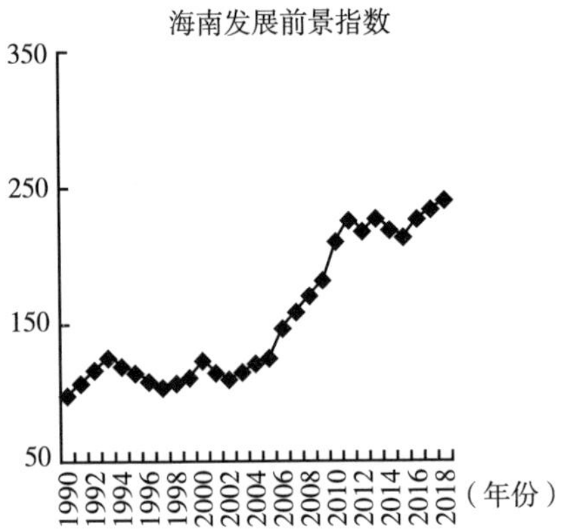

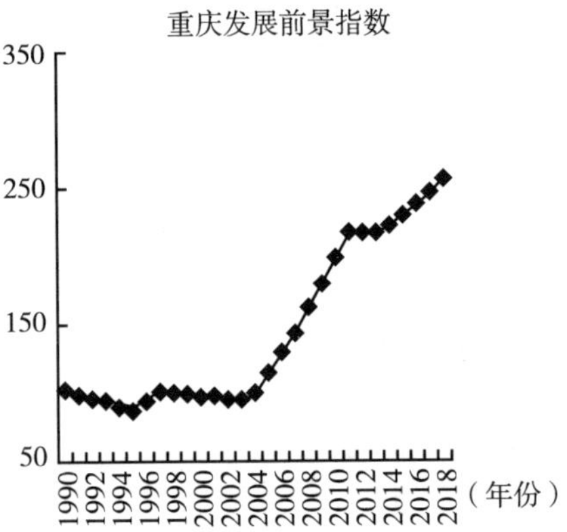

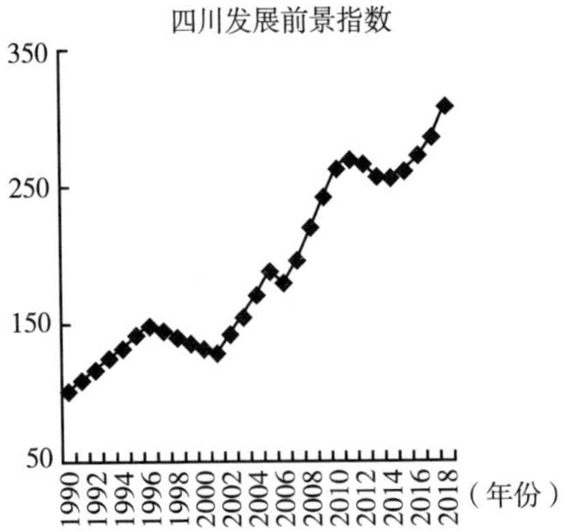

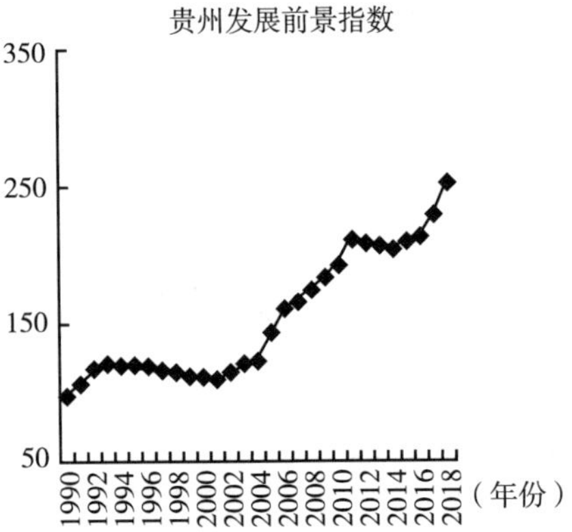

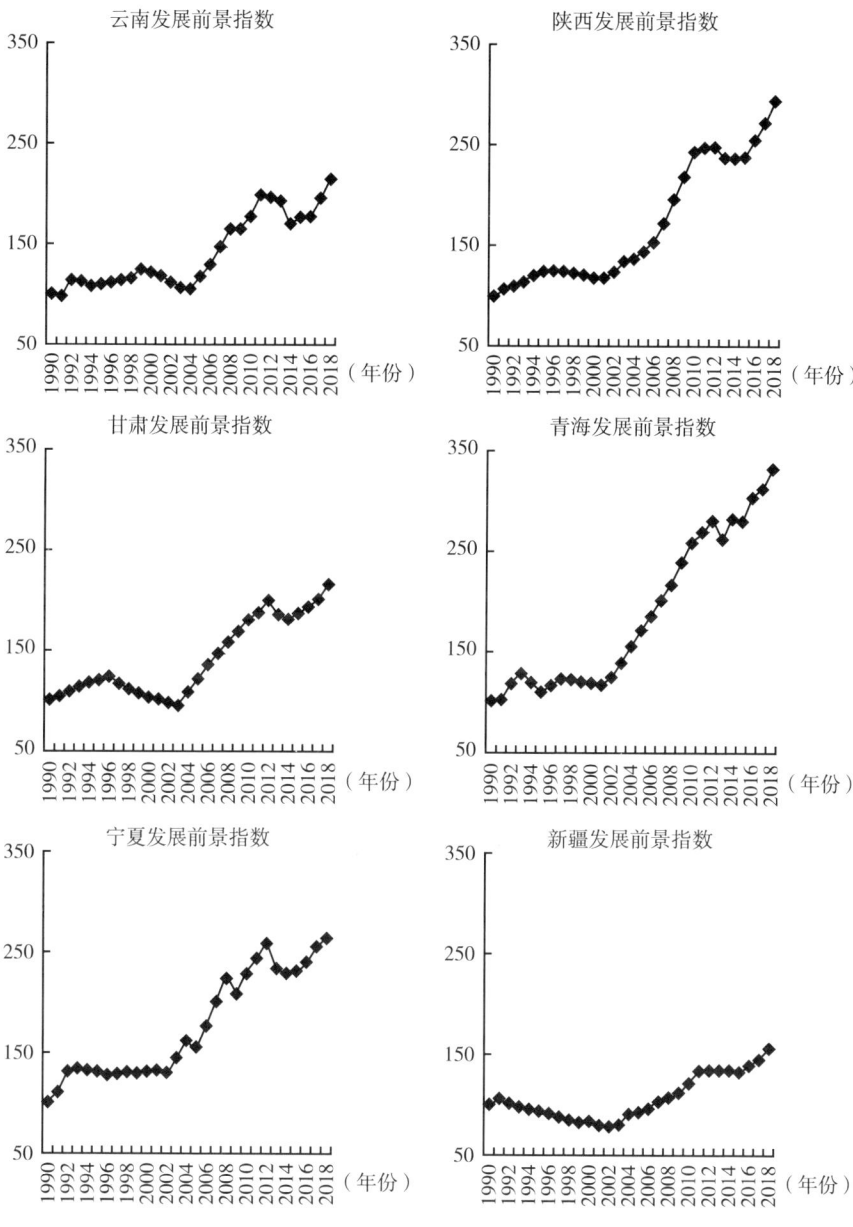

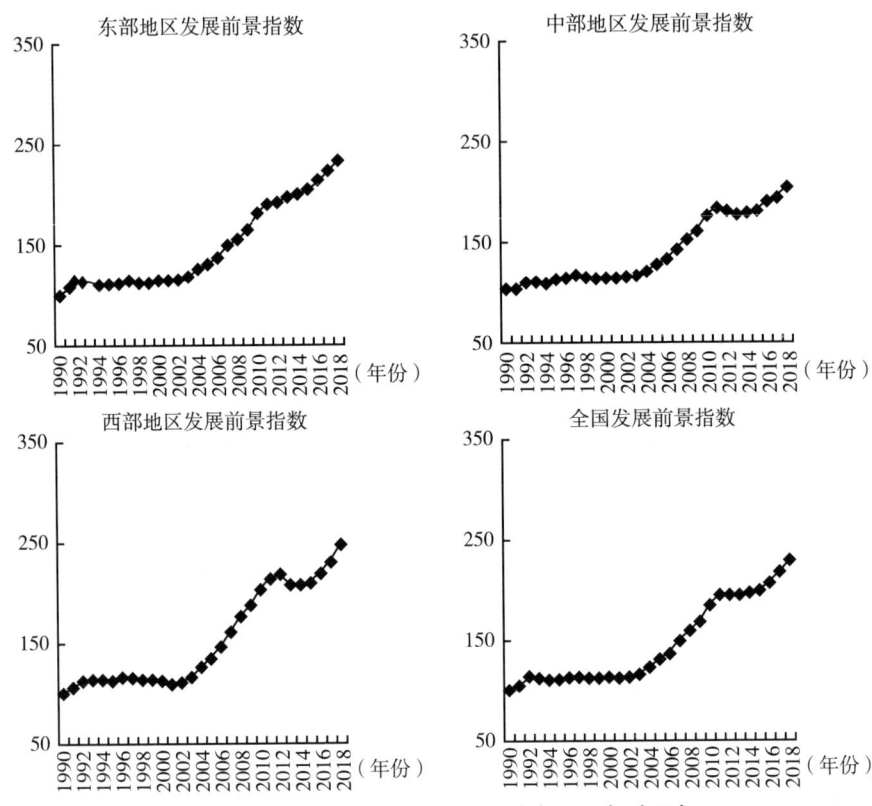

图55　30个省区市以及东部、中部、西部地区与
全国1990~2018年发展前景指数（以1990年为基期）

表82　各省区市1990~2018年经济增长排名情况（按排名顺序）

年份 排名	1990	1995	2000	2005	2010	2015	2016	2017	2018	平均	2000年以来	2010年以来
1	浙江	江苏	江苏	广东	广东	广东	广东	上海	上海	广东	广东	广东
2	北京	广东	广东	江苏	上海	上海	上海	广东	广东	上海	上海	上海
3	上海	天津	上海	天津	江苏	江苏	天津	浙江	浙江	江苏	江苏	浙江
4	河北	上海	浙江	上海	天津	浙江	浙江	天津	江苏	浙江	天津	天津
5	黑龙江	北京	辽宁	山东	浙江	江苏	江苏	天津	天津	浙江	江苏	江苏
6	湖北	浙江	天津	浙江	山东	北京	福建	北京	福建	北京	福建	福建
7	江苏	山东	山东	福建	福建	福建	北京	福建	北京	福建	山东	北京
8	山西	河南	陕西	辽宁	辽宁	内蒙古	陕西	陕西	山东	北京	北京	山东

1990~2018年中国各省区市发展前景评价

续表

年份 排名	1990	1995	2000	2005	2010	2015	2016	2017	2018	平均	2000年以来	2010年以来
9	福建	吉林	北京	黑龙江	陕西	山东	山东	山东	内蒙古	陕西	陕西	陕西
10	陕西	福建	黑龙江	河北	湖北	安徽	内蒙古	内蒙古	山东	辽宁	内蒙古	内蒙古
11	广东	安徽	福建	山西	北京	陕西	湖北	湖北	四川	湖北	辽宁	湖北
12	河南	黑龙江	河北	吉林	内蒙古	湖北	安徽	安徽	湖北	黑龙江	湖北	安徽
13	新疆	河北	江西	北京	吉林	河南	吉林	四川	安徽	河南	吉林	河南
14	贵州	山西	甘肃	陕西	重庆	重庆	河南	吉林	黑龙江	吉林	河南	吉林
15	江西	甘肃	河南	内蒙古	四川	吉林	四川	新疆	吉林	内蒙古	黑龙江	四川
16	辽宁	辽宁	吉林	河南	河南	四川	重庆	黑龙江	新疆	河北	河北	重庆
17	湖南	湖北	安徽	湖北	江西	甘肃	河北	河北	山西	安徽	辽宁
18	山东	陕西	湖北	甘肃	山西	江西	甘肃	河南	河南	安徽	山西	新疆
19	甘肃	重庆	内蒙古	新疆	黑龙江	黑龙江	湖南	重庆	甘肃	甘肃	甘肃	河北
20	重庆	云南	云南	海南	湖南	辽宁	黑龙江	湖南	重庆	江西	新疆	江西
21	天津	内蒙古	山西	江西	河北	湖南	新疆	甘肃	湖南	新疆	江西	黑龙江
22	青海	湖南	新疆	宁夏	安徽	宁夏	江西	山西	山西	重庆	重庆	湖南
23	云南	江西	湖南	湖南	甘肃	河北	山西	江西	江西	湖南	四川	甘肃
24	海南	贵州	贵州	青海	新疆	广西	广西	广西	辽宁	四川	湖南	山西
25	安徽	新疆	重庆	四川	海南	新疆	宁夏	辽宁	云南	云南	海南	海南
26	宁夏	四川	海南	安徽	宁夏	海南	青海	宁夏	广西	宁夏	宁夏	广西
27	吉林	宁夏	宁夏	贵州	广西	云南	辽宁	青海	宁夏	海南	宁夏	宁夏
28	内蒙古	青海	广西	云南	云南	山西	海南	海南	贵州	贵州	云南	海南
29	四川	广西	青海	海南	重庆	青海	青海	云南	青海	青海	广西	云南
30	广西	海南	四川	广西	贵州	贵州	贵州	贵州	海南	广西	贵州	贵州

表83 各省区市1990~2018年经济增长排名情况

年份 地区	1990	1995	2000	2005	2010	2015	2016	2017	2018	平均	2000年以来	2010年以来
北京	2	5	9	13	11	6	7	6	7	6	8	7
天津	21	3	6	3	4	5	3	4	5	4	4	4
河北	4	13	12	10	21	23	17	17	17	16	16	19
山西	8	14	21	11	18	28	23	22	22	17	18	24

续表

年份 地区	1990	1995	2000	2005	2010	2015	2016	2017	2018	平均	2000年以来	2010年以来
内蒙古	28	21	19	15	12	8	10	10	9	15	10	10
辽 宁	16	16	5	8	8	20	27	25	24	10	11	17
吉 林	27	9	16	12	13	15	13	14	15	14	13	14
黑龙江	5	12	10	9	19	19	20	16	14	12	15	21
上 海	3	4	3	4	2	2	2	1	1	2	2	2
江 苏	7	1	1	2	3	3	5	5	4	3	3	5
浙 江	1	6	4	6	5	4	4	3	3	4	5	3
安 徽	25	11	17	26	22	10	12	12	13	18	17	12
福 建	9	10	11	7	7	7	6	7	6	7	6	6
江 西	15	23	13	21	17	18	22	23	23	20	21	20
山 东	18	7	7	5	6	9	9	9	10	8	7	8
河 南	12	8	15	16	16	13	14	18	18	13	14	13
湖 北	6	17	18	17	10	12	11	11	12	11	12	11
湖 南	17	22	23	23	20	21	19	20	21	23	24	22
广 东	11	2	2	1	1	1	2	2	2	1	1	1
广 西	30	29	28	30	27	24	24	24	26	30	29	26
海 南	24	30	26	20	25	26	28	28	30	27	25	25
重 庆	20	19	25	29	14	14	16	19	20	22	22	16
四 川	29	26	30	25	15	16	15	13	11	24	23	15
贵 州	14	24	24	27	30	30	30	30	28	28	30	30
云 南	23	20	20	28	28	27	29	29	25	25	28	29
陕 西	10	18	8	14	9	11	8	8	8	9	9	9
甘 肃	19	15	14	18	23	17	18	21	19	21	19	23
青 海	22	28	29	24	29	29	26	27	29	27	27	28
宁 夏	26	27	27	22	26	22	25	26	27	26	26	27
新 疆	13	25	22	19	24	25	21	15	16	21	20	18

表84 各省区市1990~2018年经济增长指数（上一年=100）

年份 地区	1990	1995	2000	2005	2010	2015	2016	2017	2018	平均	2000年以来	2010年以来
北 京	100	98.2	97.5	101.4	101.3	107.5	103.4	102.7	98.8	100.7	101.4	102.8
天 津	100	107.5	102.4	100.7	102.2	101.4	112.0	95.9	97.6	102.8	102.0	101.6
河 北	100	100.0	110.1	106.5	97.0	103.7	123.3	99.3	107.4	100.7	101.5	101.4

1990~2018年中国各省区市发展前景评价

续表

地区\年份	1990	1995	2000	2005	2010	2015	2016	2017	2018	平均	2000年以来	2010年以来
辽宁	100	93.4	100.0	105.5	100.4	87.3	88.8	103.7	103.2	100.6	99.0	97.1
上海	100	97.7	99.3	97.7	108.3	102.5	102.9	102.6	103.6	102.0	102.7	104.1
江苏	100	101.0	105.3	102.2	100.4	100.9	103.6	97.4	102.2	101.8	101.0	100.6
浙江	100	93.0	95.3	97.0	104.0	101.5	105.1	101.1	102.0	101.1	101.5	102.1
福建	100	95.4	101.7	101.5	105.8	103.2	104.4	101.4	103.1	101.5	102.0	102.3
山东	100	99.5	103.5	105.0	100.6	100.2	104.6	100.5	99.6	101.9	101.2	100.4
广东	100	98.9	99.3	100.2	106.0	104.7	100.2	101.4	100.9	103.0	102.3	102.4
海南	100	97.1	100.1	102.8	97.5	97.0	100.5	95.8	86.9	100.8	100.5	98.7
东部平均	100	98.4	101.1	101.7	102.5	101.2	104.2	100.2	100.4	101.5	101.4	101.2
山西	100	104.4	97.6	98.1	98.9	94.7	114.6	105.2	107.6	100.6	101.0	100.3
吉林	100	111.0	99.8	106.3	107.3	103.5	106.4	99.9	90.8	102.6	101.2	101.9
黑龙江	100	101.7	102.6	107.9	98.2	119.3	105.8	106.6	101.7	100.8	100.9	101.4
安徽	100	103.3	99.6	95.0	101.8	102.0	101.4	103.4	100.4	102.1	101.5	103.0
江西	100	99.9	103.4	98.7	97.5	98.5	102.4	96.0	97.1	100.7	100.5	99.3
河南	100	100.9	99.0	110.2	107.2	93.0	104.8	94.9	100.3	101.1	100.8	101.5
湖北	100	96.2	104.9	105.7	99.7	103.3	108.4	97.7	100.0	100.9	101.6	100.5
湖南	100	107.0	95.8	113.6	102.5	101.9	107.6	100.8	96.3	101.2	101.2	101.2
中部平均	100	103.0	100.4	104.3	101.5	101.6	106.2	100.1	99.3	101.3	101.1	101.1
内蒙古	100	95.7	97.1	105.2	98.4	115.6	99.8	101.5	104.8	103.0	102.0	101.7
广西	100	98.3	119.7	103.0	107.8	111.0	108.0	98.8	94.0	102.8	102.5	101.7
重庆	100	98.7	98.4	96.6	99.3	105.5	103.1	96.5	98.1	101.5	101.8	100.2
四川	100	104.3	93.3	109.7	117.9	109.4	106.7	101.5	109.9	103.0	102.7	103.6
贵州	100	99.7	95.5	106.2	98.2	107.4	104.7	100.3	104.3	100.0	100.0	100.3
云南	100	100.9	102.0	97.1	109.8	119.8	100.9	97.2	107.2	100.8	100.9	100.9
陕西	100	102.9	107.4	101.8	106.3	103.1	115.5	102.5	96.8	101.7	101.8	102.7
甘肃	100	104.6	99.7	103.7	100.0	115.5	105.7	96.7	103.4	101.2	100.6	101.4
青海	100	108.1	102.9	108.6	91.8	89.9	110.4	99.2	99.0	100.9	101.3	100.2
宁夏	100	104.4	98.1	108.1	100.3	119.4	99.8	98.2	100.1	101.5	100.9	100.1
新疆	100	92.2	96.6	102.1	97.6	89.6	119.3	108.5	94.6	101.3	101.7	102.5
西部平均	100	100.7	100.7	103.8	102.3	107.3	106.6	100.2	100.3	101.6	101.4	101.4
全国平均	100	100.3	100.8	103.0	102.2	103.2	105.5	100.2	100.1	101.5	101.3	101.3

表85　各省区市1990~2018年经济增长指数（以1990年为基期）

年份 地区	1990	1995	2000	2005	2010	2015	2016	2017	2018
北京	100	102.3	91.0	91.0	97.4	112.7	116.6	119.7	118.2
天津	100	166.0	153.7	174.5	191.5	195.2	218.6	209.7	204.6
河北	100	103.3	103.4	116.1	103.9	94.1	116.0	115.2	123.7
辽宁	100	117.1	140.1	142.2	146.1	123.2	109.3	113.4	117.0
上海	100	109.4	104.5	112.7	133.1	160.0	164.6	168.9	174.9
江苏	100	134.9	141.6	147.2	151.6	157.1	162.8	158.5	162.1
浙江	100	96.9	97.2	101.1	115.3	122.9	129.2	130.7	133.3
福建	100	111.3	107.2	123.4	132.9	141.5	147.8	149.8	154.5
山东	100	135.0	139.8	153.0	160.2	156.9	163.5	164.3	163.6
广东	100	140.9	145.7	171.8	190.6	212.2	212.8	215.7	217.8
海南	100	96.8	111.5	132.1	129.6	122.6	123.2	117.9	102.5
东部平均	100	117.5	118.7	129.6	137.9	143.3	149.3	149.7	150.3
山西	100	105.6	94.6	116.4	110.1	91.7	105.1	110.5	119.0
吉林	100	175.3	159.7	180.9	181.5	182.0	193.6	193.5	175.7
黑龙江	100	104.9	108.8	119.0	107.8	105.2	111.2	118.6	120.6
安徽	100	144.2	133.8	122.2	139.4	163.2	165.5	171.1	171.9
江西	100	105.0	115.2	111.2	124.1	121.5	124.4	119.4	115.9
河南	100	122.0	111.1	122.3	122.1	127.6	133.7	126.9	127.3
湖北	100	100.2	100.6	110.4	121.1	118.6	128.6	125.6	125.5
湖南	100	110.8	106.5	114.9	126.6	124.8	134.2	135.3	130.3
中部平均	100	117.8	113.7	122.3	126.7	125.7	133.4	133.5	132.7
内蒙古	100	147.3	149.5	177.4	186.5	210.9	210.4	213.5	223.7
广西	100	155.8	161.4	151.5	195.1	191.4	206.7	204.1	191.8
重庆	100	125.0	108.0	105.3	143.3	146.5	151.0	145.7	142.9
四川	100	146.4	129.0	161.0	194.0	196.9	210.1	213.2	234.3
贵州	100	99.0	96.4	97.4	94.2	92.7	97.1	97.4	101.6
云南	100	128.1	123.0	109.2	123.8	118.3	119.4	116.1	124.8
陕西	100	108.3	124.0	122.2	135.0	131.4	151.8	155.6	150.7
甘肃	100	122.1	122.2	132.0	121.6	130.4	137.8	133.3	137.8
青海	100	106.2	102.8	121.5	112.5	110.6	122.1	121.1	119.9
宁夏	100	128.3	126.4	147.5	148.1	147.0	146.6	144.0	144.2
新疆	100	94.3	99.8	113.4	111.1	102.6	122.5	132.8	125.7
西部平均	100	120.5	119.4	127.4	137.0	137.8	146.8	147.2	147.7
全国平均	100	118.6	117.6	126.9	134.5	136.8	144.3	144.5	144.7

1990~2018年中国各省区市发展前景评价

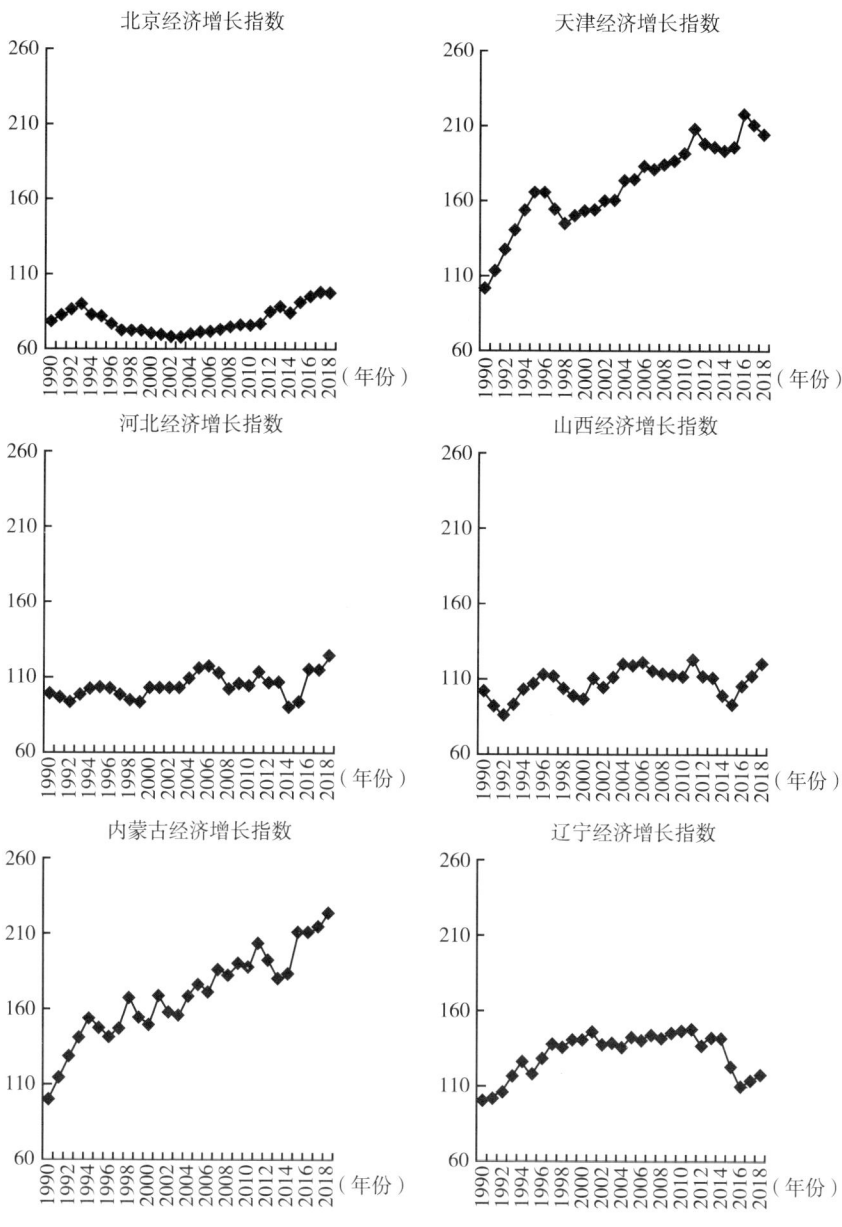

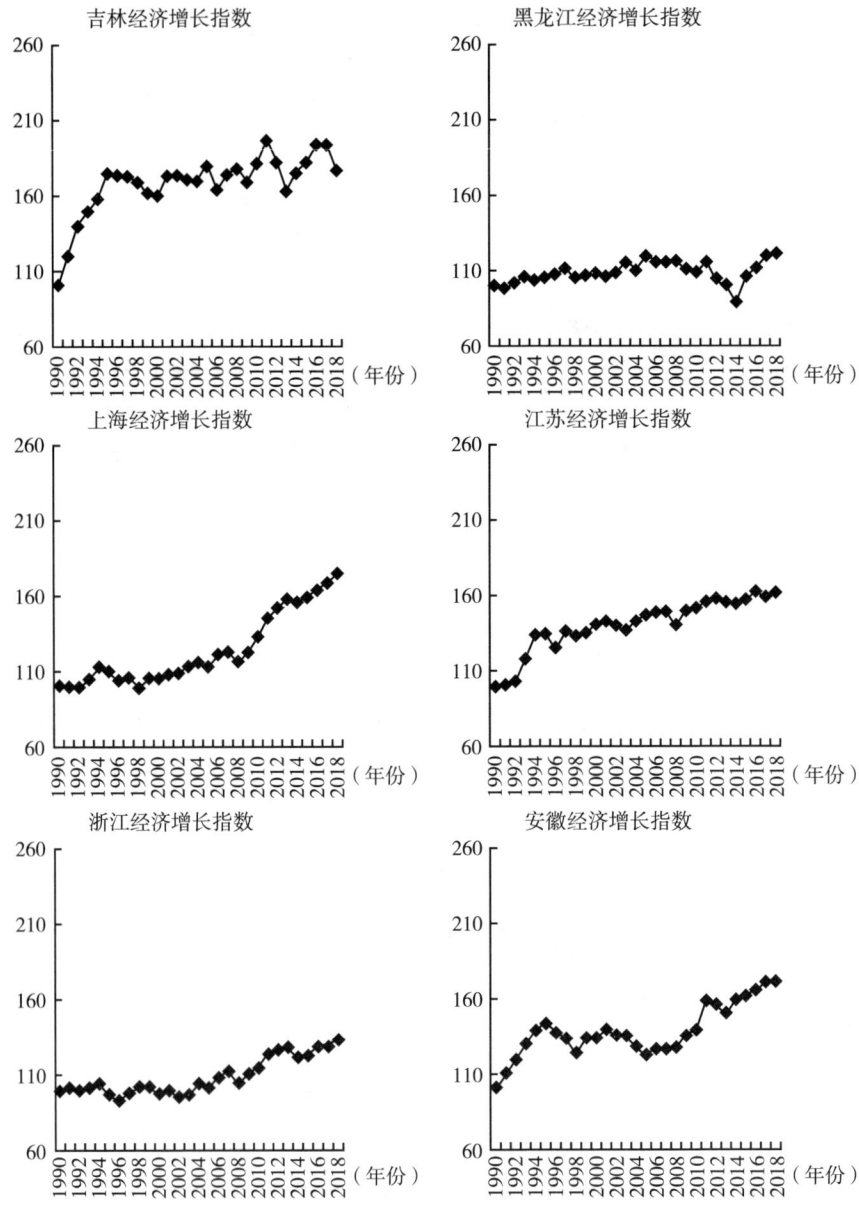

1990～2018年中国各省区市发展前景评价

福建经济增长指数

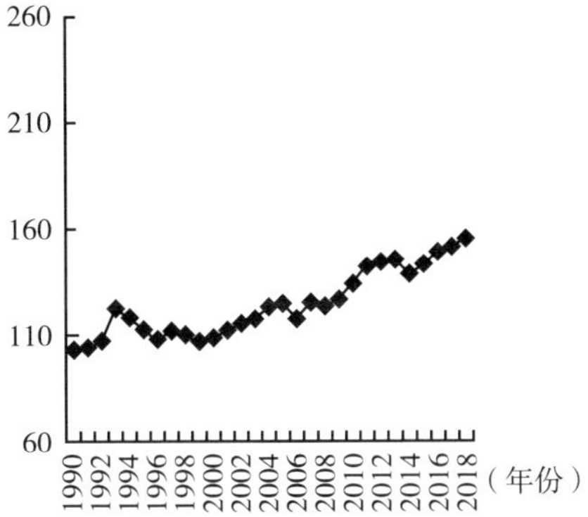

江西经济增长指数

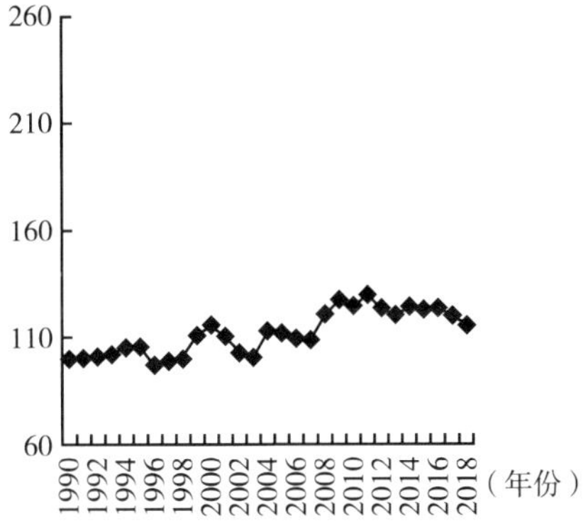

山东经济增长指数

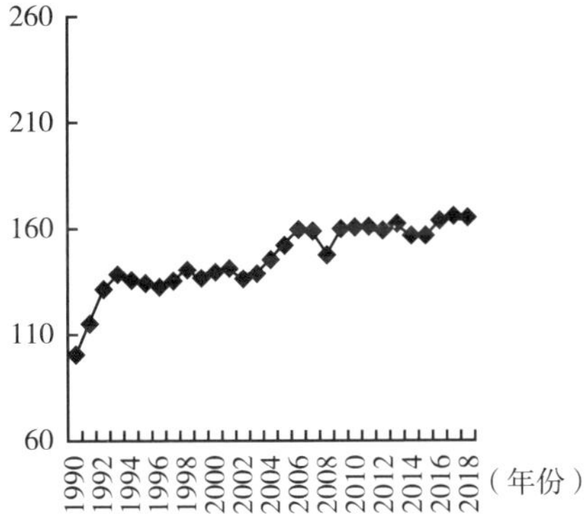

河南经济增长指数

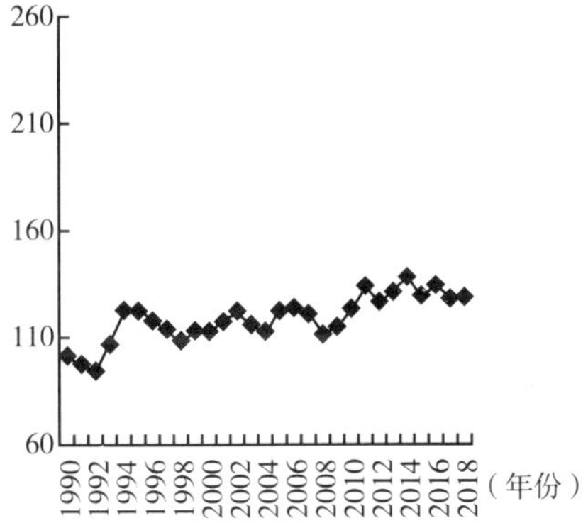

湖北经济增长指数

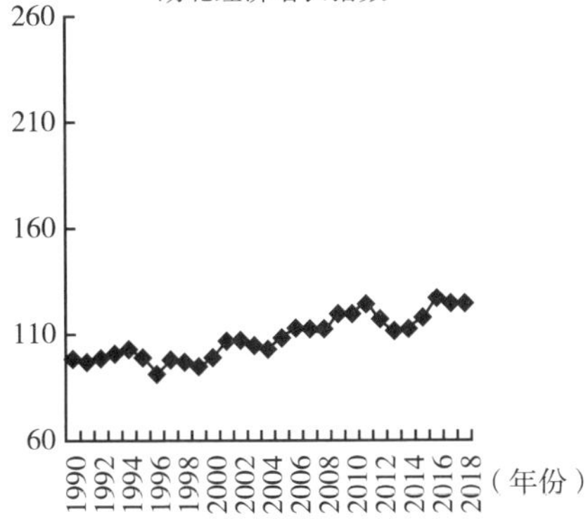

湖南经济增长指数

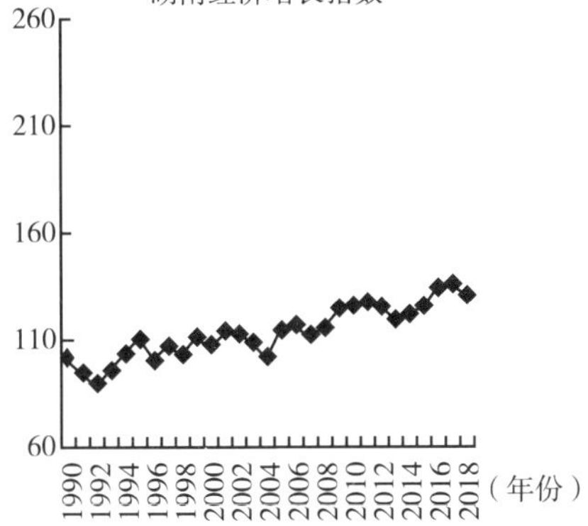

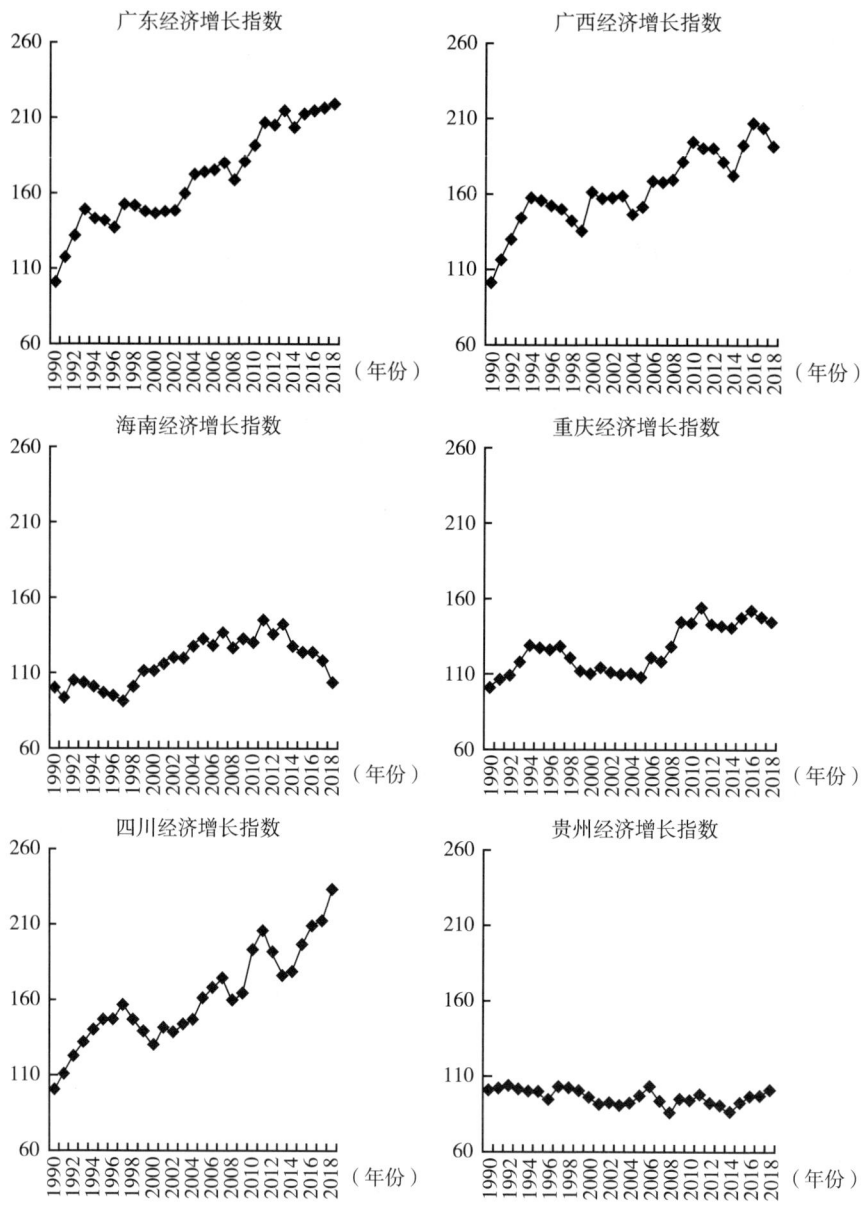

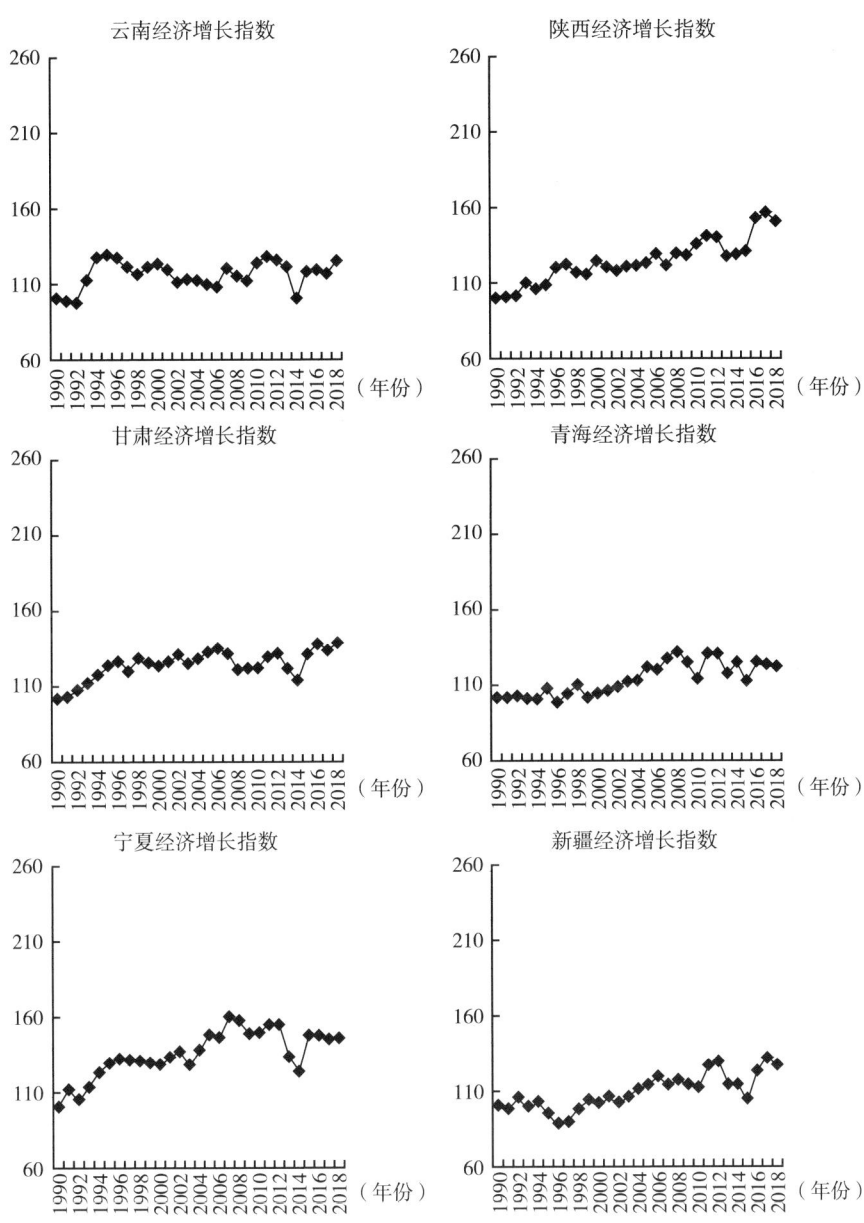

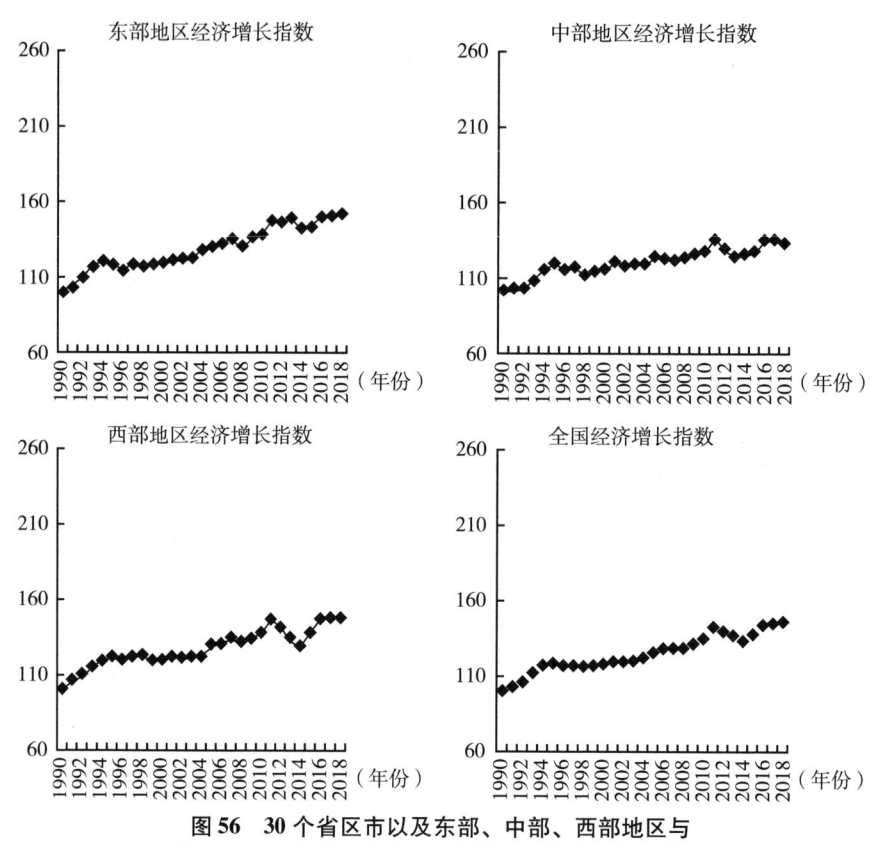

图 56　30 个省区市以及东部、中部、西部地区与
全国 1990～2018 年经济增长指数（以 1990 年为基期）

表 86　各省区市 1990～2018 年增长潜力排名情况（按排名顺序）

年份 排名	1990	1995	2000	2005	2010	2015	2016	2017	2018	平均	2000 年以来	2010 年以来
1	上海	北京	上海	北京	上海	上海	上海	上海	上海	上海	上海	上海
2	北京	上海	北京	上海	北京	江苏	江苏	浙江	北京	北京	北京	江苏
3	江苏	辽宁	吉林	广东	海南	浙江	浙江	江苏	江苏	江苏	江苏	北京
4	黑龙江	江苏	天津	天津	浙江	广东	广东	广东	浙江	江苏	江苏	浙江
5	新疆	黑龙江	黑龙江	江苏	广东	北京	北京	北京	广东	广东	广东	广东
6	青海	天津	辽宁	黑龙江	江苏	内蒙古	内蒙古	内蒙古	福建	天津	天津	海南
7	广东	吉林	江苏	辽宁	黑龙江	山东	海南	福建	内蒙古	黑龙江	黑龙江	天津
8	海南	山东	新疆	新疆	天津	海南	福建	海南	山东	辽宁	新疆	内蒙古

续表

年份 排名	1990	1995	2000	2005	2010	2015	2016	2017	2018	平均	2000年以来	2010年以来
9	吉林	新疆	山东	浙江	新疆	天津	新疆	新疆	新疆	新疆	海南	新疆
10	浙江	浙江	浙江	福建	内蒙古	新疆	天津	吉林	青海	吉林	辽宁	山东
11	四川	广东	四川	四川	山东	黑龙江	吉林	山东	吉林	山东	内蒙古	黑龙江
12	辽宁	安徽	海南	内蒙古	青海	辽宁	青海	青海	四川	海南	山东	辽宁
13	天津	四川	内蒙古	青海	辽宁	吉林	山东	辽宁	辽宁	内蒙古	青海	青海
14	甘肃	青海	广东	湖北	吉林	青海	辽宁	天津	黑龙江	青海	吉林	福建
15	福建	湖北	青海	山东	四川	福建	黑龙江	四川	湖南	四川	四川	吉林
16	山东	内蒙古	湖北	吉林	福建	四川	四川	黑龙江	海南	福建	福建	四川
17	重庆	甘肃	甘肃	海南	安徽	安徽	湖南	湖南	安徽	湖北	湖北	安徽
18	广西	福建	福建	甘肃	湖北	江西	安徽	安徽	江西	广西	安徽	湖北
19	湖北	湖南	广西	广西	湖南	湖北	江西	江西	湖北	安徽	广西	陕西
20	云南	广西	安徽	湖南	陕西	陕西	湖北	湖北	陕西	湖南	湖南	江西
21	内蒙古	重庆	湖南	云南	重庆	重庆	陕西	河北	河北	甘肃	云南	重庆
22	湖南	河北	云南	河北	云南	湖南	河北	宁夏	云南	云南	甘肃	湖南
23	陕西	云南	山西	安徽	甘肃	云南	重庆	陕西	重庆	重庆	云南	南
24	河北	海南	陕西	陕西	湖南	宁夏	云南	云南	河南	陕西	江西	广西
25	贵州	陕西	江西	山西	江西	广西	宁夏	重庆	广西	江西	重庆	甘肃
26	江西	江西	重庆	江西	山西	甘肃	广西	河南	宁夏	河北	河北	宁夏
27	河南	河南	河北	河南	河北	河北	甘肃	广西	山西	山西	河南	河北
28	安徽	山西	河南	宁夏	宁夏	河南	河南	天津	宁夏	宁夏	山西	山西
29	山西	宁夏	宁夏	重庆	河南	山西	山西	甘肃	甘肃	河南	河南	河南
30	宁夏	贵州	贵州	贵州	贵州	贵州	贵州	贵州	贵州	贵州	贵州	贵州

表87 各省区市1990~2018年增长潜力排名情况

年份 地区	1990	1995	2000	2005	2010	2015	2016	2017	2018	平均	2000年以来	2010年以来
北京	2	1	2	1	2	5	5	5	5	2	2	3
天津	13	6	4	4	8	9	10	14	28	6	6	7
河北	24	22	27	22	27	27	22	21	21	26	26	27
山西	29	28	23	25	26	29	29	28	27	27	27	28

续表

地区\年份	1990	1995	2000	2005	2010	2015	2016	2017	2018	平均	2000年以来	2010年以来
内蒙古	21	16	13	12	10	6	6	6	7	13	11	8
辽宁	12	3	6	7	13	12	14	13	13	8	10	12
吉林	9	7	3	16	14	13	11	10	11	10	14	15
黑龙江	4	5	5	6	7	11	15	16	14	7	7	11
上海	1	2	1	2	1	1	1	1	1	1	1	1
江苏	3	4	7	5	6	2	2	2	3	3	3	2
浙江	10	10	10	9	4	3	3	3	2	4	4	4
安徽	28	12	20	23	17	17	18	18	17	19	18	17
福建	15	18	18	10	16	15	8	7	6	16	16	14
江西	26	26	25	26	25	18	19	19	18	25	24	20
山东	16	8	9	15	11	7	13	11	8	11	12	10
河南	27	27	28	27	29	28	28	26	24	29	29	29
湖北	19	15	16	14	18	19	20	20	19	17	17	18
湖南	22	19	21	20	24	22	17	17	15	20	20	22
广东	7	11	14	3	5	4	4	4	5	5	5	5
广西	18	20	19	19	19	25	26	27	25	18	19	24
海南	8	24	12	17	3	8	7	8	16	12	9	6
重庆	17	21	26	29	21	21	23	25	23	23	25	21
四川	11	13	11	11	15	16	16	15	12	15	15	16
贵州	25	30	30	30	30	30	30	30	30	30	30	30
云南	20	23	22	21	22	23	24	24	22	22	21	23
陕西	23	25	24	24	20	20	21	23	20	24	23	19
甘肃	14	17	17	18	23	26	27	29	29	21	22	25
青海	6	14	15	13	12	14	12	12	10	14	13	13
宁夏	30	29	29	28	28	24	25	22	26	28	28	26
新疆	5	9	8	8	9	10	9	9	9	9	8	9

表88 各省区市1990~2018年增长潜力指数（上一年=100）

地区\年份	1990	1995	2000	2005	2010	2015	2016	2017	2018	平均	2000年以来	2010年以来
北京	100	97.9	106.6	100.3	102.3	97.4	101.7	101.2	107.1	102.3	103.0	100.7
天津	100	101.9	111.0	103.5	100.8	94.1	103.9	96.0	74.3	102.4	102.3	99.2
河北	100	109.6	109.7	102.2	99.2	104.2	114.4	104.5	99.6	103.1	103.3	101.8

1990~2018年中国各省区市发展前景评价

续表

年份 地区	1990	1995	2000	2005	2010	2015	2016	2017	2018	平均	2000年以来	2010年以来
辽　宁	100	104.7	106.3	98.7	99.5	99.6	100.9	102.4	98.3	102.4	102.3	101.0
上　海	100	96.4	104.7	97.1	106.8	100.7	105.5	102.6	103.6	103.2	104.8	103.4
江　苏	100	95.1	106.9	102.9	103.8	103.6	106.3	104.0	107.4	103.1	104.6	104.4
浙　江	100	99.3	106.7	103.8	103.2	107.0	105.8	104.5	109.0	103.7	104.7	103.4
福　建	100	96.8	103.8	106.5	102.4	103.3	110.2	104.3	107.7	103.0	103.7	102.8
山　东	100	96.5	106.1	102.1	113.3	101.1	99.7	104.9	106.3	102.9	102.7	101.7
广　东	100	99.3	112.3	107.6	102.8	104.8	104.4	106.9	107.8	103.6	105.2	103.5
海　南	100	92.8	113.6	107.9	115.1	98.3	106.5	100.4	90.8	102.6	103.5	100.5
东部平均	100	98.9	107.8	102.7	104.6	101.3	105.1	102.4	101.6	102.9	103.7	102.0
山　西	100	104.0	111.0	99.1	99.7	98.2	102.6	108.9	110.9	103.3	102.6	100.5
吉　林	100	106.2	114.9	97.2	100.3	102.3	105.1	106.3	102.1	102.6	102.7	102.0
黑龙江	100	100.4	111.3	97.6	109.4	102.1	99.5	97.9	104.5	101.6	102.3	99.6
安　徽	100	107.2	100.3	92.9	110.8	103.1	105.7	102.6	108.8	104.0	102.7	102.7
江　西	100	102.0	103.8	100.8	101.4	102.8	110.9	104.7	106.6	103.6	103.3	103.0
河　南	100	104.2	103.5	96.3	100.6	105.7	104.6	102.2	108.6	103.0	103.6	102.1
湖　北	100	100.3	113.5	99.2	98.2	103.0	104.7	102.2	107.0	102.2	102.7	100.2
湖　南	100	98.4	103.9	100.9	99.2	106.0	110.4	106.8	110.5	103.0	102.8	102.7
中部平均	100	102.8	108.0	97.9	102.7	102.9	104.7	103.1	105.1	102.7	102.5	101.3
内蒙古	100	102.3	106.8	97.7	110.9	104.7	106.0	103.4	102.1	103.6	103.3	102.1
广　西	100	98.7	107.4	99.9	97.9	96.2	102.2	102.6	108.8	101.7	103.3	99.5
重　庆	100	97.7	116.5	94.5	102.0	99.4	100.7	100.1	105.1	101.9	103.2	100.6
四　川	100	98.3	105.8	103.3	100.3	103.8	103.6	102.2	105.9	102.2	102.4	100.8
贵　州	100	100.7	101.7	103.7	98.1	102.8	102.7	103.2	107.3	102.3	102.7	101.0
云　南	100	96.8	103.4	96.2	101.0	103.0	101.0	102.2	105.1	102.2	102.2	100.6
陕　西	100	100.2	105.8	105.6	102.2	99.9	102.3	98.6	109.1	102.5	102.6	100.7
甘　肃	100	100.6	111.2	101.4	98.5	98.1	102.2	97.4	103.4	101.3	101.6	99.0
青　海	100	97.0	108.9	102.1	98.4	101.1	104.0	102.3	106.5	103.2	103.2	100.9
宁　夏	100	101.9	102.5	94.1	98.8	102.9	105.6	106.7	98.9	104.1	103.2	101.6
新　疆	100	99.3	109.4	98.6	113.1	102.6	106.5	99.7	103.4	102.0	102.9	101.6
西部平均	100	99.3	107.3	99.7	102.2	101.4	103.6	101.3	103.6	102.3	102.6	100.7
全国平均	100	100.0	107.7	100.5	103.3	101.7	104.5	102.2	103.1	102.6	103.0	101.4

表89 各省区市1990～2018年增长潜力指数（以1990年为基期）

年份 地区	1990	1995	2000	2005	2010	2015	2016	2017	2018
北 京	100	103.9	115.5	138.0	176.0	176.7	179.6	181.8	194.7
天 津	100	121.0	140.1	169.4	199.4	185.9	193.2	185.5	137.8
河 北	100	137.2	140.0	187.1	194.8	186.9	213.8	223.5	222.5
辽 宁	100	126.3	132.9	160.2	173.3	181.9	183.5	187.9	184.7
上 海	100	87.7	102.5	118.4	184.7	208.6	219.9	225.6	233.7
江 苏	100	99.1	107.8	134.2	165.9	203.4	216.3	224.9	241.4
浙 江	100	110.7	124.3	154.3	208.1	237.5	251.3	262.6	286.2
福 建	100	105.0	117.9	163.7	177.8	187.3	206.5	215.3	231.8
山 东	100	123.2	137.5	158.2	208.2	198.1	197.5	207.3	220.4
广 东	100	101.8	116.5	160.9	202.1	231.3	241.5	258.2	278.4
海 南	100	87.3	119.6	137.2	214.5	177.6	189.2	190.0	172.4
东部平均	100	107.3	121.3	149.8	190.2	198.2	208.4	213.4	216.9
山 西	100	133.0	169.5	205.7	226.7	210.9	216.3	235.5	261.2
吉 林	100	115.3	141.0	143.4	166.1	173.8	182.6	194.0	198.1
黑龙江	100	100.4	112.8	135.1	168.6	152.2	151.3	148.2	154.8
安 徽	100	166.4	174.8	199.8	249.2	242.7	256.4	275.9	300.1
江 西	100	125.2	148.5	178.7	205.4	220.5	244.6	256.2	273.2
河 南	100	126.0	142.9	176.3	185.4	195.8	204.8	217.1	235.9
湖 北	100	115.9	128.4	168.3	173.1	166.4	174.3	178.1	190.5
湖 南	100	123.7	137.6	165.2	173.5	183.0	202.1	215.8	238.4
中部平均	100	122.4	140.6	166.3	188.2	187.2	196.0	202.1	212.4
内蒙古	100	127.7	152.9	188.3	240.8	230.4	244.2	252.5	257.8
广 西	100	107.9	121.6	148.2	159.5	149.0	152.2	156.2	170.0
重 庆	100	105.4	107.9	123.7	155.3	158.0	159.1	159.2	167.4
四 川	100	104.0	123.9	151.9	169.0	168.2	174.2	179.7	190.4
贵 州	100	108.9	116.1	155.3	165.4	171.9	176.5	182.2	195.5
云 南	100	113.1	123.0	155.3	169.9	171.2	172.9	176.7	185.7
陕 西	100	110.8	129.3	161.3	187.2	191.4	196.8	194.1	211.6
甘 肃	100	104.8	118.9	146.2	149.7	141.1	144.2	140.4	145.2
青 海	100	98.9	113.2	143.8	165.0	168.7	176.3	180.3	192.0
宁 夏	100	149.0	171.2	214.0	250.9	255.5	269.7	287.9	284.6
新 疆	100	97.2	110.9	136.2	165.6	155.3	165.4	164.3	169.9
西部平均	100	109.4	124.1	153.9	176.4	174.2	180.5	182.8	189.3
全国平均	100	111.5	126.8	155.1	184.9	187.3	195.8	200.1	206.2

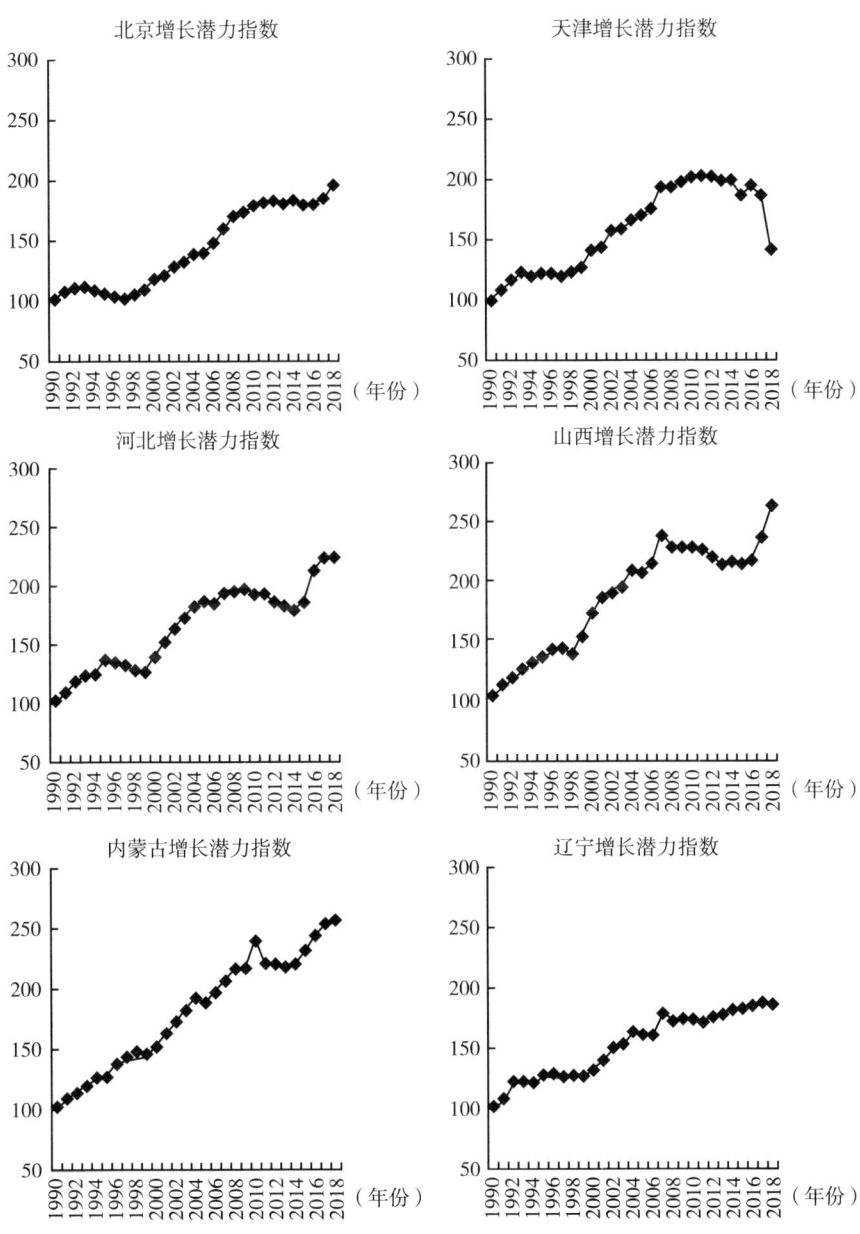

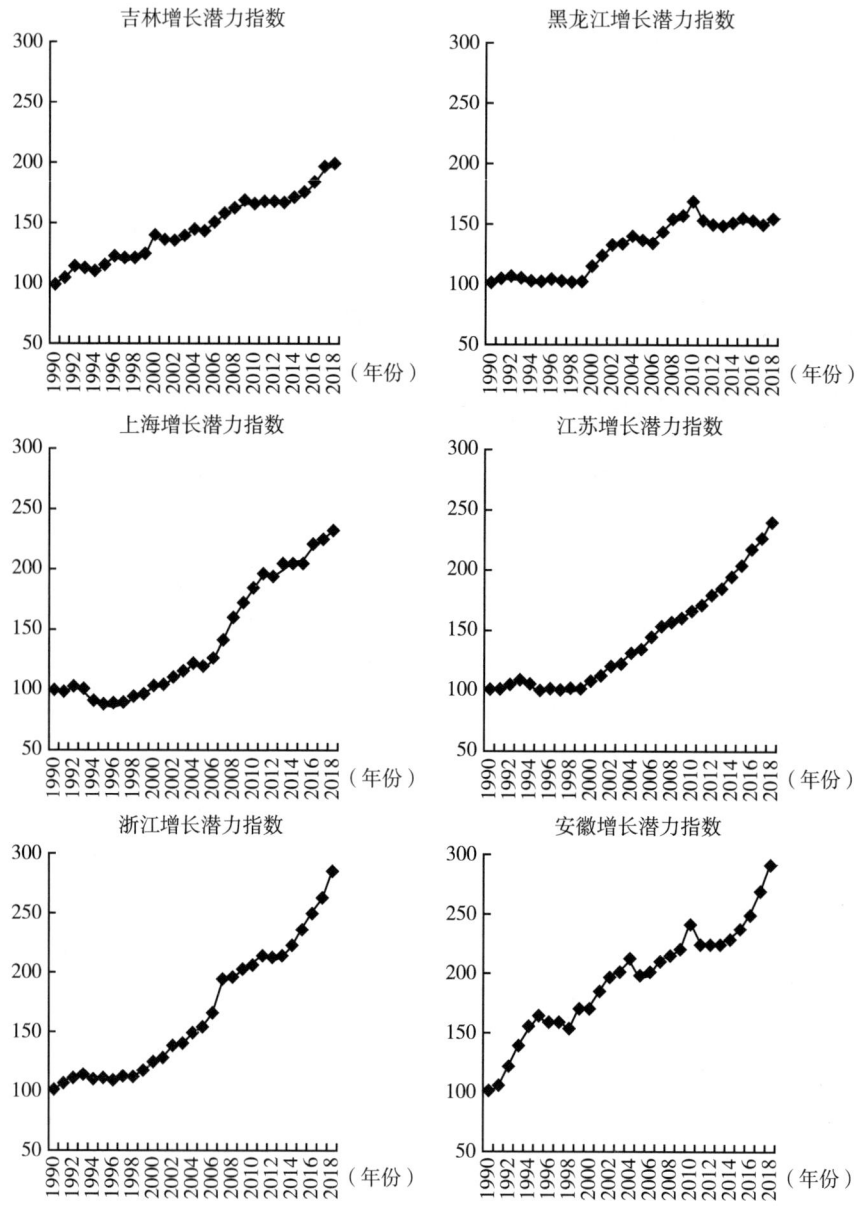

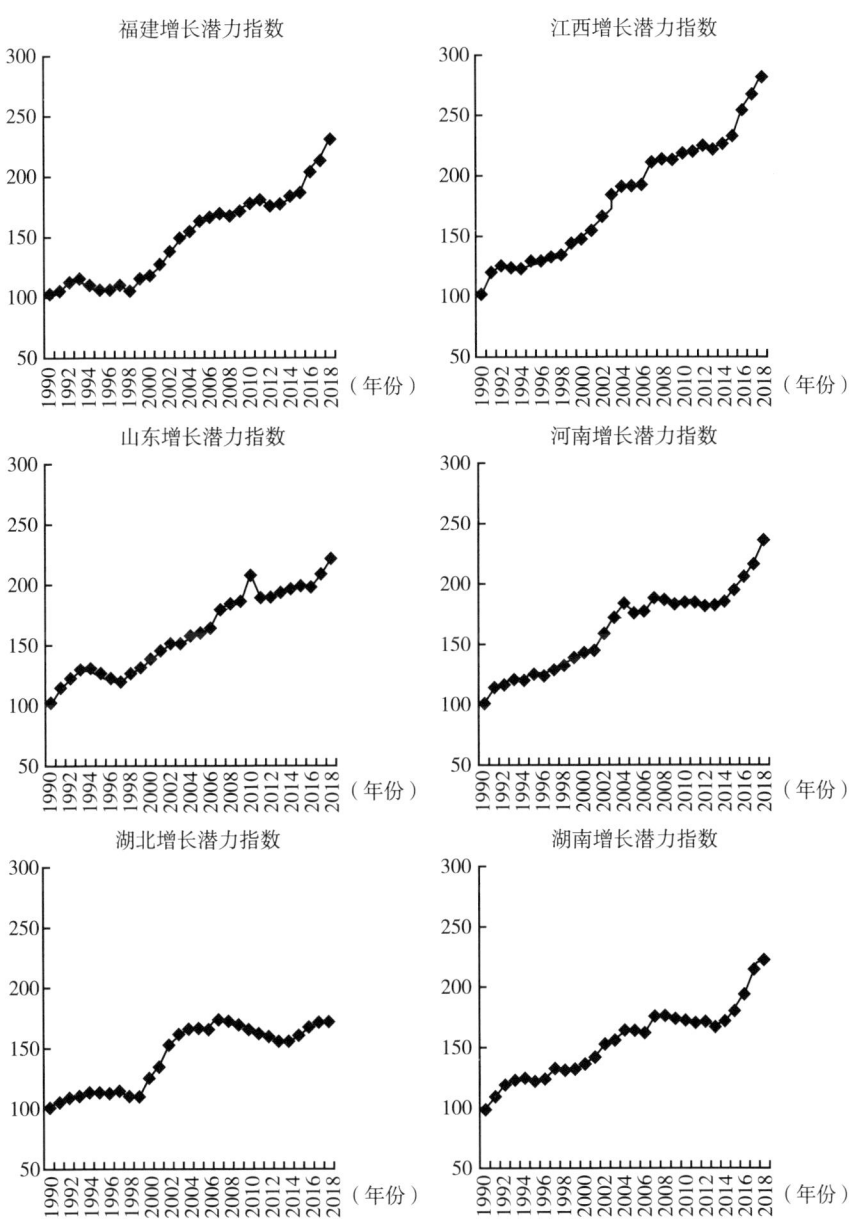

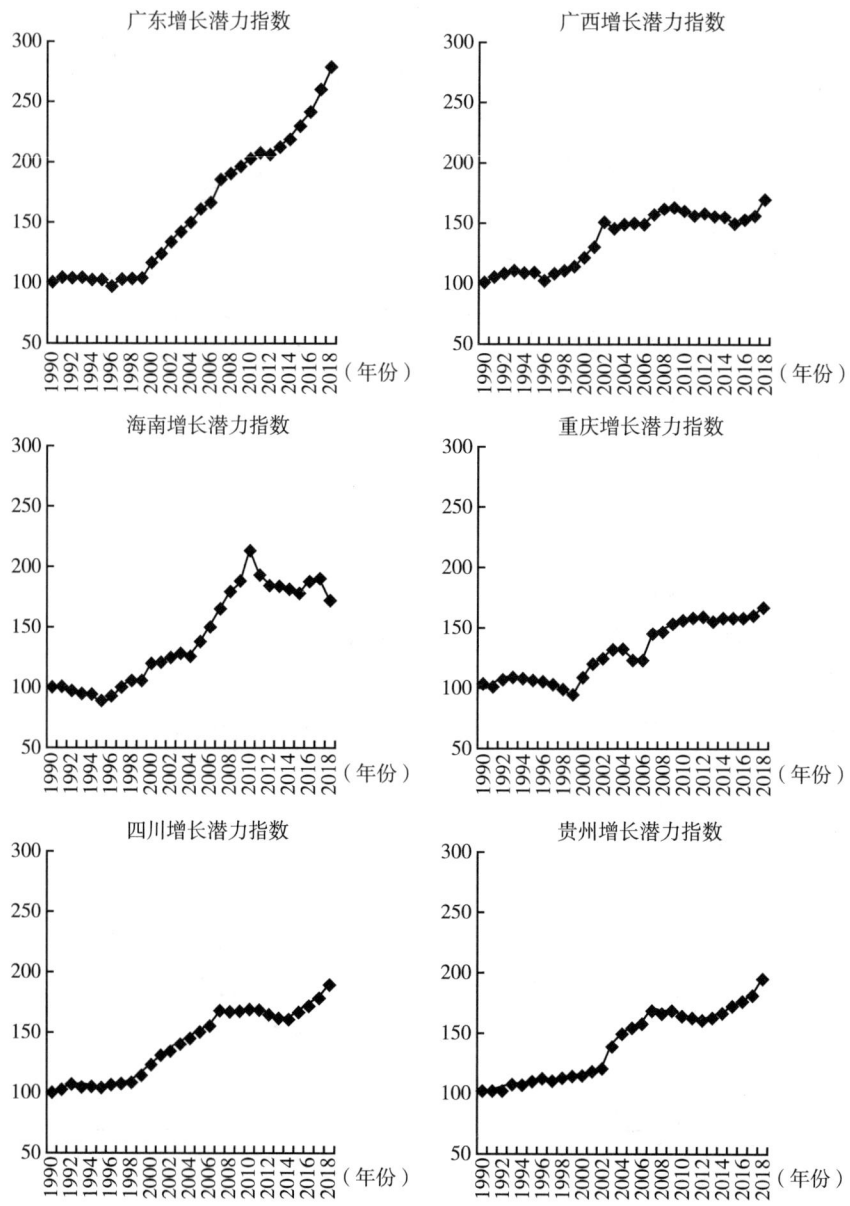

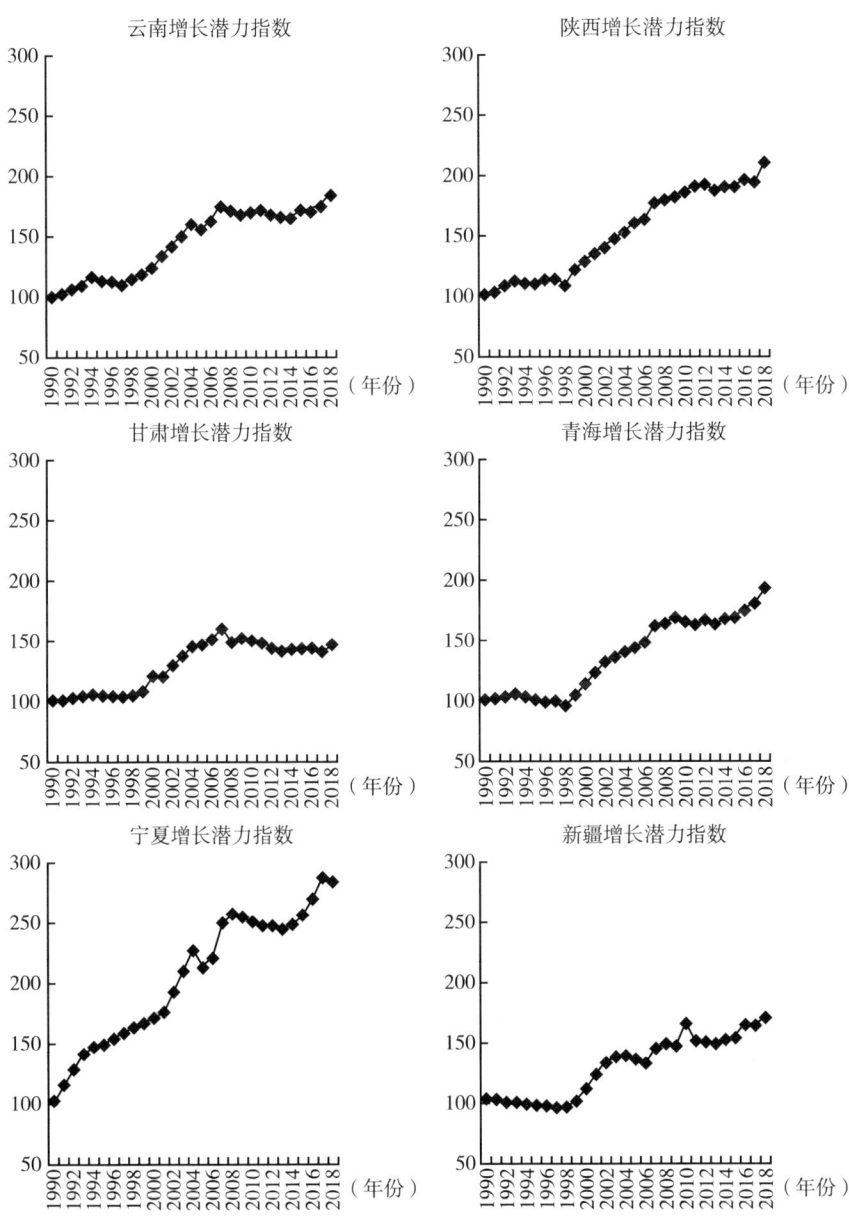

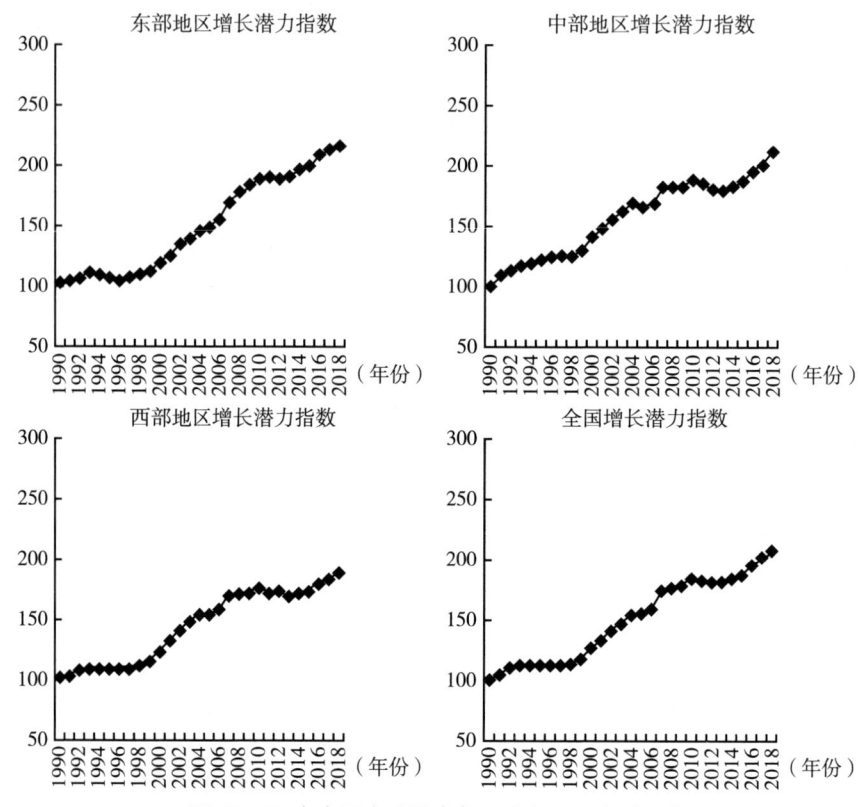

图 57　30 个省区市以及东部、中部、西部地区与全国 1990～2018 年增长潜力指数（以 1990 年为基期）

表 90　各省区市 1990～2018 年政府效率排名情况（按排名顺序）

年份 排名	1990	1995	2000	2005	2010	2015	2016	2017	2018	平均	2000年以来	2010年以来
1	天津	天津	上海	上海	北京	北京	北京	北京	北京	北京	北京	北京
2	上海	上海	天津	北京	上海	上海	浙江	上海	上海	上海	上海	上海
3	北京	北京	北京	浙江	江苏	浙江	上海	浙江	浙江	天津	浙江	浙江
4	海南	海南	海南	天津	浙江	江苏	江苏	江苏	天津	浙江	江苏	江苏
5	黑龙江	黑龙江	浙江	江苏	天津	天津	天津	天津	江苏	江苏	天津	天津
6	辽宁	浙江	江苏	辽宁	海南	山东	山东	海南	海南	海南	山东
7	青海	青海	黑龙江	青海	辽宁	广东	广东	广东	辽宁	辽宁	广东
8	江苏	辽宁	辽宁	海南	广东	海南	海南	海南	黑龙江	黑龙江	山东	海南

1990~2018年中国各省区市发展前景评价

续表

年份 排名	1990	1995	2000	2005	2010	2015	2016	2017	2018	平均	2000年以来	2010年以来
9	浙江	江苏	青海	黑龙江	山东	黑龙江	黑龙江	黑龙江	海南	山东	广东	辽宁
10	山东	宁夏	山东	山东	黑龙江	辽宁	辽宁	辽宁	辽宁	广东	黑龙江	黑龙江
11	山西	山东	吉林	广东	青海	宁夏	宁夏	宁夏	福建	青海	青海	宁夏
12	宁夏	山西	广东	内蒙古	宁夏	福建	福建	福建	宁夏	宁夏	宁夏	福建
13	甘肃	甘肃	湖北	新疆	湖北	重庆	吉林	吉林	湖北	福建	青海	海南
14	广东	湖北	宁夏	湖北	内蒙古	重庆	吉林	重庆	重庆	内蒙古	湖北	湖北
15	湖北	内蒙古	内蒙古	福建	湖南	青海	湖北	山西	山西	吉林	内蒙古	吉林
16	河北	江西	河北	湖南	福建	吉林	山西	青海	四川	山西	吉林	重庆
17	江西	河北	江西	宁夏	吉林	内蒙古	青海	四川	青海	福建	湖南	山西
18	内蒙古	吉林	甘肃	河北	江西	山西	内蒙古	湖北	贵州	河北	山西	内蒙古
19	吉林	新疆	陕西	陕西	山西	湖南	湖南	内蒙古	湖北	江西	河北	湖南
20	新疆	广东	山西	山西	河北	河北	贵州	贵州	内蒙古	重庆	重庆	江西
21	重庆	陕西	新疆	吉林	新疆	贵州	四川	湖南	江西	陕西	江西	河北
22	陕西	重庆	贵州	四川	重庆	四川	河北	陕西	陕西	湖南	陕西	四川
23	安徽	安徽	安徽	江西	陕西	江西	陕西	河北	湖南	新疆	四川	贵州
24	贵州	贵州	福建	安徽	四川	陕西	江西	江西	河北	贵州	贵州	陕西
25	云南	四川	湖南	河南	贵州	安徽	安徽	安徽	甘肃	新疆	安徽	
26	福建	福建	重庆	甘肃	安徽	新疆	广西	广西	新疆	四川	安徽	新疆
27	四川	云南	四川	重庆	河南	甘肃	新疆	新疆	甘肃	安徽	甘肃	甘肃
28	河南	广西	云南	贵州	甘肃	广西	甘肃	甘肃	广西	河南	广西	广西
29	湖南	湖南	河南	广西	广西	河南	河南	云南	河南	广西	河南	河南
30	广西	河南	广西	云南	云南	云南	云南	河南	云南	云南	云南	云南

表91 各省区市1990~2018年政府效率排名情况

年份 地区	1990	1995	2000	2005	2010	2015	2016	2017	2018	平均	2000年以来	2010年以来
北京	3	3	3	2	1	1	1	1	1	1	1	1
天津	1	1	2	4	5	5	5	5	4	3	5	5
河北	16	17	16	18	20	20	22	23	24	18	19	21
山西	11	12	20	20	19	18	16	15	15	16	18	17

续表

地区\年份	1990	1995	2000	2005	2010	2015	2016	2017	2018	平均	2000年以来	2010年以来
内蒙古	18	15	15	12	14	17	18	19	20	14	15	18
辽宁	6	8	8	6	7	10	10	10	10	7	7	9
吉林	19	18	11	21	17	16	14	13	13	15	16	15
黑龙江	5	5	7	9	10	9	9	9	8	8	10	10
上海	2	2	1	1	2	2	3	2	2	2	2	2
江苏	8	9	6	5	3	4	4	4	5	5	4	4
浙江	9	6	5	3	4	3	2	3	3	4	3	3
安徽	23	23	23	24	26	25	25	25	25	27	26	25
福建	26	26	24	15	16	12	12	12	11	17	13	12
江西	17	16	17	23	18	23	24	24	21	19	21	20
山东	10	11	10	10	9	6	6	6	6	9	8	6
河南	28	30	29	25	27	29	29	30	30	28	28	29
湖北	15	14	13	14	13	13	15	18	19	13	14	14
湖南	29	29	25	16	15	19	19	21	23	22	17	19
广东	14	20	12	11	8	7	7	7	10	9	7
广西	30	28	30	29	29	28	26	26	28	29	29	28
海南	4	4	4	8	6	8	8	8	9	6	6	8
重庆	21	22	26	27	22	14	13	14	14	20	20	16
四川	27	25	27	22	24	22	21	17	16	26	23	22
贵州	24	24	22	28	25	21	20	20	18	24	24	23
云南	25	27	28	30	30	30	30	29	29	30	30	30
陕西	22	21	19	19	23	24	23	22	22	21	22	24
甘肃	13	13	18	26	28	27	28	28	27	25	27	27
青海	7	7	9	7	11	15	17	16	17	11	11	13
宁夏	12	10	14	17	12	11	11	11	12	12	12	11
新疆	20	19	21	13	21	26	27	27	26	23	25	26

表92　各省区市1990~2018年政府效率指数（上一年=100）

地区\年份	1990	1995	2000	2005	2010	2015	2016	2017	2018	平均	2000年以来	2010年以来
北京	100	99.1	100.6	108.6	106.7	104.3	99.9	102.6	102.4	104.2	106.6	104.6
天津	100	100.9	92.5	108.8	105.6	110.7	110.9	112.0	111.9	102.2	104.2	108.0
河北	100	100.5	93.6	102.8	104.6	108.9	107.9	101.7	100.2	102.5	103.8	105.6

1990~2018年中国各省区市发展前景评价

续表

地区\年份	1990	1995	2000	2005	2010	2015	2016	2017	2018	平均	2000年以来	2010年以来
辽宁	100	100.0	99.0	106.8	97.5	105.4	107.7	106.5	100.5	102.7	104.0	103.6
上海	100	101.1	103.6	108.0	94.3	105.2	103.3	103.1	104.9	102.6	103.4	102.3
江苏	100	99.9	105.6	103.6	109.4	102.0	106.0	103.2	102.7	104.3	105.6	105.7
浙江	100	102.8	114.7	110.6	103.0	107.2	105.4	102.1	104.0	104.9	106.6	106.7
福建	100	104.2	99.7	111.7	113.8	110.4	109.3	109.0	109.3	105.5	107.9	110.3
山东	100	100.4	96.7	106.5	112.5	110.1	106.8	111.9	112.4	104.6	106.9	109.8
广东	100	101.8	99.4	111.5	117.8	106.6	109.5	103.2	103.7	104.7	107.2	108.2
海南	100	101.2	96.9	96.9	111.0	109.3	107.8	101.9	101.2	102.1	103.3	106.0
东部平均	100	100.9	100.3	107.0	105.6	106.7	106.0	105.0	104.9	103.7	105.4	106.4
山西	100	99.2	91.7	106.1	108.3	110.6	110.5	108.4	102.3	102.6	105.3	108.1
吉林	100	98.7	91.4	97.1	102.7	111.1	110.8	112.1	108.4	104.0	105.2	108.5
黑龙江	100	100.4	97.4	102.8	103.2	109.6	108.9	109.7	109.7	103.1	104.7	107.4
安徽	100	102.9	94.9	100.5	109.2	108.7	107.2	108.3	104.1	103.2	104.4	107.3
江西	100	97.9	96.4	107.3	106.9	101.8	106.1	106.2	107.2	102.8	104.7	106.0
河南	100	94.6	98.2	112.8	100.8	103.9	107.1	104.4	104.8	103.1	105.4	104.3
湖北	100	102.4	96.4	108.5	116.4	108.9	101.2	97.3	99.4	102.8	104.2	105.5
湖南	100	102.3	103.2	108.5	113.1	108.4	107.0	100.8	97.7	104.3	105.8	105.3
中部平均	100	99.9	95.9	105.2	107.5	108.1	107.4	106.1	104.6	103.2	104.9	106.6
内蒙古	100	100.6	96.1	105.4	98.7	109.2	107.7	101.9	100.2	102.8	104.3	104.5
广西	100	102.2	93.7	108.1	109.0	109.4	108.5	103.2	103.5	103.6	105.7	106.1
重庆	100	102.5	94.7	107.2	111.4	112.2	111.7	105.1	107.0	104.4	107.2	109.9
四川	100	113.6	97.8	105.4	101.3	111.6	111.3	109.1	109.6	104.7	107.2	109.2
贵州	100	102.3	94.7	103.7	104.0	111.9	110.9	105.9	105.8	104.2	105.5	108.9
云南	100	100.6	97.3	108.4	103.7	112.3	111.2	111.9	110.4	103.1	105.5	109.1
陕西	100	104.5	93.8	102.0	109.0	110.1	108.8	108.7	103.9	103.1	104.6	107.1
甘肃	100	100.4	97.3	95.6	102.6	101.2	102.0	106.6	106.7	101.4	103.4	105.3
青海	100	99.9	95.0	111.8	97.9	103.9	104.5	104.9	102.4	101.8	102.6	103.5
宁夏	100	100.2	93.6	113.8	105.4	109.3	108.0	104.6	102.6	103.5	105.9	107.2
新疆	100	100.5	101.0	108.1	104.1	102.4	102.9	106.5	106.5	102.1	103.7	103.4
西部平均	100	102.0	95.8	106.7	103.9	108.5	108.1	106.0	104.6	103.2	105.0	106.7
全国平均	100	101.0	98.1	106.5	105.5	107.5	106.9	105.5	104.8	103.4	105.1	106.6

表93 各省区市1990～2018年政府效率指数（以1990年为基期）

年份 地区	1990	1995	2000	2005	2010	2015	2016	2017	2018
北京	100	100.9	93.8	115.4	218.6	291.7	291.5	299.2	306.2
天津	100	100.5	77.6	83.4	94.4	127.9	141.9	158.9	177.9
河北	100	97.2	91.3	93.8	125.2	176.6	190.7	193.9	194.3
辽宁	100	97.8	99.6	126.6	150.1	182.4	196.4	209.3	210.2
上海	100	105.7	113.1	122.3	155.2	179.3	185.3	190.9	200.3
江苏	100	102.2	121.0	154.6	213.8	284.4	301.4	311.1	319.5
浙江	100	113.9	127.9	178.2	210.7	326.9	344.6	351.9	365.9
福建	100	107.2	102.7	150.4	202.1	329.8	360.4	393.0	429.6
山东	100	91.3	94.7	111.3	166.6	255.4	272.8	305.3	343.1
广东	100	89.7	94.4	123.5	202.6	294.4	322.3	332.8	345.0
海南	100	103.2	92.2	79.6	114.8	156.1	168.4	171.6	173.7
东部平均	100	101.2	99.5	116.7	161.4	221.0	234.3	245.9	258.0
山西	100	93.2	69.6	73.1	105.3	159.7	176.5	191.3	195.7
吉林	100	103.1	104.3	90.3	140.5	211.3	234.1	262.3	284.4
黑龙江	100	103.1	94.5	90.9	124.5	175.3	190.9	209.4	229.6
安徽	100	103.0	100.9	95.5	135.1	191.8	206.0	223.1	232.2
江西	100	97.5	86.0	78.6	130.4	169.9	180.2	191.8	205.6
河南	100	89.4	83.1	107.5	154.9	192.0	205.7	214.7	225.0
湖北	100	102.1	94.2	101.9	150.4	211.4	214.0	208.2	207.1
湖南	100	99.1	114.2	167.2	230.2	304.5	325.9	328.4	321.0
中部平均	100	99.2	91.9	95.9	139.7	194.7	209.1	221.9	232.0
内蒙古	100	103.3	93.1	112.5	141.5	192.4	207.3	211.2	211.5
广西	100	104.0	86.0	99.6	165.5	222.7	241.6	249.3	258.0
重庆	100	104.2	81.6	80.7	145.4	243.5	272.0	285.9	305.8
四川	100	112.3	92.8	119.2	159.4	260.8	290.3	316.9	347.2
贵州	100	105.2	114.5	92.1	147.7	244.2	270.8	286.7	303.2
云南	100	98.0	81.9	78.9	107.8	164.7	183.1	204.8	226.2
陕西	100	109.8	103.7	110.0	149.1	206.1	224.4	243.9	253.2
甘肃	100	91.1	74.3	61.7	89.8	119.3	121.7	129.8	138.4
青海	100	98.2	95.4	111.0	115.0	142.0	148.3	155.5	159.2
宁夏	100	101.7	80.5	83.3	137.5	208.9	225.7	236.0	242.2
新疆	100	104.2	91.2	117.6	136.0	151.0	155.4	165.6	176.3
西部平均	100	102.1	89.8	96.5	132.5	188.6	203.8	216.0	226.0
全国平均	100	101.0	95.0	106.2	148.1	205.7	219.8	231.8	242.9

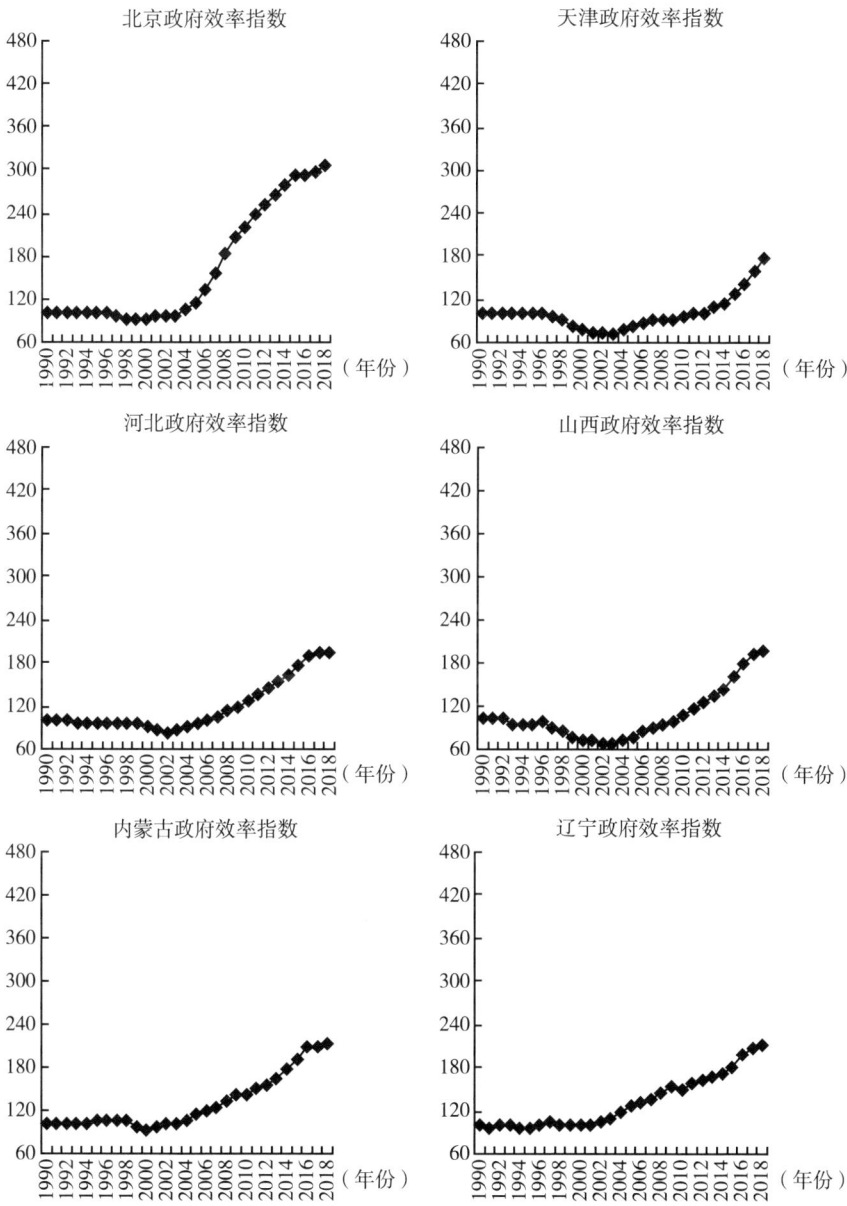

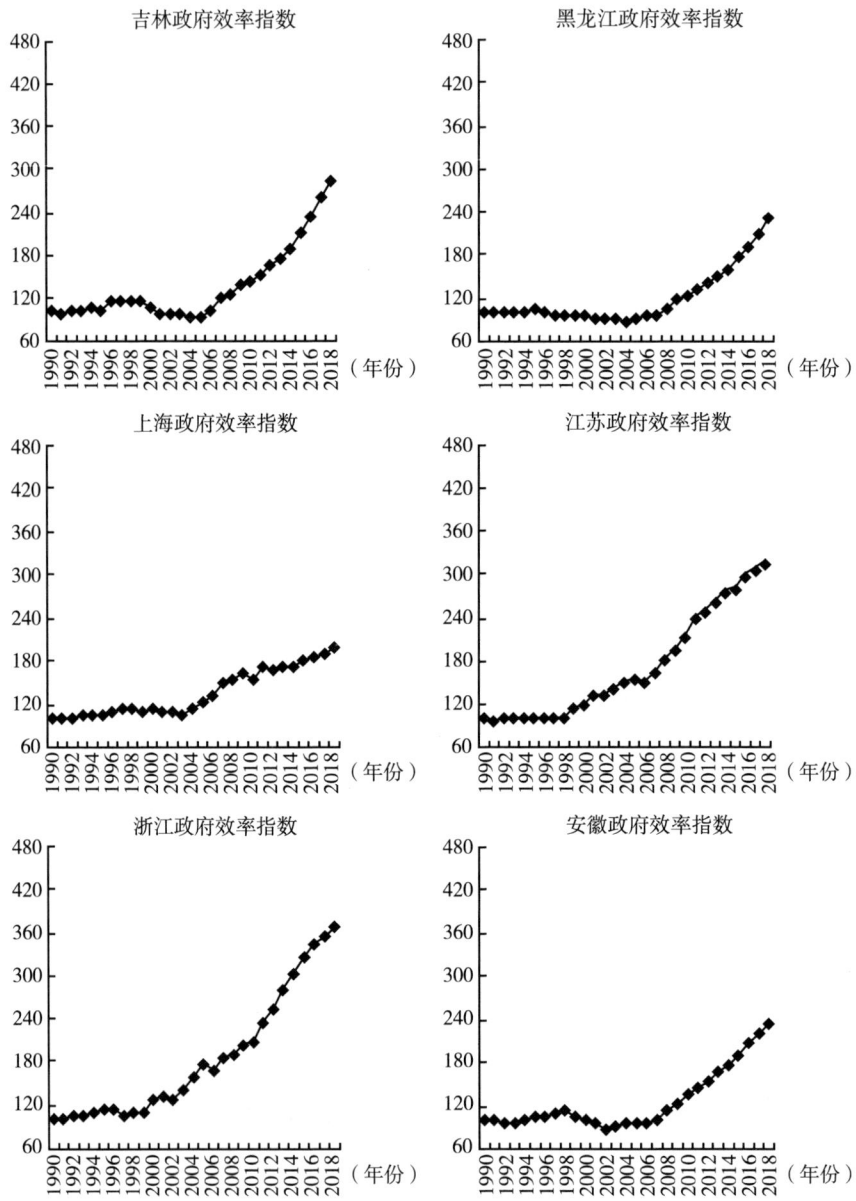

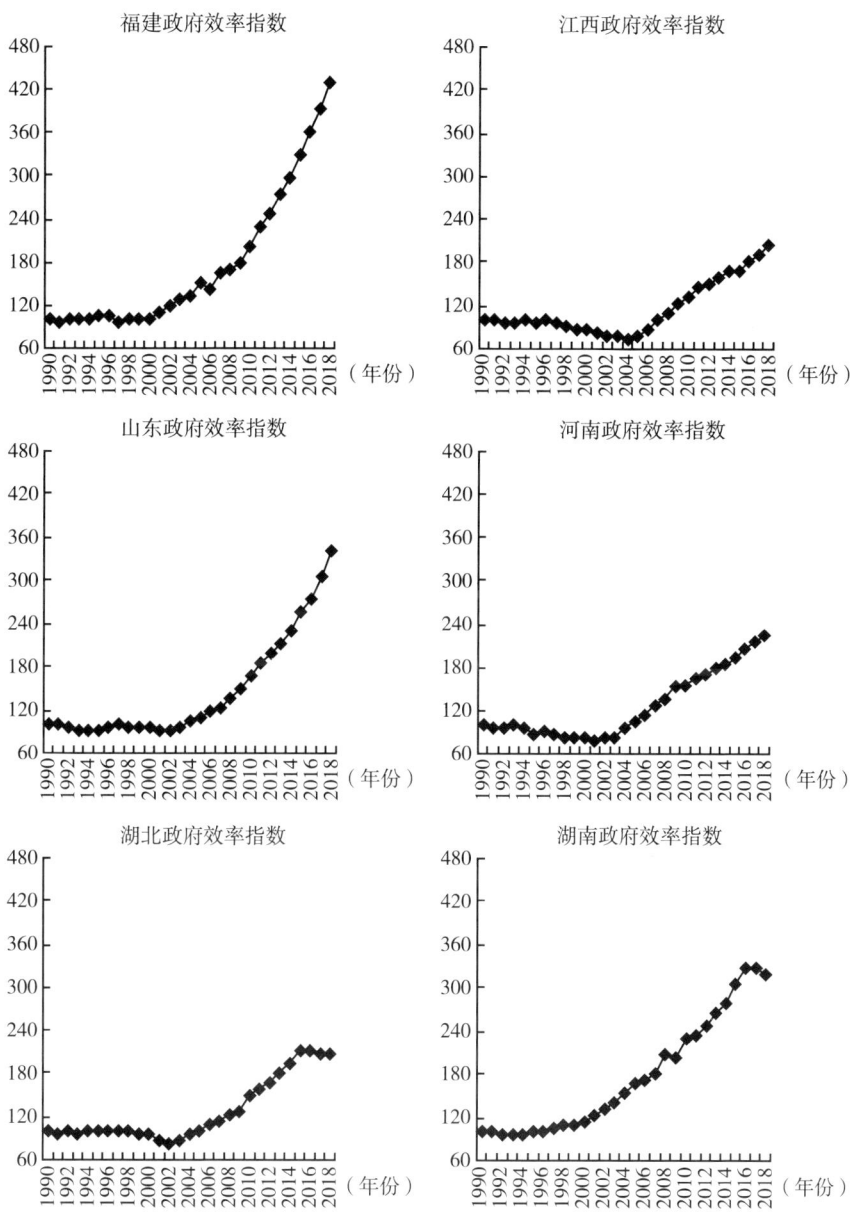

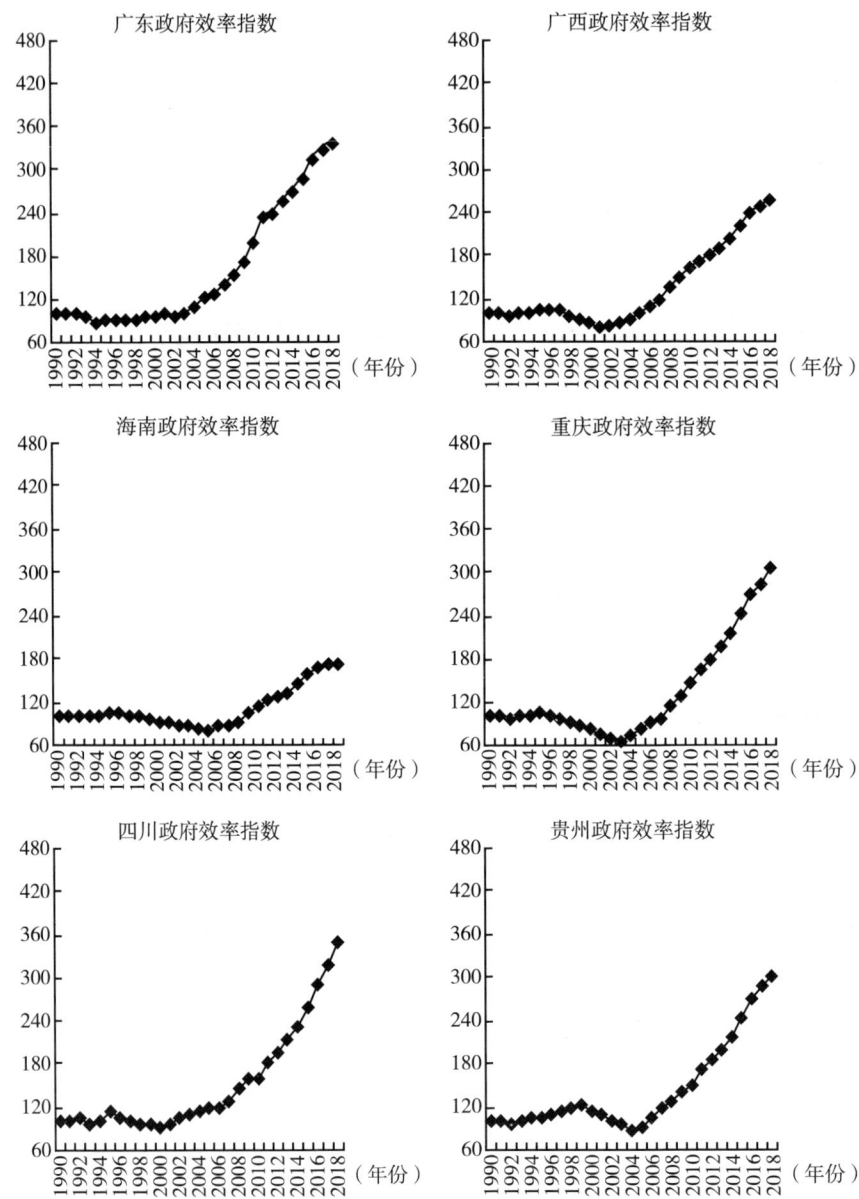

1990～2018年中国各省区市发展前景评价

云南政府效率指数

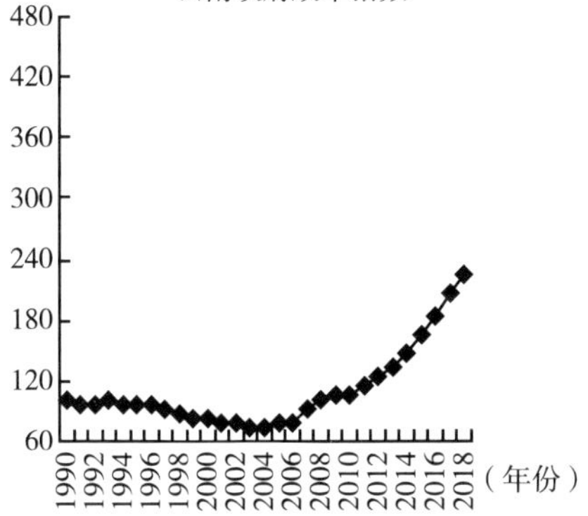

陕西政府效率指数

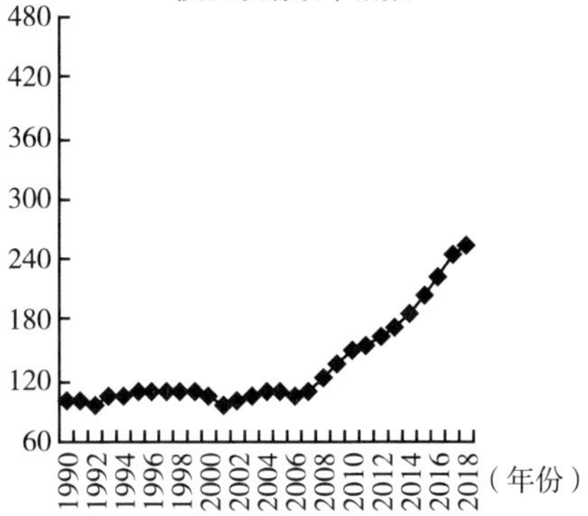

甘肃政府效率指数

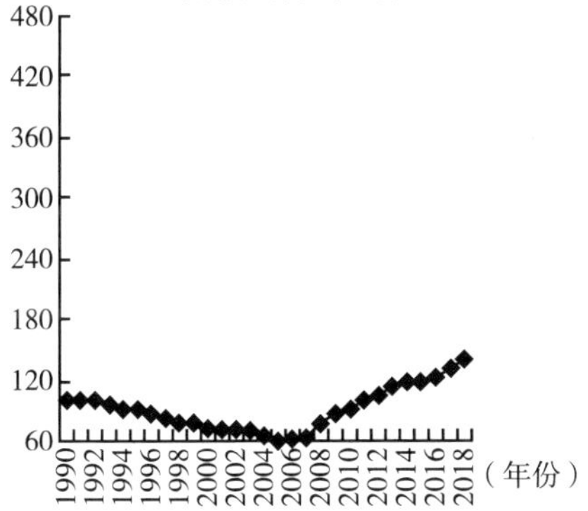

青海政府效率指数

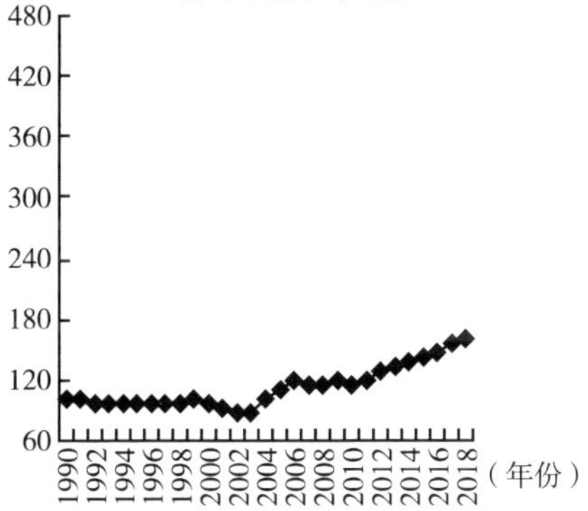

宁夏政府效率指数

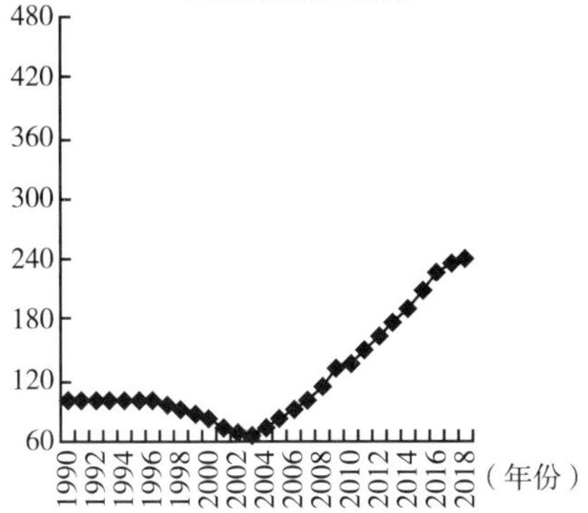

新疆政府效率指数

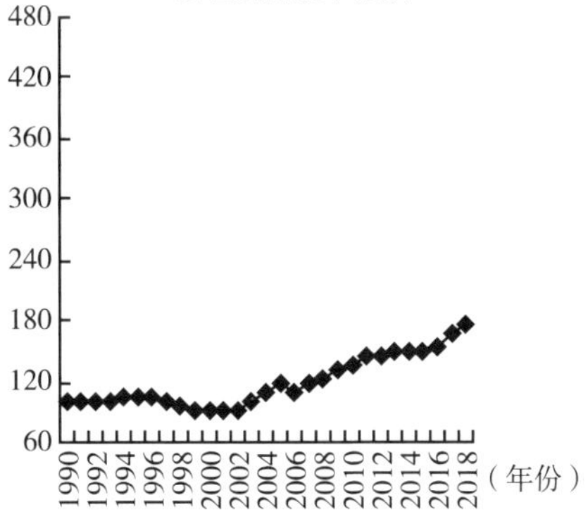

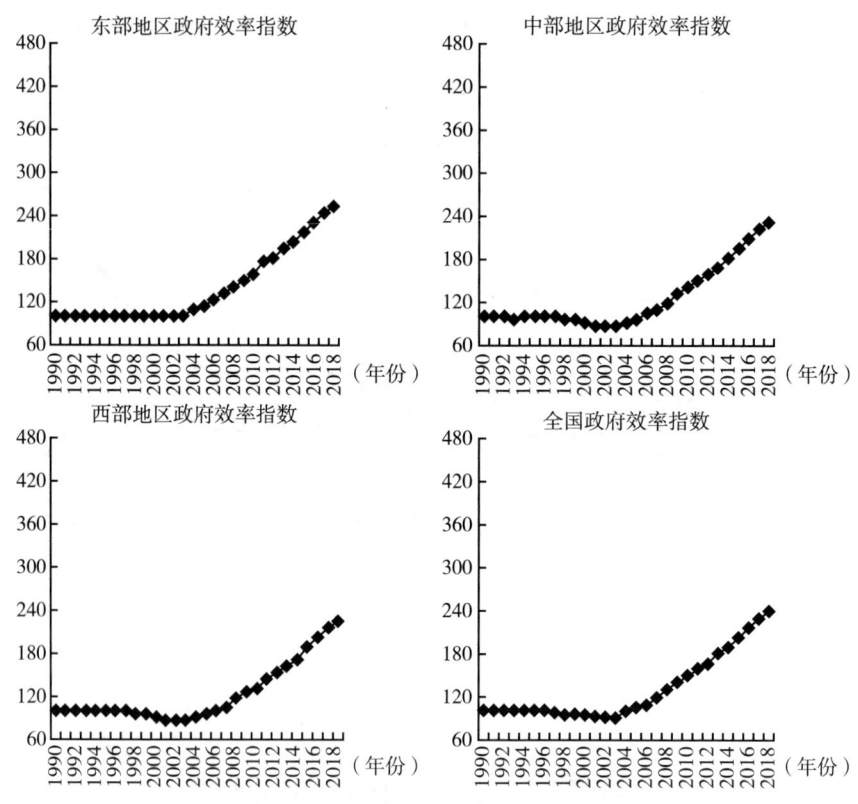

图58　30个省区市以及东部、中部和西部地区与
全国1990～2018年政府效率指数（以1990年为基期）

表94　各省区市1990～2018年人民生活排名情况（按排名顺序）

年份 排名	1990	1995	2000	2005	2010	2015	2016	2017	2018	平均	2000年以来	2010年以来
1	上海	上海	北京	北京	北京	上海	上海	上海	上海	上海	上海	上海
2	北京	北京	上海	上海	上海	北京	天津	天津	天津	北京	北京	北京
3	天津	天津	天津	天津	浙江	天津	北京	北京	北京	天津	天津	天津
4	新疆	辽宁	浙江	浙江	天津	浙江	浙江	浙江	浙江	浙江	浙江	浙江
5	吉林	黑龙江	辽宁	辽宁	辽宁	江苏	江苏	江苏	江苏	江苏	江苏	江苏
6	辽宁	山西	江苏	江苏	江苏	辽宁	辽宁	辽宁	辽宁	辽宁	辽宁	辽宁
7	江苏	江苏	河北	黑龙江	山东	山东	山东	吉林	吉林	山东	山东	山东
8	山西	吉林	内蒙古	山东	山东	吉林	吉林	山东	山东	山西	吉林	吉林

1990～2018年中国各省区市发展前景评价

续表

年份 排名	1990	1995	2000	2005	2010	2015	2016	2017	2018	平均	2000年以来	2010年以来
9	浙江	海南	福建	内蒙古	河北	福建	福建	福建	陕西	山东	山西	福建
10	黑龙江	浙江	山东	吉林	吉林	新疆	陕西	陕西	福建	内蒙古	福建	山西
11	内蒙古	内蒙古	山西	广东	黑龙江	陕西	山西	山西	新疆	陕西	内蒙古	陕西
12	青海	新疆	黑龙江	新疆	内蒙古	湖北	湖北	湖北	湖北	福建	河北	河北
13	湖北	山东	吉林	福建	福建	山西	新疆	内蒙古	河北	新疆	新疆	新疆
14	江西	河北	广东	山西	四川	青海	内蒙古	新疆	青海	黑龙江	黑龙江	湖北
15	海南	广东	新疆	河北	新疆	内蒙古	青海	青海	四川	广东	广东	内蒙古
16	福建	江西	海南	宁夏	青海	四川	四川	四川	新疆	陕西	陕西	四川
17	陕西	福建	青海	四川	广东	河南	河北	河北	河北	青海	湖北	青海
18	河北	青海	湖南	青海	陕西	河北	河南	河南	河南	湖北	青海	广东
19	山东	陕西	宁夏	湖北	河南	广东	广东	广东	海南	四川	河南	河南
20	广东	湖北	四川	海南	湖北	海南	海南	海南	海南	四川	河南	黑龙江
21	宁夏	宁夏	陕西	陕西	湖南	黑龙江	黑龙江	黑龙江	云南	河南	海南	海南
22	湖南	四川	江西	湖南	宁夏	宁夏	宁夏	宁夏	宁夏	宁夏	宁夏	湖南
23	安徽	湖南	湖北	江西	江西	湖南	湖南	云南	湖南	江西	湖南	宁夏
24	云南	河南	重庆	河南	甘肃	江西	云南	湖南	黑龙江	湖南	江西	江西
25	河南	重庆	河南	甘肃	海南	云南	安徽	安徽	安徽	甘肃	甘肃	安徽
26	四川	甘肃	广西	安徽	安徽	安徽	江西	江西	甘肃	安徽	安徽	甘肃
27	广西	广西	云南	广西	重庆	甘肃	贵州	贵州	贵州	广西	云南	云南
28	甘肃	云南	甘肃	重庆	广西	贵州	甘肃	甘肃	江西	重庆	重庆	重庆
29	重庆	安徽	安徽	贵州	云南	重庆	重庆	重庆	广西	云南	云南	广西
30	贵州	贵州	贵州	云南	贵州	广西	广西	广西	重庆	贵州	贵州	贵州

表95 各省区市1990～2018年人民生活排名情况

地区\年份	1990	1995	2000	2005	2010	2015	2016	2017	2018	平均	2000年以来	2010年以来
北京	2	2	1	1	1	2	3	3	3	2	2	2
天津	3	3	3	3	4	3	2	2	2	3	3	3
河北	18	14	7	15	9	18	17	17	17	13	12	12
山西	8	6	11	14	7	13	11	11	11	9	9	10

续表

地区\年份	1990	1995	2000	2005	2010	2015	2016	2017	2018	平均	2000年以来	2010年以来
内蒙古	11	11	8	9	12	15	14	13	13	10	11	15
辽宁	6	4	5	5	5	6	6	6	6	6	6	6
吉林	5	8	13	10	10	8	8	7	7	7	8	8
黑龙江	10	5	12	7	11	21	21	21	24	14	14	20
上海	1	1	2	2	2	1	1	1	1	1	1	1
江苏	7	7	6	6	6	5	5	5	5	5	5	5
浙江	9	10	4	4	3	4	4	4	4	4	4	4
安徽	23	29	29	26	26	26	25	25	25	26	26	25
福建	16	17	9	13	13	9	9	9	10	12	10	9
江西	14	16	22	23	23	24	26	26	28	23	24	24
山东	19	13	10	8	8	7	7	8	8	9	7	7
河南	25	24	25	24	19	17	18	18	18	21	20	19
湖北	13	20	23	19	20	12	12	12	12	18	17	14
湖南	22	23	18	22	21	23	23	24	23	24	23	22
广东	20	15	14	11	17	19	19	19	15	15	15	18
广西	27	27	26	27	28	30	30	30	29	27	27	29
海南	15	9	16	20	25	20	20	20	19	21	21	21
重庆	29	25	24	28	27	29	29	30	28	28	28	28
四川	26	22	20	17	14	16	16	16	15	20	19	16
贵州	30	30	30	29	30	28	27	27	27	30	30	30
云南	24	28	27	30	29	25	24	23	21	29	29	27
陕西	17	19	21	21	18	11	10	10	9	16	16	11
甘肃	28	26	28	28	25	27	28	27	26	25	25	26
青海	12	18	17	18	16	14	15	14	17	18	18	17
宁夏	21	21	19	16	22	22	22	22	22	22	22	23
新疆	4	12	15	12	15	10	13	14	16	11	13	13

表96 各省区市1990~2018年人民生活指数（上一年=100）

地区\年份	1990	1995	2000	2005	2010	2015	2016	2017	2018	平均	2000年以来	2010年以来
北京	100	106.1	103.2	104.6	103.8	102.4	106.0	106.0	103.7	102.1	102.8	102.5
天津	100	102.1	106.1	100.4	106.7	106.9	108.9	108.1	107.6	103.5	104.9	107.1
河北	100	118.9	101.9	105.1	110.8	103.1	107.8	106.4	105.8	104.4	104.0	104.2

1990-2018年中国各省区市发展前景评价

续表

年份 地区	1990	1995	2000	2005	2010	2015	2016	2017	2018	平均	2000年以来	2010年以来
辽宁	100	99.3	100.2	110.1	104.8	104.4	105.5	108.1	103.6	103.5	104.3	104.5
上海	100	102.5	98.5	103.4	104.2	104.4	104.3	107.2	104.2	102.3	103.7	104.6
江苏	100	105.7	101.9	106.0	106.6	102.7	105.7	104.7	103.5	103.8	105.1	105.8
浙江	100	103.9	107.5	106.4	110.2	107.2	106.7	106.8	104.3	104.2	105.2	105.1
福建	100	107.9	104.8	102.7	114.9	109.4	108.8	106.1	103.4	104.5	105.2	106.7
山东	100	105.1	104.6	106.0	110.2	106.6	105.7	106.2	103.4	104.9	105.4	105.6
广东	100	105.8	100.6	105.6	111.3	104.4	105.0	105.9	103.8	104.1	104.4	105.1
海南	100	97.7	105.2	102.5	109.0	108.4	105.6	106.9	104.7	103.4	104.8	106.4
东部平均	100	104.3	102.9	104.7	107.8	105.3	106.3	106.6	104.4	103.7	104.6	105.2
山西	100	107.2	99.3	105.0	111.9	107.6	109.5	107.6	103.4	103.5	105.1	105.1
吉林	100	106.3	100.0	104.3	105.8	109.0	107.0	107.4	105.7	103.4	105.4	105.8
黑龙江	100	110.3	106.5	114.1	102.8	102.0	102.6	106.2	100.1	102.4	103.7	101.3
安徽	100	99.6	105.5	107.8	113.1	108.1	107.0	105.2	103.8	104.1	106.3	105.6
江西	100	110.2	98.4	104.9	105.6	104.1	105.8	104.4	103.2	102.9	104.4	104.1
河南	100	111.9	107.6	107.4	112.3	104.7	100.9	104.6	103.3	105.1	106.4	105.7
湖北	100	104.6	101.4	105.9	111.1	107.1	107.9	106.4	104.7	104.1	106.6	107.3
湖南	100	91.7	109.8	110.0	111.7	106.8	109.2	106.9	105.0	104.4	105.3	105.2
中部平均	100	105.7	103.2	107.4	109.0	106.3	107.1	106.2	103.8	103.8	105.4	105.0
内蒙古	100	106.6	107.3	107.1	108.5	108.5	109.7	107.6	108.9	103.7	104.8	105.4
广西	100	101.3	100.1	100.3	111.7	105.9	107.8	107.6	108.7	104.6	105.1	105.4
重庆	100	116.9	105.9	107.5	112.7	105.0	107.8	106.8	105.6	105.8	104.9	105.1
四川	100	97.5	104.9	108.5	113.8	107.1	108.2	106.4	104.1	105.3	106.0	105.7
贵州	100	101.5	103.1	112.9	107.8	108.1	110.4	106.0	104.9	106.0	108.2	107.1
云南	100	104.0	105.5	108.8	109.7	108.4	109.5	108.8	107.4	104.0	106.3	108.1
陕西	100	104.0	96.5	103.9	111.3	106.8	109.2	108.1	105.7	104.8	106.3	107.5
甘肃	100	99.9	106.9	109.5	111.8	104.4	106.5	108.5	105.9	105.2	105.7	105.0
青海	100	94.2	93.6	111.0	112.0	105.1	106.1	105.1	104.8	103.8	105.1	105.8
宁夏	100	102.7	101.3	100.9	108.5	108.4	109.3	106.9	104.5	103.9	104.8	105.3
新疆	100	92.2	96.5	103.7	109.2	107.0	102.0	104.4	101.1	102.7	104.6	105.3
西部平均	100	101.0	101.6	106.4	110.7	106.8	107.7	106.9	105.6	104.6	105.6	106.0
全国平均	100	103.7	102.6	105.8	109.0	106.0	107.0	106.6	104.6	104.0	105.2	105.4

表97 各省区市1990~2018年人民生活指数（以1990年为基期）

年份 地区	1990	1995	2000	2005	2010	2015	2016	2017	2018
北 京	100	92.9	107.7	119.3	147.1	151.1	160.1	169.7	176.0
天 津	100	90.4	109.9	117.1	145.4	199.8	217.6	235.2	253.1
河 北	100	105.9	155.0	145.1	241.4	254.5	274.4	291.9	309.0
辽 宁	100	96.6	116.4	134.7	180.4	216.6	228.6	247.1	255.9
上 海	100	90.5	91.3	104.6	129.2	158.3	165.1	177.0	184.5
江 苏	100	91.9	109.0	125.9	176.5	239.6	253.2	265.1	274.3
浙 江	100	89.2	125.8	151.9	216.1	255.5	272.6	291.0	303.5
福 建	100	95.5	134.2	137.7	213.5	274.5	298.7	317.0	327.7
山 东	100	115.0	144.4	160.5	249.3	313.8	331.8	352.3	364.1
广 东	100	105.8	134.8	156.6	216.2	259.5	272.6	288.7	299.7
海 南	100	107.7	109.2	106.1	155.3	208.7	220.3	235.3	246.4
东部平均	100	96.2	115.9	127.6	175.6	213.9	227.4	242.4	253.1
山 西	100	95.1	101.1	105.1	177.7	201.1	220.2	237.0	245.2
吉 林	100	82.1	91.1	102.7	154.8	197.5	211.2	226.9	239.9
黑 龙 江	100	102.4	103.4	120.6	174.6	172.5	177.0	188.0	188.2
安 徽	100	77.8	103.9	130.3	215.8	259.5	279.2	295.0	306.2
江 西	100	89.8	95.3	101.0	158.0	185.5	196.3	204.9	211.4
河 南	100	98.1	130.4	147.2	262.3	333.6	356.0	372.4	384.5
湖 北	100	79.6	90.8	108.1	175.0	246.2	265.5	282.5	295.7
湖 南	100	89.5	131.7	138.4	221.7	250.8	273.9	292.8	307.5
中部平均	100	89.5	103.3	115.9	185.4	221.3	237.0	251.8	261.2
内 蒙 古	100	97.4	121.2	125.8	183.7	207.8	228.0	245.4	267.2
广 西	100	91.9	132.3	147.2	234.5	258.4	278.4	299.7	325.7
重 庆	100	136.1	199.4	199.2	331.6	364.7	393.2	420.1	443.7
四 川	100	111.8	143.8	163.0	282.8	335.6	363.2	386.4	402.1
贵 州	100	76.9	113.3	180.8	283.9	394.6	435.6	461.8	484.3
云 南	100	80.5	117.8	108.4	187.1	264.0	289.0	314.5	342.0
陕 西	100	97.1	108.7	120.0	205.0	282.5	308.4	333.5	352.4
甘 肃	100	107.5	150.7	182.2	290.5	322.0	343.0	372.0	393.9
青 海	100	84.0	98.5	106.0	178.7	225.8	239.6	251.9	264.0
宁 夏	100	95.3	117.5	134.9	191.9	228.4	249.7	267.0	279.5
新 疆	100	75.3	82.8	97.3	136.5	184.2	187.8	196.2	198.3
西部平均	100	93.0	118.6	132.4	209.8	258.8	278.9	298.0	314.8
全国平均	100	93.6	113.5	126.0	187.6	228.2	244.1	260.3	272.3

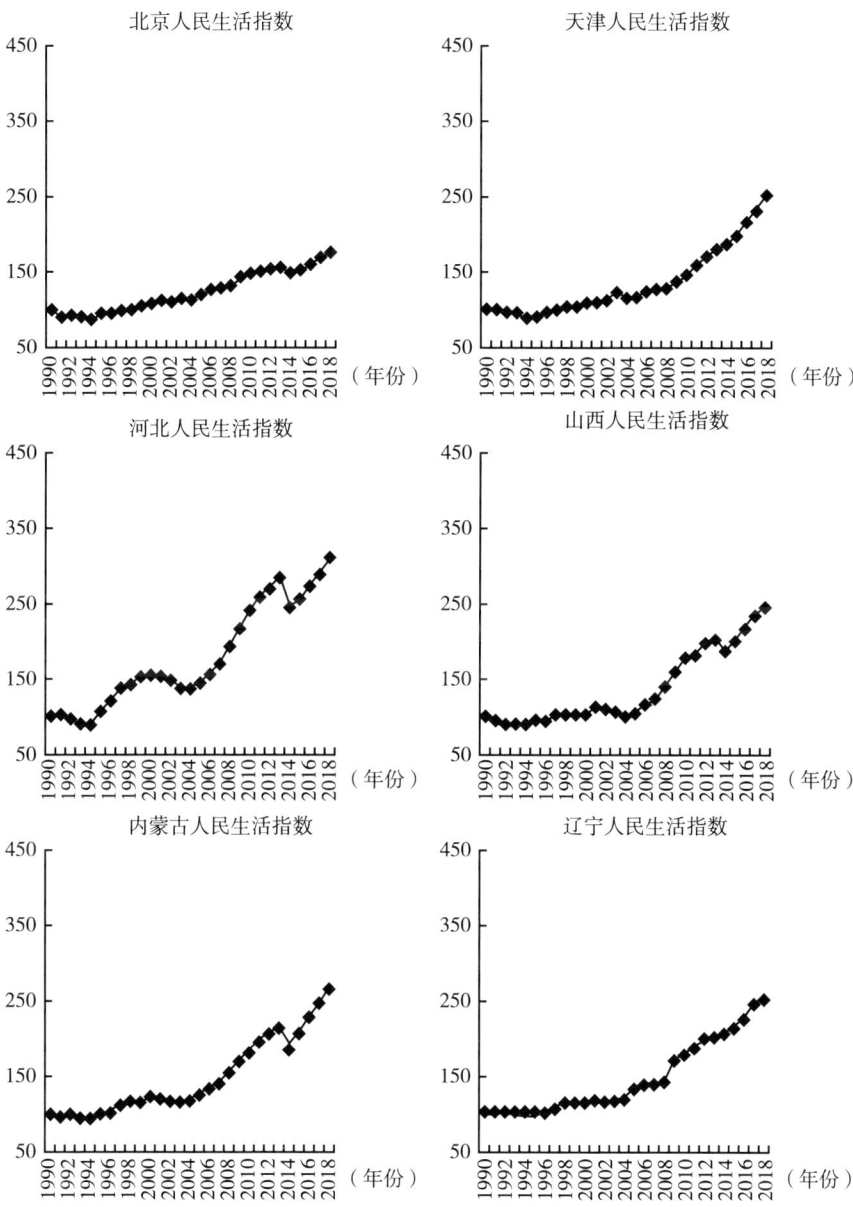

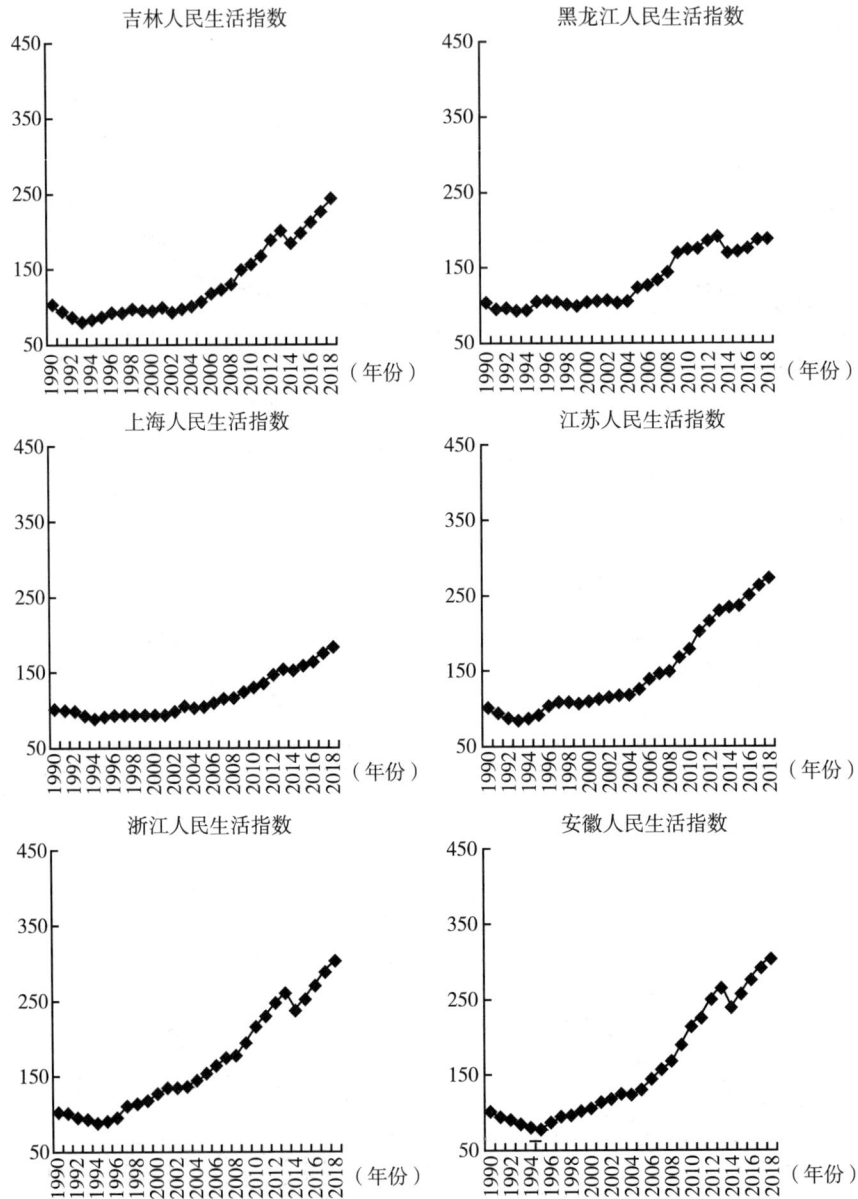

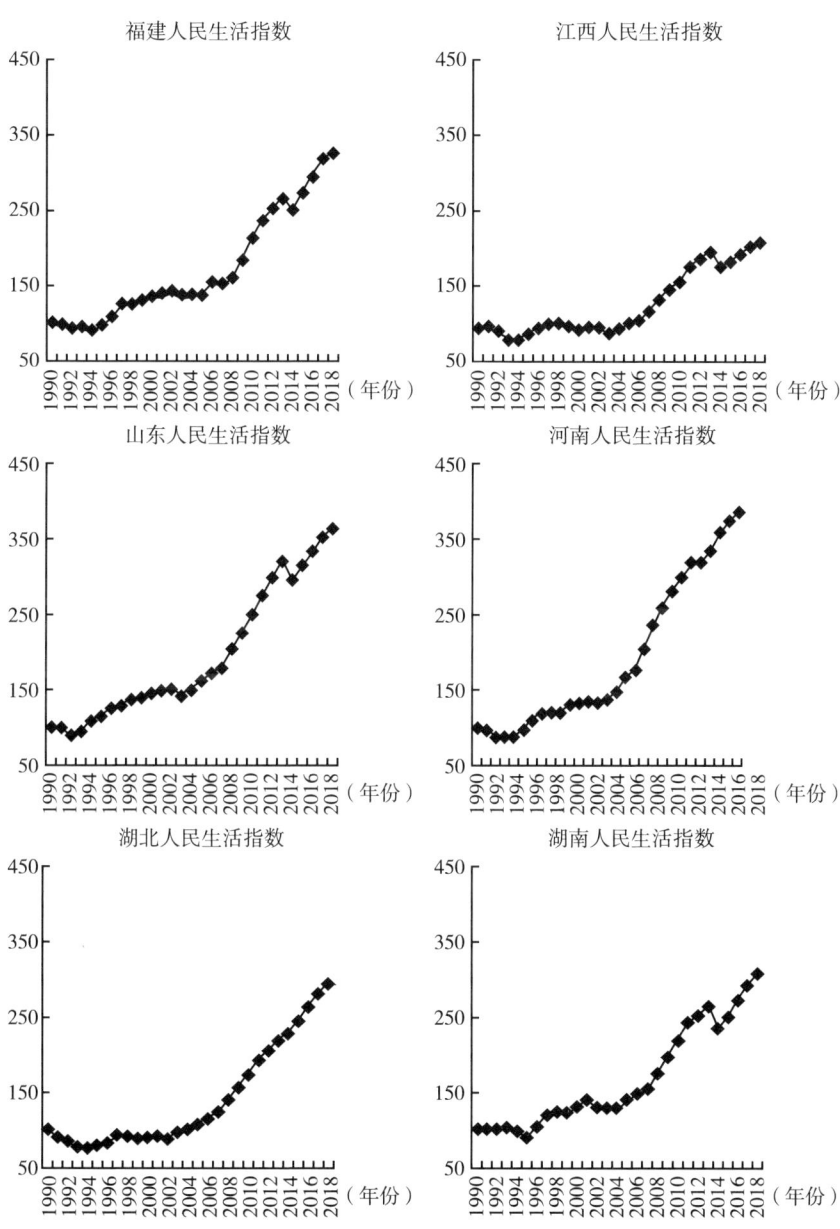

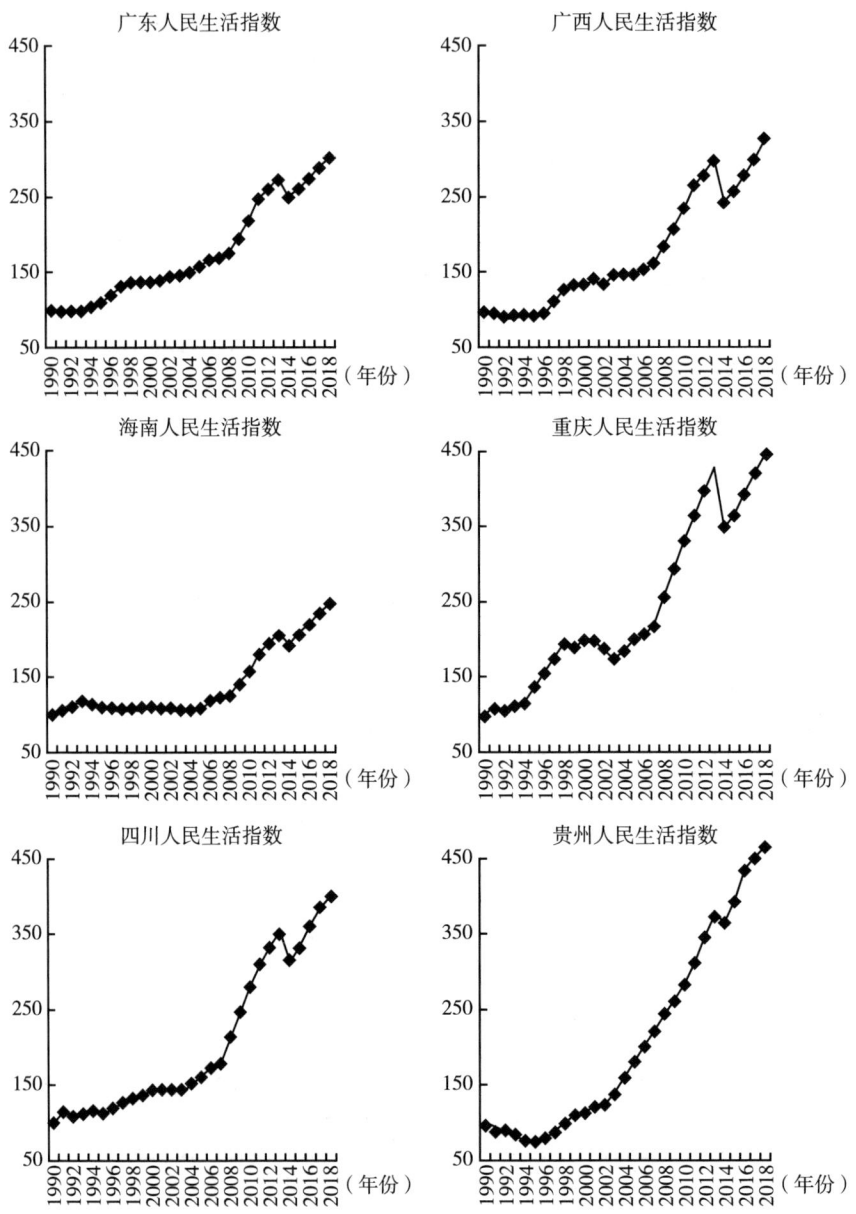

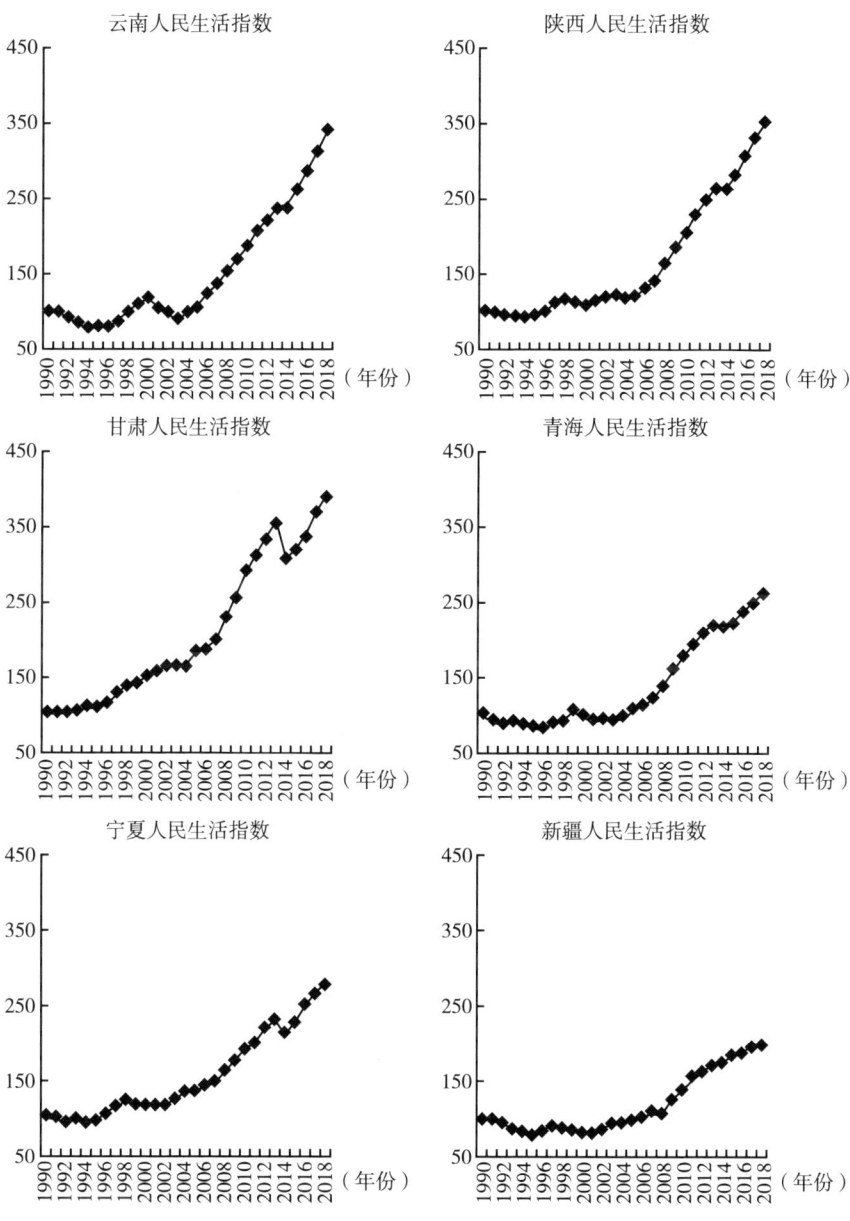

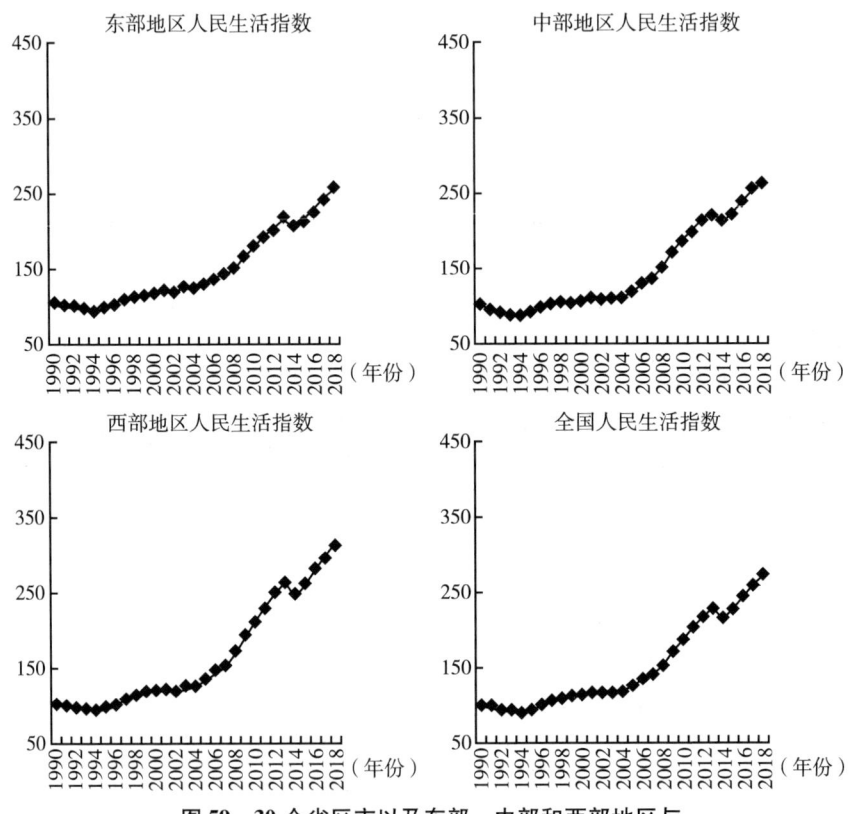

图59 30个省区市以及东部、中部和西部地区与
全国1990~2018年人民生活指数（以1990年为基期）

表98 各省区市1990~2018年环境质量排名情况（按排名顺序）

年份排名	1990	1995	2000	2005	2010	2015	2016	2017	2018	平均	2000年以来	2010年以来
1	海南	海南	海南	海南	海南	海南	海南	海南	海南	海南	海南	海南
2	青海	青海	青海	青海	青海	青海	北京	北京	北京	青海	海南	北京
3	宁夏	宁夏	宁夏	天津	北京	新疆	青海	海南	上海	宁夏	宁夏	青海
4	新疆	新疆	吉林	福建	宁夏	宁夏	上海	海南	新疆	北京	宁夏	宁夏
5	吉林	吉林	新疆	贵州	内蒙古	上海	新疆	宁夏	云南	天津	新疆	新疆
6	福建	广西	天津	宁夏	天津	青海	上海	云南	宁夏	北京	内蒙古	上海
7	黑龙江	福建	甘肃	新疆	上海	云南	云南	新疆	浙江	内蒙古	天津	内蒙古
8	天津	黑龙江	广西	辽宁	广东	内蒙古	内蒙古	浙江	内蒙古	福建	云南	云南

1990~2018年中国各省区市发展前景评价

续表

年份 排名	1990	1995	2000	2005	2010	2015	2016	2017	2018	平均	2000年以来	2010年以来
9	广 西	辽 宁	内蒙古	北 京	山 西	福 建	浙 江	内蒙古	新 疆	黑龙江	上 海	天 津
10	江 苏	天 津	黑龙江	甘 肃	甘 肃	天 津	黑龙江	福 建	黑龙江	云 南	甘 肃	福 建
11	安 徽	贵 州	云 南	山 西	云 南	广 东	福 建	黑龙江	福 建	甘 肃	福 建	黑龙江
12	贵 州	内蒙古	福 建	广 西	新 疆	浙 江	天 津	广 东	广 东	广 西	贵 州	浙 江
13	内蒙古	江 苏	安 徽	内蒙古	广 西	广 西	广 西	广 西	贵 州	黑龙江	甘 肃
14	辽 宁	安 徽	山 西	云 南	陕 西	黑龙江	广 东	天 津	天 津	吉 林	广 西	贵 州
15	云 南	甘 肃	贵 州	山 东	福 建	江 西	贵 州	湖 南	湖 南	上 海	山 西	广 东
16	甘 肃	云 南	四 川	四 川	黑龙江	贵 州	湖 南	贵 州	吉 林	安 徽	吉 林	广 西
17	陕 西	河 南	浙 江	江 苏	吉 林	安 徽	吉 林	吉 林	贵 州	山 西	浙 江	江 西
18	河 南	山 东	辽 宁	江 西	贵 州	湖 南	江 西	江 西	江 西	江 苏	安 徽	安 徽
19	山 东	四 川	上 海	上 海	江 西	甘 肃	安 徽	重 庆	重 庆	辽 宁	广 东	吉 林
20	四 川	陕 西	陕 西	吉 林	重 庆	江 苏	甘 肃	江 苏	浙 江	江 西	山 西
21	上 海	上 海	山 东	陕 西	安 徽	重 庆	江 苏	安 徽	甘 肃	江 西	辽 宁	重 庆
22	江 西	江 西	北 京	安 徽	浙 江	山 西	重 庆	甘 肃	安 徽	山 东	江 西	江 苏
23	重 庆	浙 江	河 南	广 东	山 东	吉 林	陕 西	陕 西	四 川	广 东	山 东	湖 南
24	浙 江	重 庆	江 西	黑龙江	河 北	陕 西	山 西	四 川	陕 西	陕 西	陕 西	陕 西
25	北 京	北 京	江 苏	湖 北	江 苏	四 川	辽 宁	山 西	辽 宁	四 川	四 川	辽 宁
26	山 西	山 西	重 庆	河 北	辽 宁	辽 宁	四 川	辽 宁	湖 北	重 庆	重 庆	山 东
27	湖 北	湖 北	湖 北	河 南	湖 北	山 东	山 东	山 东	山 东	湖 北	湖 南	四 川
28	广 东	广 东	广 东	浙 江	湖 南	山 东	湖 北	山 西	湖 北	湖 南	湖 南	河 北
29	湖 南	河 北	湖 南	湖 南	四 川	河 北	河 北	河 北	河 南	河 北	湖 北
30	河 北	湖 南	河 北	河 北	重 庆	河 南	河 南	河 南	河 南	河 北	河 南	河 南

表99 各省区市1990~2018年环境质量排名情况

地区 年份	1990	1995	2000	2005	2010	2015	2016	2017	2018	平均	2000年以来	2010年以来
北 京	25	25	22	9	3	2	2	2	2	6	4	2
天 津	8	10	6	3	6	10	12	14	14	5	7	9
河 北	30	29	30	26	24	29	29	29	29	30	29	28
山 西	26	26	14	11	9	22	24	25	28	17	15	20
内蒙古	13	12	9	13	5	9	6	9	8	6	7	7
辽 宁	14	9	18	8	26	26	25	26	25	19	21	25

续表

地区\年份	1990	1995	2000	2005	2010	2015	2016	2017	2018	平均	2000年以来	2010年以来
吉林	5	5	4	20	17	23	17	17	16	14	16	19
黑龙江	7	8	10	24	16	14	10	11	10	9	13	11
上海	21	21	19	19	7	5	6	4	3	15	9	6
江苏	10	13	25	17	25	20	21	20	20	18	22	22
浙江	24	23	17	28	22	12	9	8	7	20	17	12
安徽	11	14	13	22	21	17	19	21	22	16	18	18
福建	6	7	12	4	15	9	11	10	11	8	11	10
江西	22	22	24	18	19	15	18	18	18	21	20	17
山东	19	18	21	15	23	28	27	27	27	22	23	26
河南	18	17	23	27	30	30	30	30	30	29	30	30
湖北	27	27	27	25	27	27	28	28	26	27	28	29
湖南	29	30	29	29	28	18	16	15	15	28	27	23
广东	28	28	28	23	8	11	12	12	23	19	15	
广西	9	6	8	12	13	13	13	13	12	14	16	
海南	1	1	1	1	1	1	1	1	1	1	1	1
重庆	23	24	26	30	20	21	22	19	19	26	26	21
四川	20	19	16	16	29	25	26	24	23	25	25	27
贵州	12	11	15	5	18	16	15	16	17	13	12	14
云南	15	16	11	14	11	7	7	6	5	10	8	8
陕西	17	20	20	21	14	24	23	24	24	24	24	24
甘肃	16	15	7	10	10	19	20	22	21	11	10	13
青海	2	2	2	2	2	6	3	3	4	2	2	3
宁夏	3	3	3	6	4	4	4	5	6	4	3	4
新疆	4	4	5	7	12	3	5	7	9	4	5	5

表100 各省区市1990~2018年环境质量指数（上一年＝100）

地区\年份	1990	1995	2000	2005	2010	2015	2016	2017	2018	平均	2000年以来	2010年以来
北京	100	99.6	78.1	117.0	98.2	97.4	106.5	102.9	105.4	104.6	103.4	103.5
天津	100	100.1	107.4	125.3	94.3	98.1	103.6	103.1	106.3	102.1	101.9	100.7
河北	100	103.2	102.4	117.8	103.5	90.6	104.2	102.5	105.3	102.6	103.1	101.1
辽宁	100	105.7	109.3	109.3	96.2	97.8	112.6	100.8	105.5	101.1	101.5	101.5

续表

年份 地区	1990	1995	2000	2005	2010	2015	2016	2017	2018	平均	2000年以来	2010年以来
上 海	100	100.0	115.6	118.1	95.5	101.0	106.6	102.9	106.7	103.6	104.8	103.0
江 苏	100	98.1	101.3	116.3	93.9	104.8	107.5	101.4	105.3	101.3	102.2	102.6
浙 江	100	101.2	112.2	103.5	101.5	102.4	120.8	104.5	108.2	103.5	104.0	106.8
福 建	100	99.0	99.8	112.2	106.2	112.2	107.6	104.7	106.1	101.9	102.5	104.7
山 东	100	100.4	99.4	121.1	95.9	88.4	106.5	103.1	102.7	101.1	100.5	99.8
广 东	100	103.2	115.4	115.7	137.9	109.3	105.2	108.9	108.1	104.3	105.3	106.5
海 南	100	102.5	108.9	92.1	103.0	102.5	110.4	107.9	107.1	101.7	103.7	104.7
东部平均	100	101.2	104.1	111.2	101.8	100.9	108.5	104.0	105.9	102.1	102.7	103.1
山 西	100	99.1	141.1	103.5	91.3	95.0	98.3	98.5	96.6	102.0	102.5	95.7
吉 林	100	103.5	139.9	86.2	107.3	100.9	122.4	109.1	110.4	102.0	102.3	104.5
黑 龙 江	100	102.0	119.3	93.8	97.5	101.3	122.2	103.9	106.6	102.3	103.1	104.1
安 徽	100	99.4	103.8	92.2	94.4	99.3	101.5	99.5	101.0	101.1	101.0	101.4
江 西	100	100.0	109.2	106.7	112.0	106.9	103.0	105.4	104.5	102.4	103.1	103.5
河 南	100	101.6	104.1	106.6	90.5	89.5	106.3	100.0	101.6	99.7	99.1	98.4
湖 北	100	99.4	126.5	110.6	93.1	98.2	103.5	104.5	105.7	101.8	102.8	100.4
湖 南	100	97.0	112.7	118.7	97.0	124.7	114.4	110.4	108.1	104.0	105.2	106.8
中部平均	100	100.5	120.0	100.8	97.8	102.1	109.3	104.3	104.9	101.7	102.2	101.9
内 蒙 古	100	102.3	124.1	86.9	104.4	91.0	110.3	100.7	108.0	102.8	103.6	102.5
广 西	100	100.1	111.9	124.5	86.5	115.5	109.6	107.4	108.0	102.2	102.3	101.8
重 庆	100	99.4	118.4	101.7	110.3	106.2	105.7	104.0	107.8	102.3	103.4	103.6
四 川	100	102.0	116.9	98.3	91.2	95.4	106.3	107.0	106.1	101.8	101.8	102.5
贵 州	100	103.4	105.8	121.9	93.6	93.5	111.5	106.8	105.5	102.1	102.5	102.5
云 南	100	99.2	120.6	110.7	101.5	106.2	109.0	106.5	106.5	102.9	103.8	104.4
陕 西	100	98.5	105.0	119.8	110.9	98.8	101.7	104.7	101.8	101.6	101.7	100.7
甘 肃	100	100.3	113.7	107.4	97.0	81.1	106.2	99.3	102.9	102.1	101.4	99.3
青 海	100	98.8	95.7	84.6	92.4	91.3	112.0	103.0	101.6	100.3	99.8	100.4
宁 夏	100	101.2	107.0	60.5	95.9	73.4	109.2	99.6	105.1	102.2	102.5	102.5
新 疆	100	101.2	109.9	95.0	85.4	87.6	102.0	100.1	99.6	101.3	102.2	102.3
西部平均	100	100.5	109.9	95.7	96.5	92.3	107.8	103.3	104.4	101.5	101.6	101.7
全国平均	100	100.8	110.1	102.4	98.8	97.8	108.4	103.8	105.1	101.7	102.1	102.3

表101　各省区市1990~2018年环境质量指数（以1990年为基期）

年份 地区	1990	1995	2000	2005	2010	2015	2016	2017	2018
北京	100	105.1	132.5	181.9	215.3	256.2	272.8	280.7	295.9
天津	100	99.2	133.3	150.8	144.2	140.3	145.3	149.8	159.3
河北	100	112.8	115.8	168.8	179.5	163.1	170.0	173.9	183.2
辽宁	100	112.6	110.3	144.4	104.9	100.2	113.0	113.9	120.1
上海	100	104.6	128.6	137.3	187.8	216.5	230.8	237.5	253.3
江苏	100	102.3	92.7	116.7	101.4	117.8	126.5	128.4	135.2
浙江	100	104.1	137.9	118.4	139.9	178.9	216.1	225.8	244.4
福建	100	98.5	105.2	138.5	111.7	131.6	141.6	148.3	157.4
山东	100	104.0	121.6	147.4	128.4	113.7	121.0	124.7	128.1
广东	100	109.7	138.1	169.6	236.7	221.2	232.7	253.5	274.1
海南	100	82.0	84.3	79.6	104.0	117.6	129.9	140.2	150.1
东部平均	100	98.8	110.9	128.4	136.8	147.5	160.1	166.4	176.3
山西	100	103.6	153.2	177.3	194.5	151.4	148.8	146.5	141.6
吉林	100	101.5	159.3	95.1	107.4	97.4	119.3	130.1	143.7
黑龙江	100	99.1	117.2	94.5	112.0	118.5	144.8	150.4	160.4
安徽	100	102.4	114.4	107.1	110.3	127.4	129.4	128.7	130.0
江西	100	103.4	118.2	141.3	153.2	162.7	167.5	176.5	184.5
河南	100	105.5	112.4	112.2	93.7	81.0	86.1	86.1	87.4
湖北	100	105.4	122.1	140.4	138.1	132.2	136.7	142.9	151.1
湖南	100	101.2	126.9	140.2	154.3	203.4	232.7	256.8	277.6
中部平均	100	102.6	128.5	121.5	128.7	129.1	141.1	147.2	154.4
内蒙古	100	108.3	138.9	129.5	165.9	161.1	177.7	179.0	193.4
广西	100	108.7	130.2	121.2	124.8	128.8	141.1	151.5	163.7
重庆	100	102.9	117.8	103.9	147.1	151.6	160.2	166.7	179.8
四川	100	104.3	134.8	147.7	112.2	122.5	130.3	139.5	148.0
贵州	100	107.0	115.5	161.1	126.9	131.8	146.9	156.9	166.1
云南	100	100.4	131.7	130.7	147.5	173.2	188.8	201.1	214.1
陕西	100	100.3	120.5	126.3	151.0	131.0	133.2	139.5	141.7
甘肃	100	107.3	150.0	143.1	154.8	129.8	137.8	136.8	140.8
青海	100	94.9	106.6	93.7	92.4	85.8	96.1	99.0	100.6
宁夏	100	103.1	122.6	93.1	100.8	109.7	119.7	119.2	121.1
新疆	100	97.8	104.7	100.4	95.6	128.8	131.4	131.5	131.0
西部平均	100	102.3	122.4	117.9	122.9	126.7	136.5	141.0	147.2
全国平均	100	101.1	119.5	122.6	129.4	135.0	146.3	151.9	159.7

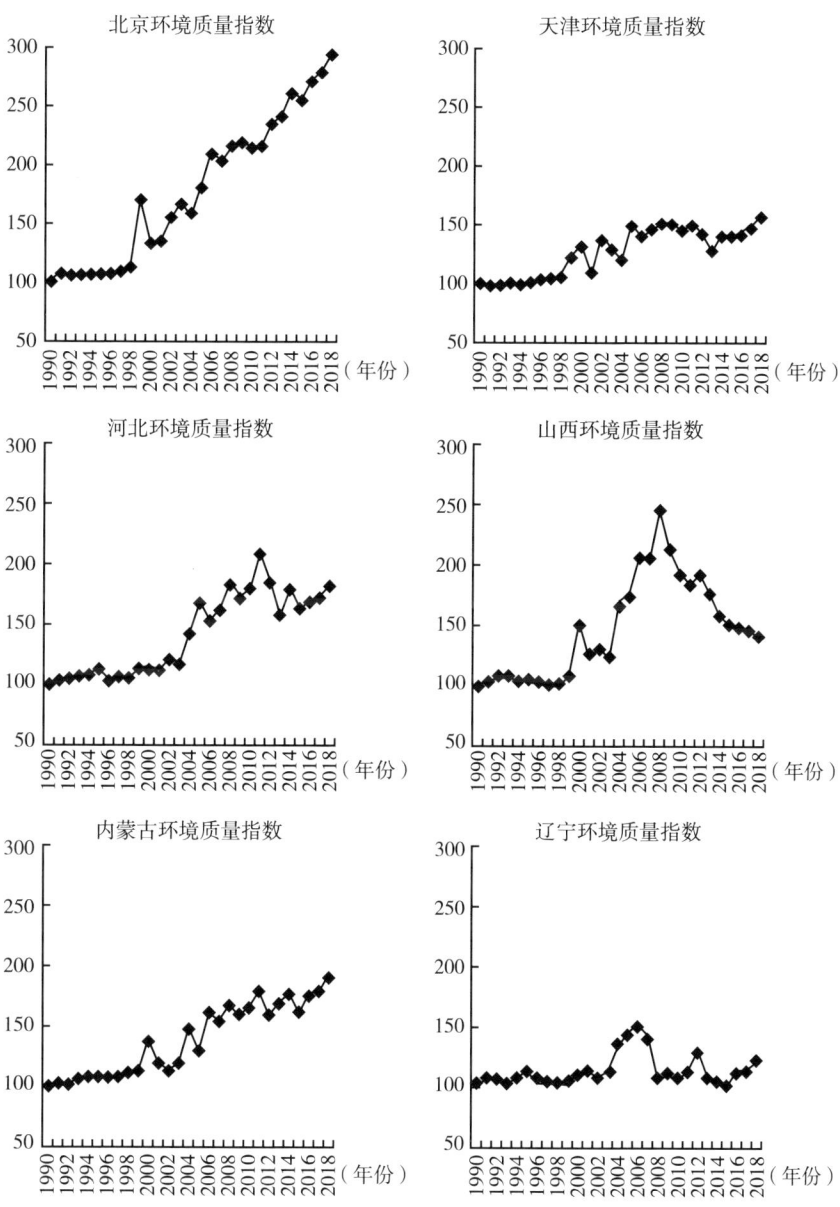

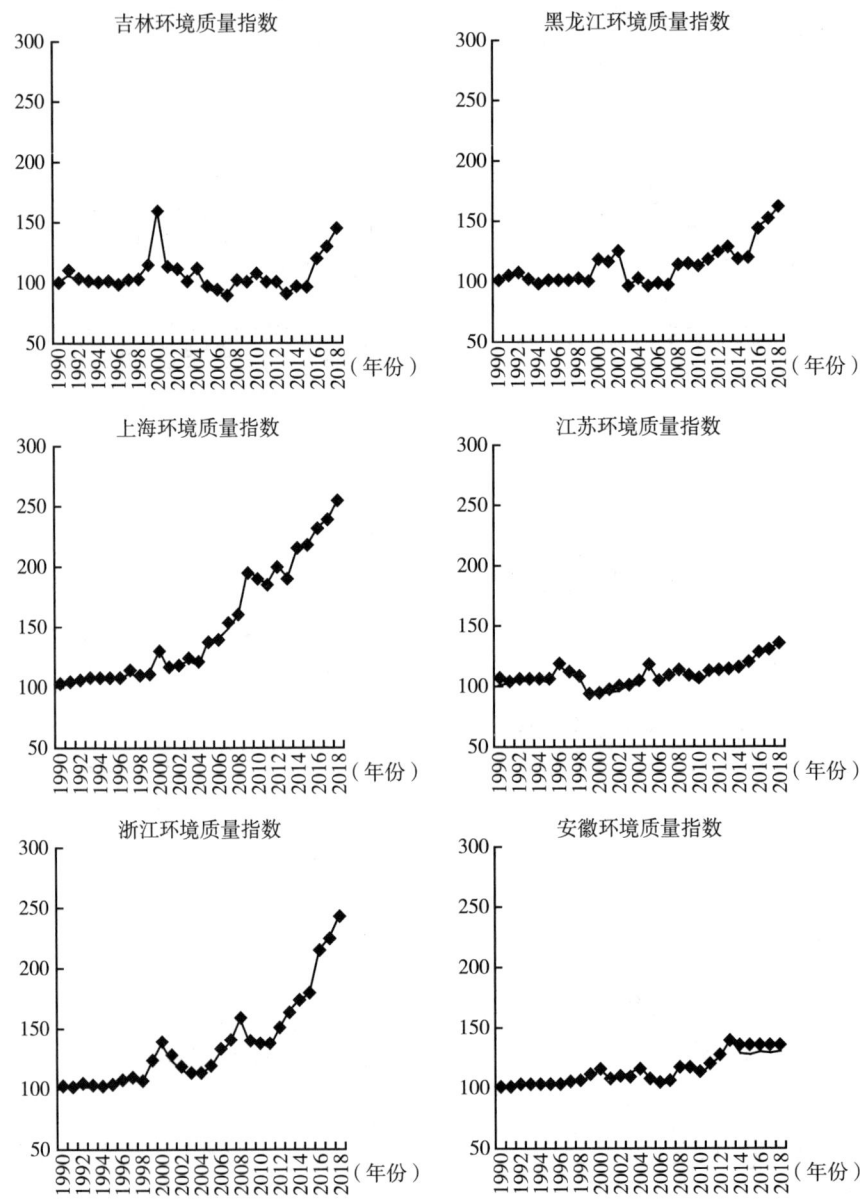

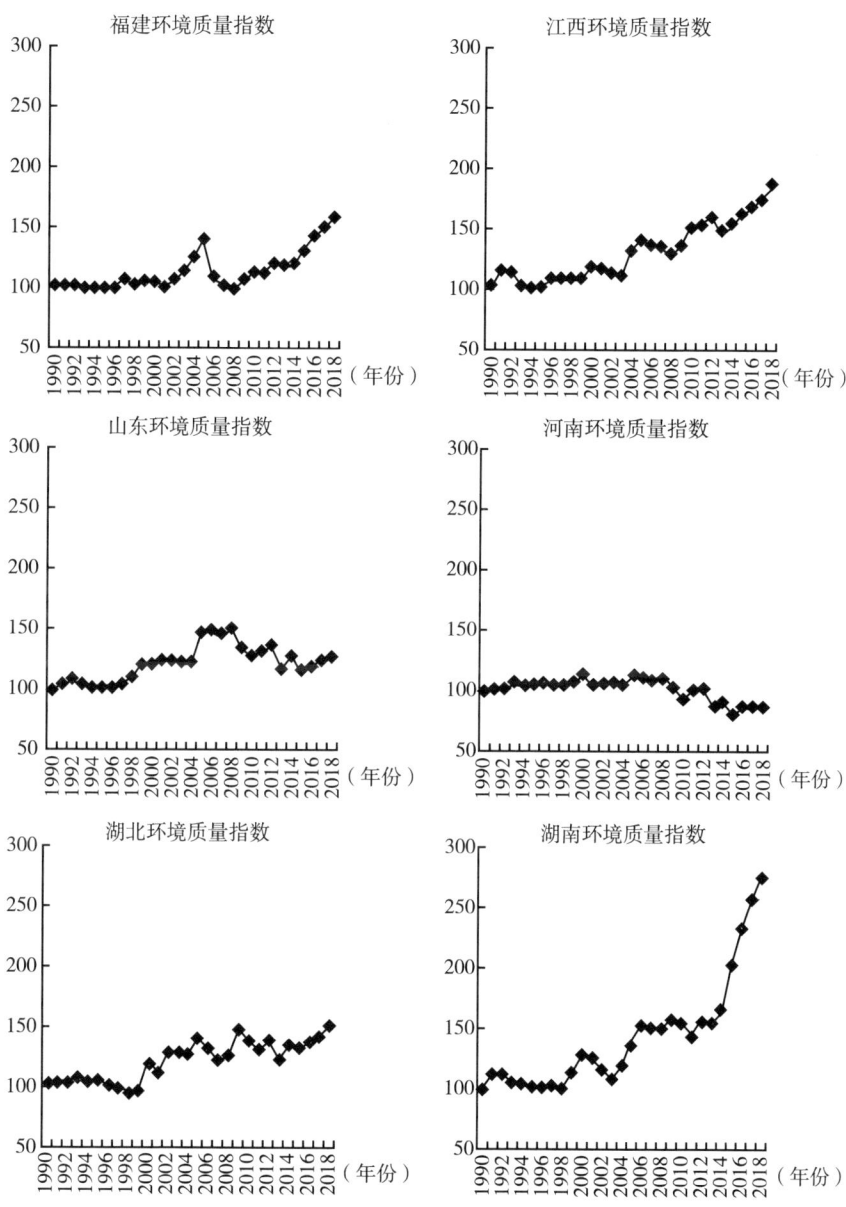

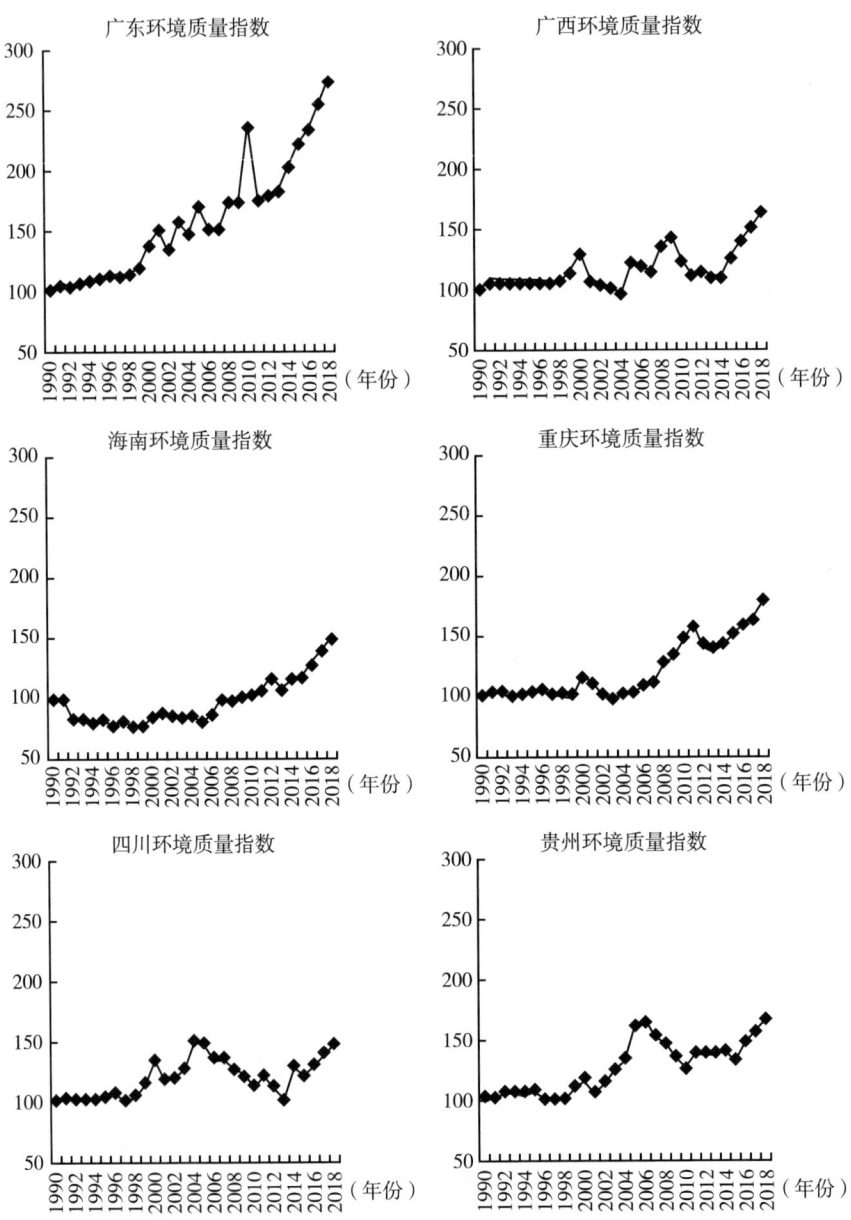

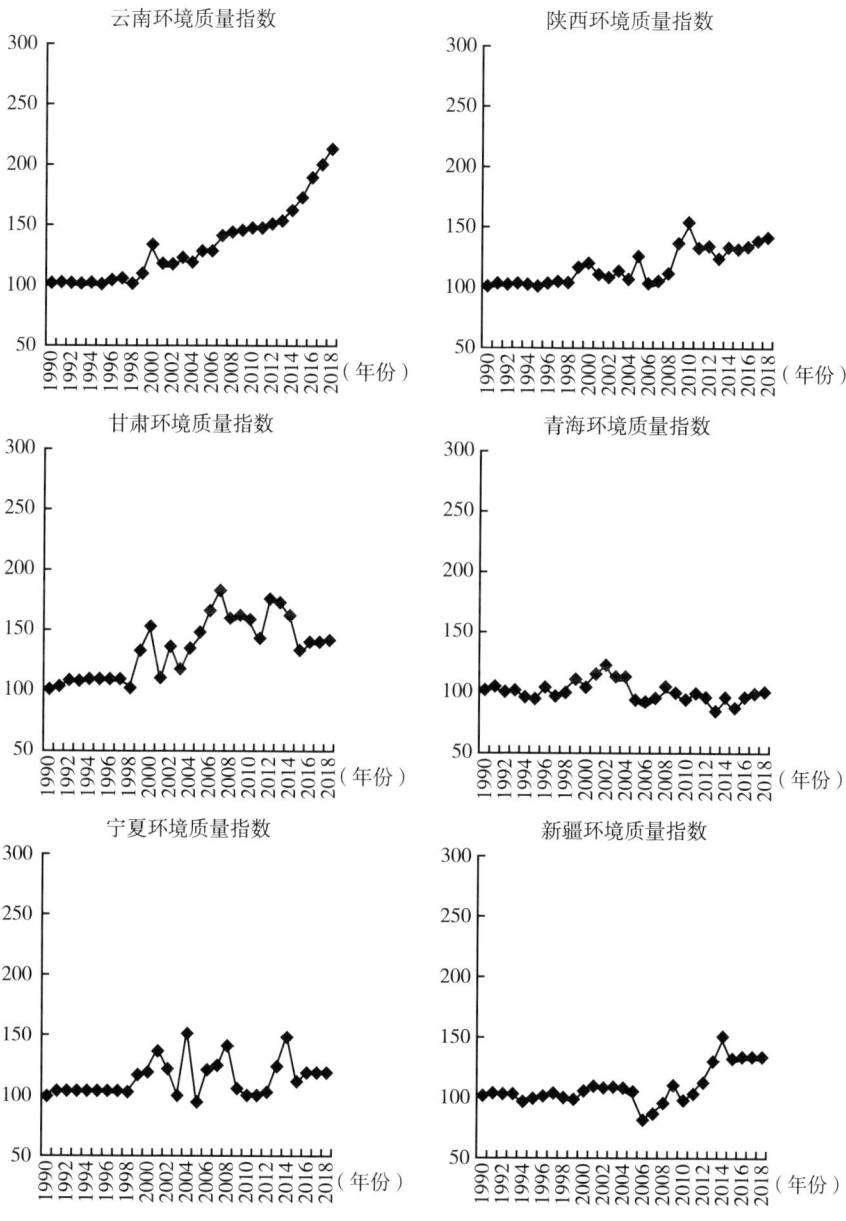

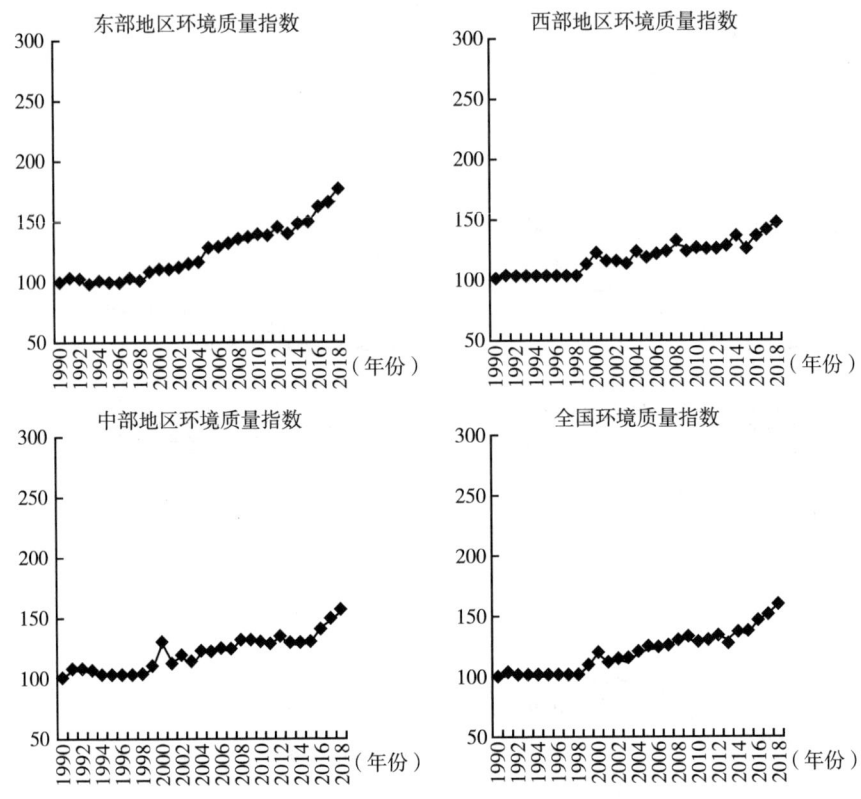

图60 30个省区市以及东部、中部和西部地区与
全国1990～2018年环境质量指数（以1990年为基期）

附录2：指标设计及数据处理

（一）发展前景评价指标设计

本报告将发展前景评价指标分为三级，其中一级指标包括经济增长、增长潜力、政府效率、人民生活和环境质量。每个一级指标包含若干个二级指标，其中经济增长包括产出效率、经济结构、经济稳定；增长潜力包括产出消耗、增长可持续性；政府效率包括公共服务效率、社会保障；人民生活包括人民生活；环境质量包括生态环境、产出能耗、工业排放治理、空气监

测、环保投资。二级指标下设65个具体指标。本报告以期通过完整的指标体系来评价和研究各省区市的发展前景（见表102）。

表102 中国各省区市发展前景评价指标设计

一级指标	二级指标	具体指标
经济增长	产出效率	全要素生产率
		全社会劳动生产率
		资本产出率
		投资效果系数
	经济结构	GDP2（第二产业增加值占GDP比重）
		GDP3（第三产业增加值占GDP比重）
		城市化率
	经济稳定	经济增长波动率指标
		对外开放稳定性
		人均GDP增长率
		通货膨胀率指标
		失业率指标
增长潜力	产出消耗	劳动投入弹性指标
		资本投入弹性指标
		能源消耗弹性指标
	增长可持续性	专利授权量
		地方财政教育事业费支出比
		劳动力受教育水平（用人力资本表示）
		人口增长率
	增长可持续性	地方财政科学事业费支出比
		有效劳动力比例
		人均邮电业务量
		万人耕地面积
		产品质量
政府效率	公共服务效率	市场化程度
		城镇社区服务设施数
		交通事故指标
		火灾事故指标
		城市设施水平（包括城市人口用水普及率、城市每万人拥有公共厕所数、城市每万人拥有公共交通车辆数、城市燃气普及率、城市人均公共绿地面积、城市人均拥有铺装道路面积）
	社会保障	城镇基本养老保险覆盖率
		城镇基本医疗保险覆盖率
		城镇失业保险覆盖率
		农村社会养老保险覆盖率

续表

一级指标	二级指标	具体指标
人民生活	人民生活	人均GDP
		人均可支配收入占GDP的比重
		城镇居民家庭人均可支配收入
		农村居民家庭人均年纯收入
		城乡居民人均纯收入指标
		地方财政卫生事业费支出比
		城镇居民恩格尔系数指标
		农村居民恩格尔系数指标
		人均储蓄存款额
		万人拥有医生数
		万人拥有床位数
		万人拥有卫生机构数
		城乡居民消费水平比指标
		居民消费水平
环境质量	生态环境	自然保护区面积
		万人城市园林绿地面积
		人均水资源量
	产出能耗	万元GDP能耗指标
		万元GDP电力消耗指标
	工业排放治理	工业废水排放指标
		工业二氧化硫排放指标
		工业烟尘排放指标
		工业粉尘排放指标
		工业"三废"综合利用产品产值比
	空气监测	PM10指标
		PM2.5指标
		二氧化硫指标
		二氧化氮指标
		臭氧指标
	环保投资	空气质量良好天数
		环境污染治理投资占GDP的比重
		治理工业污染项目投资占GDP的比重

（二）数据来源与指标处理

1. 数据来源

本报告数据均来源于《中国统计年鉴》（1985~2017年）、各省区市相关年份统计年鉴、各省区市 2013~2017 年《国民经济和社会发展统计公报》。2018 年数据由 2018 年第一季度数据以及 2017 年第一季度和 2017 年全年数据通过比例关系得出。环境质量相关指标数据来源于相关年份《中国能源统计年鉴》《中国环境统计年鉴》《中国城市统计年鉴》。

2. 指标处理

全要素生产率采用 Malmquist 指数方法根据 1978~2018 年 30 个省区市的不变价格 GDP、固定资本存量和年末就业人数计算得到，其中各省区市就业人数按全国就业总人数进行调整。2017 年及以前的数据来源于相关年份《中国统计年鉴》和各省区市《国民经济和社会发展统计公报》。2018 年 GDP 数据由 2018 年第一季度 GDP 及其同比增长率、上一年第一季度 GDP 及其同比增长率与全年 GDP 的关系推得，2018 年固定资产投资数据由 2018 年第一季度固定资产投资及其增长率、上一年第一季度固定资产投资及其增长率与全年固定资产投资的关系推得。

全要素生产率采用全要素生产率指数，所得结果和采用全要素生产率增长率完全一致；

全社会劳动生产率 = 不变价格 GDP/从业人员数；

资本产出率 = 不变价格 GDP/不变价格固定资本存量；

投资效果系数 = 不变价格 GDP/不变价格全社会固定资产投资完成额；

GDP2（第二产业增加值占 GDP 比重）= 第二产业增加值（现价）/GDP（现价）；

GDP3（第三产业增加值占 GDP 比重）= 第三产业增加值（现价）/GDP（现价）；

城市化率＝非农人口数量/总常住人口数量；

经济增长波动率＝（当年经济增长率－上年经济增长率）/上年经济增长率，经济增长波动率指标＝1/（1+｜经济增长波动率｜）；

对外开放稳定性＝1/（1+｜进出口总额变化率｜）；

人均 GDP 增长率＝（上一年＝100）人均 GDP 指数－100；

通货膨胀率指标＝1/（1+｜居民消费价格变动率｜）；

失业率指标＝1/城市登记失业率；

劳动投入弹性系数＝劳动投入增长率/经济增长率，劳动投入弹性指标＝1/（1+｜劳动投入弹性系数｜）；

资本投入弹性系数＝资本投入增长率/经济增长率，资本投入弹性指标＝1/（1+｜资本投入弹性系数｜）；

能源消耗弹性系数＝能源消费总量增长率/GDP 增长率，能源消耗弹性指标＝1/（1+｜能源消耗弹性系数｜）；

专利授权量＝（国内发明专利申请授权量×3＋国内实用新型专利申请授权量×2＋国内外观设计专利申请授权量×1）/6；

地方财政教育事业费支出比＝不变价格的人均地方财政教育事业费支出；

人力资本＝[特殊教育毕业生数×1＋（小学 H）×1＋（初中 H）×1.7＋中等职业学校毕业生数×3.4＋（高中 H）×3.4＋高校毕业生数×22]/[特殊教育毕业生数＋（小学 H）＋（初中 H）＋中等职业学校毕业生数＋（高中 H）＋高校毕业生数]；①

人口增长率用常住人口实际增长率表示；

地方财政科学事业费支出比＝不变价格的人均地方财政科学事业费支出；

有效劳动力比例＝15~64 岁人口数/年末总人口数；

---

① 小学 H＝小学毕业生人数－小学升入初中的毕业生人数；初中 H＝初中毕业生人数－初中升入高中的毕业生人数；高中 H＝高中毕业生人数－高中升入大学的毕业生人数。

人均邮电业务量 = 不变价格的人均邮电业务总量；

万人耕地面积 = 耕地面积/年底总人口数；

产品质量 = （优等品率×3 + 一等品率×2 + 合格品率×1）/6 – 损失率；

市场化程度 = 1 – 国有及国有控股企业工业总产值/工业总产值；

城镇社区服务设施数（个）；

交通事故指标 = 1/POWER［发生起数×（死亡人数×2 + 受伤人数×1），1/2］×100；

火灾事故指标 = 1/POWER［发生起数×（死亡人数×2 + 受伤人数×1）×发生概率/100，1/3］；

城市设施水平 = POWER（城市人均拥有铺装道路面积×城市人均公共绿地面积×城市燃气普及率×城市每万人拥有公共交通车辆数×城市每万人拥有公共厕所数×城市人口用水普及率，1/6）；

城镇基本养老保险覆盖率 = 城镇基本养老保险年末参保人数/年底常住人口数；

城镇基本医疗保险年末参保覆盖率 = 城镇基本医疗保险人数/年底常住人口数；

城镇失业保险覆盖率 = 城镇失业保险年末参保人数/年底常住人口数；

农村社会养老保险覆盖率 = 农村社会养老保险年末参保人数/年底农业人口数；

人均 GDP 以不变价格表示的单位常住人口数产生的 GDP 表示；

人均可支配收入占 GDP 的比重 = 人均可支配收入现价/GDP 现价；

城镇居民家庭人均可支配收入是以不变价格表示的城镇居民家庭人均可支配收入；

农村居民家庭人均年纯收入是以不变价格表示的农村居民家庭人均年纯收入；

城乡居民人均纯收入比 = 城镇居民家庭人均可支配收入/农村居民家庭人均年纯收入，城乡居民人均纯收入指标 = 1/城乡居民人均纯收入比；

地方财政卫生事业费支出比＝不变价格的人均地方财政卫生事业费支出；

城镇居民恩格尔系数＝城镇居民家庭人均食品消费支出/城镇居民家庭人均消费支出，城镇居民恩格尔系数指标＝1/城镇居民恩格尔系数；

农村居民恩格尔系数＝农村居民家庭人均食品消费支出/农村居民家庭人均消费支出，农村居民恩格尔系数指标＝1/农村居民恩格尔系数；

人均储蓄存款额＝城乡居民储蓄存款年底余额/年底总人口数，人均储蓄存款额用固定资产投资价格指数进行折算；

万人拥有医生数＝医生人数/年底常住人口数；

万人拥有床位数＝卫生机构床位数/年底常住人口数；

万人拥有卫生机构数＝卫生机构数/年底常住人口数；

城乡居民消费水平比＝城镇居民消费水平（现价）/农村居民消费水平（现价），城乡居民消费水平比指标＝1/城乡居民消费水平比；

居民消费水平（元）；

自然保护区面积（万公顷）；

万人城市园林绿地面积＝城市园林绿地面积/年底总人口数；

人均水资源量＝水资源量/年底总人口数；

万元 GDP 能耗＝能源消费总量/GDP，万元 GDP 能耗指标＝1/万元 GDP 能耗；

万元 GDP 电力消耗＝电力消费总量/GDP，万元 GDP 电力消耗指标＝1/万元 GDP 电力消耗；

工业废水排放指标＝1/工业废水排放量；

工业二氧化硫排放指标＝1/工业二氧化硫排放量；

工业烟尘排放指标＝1/工业烟尘排放量；

工业粉尘排放指标＝1/工业粉尘排放量；

工业"三废"综合利用产品产值比＝工业"三废"综合利用产品产值/GDP（现价）；

PM10 指标＝1/PM10 含量；

PM2.5 指标 = 1/PM2.5 含量;

二氧化硫指标 = 1/二氧化硫含量;

二氧化氮指标 = 1/二氧化氮含量;

臭氧指标 = 1/臭氧含量;

空气质量良好天数(天);

环境污染治理投资占 GDP 的比重 = 环境污染治理投资/GDP(现价);

治理工业污染项目投资占 GDP 的比重 = 治理工业污染项目投资/GDP(现价)。

(三)中国各省区市发展前景评价过程

发展前景的评价方法主要有层次分析法、德尔菲法、因子分析法、主成分分析法等。层次分析法和德尔菲法评价结果的可靠性主要依靠所构建的概念模型的水平和打分人的专业水平,主观意愿较强。因子分析法和主成分分析法评价结果的可靠性则依赖于分析过程和结果的可解释性以及公因子和主成分的方差贡献率,分析结果相对较为客观。本报告采用主成分分析法来评价中国各省区市的发展前景。

主成分分析法主要包括以下七个步骤:①指标选取,建立评价的指标体系;②收集和整理数据;③将数据进行正向化处理(并对数据进行标准化处理,标准化过程采用 SPSS 软件处理);④进行指标数据之间的 KMO 和 Bartlett 球形检验;⑤确定主成分个数;⑥确定权重;⑦计算主成分综合评价值。最后得出各省区市的发展前景指数和排名等。

主成分分析法采用 SPSS 16.0 软件进行分析。按特征值大于 1,只能提取 14 个主成分,此时主成分的累计贡献率小于 80%,约为 78%,效果不太理想。当提取 26 个主成分时,累计贡献率约为 90%,足以对所选择变量进行较为充分的解释,达到主成分分析法的要求。

(1) KMO 和 Bartlett 球形检验结果

KMO 检验用于检查变量间的偏相关性,本报告的 KMO 统计量为 0.857,检验效果良好,适合进行主成分分析(见表103)。

表103 KMO和Bartlett球形检验结果

KMO抽样适度测定值		0.857
Bartlett球形检验	近似卡方	73197.185
	自由度	2080
	显著性水平	0.000

Bartlett球形检验用于判断相关阵是否为单位阵。从Bartlett球形检验可以看出，应拒绝各变量独立的假设，即变量间具有较强的相关性。

（2）变量共同度

变量共同度是各变量中所含原始信息能被提取的公因子所表示的程度，从表104可以看出所有变量共同度都在0.8以上，提取的公因子对各变量的解释能力极强。

表104 变量共同度

变量	变量名称	变量共同度
TFP	全要素生产率	0.892
productivity	全社会劳动生产率	0.947
Koutput	资本产出率	0.911
invEff	投资效果系数	0.941
GDP2	GDP2（第二产业增加值占GDP比重）	0.926
GDP3	GDP3（第三产业增加值占GDP比重）	0.920
urban	城市化率	0.933
gdpVolatility	经济增长波动率指标	0.973
foreignVolatility	对外开放稳定性	0.985
pgdpi	人均GDP增长率	0.866
inflation	通货膨胀率指标	0.850
unemployment	失业率指标	0.895
LaborE	劳动投入弹性指标	0.941
KE	资本投入弹性指标	0.842
energyE	能源消耗弹性指标	0.959
patent	专利授权量	0.907
eduFin	地方财政教育事业费支出比	0.949
HC	人力资本	0.924

续表

变量	变量名称	变量共同度
populationIncRate	人口增长率	0.912
sciFin	地方财政科学事业费支出比	0.902
population15_64	有效劳动力比例	0.912
postCount	人均邮电业务量	0.870
infield	万人耕地面积	0.897
productQuality	产品质量	0.900
marketDegree	市场化程度	0.874
serviceEstablishment	城镇社区服务设施数	0.931
traffic	交通事故指标	0.890
fire	火灾事故指标	0.887
establishmentLevel	城市设施水平	0.881
urbanEndowmentInsurance	城镇基本养老保险覆盖率	0.944
urbanMedicare	城镇基本医疗保险覆盖率	0.813
unemploymentInsurance	城镇失业保险覆盖率	0.914
countryEndowmentInsurance	农村社会养老保险覆盖率	0.920
pgdp	人均 GDP	0.969
pIncomePGDP	人均可支配收入占 GDP 的比重	0.854
urbanIncome	城镇居民家庭人均可支配收入	0.966
countryIncome	农村居民家庭人均年纯收入	0.967
urbanCountry	城乡居民人均纯收入指标	0.912
sanitationFin	地方财政卫生事业费支出比	0.953
urbanEngel2	城镇居民恩格尔系数指标	0.852
countryEngel	农村居民恩格尔系数指标	0.853
save	人均储蓄存款额	0.951
doctors	万人拥有医生数	0.857
beds	万人拥有床位数	0.887
sanitaryInstitution	万人拥有卫生机构数	0.809
urbanCountryConsume	城乡居民消费水平比指标	0.901
consumeLevel	居民消费水平	0.975
protectArea	自然保护区面积	0.901
parkVirescence	万人城市园林绿地面积	0.862
water	人均水资源量	0.926
energyExp	万元 GDP 能耗指标	0.922
eleExp	万元 GDP 电力消耗指标	0.930

续表

变量	变量名称	变量共同度
wasteWaterEligible	工业废水排放指标	0.925
exhaustSO2Disposal	工业二氧化硫排放指标	0.869
exhaustSootDisposal	工业烟尘排放指标	0.951
exhaustDustDisposal	工业粉尘排放指标	0.928
ind3deposeVal	工业"三废"综合利用产品产值比	0.920
PM10	PM10 指标	0.936
PM25	PM2.5 指标	0.916
SO2	二氧化硫指标	0.810
NO2	二氧化氮指标	0.875
O3	臭氧指标	0.938
betterDays	空气质量良好天数	0.898
EnvInvest	环境污染治理投资占 GDP 的比重	0.934
polluteInvest	治理工业污染项目投资占 GDP 的比重	0.906

注：初始值均为1，以上是通过主成分分析法提取的。

(3) 碎石图

碎石图用来表示各个因子的重要程度。从碎石图可以直观地看出前面陡峭部分对应较大的特征值，作用明显；后面相对平缓的部分对应较小的特征值，其影响相对要小（见图61）。

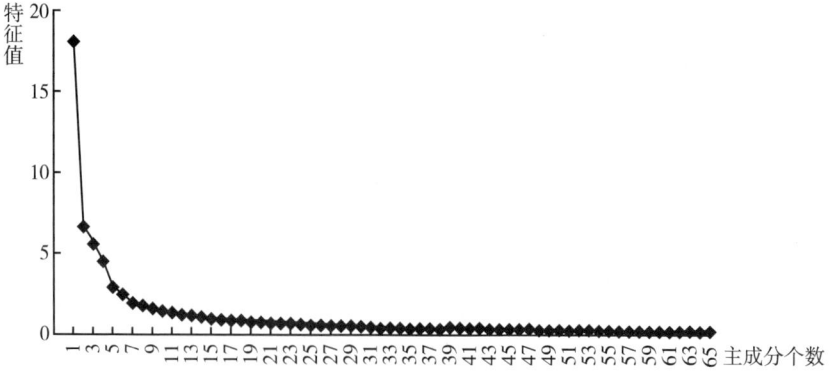

图61　碎石图

参考文献

边雅静、沈利生：《人力资本对我国东西部经济增长影响的实证分析》，《数量经济技术经济研究》2004年第12期。

李扬主编《中国经济增长报告（2014~2015）》，社会科学文献出版社，2015。

李扬主编《中国经济增长报告（2015~2016）》，社会科学文献出版社，2016。

李扬主编《中国经济增长报告（2016~2017）》，社会科学文献出版社，2017。

联合国环境规划署：《21世纪议程》，中国环境科学出版社，1994。

刘霞辉：《供给侧结构性改革助推中国经济增长——2015年宏观经济分析及思考》，《学术月刊》2016年第4期。

刘霞辉：《深刻认识和理解供给侧结构性改革》，《求知》2016年第6期。

刘霞辉：《中等收入阶段跨越之途：国际经验》，《湖南大学学报》（社会科学版）2018年第3期。

孙波：《可持续发展评价指标体系述评》，《中国可持续发展》2003年第6期。

叶文虎、仝川：《联合国可持续发展指标体系述评》，《中国人口·资源与环境》1997年第9期。

张平：《"十三五"中国经济二次转型——2016年中国经济展望》，《现代经济探讨》2016年第1期。

张平：《社会主义劳动力再生产及劳动价值创造与分享——理论、证据与政策》，《经济研究》2016年第8期。

张平：《实体与非实体经济均衡机制的逻辑与政策》，《社会科学战线》2018年第5期。

张平：《中国经济迈向中高端发展的效率提升与供给侧改革》，《现代经济探讨》2017年第1期。

张平、陈昌兵：《加快现代化建设 实现第二个百年奋斗目标》，《经济学动态》2018年第2期。

张平、楠玉：《改革开放40年中国经济增长与结构变革》，《中国经济学人》（英文版）2018年第1期。

张自然：《考虑人力资本的中国生产性服务业的技术进步》，《经济学（季刊）》2010年第10期。

张自然：《区域差距、收敛与增长动力》，《金融评论》2017年第1期。

张自然：《我国环境经济区域分化特征及改善战略研究》，研究报告，2018年3月。

张自然、陆明涛：《全要素生产率对中国地区经济增长与波动的影响》，《金融评论》

2013年第1期。

张自然、张平、刘霞辉:《中国城市化模式、演进机制和可持续发展研究》,中国社会科学出版社,2016。

中国科学院可持续发展战略研究组:《2009中国可持续发展战略报告——探索中国特色的低碳道路》,科学出版社,2009。

United Nations Development Programme, *Human Development Report*, Oxford University Press, 1999.

World Bank, "The World Bank Public Information Center Annual Report FY95", World Bank, Washington, DC, 1995.

B.3
参考文献

边雅静、沈利生：《人力资本对我国东西部经济增长影响的实证分析》，《数量经济技术经济研究》2004年第12期。

付敏杰、张平、袁富华：《工业化和城市化进程中的财税体制演进：事实、逻辑和政策选择》，《经济研究》2017年第12期。

李扬主编《中国经济增长报告（2014~2015）》，社会科学文献出版社，2015。

李扬主编《中国经济增长报告（2015~2016）》，社会科学文献出版社，2016。

李扬主编《中国经济增长报告（2016~2017）》，社会科学文献出版社，2017。

联合国环境规划署：《21世纪议程》，中国环境科学出版社，1994。

刘霞辉：《供给侧结构性改革助推中国经济增长——2015年宏观经济分析及思考》，《学术月刊》2016年第4期。

刘霞辉：《深刻认识和理解供给侧结构性改革》，《求知》2016年第6期。

刘霞辉、楠玉：《经济周期景气回升 供给侧结构性改革初见成效》，《中国经济时报》2017年2月13日。

刘霞辉：《中等收入阶段跨越之途：国际经验》，《湖南大学学报》（社会科学版）2018年第3期。

陆明涛、袁富华、张平：《经济增长的结构性冲击与增长效率：国际比较的启示》，《世界经济》2016年第1期。

楠玉、袁富华、张平：《论当前我国全要素生产率的提升路径》，《上海经济研究》2017年第3期。

楠玉、刘霞辉:《中国区域增长动力差异与持续稳定增长》,《经济学动态》2017年第3期。

孙波:《可持续发展评价指标体系述评》,《中国可持续发展》2003年第6期。

袁富华、张平:《中国经济大转型:传统结构主义终结与经济结构服务业的组织取向》,《中共中央党校学报》2017年第4期。

袁富华、张平:《雁阵理论的再评价与拓展:转型时期中国经济结构问题的诠释》,《经济学动态》2017年第2期。

袁富华、张平:《中国经济二次转型的理论分析》,《中国特色社会主义研究》2016年第4期。

袁富华、张平、陆明涛:《长期经济增长过程中的人力资本结构——兼论中国人力资本梯度升级问题》,《经济学动态》2015年第5期。

袁富华:《长期增长过程的"结构性加速"与"结构性减速":一种解释》,《经济研究》2012年第3期。

袁富华、张平:《结构性减速过程中的储蓄耗散:假说与事实》,《天津社会科学》2018年第3期。

袁富华、张平:《增长非连续的原因与创新路径的转换》,《中共中央党校学报》2018年第1期。

袁富华:《中国经济现代化:模式与效率》,《云梦学刊》2018年第3期。

袁富华:《稳中求进:风险防范与效率增进——兼论储蓄、投资、消费的再平衡》,《中国特色社会主义研究》2018年第2期。

张平、王宏淼主编《中国上市公司发展报告(2016)》,社会科学文献出版社,2016。

张平:《中等收入陷阱的经验特征、理论解释和政策选择》,《国际经济评论》2015年第11期。

张平:《"十三五"中国经济二次转型——2016年中国经济展望》,《现代经济探讨》2016年第1期。

张平：《社会主义劳动力再生产及劳动价值创造与分享——理论、证据与政策》，《经济研究》2016年第8期。

张平：《中国经济迈向中高端发展的效率提升与供给侧改革》，《现代经济探讨》2017年第1期。

张平：《实体与非实体经济均衡机制的逻辑与政策》，《社会科学战线》2018年第5期。

张平、陈昌兵：《加快现代化建设 实现第二个百年奋斗目标》，《经济学动态》2018年第2期。

张平、楠玉：《改革开放40年中国经济增长与结构变革》，《中国经济学人》（英文版）2018年第1期。

张自然：《区域差距、收敛与增长动力》，《金融评论》2017年第1期。

张自然、张平、刘霞辉：《中国城市化模式、演进机制和可持续发展研究》，中国社会科学出版社，2016。

张自然：《考虑人力资本的中国生产性服务业的技术进步》，《经济学（季刊）》2010年第10期。

张自然：《我国环境经济区域分化特征及改善战略研究》，研究报告，2018年3月。

张自然、陆明涛：《全要素生产率对中国地区经济增长与波动的影响》，《金融评论》2013年第1期。

张自然、张平、刘霞辉：《中国城市化模式、演进机制和可持续发展研究》，《经济学动态》2014年第2期。

中国经济增长与宏观稳定课题组：《城市化、产业效率与经济增长》，《经济研究》2009年第10期。

中国经济增长前沿课题组：《中国经济长期增长路径、效率与潜在增长水平》，《经济研究》2012年第11期。

中国经济增长前沿课题组：《中国经济转型的结构性特征、风险与效率提升路径》，《经济研究》2013年第10期。

中国经济增长前沿课题组：《中国经济增长的低效率冲击与减速治理》，

《经济研究》2014年第12期。

中国经济增长前沿课题组:《突破经济增长减速的新要素供给理论、体制与政策选择》,《经济研究》2015年第11期。

中国经济增长前沿课题组:《增长跨越:经济结构服务化、知识过程和效率模式重塑》,《经济研究》2016年第10期。

中国经济增长前沿课题组:《工业化和城市化进程中的财税体制演进:事实、逻辑和政策选择》,《经济研究》2017年第11期。

中国科学院可持续发展战略研究组:《2009中国可持续发展战略报告——探索中国特色的低碳道路》,科学出版社,2009。

Buera, F. J., and J. P. Kaboski, "The Rise of the Service Economy", *American Economic Review*, 2012, 102 (6).

Cargill, T. F., and Takayuki Sakamoto, *Japan since 1980*, Cambridge University Press, 2008.

Dirks, D., Jean-Francois Huchet, T. Ribault, *Japanese Management in the Low Growth Era*, Berlin: Springer Verlag, 1999.

Dixon, R., and Thirlwall, A. P., "A Model of Regional Growth-Rate Differences on Kaldorian Lines", *Oxford Economic Papers*, 1975, 27 (2).

ECLA, "Economic Survey of Latin America 1949", New York, United Nations Department of Economic Affairs, 1951.

Fine, B., and E. Leopold, "Consumerism and the Industrial Revolution?" *Social History*, 1990, 15 (1).

Furtado, C., "Underdevelopment and Dependence: The Fundamental Connection", University of Cambridge, Centre of Latin American Studies, 1974.

Goodwin, N. R., F. Ackerman, and D. Kiron, *The Consumer Society*, Washington, D. C., Island Press, 1997.

Herrendorf, B., R. Rogerson, and Á. Valentinyi, "Growth and Structural Transformation", *Handbook of Economic Growth*, 2014, 2.

Hicks, J. R., *Capital and Growth*, Oxford University Press, 1965.

Kaldor, N., "The Case for Regional Policies", *Scottish Journal of Political Economy*, 1970, 17 (3).

Kaldor, N., "The Irrelevance of Equilibrium Economics", *The Economic Journal*, 1972, 82 (328).

Kaldor, N., *Economics without Equilibrium*, UK: University College of Cardiff Press, 1985.

Kay, C., *Latin American Theories of Development and Underdevelopment*, Routledge, 1989.

Kriesler, P., "Harcourt, Hicks and Lowe: Incompatible bedfellows?", In C. Sardoni and P. Kriesler, eds., *Themes in Political Economy: Essays in Honour of Geoff Harcourt*, London, Routledge, 1999.

Krugman, P., *The Age of Diminished Expectations*, Cambridge, MA: The MIT Press, 1990.

Leal, J., "Which Sectors Make Poor Countries so Unproductive? A Perspective from Inter-sectoral Linkages", Banco de Mexico, February 15, 2015.

Lincoln, Edward J., *Arthritic Japan: The Slow Pace of Economic Reform*, Washington, DC: Brookings Institution Press, 2001.

Ozawa, T., *Institutions, Industrial Upgrading, and Economic Performance in Japan: The "Flying-Geese" Paradigm of Catch-up Growth*, Northampton, Massachusetts: Edward Elgar Publishing, 2005.

Petit, P., *Slow Growth and the Service Economy*, Lodon: France Printer (Publishers) Ltd., 1986.

Setterfield M., "History versus Equilibrium and the Theory of Economic Growth", *Cambridge Journal of Economics*, 1997, 21 (3).

Yuan Fuhua, Zhang Ping, Liu Xiahui and Nan Yu, "Crossing the Growth Threshold: Service-based Economy, Knowledge Process and Reshaping of Efficiency Model", *China Economist*, 2017, 12 (3).

Abstract

The economic development has been changed from rapid growth stage to high quality development stage in our country. Over the past 30 years, the pathway of China's industrialization is relying on the inputs, consumption of oppression and export-orientation while it is turning to high-quality development that essentially should change from the " material " production system to the sustainable development which is " people centered " including consumer upgrades, innovation, efficiency and containment. In the meanwhile, it is also the basic requirements and severe challenges for the transformation of the mode of development, optimizing the economic structure, and transform the growth driving. The current economic situation is shown as: economic growth, employment, price and exchange rate is in the stable range; demand is weak, production is still strong; China's debt cycle pressure has gradually appeared; China is not only suffering the pressure from financial de-leveraging, but it is also facing the direct impact of the outside that the United States continue raising its interest rate, and this caused domestic capital costs to present a gradually rising trend. The trade war between China and United States directly cause that external impetus is negative and the economic growth is fully relying on domestic demand in 2018.

High-quality development requires that change the way of economic development through continuous efficiency improvements, to realize the shift to coordinated high-end development pattern. Along with the gradually decrease of the share of capital and labor contribution share, it is required to improve the efficiency of capital and the return on capital, the labor productivity, need and TFP growth contribution to the economy especially. The essence of high-quality development is the development of "people centered", which build the index system from the standard that used GDP as the core of evaluation to the evaluation mode about innovation and efficiency that based on labor productivity and TFP growth and emphasis on sustainable and inclusive growth. From the economic growth, innovation, efficiency, the government efficiency, quality of life and environment quality, this article mainly focuses on these five aspects to measure the quality development, and further subdivides into 67 secondary indexes. Through the international comparison, it is found that there are three indicators in the first class around the world: the size of the market, science and technology papers published quantity, average per capita waste production. In China, over 1/5 indicators are ranking in the first 30% of the world; nearly 1/2 indicators are less than 50% of the gap between China and frontier countries, however, some indicators still have a great space to be improved such as economic growth, innovation efficiency, government efficiency, quality of life and the the environment quality.

China's regional economic development prospect report analyzes the development prospects of China's provinces during 1990 – 2018, calculates development prospect indices for 30 provinces and the ranking during 1990 – 2018, and concludes the development indices and ranks of five primary indicators, including economic growth, the growth potential, government efficiency, people's lives and environment quality. It could be found that Shanghai, Zhejiang, Jiangsu are classified in the first level for a long time. In 2018, it is also found that Guangdong has been in the first level while Beijing reduced to the second level from the first level although it is in this level for long ages. Compared to the Central and Eastern region, it is better in the Western which improves the development prospects and people's lives while economic growth and growth potential, efficiency of the government and environment quality in five aspects are Eastern area improvement is better than that of the Central and Western area. Also, this report concludes that development prospects indices and the ranking changes from "8th Five-Year Plan" to "13th Five-Year Plan" period. Report argues that with the economic development shiting from the extensive denotative to high-quality development, the demand for public services, quality of life and ecological environmentgradually gradually increase.

From extensive economic development to the high-quality economic development, the weight of specific indicators which are in the top place have been changed and it reflects the importance of these indicators that is closely related to people's life and environment protection such as the urban basic endowment insurance coverage, urban unemployment insurance coverage, urbanization rate, the value added of the third industry accounts for GDP share and emissions of air pollutants. The objective indicators have objectively reflected the emphasized concerns in high-quality economic development: The attentions focus on public service, people's living and ecological environment, including urban basic endowment insurance, unemployment insurance, urban and rural consumption level, the development of the tertiary industry and the ecological environment that are associated with urbanization and high-quality development while it used to focus on the development of urbanization only.

Keywords: Towards the High-quality Development; Labor Productivity; Total Factor Productivity; Development Prospect; 13th Five-Year Plan

Contents

I General Report

B. 1 Towards the High-quality Economic Development / 001
    1. Macroeconomic Empirical Facts and Outlook in 2018 / 002
    2. Efficiency Transformation and Potential Growth / 006
    3. High – quality Development Index System / 010
    4. Regional Development Prospect / 021
    5. Increase Economic Development Quality, Promote Economic Efficiency / 046

Abstract: The economic development has been changed from rapid growth stage to high quality development stage in our country. Over the past 30 years, the pathway of China's industrialization is relying on the inputs, consumption of oppression and export-orientation while it is turning to high-quality development that essentially should change from the "material" production system to the sustainable development which is "people centered" including consumer upgrades, innovation, efficiency and containment. High-quality development requires that change the way of economic development through continuous efficiency improvements, to realize the shift to coordinated high-end development pattern. Along with the gradually decrease of the share of capital and labor contribution share, it is required to improve the efficiency of capital and the return on capital, the labor productivity, need and TFP growth contribution to the economy especially. The essence of high-quality development is the development of "people centered", which build the index system from the standard that used GDP as the core of evaluation to the evaluation mode about innovation and efficiency that based on labor productivity and TFP growth and emphasis on sustainable and inclusive growth. From the economic growth, innovation, efficiency, the government efficiency, quality of life and environment quality, this article mainly focuses on these five aspects to measure the quality development, and further subdivides into 67 secondary indexes. Through the international comparison, it is found that there are three indicators in the first class around the world: the size of the market, science and technology papers published quantity, average per capita waste production. In China, over 1/5 indicators are ranking in the first 30% of the world; nearly 1/2 indicators are less than 50% of the gap between China and frontier countries, however, some indicators still have a great space to be improved such as economic growth, innovation efficiency, government efficiency, quality of life and the the environment quality.

Keywords: High-quality Development; People-centered; Labor Productivity; Contribution Rate of TFP to Growth

Ⅱ Regional Economic Development Prospect Report

B. 2　Assessment of Development Prospects of China's
　　　 Provincial Regions in 1990 −2018　　　　　　　　／050
　　　 1.　Introduction　　　　　　　　　　　　　　　　　　／051
　　　 2.　Assessment Results of Development Prospects of China's
　　　　　 Provincial Regions　　　　　　　　　　　　　　　／053
　　　 3.　Development Prospects of China's Provincial Regions in "13th
　　　　　 Five-Year Plan" Period and Primary Index and Ranking　／106
　　　 4.　Ranking on Development Prospects of Provincial Regions　／121
　　　 5.　Analysis on Determinants of Development Prospects of China's
　　　　　 Provincial Regions　　　　　　　　　　　　　　　／143
　　　 6.　Reginal Development　　　　　　　　　　　　　　／201

7. Conclusions	/ 210
Appendix 1: Assessment Results, Tables and Graphs	/ 213
Appendix 2: Index Design and Data Processing	/ 272

Abstract: This part analyzes the development prospects of China's provinces during 1990 −2018, calculates development prospect indices for 30 provinces and the ranking during 1990 −2018, and concludes the development indices and ranks of five primary indicators, including economic growth, the growth potential, government efficiency, people's lives and environment quality. It could be found that Shanghai, Zhejiang, Jiangsu are classified in the first level for a long time. In 2018, it is also found that Guangdong has been in the first level while Beijing reduced to the second level from the first level although it is in this level for long ages. Compared to the Central and Eastern region, it is better in the Western which improves the development prospects and people's lives while economic growth and growth potential, efficiency of the government and environment quality in five aspects are Eastern area improvement is better than that of the Central and Western area. Also, this report concludes that development prospects indices and the ranking changes from "8th Five-Year Plan" to "13th Five-Year Plan" period. Report argues that with the economic development shiting from the extensive denotative to high-quality development, the demand for public services, quality of life and ecological environmentgradually gradually increase. From extensive economic development to the high-quality economic development, the weight of specific indicators which are in the top place have been changed and it reflects the importance of these indicators that is closely related to people's life and environment protection such as the urban basic endowment insurance coverage, urban unemployment insurance coverage, urbanization rate, the value added of the third industry accounts for GDP share and emissions of air pollutants. The objective indicators have objectively reflected the emphasized concerns in high-quality economic development: The attentions focus on public service, people's living and ecological environment, including urban basic endowment insurance, unemployment insurance, urban and rural consumption level, the development of

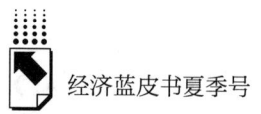

the tertiary industry and the ecological environment that are associated with urbanization and high-quality development while it used to focus on the development of urbanization only.

Keywords: Development Prospect; High-quality Development; Regional Development; 13th Five-Year Plan

B.3　References　　　　　　　　　　　　　　　　　　　　　／285

社会科学文献出版社　皮书系列

❖ 皮书起源 ❖

"皮书"起源于十七、十八世纪的英国，主要指官方或社会组织正式发表的重要文件或报告，多以"白皮书"命名。在中国，"皮书"这一概念被社会广泛接受，并被成功运作、发展成为一种全新的出版形态，则源于中国社会科学院社会科学文献出版社。

❖ 皮书定义 ❖

皮书是对中国与世界发展状况和热点问题进行年度监测，以专业的角度、专家的视野和实证研究方法，针对某一领域或区域现状与发展态势展开分析和预测，具备原创性、实证性、专业性、连续性、前沿性、时效性等特点的公开出版物，由一系列权威研究报告组成。

❖ 皮书作者 ❖

皮书系列的作者以中国社会科学院、著名高校、地方社会科学院的研究人员为主，多为国内一流研究机构的权威专家学者，他们的看法和观点代表了学界对中国与世界的现实和未来最高水平的解读与分析。

❖ 皮书荣誉 ❖

皮书系列已成为社会科学文献出版社的著名图书品牌和中国社会科学院的知名学术品牌。2016年，皮书系列正式列入"十三五"国家重点出版规划项目；2013~2018年，重点皮书列入中国社会科学院承担的国家哲学社会科学创新工程项目；2018年，59种院外皮书使用"中国社会科学院创新工程学术出版项目"标识。

权威报告·一手数据·特色资源

皮书数据库
ANNUAL REPORT(YEARBOOK) DATABASE

当代中国经济与社会发展高端智库平台

所获荣誉

- 2016年，入选"'十三五'国家重点电子出版物出版规划骨干工程"
- 2015年，荣获"搜索中国正能量 点赞2015""创新中国科技创新奖"
- 2013年，荣获"中国出版政府奖·网络出版物奖"提名奖
- 连续多年荣获中国数字出版博览会"数字出版·优秀品牌"奖

成为会员

通过网址www.pishu.com.cn访问皮书数据库网站或下载皮书数据库APP，进行手机号码验证或邮箱验证即可成为皮书数据库会员。

会员福利

- 使用手机号码首次注册的会员，账号自动充值100元体验金，可直接购买和查看数据库内容（仅限PC端）。
- 已注册用户购书后可免费赠100元皮书数据库充值卡。刮开充值卡涂层获取充值密码，登录并进入"会员中心"—"在线充值"—"充值卡充值"，充值成功后即可购买和查看数据库内容（仅限PC端）。
- 会员福利最终解释权归社会科学文献出版社所有。

数据库服务热线：400-008-6695
数据库服务QQ：2475522410
数据库服务邮箱：database@ssap.cn
图书销售热线：010-59367070/7028
图书服务QQ：1265056568
图书服务邮箱：duzhe@ssap.cn

卡号：164773779179
密码：

S 基本子库
SUB DATABASE

中国社会发展数据库（下设12个子库）

全面整合国内外中国社会发展研究成果，汇聚独家统计数据、深度分析报告，涉及社会、人口、政治、教育、法律等12个领域，为了解中国社会发展动态、跟踪社会核心热点、分析社会发展趋势提供一站式资源搜索和数据分析与挖掘服务。

中国经济发展数据库（下设12个子库）

基于"皮书系列"中涉及中国经济发展的研究资料构建，内容涵盖宏观经济、农业经济、工业经济、产业经济等12个重点经济领域，为实时掌控经济运行态势、把握经济发展规律、洞察经济形势、进行经济决策提供参考和依据。

中国行业发展数据库（下设17个子库）

以中国国民经济行业分类为依据，覆盖金融业、旅游、医疗卫生、交通运输、能源矿产等100多个行业，跟踪分析国民经济相关行业市场运行状况和政策导向，汇集行业发展前沿资讯，为投资、从业及各种经济决策提供理论基础和实践指导。

中国区域发展数据库（下设6个子库）

对中国特定区域内的经济、社会、文化等领域现状与发展情况进行深度分析和预测，研究层级至县及县以下行政区，涉及地区、区域经济体、城市、农村等不同维度。为地方经济社会宏观态势研究、发展经验研究、案例分析提供数据服务。

中国文化传媒数据库（下设18个子库）

汇聚文化传媒领域专家观点、热点资讯，梳理国内外中国文化发展相关学术研究成果、一手统计数据，涵盖文化产业、新闻传播、电影娱乐、文学艺术、群众文化等18个重点研究领域。为文化传媒研究提供相关数据、研究报告和综合分析服务。

世界经济与国际关系数据库（下设6个子库）

立足"皮书系列"世界经济、国际关系相关学术资源，整合世界经济、国际政治、世界文化与科技、全球性问题、国际组织与国际法、区域研究6大领域研究成果，为世界经济与国际关系研究提供全方位数据分析，为决策和形势研判提供参考。

法律声明

"皮书系列"（含蓝皮书、绿皮书、黄皮书）之品牌由社会科学文献出版社最早使用并持续至今，现已被中国图书市场所熟知。"皮书系列"的相关商标已在中华人民共和国国家工商行政管理总局商标局注册，如LOGO（ ）、皮书、Pishu、经济蓝皮书、社会蓝皮书等。"皮书系列"图书的注册商标专用权及封面设计、版式设计的著作权均为社会科学文献出版社所有。未经社会科学文献出版社书面授权许可，任何使用与"皮书系列"图书注册商标、封面设计、版式设计相同或者近似的文字、图形或其组合的行为均系侵权行为。

经作者授权，本书的专有出版权及信息网络传播权等为社会科学文献出版社享有。未经社会科学文献出版社书面授权许可，任何就本书内容的复制、发行或以数字形式进行网络传播的行为均系侵权行为。

社会科学文献出版社将通过法律途径追究上述侵权行为的法律责任，维护自身合法权益。

欢迎社会各界人士对侵犯社会科学文献出版社上述权利的侵权行为进行举报。电话：010-59367121，电子邮箱：fawubu@ssap.cn。

社会科学文献出版社